BRUNO LEWIN

ABRISS DER JAPANISCHEN GRAMMATIK

2., verbesserte Auflage

ABRISS DER JAPANISCHEN GRAMMATIK

auf der Grundlage
der klassischen Schriftsprache

von

BRUNO LEWIN

2., verbesserte Auflage

1975

OTTO HARRASSOWITZ · WIESBADEN

Gesamtherstellung: Zechnersche Buchdruckerei, Speyer
Printed in Germany
ISBN 3 447 01634 5

Dem Andenken meiner Mutter

INHALT

VORWORT ZUR ERSTEN AUFLAGE

Wer immer die japanische Literatur in ihren Quellen kennenlernen möchte, sieht sich vor mannigfache sprachliche Schwierigkeiten gestellt, zu deren Überwindung ihm nur spärliche Hilfsmittel zur Verfügung stehen. Die meisten Darstellungen des Japanischen in europäischen Sprachen sind auf praktische Zwecke abgestellte Lehrbücher der modernen Umgangssprache, in denen der Stoff nach didaktischen Gesichtspunkten geordnet ist[1]. In Anbetracht der bedeutenden Unterschiede zwischen der modernen Umgangssprache und der klassischen Schriftsprache sind sie ein unzureichendes Rüstzeug für die Beschäftigung mit älteren Literaturdenkmälern.

Der Schriftsprache sind nur wenige Werke gewidmet, die sich schnell aufzählen lassen: W. P. Lehmann, L. Faust, *A Grammar of Formal Written Japanese* (HYIS V, 1951); Y. K. Yamagiwa, *The Modern Japanese Written Language* (Ann Arbor 1945); A. A. Cholodovič, *Sintaksis japonskogo vojennogo jazyka* (Moskau 1937); K. Meissner, *Lehrbuch der Grammatik der japanischen Schriftsprache* (MOAG Suppl. 9, 1927); B. H. Chamberlain, *A Simplified Grammar of the Japanese Language, Modern Written Style*, bearb. v. J. G. McIlroy (Chikago 1924); W. G. Aston, *A Grammar of the Japanese Written Language* (Yokohama 1872; 2. erw. u. verb. Aufl. 1877) und die zu Unrecht halbvergessene ‚*Japanische Sprachlehre*' von J. J. Hoffmann (Leiden 1877, holl. Ausg. 1868). Sie alle beschäftigen sich aber, mit Ausnahme der grundlegenden Arbeit von Aston, nur mit der Standard-Schriftsprache, der erstarrten und von der Umgangssprache beeinflußten neujapanischen Form der klassischen Schriftsprache. Außer der Grammatik von Aston, die vorzugsweise für das Altjapanische der Nara-Zeit (8. Jh.) von Nutzen ist, kann sich der Ausländer nur an Hand der Historischen Grammatik von G. B. Sansom (*An Historical Grammar of Japanese*, Oxford 1928) zusammenhängend über die klassische japanische Schriftsprache informieren. Speziell über die historische Morphologie des Verbs mit dem Hauptakzent auf der klassischen Schriftsprache unterrichtet eine Monographie der russischen Japanologin E. M. Kolpakči, *Očerki po istorii japonskogo jazyka, I Morfologija glagola* (Moskau-Leningrad 1956). Als Nachschlagewerk für die Postpositionen und Verbalsuffixe der klassischen Schriftsprache ist schließlich noch zu erwähnen: J. L. Pierson, *Key to Classical Japanese* (Leiden 1956)[2].

---

[1] Zur Information über die wichtigsten Hilfsmittel zum Studium der japanischen Sprache sei auf die Bibliographie von Hugh Borton, Serge Elisséeff u. a. verwiesen: *A Selected List of Books and Articles on Japan* (2. verb. erw. Aufl.), The Harvard-Yenching-Institute, Cambridge 1954.

[2] H. G. Henderson, *Handbook of Japanese Grammar* (rev. ed., Cambridge, Massachusetts 1948) behandelt Wort- und Formbildungselemente sowohl der Umgangs- als auch der Schriftsprache promiscue und in alphabetischer Folge.

Eingedenk dieses Mangels an einschlägiger Fachliteratur schien es berechtigt, eine kurzgefaßte systematische Grammatik der japanischen Sprache als linguistisches Auskunftsmittel zum Studium des japanischen Schrifttums aus alter und neuer Zeit zusammenzustellen. Das Hauptgewicht der Darstellung wurde auf die klassische Schriftsprache der Heian-Zeit (9.—12. Jh.) gelegt, denn sie ist das wichtigste sprachliche Medium der älteren japanischen Literatur und die Grundlage der neujapanischen Standard-Schriftsprache, die in ihrer Morphologie und Syntax nur unwesentliche Divergenzen aufweist. Daneben wurde der Versuch unternommen, den grammatischen Erscheinungen dieser Schriftsprache ihre Äquivalente in der modernen Umgangssprache gegenüberzustellen und in einzelnen Exkursen und Anmerkungen Besonderheiten des Altjapanischen der Nara-Zeit und des späteren Mitteljapanischen (Kamakura- und Muromachi-Zeit) aufzuzeigen. Infolgedessen ist die Arbeit in wesentlichen Teilen historisch orientiert.

Bei dieser Darstellungsweise ließ sich das Nebeneinander synchronischer und diachronischer Aspekte schwerlich vermeiden, doch dürfte das Verfahren im Hinblick auf die philologische Zielsetzung angemessen sein, zumal das Ineinandergreifen beider Blickrichtungen stets klärend wirkt.

Der systematische Aufbau der Wort- und Formenlehre wurde bewußt der gegenwärtigen japanischen Schulgrammatik angepaßt, in der die verbreitetsten Auffassungen der japanischen Grammatiker ihren Niederschlag gefunden haben. Auch wurden möglichst viele japanische grammatische Termini beigegeben und Bemerkungen zur Geschichte der grammatischen Terminologie und der grammatischen Forschung in Japan eingeflochten; dies alles, um dem Benutzer der Grammatik den Zugang zur japanischen Sprachforschung möglichst zu erleichtern. Denn jeder, der sich ernsthaft um das Verständnis der japanischen Sprache bemüht und sich in Einzelfragen Rat holen möchte, muß früher oder später zu japanischen Arbeiten greifen, die in kaum mehr übersehbarer Zahl die Probleme der japanischen Sprache behandeln[3].

Abgesehen von einigen Tabellen und Schriftproben im Abschnitt Schriftlehre und von den Indizes am Schluß der Grammatik mußte leider auf eine Originalschreibung der Beispielwörter und -sätze verzichtet werden. Mit Ausnahme des phonetischen Kapitels, in dem die Transkription des Internationalen phonetischen Alphabets verwendet wurde, sind die japanischen Wörter nach dem Hepburn-System transkribiert worden, wobei die Bindestriche in den Beispielsätzen nach syntagmatischen Gesichtspunkten gesetzt sind. Dies phonetische Transkriptionssystem auf der Grundlage moderner Lautformen ist selbstverständlich für die älteren Sprachstadien bis zum frühen Neujapanischen ein willkürlicher Notbehelf, der mehrere Abweichun-

[3] Über Neuerscheinungen der sprachwissenschaftlichen Literatur in Japan unterrichten folgende Bibliographien: *Kokugo-kankei-kankô-shomoku* (für die Zeit 1942—1949), 1950; *Kokuritsu-kokugo-kenkyûsho-nempô* (Jahresberichte für die Zeit ab 1949), 1951 ff., beide hrsgg. v. Kokuritsu-kokugo-kenkyûsho, Tôkyô; Saitô Kiyoe, *Kokugo-kokubungaku-rombun-sômokuroku* (für die Zeit VIII. 1945—VII. 1953), Tôkyô 1954. Speziell über dialektologische Arbeiten informiert bequem eine amerikanische Bibliographie: R. H. Brower, *A Bibliography of Japanese Dialects*, University of Michigan Press, Ann Arbor 1950.

gen gegenüber den zeitgenössischen Lautungen mit sich bringt, wie aus den lautgeschichtlichen Angaben ersichtlich sein wird. Es würde jedoch im Zusammenhang einer grammatischen Darlegung, die keine lautgeschichtlichen Ziele verfolgt und vornehmlich diachronisch verfährt, nur verwirren, wollte man das jeweilige Lautbild möglichst adäquat reproduzieren und z. B. *tairakeshi* für die Sprache der Heian-Zeit mit *tafirakesi* wiedergeben. Ich folge hier dem japanischen Usus, ältere Texte nach ihrem modernen Lautwert zu lesen, mit dem einen Unterschied, daß ich die im Neujapanischen zu *ô* monophthongierten Lautgruppen *afu* und *ofu* in morphologischer Relevanzstellung diphthongisch als *au* und *ou* transkribiere (*tamau* statt *tamô, omou* statt *omô*), was ja allgemein bei der lateinischen Transkription üblich ist. Bei der Kana-Schreibung im Wörterverzeichnis wird die historische Orthographie beibehalten.

Die Beispielsätze wurden größtenteils den umseitig genannten japanischen Werken entnommen, und wenn sie aus der Literatur stammen, soweit feststellbar im Kontext überprüft; zum geringeren Teil wurden sie direkt aus den Texten gezogen. Die Übertragung hält sich möglichst nahe an den Wortlaut und verzichtet tunlichst auf interpretierende Zusätze; stilistische Unebenheiten ließen sich daher nicht immer vermeiden.

Im Anschluß an diesen grammatischen Abriß soll eine Chrestomathie zur Geschichte der japanischen Sprache und Literatur mit Textanalysen und Glossar erscheinen, die als praktisches Gegenstück hierzu gedacht ist.

Herr Prof. Dr. Horst Hammitzsch (München), mein Lehrer, hat mich zur Abfassung dieser Grammatik ermutigt, mir wertvolle Ratschläge erteilt und seine Bibliothek zur Verfügung gestellt. Ihm gilt mein besonderer Dank. Desgleichen danke ich Herrn Dr. Yoshiaki Akahori (Tôkyô, z. Z. München) für das Schreiben der Schriftzeichen in den Tabellen und Indizes und den Herren Dr. Hans Dettmer (München) und Shinya Makino (Tôkyô, z. Z. Münster) für das Mitlesen der Korrekturen.

München, März 1959 Bruno Lewin

VORWORT ZUR ZWEITEN AUFLAGE

In den fünfzehn Jahren seit Erscheinen dieser Grammatik sind nicht wenige Veröffentlichungen über das Japanische in anderen Sprachen erschienen, praktische und theoretische Zielsetzungen verfolgend und zumeist auf das Gegenwartsjapanisch gerichtet[1]. Die vorliegende Grammatik ist allerdings bisher die einzige „kurzgefaßte systematische Grammatik der japanischen Sprache als linguistisches Auskunftsmittel zum Studium des japanischen Schrifttums aus alter und neuer Zeit" mit dem „Hauptgewicht der Darstellung auf der klassischen Schriftsprache der Heian-Zeit" geblieben (vgl. Vorwort zur 1. Aufl.), und sie hat ihren Wert als oft genutzte Orientierungshilfe behalten. Die Notwendigkeit einer zweiten Auflage gibt dies zu erkennen.

Der Verfasser hätte diese Gelegenheit gern zu manchen Ergänzungen, auch bei den bibliographischen Angaben, genutzt, um die neuere Fachliteratur, zumal die japanische[2], stärker einfließen zu lassen. Andererseits schien es geboten, sich auf Korrekturen zu beschränken, um durch möglichst geringe Veränderungen des gesetzten Textes die Preiswürdigkeit eines für relativ viele Hände bestimmten Buches zu wahren. Der Verfasser entschloß sich um so leichter zu dieser Alternative, als sich der Aufbau der vorliegenden Grammatik in der Praxis bewährt hat. Dies gilt auch für die Einbeziehung der hinsichtlich der Grammatik im engeren Sinne (Formen- und Satzlehre) propädeutischen und marginalen Abschnitte (Einleitung, Laut-, Schrift-, Wortlehre) ebenso wie für die Hinlenkung des Benutzers auf Darstellungsweisen, Benennungen und Forschungsentwicklungen in der japanischen Grammatik[3]; denn nicht zuletzt ist dies Buch für den philologisch interessierten Japanologen bestimmt, der hier in einem Band nützliche einführende Informationen über die japanische Sprache erhalten soll.

---

[1] Erfaßt im bibliographischen Teil des Journal of Asian Studies (Formerly The Far Eastern Quarterly): Bibliography of Asian Studies (Japan: Language) 1956 ff. Hrsg. v. Association for Asian Studies (U.S.A.).

[2] Eine gute Einführung in die japanische Fachliteratur bietet noch immer die von Joseph K. Yamagiwa edierte Bibliographie „Japanese Language Studies in the Shōwa Period: A Guide to Japanese Reference and Research Materials". Ann Arbor: The University of Michigan Press 1961 (Center for Japanese Studies. Bibliographical Series Number 9). — Fortlaufend über die Entwicklungen in der Japanischen Sprachwissenschaft und über Neuerscheinungen an Büchern, Zeitschriften und Aufsätzen unterrichtet das seit 1953 vom National Language Research Institute (Kokuritsu-kokugo-kenkyūjo) herausgegebene Jahrbuch Kokugo-nenkan.

[3] Als Zugang zur Japanischen Sprachwissenschaft kann der von C. Fischer, Sh. Kishitani und B. Lewin bearbeitete Band „Japanische Sprachwissenschaft" der Japanischen Fachtexte (hrsg. v. B. Lewin) dienen (Tokyo: Sansyusya 1974).

Diese Grammatik verbindet synchronische und diachronische Aspekte, kann aber nicht als historische Grammatik angesehen werden. Eine historische Grammatik des Japanischen, die alle überblickbaren Entwicklungsphasen dieser Sprache einschlösse, blieb bislang außerhalb Japans ungeschrieben und ein Desiderat. Ähnliches gilt auch für die Geschichte der japanischen Sprache überhaupt[4]. Als Orientierungshilfe, besonders für das klassische Japanisch der Heian-Zeit, dürfte diese Grammatik daher auch in der zweiten Auflage ihren Wert behalten.

Die im Vorwort zur ersten Auflage angekündigte Chrestomathie zur Geschichte der japanischen Sprache und Literatur ist 1965 erschienen[5] und enthält in 66 Textstücken Proben aus der japanischen Literatur von den Anfängen bis ins 19. Jahrhundert mit sprachlichem Kommentar auf der Grundlage der vorliegenden Grammatik. Damit ist einiges Material zur Beschäftigung mit der vormodernen Sprache Japans für den deutschsprachigen Studierenden leichter zugänglich gemacht und erschlossen worden.

Anläßlich des Erscheinens der zweiten Auflage des Abrisses der japanischen Grammatik möchte der Verfasser für die Hinweise und kritischen Anmerkungen danken, die der genauen Darstellung dienten und die er bei dieser Auflage nach Möglichkeit berücksichtigt hat. Möge das Buch weiterhin als Leitfaden von Nutzen sein.

Bochum, Oktober 1974 Bruno Lewin

---

[4] Weithin den sprachgeschichtlichen Aspekt berücksichtigt die Darstellung von Roy Andrew Miller: The Japanese Language. Chicago & London: The University of Chicago Press 1967.

[5] Japanische Chrestomathie von der Nara-Zeit bis zur Edo-Zeit. 2 Bde. (I. Kommentar, II. Texte). Wiesbaden: Otto Harrassowitz 1965.

LITERATURVERZEICHNIS

Werke in japanischer Sprache, die zur Ausarbeitung der Grammatik benutzt worden sind. — Werke in europäischen Sprachen werden in Literaturangaben zu einzelnen Kapiteln genannt.

M. Andô, *Kokugoshi-josetsu,* 1936[1].

Sh. Asano, *Nihon-bumpô-jiten, bungo-hen,* 1942.

Sh. Asano, *Nihon-bumpô-jiten, kôgo-hen,* 1943.

K. Fukui, *Nihon-bumpôshi,* 1953.

Sh. Hashimoto, *Kokugogaku-gairon* (*Iwanami-kôza, Nihon-bungaku,* 17, 19), 1932—1933.

T. Ima'izumi, *Kokugo-hattatsushi-taiyô,* 1939 (2. Aufl. 1944).

T. Inui, *Kokugogaku-nyûmon,* 1953.

K. Kinda'ichi, *Meikai-kogo-jiten,* 1953.

K. Kinda'ichi, *Meikai-kokugo-jiten,* 1952 (7. verb. Aufl. 1953).

S. Kuwabara, *Kanyaku-kokubumpô,* 1951 (4. Aufl. 1953).

K. Matsuura, *Gendai-Nihongo-bumpô,* 1936 (2. Aufl. 1938).

Sh. Mitsuya, *Kôtô-Nihon-bumpô,* 1908 (3. erw. verb. Aufl. 1927).

F. Ôtsuki, *Daigenkai,* 1932—1937.

K. Sakuma, *Gendai-Nihongo no hyôgen to gohô,* 1936 (3. erw. verb. Aufl. 1940).

D. Shira'ishi / Sh. Shimma / E. Hirota / A. Matsumura, *Kokugo-kyôiku-jiten,* 1950 (9. Aufl. 1955).

D. Shira'ishi u. a., *Koten-dokkai-jiten,* 1953 (5. Aufl. 1955).

Y. Yamada, *Nihon-bumpôron,* 1907 (5. Aufl. 1929).

Y. Yamada, *Nihon-kôgohô-kôgi,* 1922 (7. Aufl. 1929).

Y. Yamada, *Heianchô-bumpôshi,* 1913 (2. Aufl. 1952).

K. Yuzawa, *Kokugoshi-gaisetsu,* 1943.

K. Yuzawa, *Muromachi-jidai-gengo no kenkyû,* 1929 (2. Aufl. 1955).

K. Yuzawa, *Tokugawa-jidai-gengo no kenkyû,* 1936 (2. Aufl. 1955).

Kokugogaku-jiten, hrsgg. v. Kokugogakkai, 1955.

---

[1] Verlagsort jeweils Tôkyô.

ABKÜRZUNGEN

BMFJ	Bulletin de la Maison Franco-Japonaise (Tôkyô)
BSOS	Bulletin of the School of Oriental Studies (London)
HYIS	Harvard-Yenching Institute Series (Cambridge, Mass.)
IAN	Izvestija Akademii Nauk SSSR (Moskau)
JA	Journal asiatique (Paris)
KSIV	Kratkije soobščenija Instituta vostokovedenija (Moskau)
MN	Monumenta Nipponica (Tôkyô)
MSOS	Mitteilungen des Seminars für orientalische Sprachen (Berlin)
NOAG	Nachrichten der Deutschen Gesellschaft für Natur- und Völkerkunde Ostasiens (Tôkyô, Hamburg)
TASJ	Transactions of the Asiatic Society of Japan (Tôkyô)
UZIV	Učennyje zapiski Instituta vostokovedenija (Moskau)
UZRANION	Učennyje zapiski Rossijskoj associacii naučno-issledovatel'skich institutov obščestvennych nauk (Moskau)
ZDMG	Zeitschrift der Deutschen Morgenländischen Gesellschaft (Köln)
S	Schriftsprache
U	Umgangssprache

I EINLEITUNG

SPRACHSTRUKTUR

1 Das Japanische gehört zum Typ der agglutinierenden Sprachen. Die morphologischen Elemente zur Bezeichnung syntaktischer Beziehungen werden suffigierend mit den sinntragenden Wörtern verbunden. Von den Wortkategorien, formal oder funktionell unterscheidbar, besitzen die prädikativen eine Flexion. Bei den Verbalsuffixen sind, vornehmlich im Neujapanischen, durch Kontraktions- und Assimilationserscheinungen die Endungsmorpheme untereinander und mit dem Stamm so enge Verbindungen eingegangen, daß das Japanische in diesem Bereich eine formale Annäherung an die flektierenden Sprachen zeigt.

Agglutinative Elemente im Anschluß an das Verb (Verbalsuffixe) dienen zur Bezeichnung von Tempus, Aspekt, Genus verbi und Modus. Die Person bleibt unbezeichnet, doch wird der personale Bezug zwischen Sprecher und Partner oder dritten Personen hinsichtlich des soziativen Verhältnisses durch grammatische oder lexikalische Mittel am Verb ausgedrückt; ein wesentlicher Zug der Sprache, der sich auch auf Nomina, Demonstrativa (Pronomina) und Qualitativa (Adjektiva) erstreckt. Letztere, — attributiv, adverbial oder prädikativ in ihrer syntaktischen Funktion, — haben eine besondere primäre Flexion und eine sekundäre verbalisierte; weder Motion noch Komparation sind vorhanden (das Komparationsverhältnis wird durch eine Postposition direktional umschrieben, der Superlativ mit lexikalischen Mitteln ausgedrückt). Ursprüngliche Adverbien sind nicht zahlreich, wohl aber adverbiale Ableitungen von Nomina, Qualitativa, Verba und Onomatopoetika. Die Nomina besitzen kein Genus und Numerus, keine Kasusflexion und keinen Artikel. Kasusrelationen werden durch enklitische Postpositionen zum Ausdruck gebracht. Die Demonstrativa, ebenfalls nicht flektierbar, sind größtenteils durch deiktische Morpheme von den Nomina unterscheidbar und bilden ein in sich geschlossenes System. Eigentliche Personalpronomen kamen schon im Altjapanischen außer Gebrauch, jedoch entwickelten sich zahlreiche nominale und demonstrative Ableitungen für die erste und zweite Person (zur Bezeichnung des soziativen Verhältnisses zwischen Sprecher und Partner). Relativpronomen fehlen gänzlich; Interrogativpronomen sind als modifizierte Demonstrativa anzusehen. Die Numeralia, deutlich in ein rein japanisches und ein sinojapanisches System geteilt, sind nicht flektierbar und nominalen Charakters; beiden Systemen sind Numeralklassifikatoren angeschlossen, je nach Gattung der gezählten Dinge verschieden. Eine große Gruppe bilden die Hilfswörter, teils selbständige Postpositionen, teils unselbständige Suffixe. Sie bezeichnen die syntaktischen Beziehungen, weshalb z. B. die Konjunktionen nur eine geringe Rolle spielen.

2 Die Syntax ist gekennzeichnet durch die Abfolgeregel ‚Subjekt — Objekt — Prädikat', die für alle Satzarten gilt, auch für Fragesätze, und durch die Determinationsregel ‚Bestimmendes vor Bestimmtem'. Das Prädikat enthält die meisten Aussagemerkmale, die häufig die Subjektbestimmung implizieren (Inhärenzformen), weshalb in vielen Fällen auf eine explizite Subjektnennung verzichtet werden kann. Der Schwerpunkt syntaktischer Fügungen liegt am Schluß bei der Prädikation. So werden auch die Sätze in der Regel erst am Schluß mittels Verbalsuffixen oder konjunktionalen Postpositionen als Haupt- oder Nebensätze charakterisiert, wodurch immer neue Satzanknüpfungen begünstigt werden. Deshalb sind Satzperioden parataktischer und hypotaktischer Art stark vertreten und zuweilen von außerordentlicher Länge.

3 Einfach ist die lautliche Struktur des Japanischen. Ursprünglich gibt es nur offene Silben. Konsonantenverbindungen kommen im Silbenanlaut nie vor. Stimmhafte Konsonanten im Anlaut (bei stimmloser Opposition) finden sich fast nur im sinojapanischen Wortschatz; dasselbe gilt uneingeschränkt für die Liquide (r). Die Silben, deutlich abgrenzbar, haben einen tonischen Akzent und werden prosodisch zu Sprechtakten verbunden, deren Fugen zumeist mit denen der Syntagmen zusammenfallen (durch enklitische Bindungen werden die Wortgrenzen im Sprechtakt häufig verwischt).

4 Der japanische Grundwortschatz ist in seiner Masse zweisilbig; einsilbige oder dreisilbige Grundwörter sind seltener, vier- und mehrsilbige sind stets Komposita. Semasiologisch ist der große Anteil lautmalender Wörter und Wortwurzeln im Grundwortschatz hervorzuheben, ebenso der Reichtum an Bezeichnungen aus den Gebieten von Fischerei, Reisbau, Pflanzenwelt und Wettererscheinungen sowie die große Differenzierung der Ausdrücke für Geben und Nehmen, für sprachliche Kommunikation und soziale Stellung. Dagegen sind die Wortfelder für Viehzucht, Bergbau, Astronomie und für die Körperteile wenig ausgeprägt, desgleichen auch für die räumlichen und die sensuellen Benennungen. Der sinojapanische Wortschatz, d. h. die lexikalischen Entlehnungen aus dem Chinesischen, übertrifft den japanischen Grundwortschatz um mehr als das Doppelte an Umfang und ist seiner Ausgangsposition entsprechend nominaler Natur.

5 Das Japanische verfügt über zahlreiche regionale und soziale Dialekte, wobei auch die Unterschiede des Geschlechts und der Altersstufen den sprachlichen Ausdruck beeinflussen. Charakteristisch ist zudem die durchgängige Scheidung von Umgangs- und Schriftsprache bis ins Neujapanische. Erst in der Gegenwart ist die konservativ erstarrte Schriftsprache außer Gebrauch gekommen. Schließlich sei hier noch die Vielfalt der Sprachstile im schriftlichen Ausdruck vermerkt, wobei der graduelle Anteil des Sinojapanischen das Hauptkriterium bildet.

Literatur: S. Elisséev, *La langue japonaise* (= Meillet-Cohen, Les langues du monde, Paris 1924). — E. D. Polivanov, *Vvedenije v jazykoznanije dlja vostokovednych vuzov*, Leningrad 1928. — E. M. Kolpakči, *Stroj japonskogo jazyka*, Leningrad 1936. — H. Herrfahrdt, *Die innere Sprachform des Japanischen im Vergleich mit der der indogermanischen Sprachen* (= Wörter und Sachen, Bd. 19, N F Bd. 1, 1938, 3). — K. Sakuma, *The Structure of the Japanese Language* (= Bulletin of the Faculty of Literature of Kyûshû University, 1, 1951). — Ch. Haguenauer, *La langue japonaise* (= Les langues du monde, nouv. éd., Paris 1952). — P. Hartmann, *Einige Grundzüge des japanischen Sprachbaus, gezeigt an den Ausdrücken für das Sehen*, Heidelberg 1952. — T. Kamei, *Über den Hintergrund der japanischen Sprache und ihre wissenschaftliche Betrachtung* (= NOAG, 75, 1953).

VERWANDTE SPRACHEN

6 Die Frage nach der Herkunft des Japanischen und nach seinen verwandtschaftlichen Beziehungen ist umstritten und nicht weniger komplex als die Frage nach dem Ursprung des japanischen Volkes selbst. Die Schwierigkeit besteht in der diachronischen Durchdringung der vergleichbaren Sprachen und in der strikten Anwendung historisch-vergleichender Methoden. Die Entwicklung des Japanischen läßt sich etwa 1400 Jahre zurückverfolgen, ein Urjapanisch nur hypothetisch und fragmentarisch erschließen.

7 Der Vergleich mit den Sprachen der näheren und weiteren Umgebung des Insellandes hat ergeben, daß das Japanische unmittelbar nur mit dem Ryûkyûanischen verwandt ist, das als ein eigentümlicher Zweig des Japanischen angesehen werden kann. Dafür sprechen lautgesetzliche Entsprechungen, Ähnlichkeiten in der morphologischen und syntaktischen Struktur sowie die Identität des Grundwortschatzes.

Auf die enge Verwandtschaft beider Sprachen wies erstmals der gelehrte ryûkyûanische Staatsmann Shô Jôken (Haneji Chôshû) in dem von ihm verfaßten Geschichtswerk ‚*Chûzan-sekan*' (1650) hin. Es folgte Arai Hakuseki in ‚*Ryûkyûkoku-jiryaku*' (1711) und ‚*Nantô-shi*' (1719) sowie Ban Nobutomo in ‚*Kana no motosue*' (1850). Die wissenschaftliche Grundlegung der Verwandtschaftstheorie lieferte B. H. Chamberlain (1895).

8 Anders verhält es sich mit den sprachlichen Beziehungen zu dem zweiten Nachbarvolk, den Ainu. Eine Verwandtschaft zwischen beiden Sprachen ist nicht feststellbar. Nur einige lexikalische Entlehnungen aus dem Ainu ins Urjapanische sind anzunehmen, wogegen die Entlehnungen in umgekehrter Richtung und in historischer Zeit erheblich sind.

9 Unsicher sind die Verwandtschaftsverhältnisse zu asiatischen Festlandsprachen. Hier kommt nur das am nächsten liegende Koreanische in Betracht. Für eine Verwandtschaft spricht die Ähnlichkeit der suffigierenden Agglutination, der Flexion der Verba und Qualitativa, des Satzbaus, des personalen Bezugs in sozialer Stufung und des Vorhandenseins mancher Wortgleichungen im Grundwortschatz; dagegen spricht die Strukturdivergenz in der Lautfügung (das Koreanische hat geschlossene Silben). Zu berücksichtigen ist allerdings, insbesondere bezüglich der Lautvergleichung, daß das Koreanische exakt nur bis ins 15. Jh. zurückverfolgt werden kann, da erst damals eine koreanische Lautschrift erfunden wurde und vordem Chinesisch die alleinige Schriftsprache war. Nur in den Grundzügen läßt sich das Altkoreanische aus wenigen überlieferten Denkmälern erschließen (insbesondere den Hyangga, alten Liedtexten, mit phonetischem Gebrauch der chinesischen Wortschriftzeichen).

Verwandtschaftliche Beziehungen lexikalischer Art zwischen dem Jap. und Kor. wurden erstmals von ARAI HAKUSEKI in seinem etymologischen Forschungen gewidmeten Lexikon ‚*Tôga*' (1717) aufgezeigt. FUJII TEIKAN stellte dann im ‚*Shôkôhatsu*' (1781) die Theorie des gemeinsamen Ursprungs beider Sprachen auf. Der erste wissenschaftlich fundierte Vergleich stammt von W. G. ASTON (1879).

10 Eine Reihe von Indizien wiederum spricht für eine Urverwandtschaft sowohl des Koreanischen als auch des Japanischen mit den Altaischen Sprachen (Turkisch, Mongolisch, Tungusisch, Mandschu): dazu gehört vor allem die Gemeinsamkeit der suffigierenden Agglutination, der syntaktischen Abfolgeregel (S-O-P) und lautgesetzlicher Erscheinungen (das Vorhandensein der im Kor. noch rudimentär nachweisbaren Vokalharmonie ist für das Jap. umstritten). Hinzu kommt eine nicht geringe Zahl von Wortgleichungen, die sich allerdings nur noch teilweise lautgesetzlich fixieren lassen. In die gleiche Richtung weisen immerhin anthropologisch-prähistorische Forschungen, denen zufolge die Einwanderung tungusischer Völkerschaften über Korea nach Japan für wahrscheinlich erachtet wird (Proto-Japaner). Die frühzeitige Loslösung von den altaischen Sprachen, die Isolierung durch die Insellage, die Verpflanzung in einen anderen Lebensraum und die Auseinandersetzung mit sprachlichen Substraten oder Überschichtungen wären als Gründe für die weitgehende Lockerung der Sprachverwandtschaft ins Feld zu führen.

Die Hypothese von der Verwandtschaft des Japanischen mit den altaischen Sprachen wurde zuerst von H. J. KLAPROTH in ‚*Asia Polyglotta*' (1823) aufgestellt. Mehrere Versuche einer Wortschatzvergleichung wurden im Laufe des 19. Jahrhunderts unternommen (A. BOLLER, L. DE ROSNY, H. WINKLER, J. GRUNZEL u. a.), doch stammen die wissenschaftlich haltbaren Untersuchungen erst aus diesem Jahrhundert: K. FUJIOKA (1908), J. SHIMMURA (1927), G. J. RAMSTEDT 1924), E. D. POLIVANOV (1927).

11 Keine Verwandtschaft besteht zwischen dem Japanischen und dem Chinesischen, das zu dem ganz andersartigen monosyllabisch-isolierenden Sprachtyp gehört. Dagegen sind im Zusammenhang mit dem kulturbestimmenden Einfluß Chinas die lexikalischen Entlehnungen ungeheuer groß. Chinesische Bezeichnungen für im Anfangsstadium der Beziehungen eingeführte Kulturgüter wurden japonisiert; die Masse der Lehnwörter bildet hingegen den spezifisch sinojapanischen Wortschatz, der zum überwiegenden Teil auf den Gebrauch in der Schriftsprache beschränkt blieb und in diesem Bereich den Sprachstil stark beeinflußt hat.

12 Schließlich wird auch eine Verwandtschaft des Japanischen mit der austrischen Sprachengruppe angenommen, eine Theorie, die sich auf anthropologische, ethnologische und archäologische Forschungsergebnisse stützen kann. Sprachtypologisch spricht dafür die Gemeinsamkeit der Agglutination, der Silbenstruktur, des tonischen Akzents und der Zweisilbigkeit eines Großteils der Semanteme. Viele etymologische Forschungen, allerdings nur zum Teil mit der notwendigen methodischen Strenge durchgeführt, geben japanisch-austrische Wortgleichungen. Obgleich ein prähistorischer Konnex der malaio-polynesischen Völker mit Japan als sicher gilt, läßt sich eine sprachliche Urverwandtschaft schwer nachweisen. Wahrscheinlich handelt es sich nur um ein austrisches Substrat eines in der Wurzel altaischen Idioms, was sich vor allem im Grundwortschatz ausgewirkt hat.

Die Blickrichtung auf diesen sprachlichen Zusammenhang öffnete sich erst, nachdem Japan 1919 die ehemaligen deutschen Südseekolonien als Mandatsgebiet zugesprochen erhalten hatte. Eingeleitet wurden diese Studien durch D. van Hinloopen Labberton (1925), mit größerer Wissenschaftlichkeit fortgeführt von E. D. Polivanov, A. Whymant und den Japanern K. Tsuboi, B. Horioka, N. Matsumoto, Sh. Matsuoka, H. Izui.

13 Die faktisch isolierte Position des Japanischen hat zu mancherlei Spekulationen Anlaß gegeben. So wurde es sogar mit dem Griechischen, Persischen, Sumerischen, Baskischen, Tibetischen und Mexikanischen verglichen, ohne daß diesen Versuchen ein wissenschaftlicher Wert beigemessen werden kann. Fest steht jedenfalls soviel, daß der Sprachträger, das japanische Volk, ein Mischvolk ist und daß dessen rassische Hauptkomponenten auf das innerasiatische Festland und auf den indonesisch-polynesischen Raum weisen. Deshalb bleiben auch alle Anstrengungen erfolglos, das Japanische auf eine einzige Ursprache zurückführen zu wollen. Die Bildungselemente des Japanischen müssen in beiden Richtungen gesucht werden.

Literatur: M. Aston, *Comparative Study of Japanese and Korean* (= Journal of the Royal Asiatic Society of Great Britain and Ireland, New Ser., Vol. XI, 1879). — B. H. Chamberlain, *The Language, Mythology and Geographical Nomenclature of Japan Viewed in the Light of Aino Studies* (= Memoirs of the Literature College, Tôkyô, Imperial University of Japan, 1, 1887). — B. H. Chamberlain, *Essay in Aid of a Grammar and Dictionary of the Luchuan Language* (= TASJ, First Ser., 23 [1895], Suppl.). — S. Kanazawa, *The Common Origin of the Japanese and Korean Languages,* Tôkyô 1910. — E. V. Zenker, *Über den Ursprung der Japanischen Sprache,* Wien 1913. — E. D. Polivanov, *Sravnitel'no-istoričeskij očerk japonskogo i rjukjuskogo jazykov,* Moskau 1915. — W. Pröhle, *Studien zur Vergleichung des Japanischen mit den uralischen und altaischen Sprachen* (= Keleti szemle, 17, 1916—17). — E. D. Polivanov, *Odna iz japonsko-malajskich parallelej* (=IAN, 1919). — G. J. Ramstedt, *A Comparison of the Altaic Languages with Japanese* (= TASJ, 2nd Ser., 1, 1924). — D. van Hinloopen Labberton, *The Oceanic Languages and the Nipponese as Branches of the Nippon-Malay-Polynesian Family of Speech* (= TASJ, 2nd Ser., 2, 1925). — A. Neville J. Whymant, *The Oceanic Theory of the Origin of the Japanese Language and People* (= TASJ, 2nd Ser., 3, 1926). — E. V. Zenker, *Das japanische Lautwesen im Zusammenhang mit dem koreanischen und dem der Liukiu- und der Ainu-Sprache* (=MSOS, 29, 1926).

— E. D. Polivanov, *K voprosu o rodstvennych otnošenijach Korejskogo i Altaiskich jazykov* (= IAN, 1927). — N. Matsumoto, *Le Japonais et les langues austroasiatiques*, Paris 1928. — W. Schmidt, *Die Beziehungen der austrischen Sprachen zum Japanischen* (= Wiener Beiträge zur Kulturgeschichte und Linguistik, 1, 1930). — M. Eder, *Das Lautwesen des Yaegama-Dialektes, ein Beitrag zur Dialektkunde Japans*, Berlin 1938. — G. Groot, *Besonderheiten der Ryûkyû-Sprache* (= MN 3, 1, 1940). — H. Müller, *Glossen zur Etymologie des Japanischen* (= MN 6, 1943). — O. Karow, *Hochsprache und Mundarten der Naraperiode* (= MN 6, 1943). — Sh. Hattori, *The Relationship of Japanese to the Ryûkyû, Korean and Altaic Languages* (= TASJ, 3rd Ser., 1, 1948). — J. Rahder, *Comparative Treatment of the Japanese Language* (= MN 7—10, 1951—1954). — T. Kamei, *Chinese borrowings in prehistoric Japanese*, Tôkyô 1954. — Ch. Haguenauer, *Les origines de la civilisation japonaise*, Bd. 1, Paris 1956.

DIALEKTE

14 Die gegenwärtige japanische Sprache ist reich an regionalen Eigentümlichkeiten phonetischer, akzentueller, morphologischer und lexikalischer Art, die neben der standardisierten Verkehrssprache fortleben, sich geographisch voneinander abgrenzen lassen und einzelne Dialektgebiete bilden. Die Festlegung dieser Dialektgebiete ist insofern unsicher, als die Isoglossen je nach Zugrundelegung der verschiedenartigen Dialekteigentümlichkeiten divergieren. In der noch jungen japanischen Dialektgeographie steht die Gliederung nach phonetischen Merkmalen voran. Auf dieser Basis ergibt sich nebenstehende Einteilung der Dialekte nach M. Tôjô und H. Kinda'ichi.

Die Zeit der stärksten dialektalen Differenzierung war die Edo-Zeit, als in den einzelnen Provinzen die Territorialherren (Daimyô) eine von der Zentralregierung nur kontrollierte, selbständige Macht entfalteten, die verschiedenen Daimiate keinen engen Kontakt miteinander hatten und eine allgemeine Verkehrssprache faktisch nicht bestand.

Gegenwärtig verlieren unter dem Einfluß von Schulerziehung, Presse, Rundfunk und Film die Dialekte zusehends an Bedeutung.

Literatur: E. D. Polivanov, *Japonskaja dialektologija* (= Zapis. vost. otd. Russk. archeolog. ob-va, 23, 1—2 [1915]). — W. L. Schwartz, *A Survey of the Satsuma Dialect* (= TASJ, First Ser., 43, 1915). — M. Tôjô, *Der gegenwärtige Stand der Dialektforschung in Japan* (= MN 5, 1, 1942). — R. Binkenstein, *Japans Dialekte und Folklore* (= MN 5, 1942). — O. Karow, *Sprachwissenschaftliches und volkskundliches Schrifttum 1942—1943* (= MN 6, 1943). — R. H. Brower, *A Bibliography of Japanese Dialects*, Ann Arbor, University of Michigan Press 1950. — G. Wenck, *Japanische Phonetik*, Bd. 1 (1954). — Y. Fujiwara, *A dialect-geographical study of the Japanese dialects* (= Folklore Studies 15, 1956).

Hokkaidô	Ost-Dialekte	Hokkaidô-Dialekt	Zentren: Sapporo, Asahigawa, Obihiro
		Nordost-Dialekt	Aomori, Iwate, Akita, Miyagi, Yamagata, Fukushima, Nord-Niigata
		Kantô-Dialekt	Tôkyô, Kanagawa, Chiba, Ibaraki, Saitama, Gumma, Tochigi, Ost-Yamanashi
Honshû	Mittel-Dialekte	Tôkaidô-Tôsandô-Dialekt	West-Yamanashi, Shizuoka, Aichi, Gifu, Nagano, Süd-Niigata
		Hokurikudô-Dialekt	Toyama, Ishikawa, Ost-Fukui
	West-Dialekte	Kinki-Dialekt	Kyôto, Ôsaka, Hyôgo, West-Fukui, Wakayama, Nara, Mie, Shiga
		Chûgoku-Dialekt	Ost-Tottori, Okayama, Hiroshima, Yamaguchi, West-Shimane
		Izumo-Dialekt	West-Tottori, Ost-Shimane
		Shikoku-Dialekt	Tokushima, Kagawa, Ehime, Kôchi
Kyûshû	Süd-Dialekte	Ost-Kyûshû-Dialekt	Ost-Fukuoka, Ôita, Ost-Miyazaki
		West-Kyûshû-Dialekt	West-Fukuoka, Saga, Nagasaki, Kumamoto
		Süd-Kyûshû-Dialekt	West-Miyazaki, Kagoshima

HISTORISCHER ABRISS

15 Die Periodisierung der japanischen Sprachgeschichte wird von den japanischen Linguisten im allgemeinen den japanischen Geschichtsepochen entsprechend vorgenommen, die üblicherweise nach den politischen und kulturellen Zentren der Epochen benannt sind. Diese verbreitetste Form der Periodisierung, wie sie z. B. von Y. Yamada (*Narachô-bumpôshi*, 1913) und T. Ima'izumi (*Kokugo-hattatsushi-taiyô*, 1939) angewendet wird, unterscheidet folgende sprachgeschichtliche Epochen: 1. Nara-Zeit (8. Jh.), 2. Heian-Zeit (9. bis Ende 12. Jh.), 3. Kamakura-Zeit (13. bis Mitte 14. Jh.), 4. Muromachi-Zeit (Mitte 14. bis Ende 16. Jh.), 5. Edo-Zeit (17. bis 2. Hälfte 19. Jh.). Dem entspricht im gro-

ßen und ganzen auch die Periodisierung von Y. Yoshizawa (*Kokugoshi-gaisetsu*, 1931): 1. Altertum (Nara), 2. Mittelalter (Heian), 3. Neuere Zeit (Kamakura-Muromachi), 4. Neuzeit (Edo), 5. Gegenwart (ab Meiji-Restauration, 1868). M. Andô (*Kokugogaku-gaisetsu*, 1929) gibt eine schlagwortartige Charakterisierung der Perioden: 1. Periode: Bildung (Vor-Nara, Nara), 2. Periode: Entwicklung (Heian), 3. Periode: Vermischung (Kamakura, Muromachi), 4. Periode: Teilung (Edo), 5. Periode: Vereinheitlichung (Gegenwart). Eine Zusammenfassung in drei große Perioden gibt Sh. Hashimoto (*kokugogaku-gairon*, 1932): 1. Periode (Vor-Nara, Nara), 2. Periode (Heian, Kamakura, Muromachi), 3. Periode (Edo, Gegenwart). — Alle übrigen Periodisierungen stimmen im wesentlichen mit den vorgenannten überein.

16 Eine Rekonstruktion des Urjapanischen ist wegen der Unsicherheit der sprachlichen Genesis und der zu schmalen Vergleichsbasis, die nur im Ryûkyûanischen und in der Entwicklung der japanischen Dialekte feste Anhaltspunkte findet, bislang nicht möglich gewesen. Erst kurz vor der Nara-Zeit, um 600, wird die Sprache der Forschung zugänglich und erschließt sich mit dem Einsetzen der literarischen Überlieferung im 8. Jahrhundert in ganzer Breite.

17 Das Sprachstadium der Nara-Zeit bezeichnen wir als Altjapanisch. Aus der Nara-Zeit ist die Sprache Yamatos, d. h. Zentraljapans, bekannt, sowie in Einzelzügen die Sprache der Ostgebiete. Phonetische und morphologische Abweichungen des östlichen Idioms zeigen an, daß das Japanische bereits damals dialektal differenziert war. Die Sprache Yamatos hatte 8 Vokalphoneme (je ein *a*- und *u*-Phonem, je zwei *i*-, *e*- und *o*-Phoneme, deren lautliche Unterschiede noch umstritten sind) und 13 Konsonantenphoneme (*k, t, s, F, g, d, z, b, m, n, r, j, w*), von denen 88 silbische Phonemkombinationen möglich waren. Der Lautwert des stimmlosen Labials, für das älteste Japanisch mit *p* anzusetzen, hatte vermutlich damals bereits spirantischen Charakter: *ɸ*. Die Morphologie zeigt noch einige Besonderheiten, die später verlorengehen: das Verb (8 Flexionsklassen) hat altertümliche Passivformen (*-yu*), eine spezielle Form der Nominalisierung (*-ku*) und eine Vielzahl von Modalformen, vornehmlich desiderativer Art; auch weist die Verteilung der Verba auf die einzelnen Flexionsklassen Abweichungen gegenüber der späteren Zeit auf. Die Flexion der Qualitativa hat noch Sonderformen bewahrt (*-ke, -mi*), und bei den Demonstrativa ist das Vorhandensein echter Personalpronomen hervorzuheben (*a, wa, na, ta, shi*). Die Schrift war chinesisch (*kanji*), doch blieb sie nicht nur Ausdrucksmittel der chinesischen Schriftsprache (*kambun*), sondern wurde auch zur Niederschrift japanischen Sprachguts herangezogen, wobei chinesische Logogramme zur Bezeichnung japanischer Lautsilben gebraucht wurden (*manyôgana*). So entwickelte sich ein eigentümlicher Schreibstil (*hentai-kambun*), der dem Schriftbild nach rein chinesisch, im Wesen aber eine logophonographische Mischschrift war, die sich auch in der Reihenfolge der wortwertig gebrauchten Zeichen und in ihrer Auswahl japanischer Syntax anbequemte und für Chinesen fast unverständlich wurde. Die in dieser Mischschrift überlieferten ältesten Literaturdenkmäler Japans (*Kojiki, Manyôshû, Fudoki, Norito, Semmyô*) reproduzieren, vom Ritualstil abgesehen, die damals gängige Umgangssprache und bewahren in Gebetsformeln, Sprichwörtern, poetischen Tropen usw. Reste eines noch älteren Sprachgutes.

18 Die Sprache der Heian-Zeit, in der sich viele neue Entwicklungen anbahnen, bildet das Übergangsstadium vom Alt- zum Mitteljapanischen. Wir bezeichnen sie als frühes Mitteljapanisch. Während der Heian-Zeit verlagerte sich das Sprachzentrum weiter nördlich nach Kyôto. Akzenteigenarten dieses Gebietes kommen in diakritischen Tonbezeichnungen (*shôten*) bei einigen Schriftdenkmälern zum Ausdruck. Die Entwicklung der Dialekte bleibt weithin im Dunkeln, doch scheinen sie am Ende der Heian-Zeit (*Insei-jidai*) durch den Machtzuwachs des provinziellen Schwertadels und sein Vordringen in die hauptstädtische Kultur einen gewissen Einfluß auf die Hochsprache ausgeübt zu haben. Tiefgreifende Wandlungen zeichnen sich zur Heian-Zeit in der Sprache ab; teils immanenter Natur, teils ausgelöst durch die intensive Berührung mit dem Chinesischen. Das Lautsystem ändert sich durch Aufgabe der Opposition der paarigen *i*-, *e*- und *o*-Phoneme, durch Verstummen des palatalen Halbvokals vor *e* (*ye*>*e*; *yi*>*i* bereits in der Nara-Zeit) und des labialen Halbvokals vor *i, e, o* (*wi*>*i* usw.), durch den Übergang von inlautendem *Fa*>*wa,* durch Aufkommen eines Silbenschlußnasals, langer und palatalisierter Konsonanten, langer und diphthongischer Vokale. Viele dieser Erscheinungen stehen im Schatten der Ausbreitung des Sinojapanischen, resultieren aber auch aus Lautgruppenänderungen, die sich währenddessen in der japanischen Grundsprache anbahnen (*ombin*). Auf dem Gebiet der Grammatik ist der Übergang verschiedener Verben in andere Flexionstypen und deren Anwachsen auf neun Klassen zu vermerken, sodann die Aufgabe der alten Passivformen und alleinige Produktivität der Formen auf *-ru,* die nun auch als honorative Aussageform neben den bisher in dieser Funktion gebrauchten faktitiven Verben auftreten. Von den Verbalsuffixen verschwinden manche, andere werden neu gebildet (*-meri, -maji, -mahoshi*), und besonders die verbalen Modalformen unterliegen zahlreichen Veränderungen (Desiderativ, Dubitativ, Negation). Die erwähnten speziellen Verbal- und Qualitativformen der Nara-Zeit werden aufgegeben, ebenso auch das System der Personalpronomen. Die ursprünglich geringe Zahl der Qualitativa erhält einen bedeutenden Zuwachs aus dem sinojapanischen Vokabular durch Umwandlung von Nomen mittels japanischer Suffixe (*-nari, -tari*); wie überhaupt Wörter chinesischer Herkunft (*kango*) bereits japanisch morphologisiert werden und so als Verben, Adverbia und Qualitativa den japanischen Wortschatz bereichern. In der Hauptsache jedoch bleibt das sinojapanische Vokabular noch auf den buddhistischen und administrativen Bereich beschränkt. Die Schrift entwickelt sich zu einem komplizierten logophonographischen System, das im wesentlichen bis in die Gegenwart konstant bleibt. Die phonetisch angewandten Wortschriftzeichen des Chinesischen werden durch häufigen Gebrauch immer kursiver stilisiert und fungieren in diesen Kursivformen, mit vielen Varianten, als Silbenschriftzeichen, mit denen sich die derzeitige japanische Umgangssprache adäquat darstellen ließ. Da jedoch die chinesisch gebildete Männerwelt auf der mehr oder weniger japonisierten chinesischen Schriftsprache beharrte, blieb die Silbenschrift und mit ihr die schriftliche Fixierung des Japanischen anfangs den adligen Damen vorbehalten, die an der Grundlegung der japanischen Schriftsprache und am hohen Niveau der eigenständigen Literatur in der Heian-Zeit starken Anteil haben. Deshalb ist die japanische Schriftsprache in ihrem Anfangsstadium mit weiblichen Gefühlswerten durchzogen, die lexikalisch und morphologisch in Höflichkeitswörtern (*keigo*) und Modalformen einer nicht kategorischen Aussageweise ihren Niederschlag gefunden haben. Im Schriftbild dieser Sprache spielen chinesische Zeichen eine untergeordnete Rolle, denn selbst ein großer Teil der Begriffswörter wird in Silbenschriftzeichen (*hiragana*) wiedergegeben. Nur die chinesischen Fremdwörter, die in den Wortschatz der Umgangssprache eingedrungen sind, wurden in der Regel chinesisch geschrieben. Erst seit der Mitte der Heian-Zeit bedienen sich auch Männer stärker der japanischen Schriftsprache, doch wird von ihnen das japonisierte Chinesisch weiterhin gepflegt. Aus der Notwendigkeit, die japonisierte Lesung chinesischer Texte durch graphische Zusätze zu erleichtern, die neben der japanischen Wortumstellung auch japanische Morpheme kenntlich machen, entwickelte sich ebenfalls in dieser Periode eine zweite Form der Silbenschrift, die aus den Vollformen der chinesischen Zeichen abgeleitet ist (*katakana*).

Die japanische klassische Schriftsprache der Heian-Zeit, die in den Romanen, Essays, Tagebüchern und Gedichten einer im wesentlichen von Frauen geschaffenen Literatur als ein überaus feingliedriges Ausdrucksgebilde fortlebt, bildet die Grundlage der konservativen Standard-Schriftsprache (*hyôjun-bungo*), die bis ins 20. Jahrhundert hinein ihre Geltung behalten hat.

Vom Ende der Heian-Zeit an wird die japanische Schriftsprache in zunehmendem Maße ein Instrument männlichen Ausdruckswillens, womit eine Anreicherung des sinojapanischen Vokabulars und eine bündigere Aussageform einhergehen. Gleichzeitig aber verliert auch die Schriftsprache ihre Identität mit der Umgangssprache und führt fortan ein papierenes Eigenleben.

19 Die ersten überblickbaren 600 Jahre der Sprachgeschichte bis zum Ende des 12. Jahrhunderts finden in der Ausbildung einer nationalen Schriftsprache ihre Krönung. Der nun folgende Zeitraum von 500 Jahren (Kamakura- und Muromachi-Zeit), politisch gekennzeichnet durch eine wechselvolle, von blutigen Fehden erschütterte Regierungsgewalt des Schwertadels, bringt die endgültige Loslösung der Umgangssprache von der Schriftsprache und ihre an Wandlungen reiche Weiterentwicklung, an deren Endpunkt sie um 1700 diejenige Gestalt gefunden hat, die im großen und ganzen der modernen Verkehrssprache entspricht. Dieses Stadium eines tiefgreifenden Wandlungsprozesses bezeichnen wir als Mitteljapanisch.

Die Sprache von Kyôto bleibt zwar nach wie vor die Hochsprache, doch als Folge der politischen Machtverlagerung und Dezentralisation wird das Einsickern von Dialektismen immer spürbarer. Besonders während der Muromachi-Zeit, als die aus Ostjapan stammenden Ashikaga-Shogune in Kyôto ihren Sitz nahmen, wurde die Einwirkung des Kantô-Dialektes auf die Hochsprache unverkennbar.

In lautlicher Hinsicht zeichnet sich bereits in der Kamakura-Zeit eine Entdiphthongisierung der u-Diphthonge ab (*au*>*ɔː*, *ou*, *eu*>*oː*), wobei die so entstandenen Langvokale eine distinktive Opposition bilden. Auch die übrigen Langvokale werden nunmehr allgemein phonologisiert. Weitere Erscheinungen des Lautwandels treten in der Muromachi-Zeit auf: anlautendes *e* / *o*>*ye* / *wo*; *ti* / *di*>*či* / *dʒi* und *tu* / *du*>*tsu* / *dzu*; *se* / *ze*>*ʃe* / *ʒe*; *ɸ*>*h* (um die Wende zur Edo-Zeit); Nasalierung von *a*, *o* vor den stimmhaften Klusilen *g*, *d*, *b*; stimmlose Konsonanten nach Nasal- und Langvokalen werden stimmhaft (*rendaku*); Silbenschlußnasal oder auslautendes *t* (> *tsu*, im sinojap. Wortschatz; urspr. chin. Silbenschlußdental) werden bei vokalisch oder halbvokalisch anlautenden Silben zum folgenden Anlaut hinübergezogen (*renjô*; z. B. *shin'ô*>*shinnô*, *kut(su)waku*>*kuttaku*, *sanyô*>*sannyô*), eine Erscheinung, die in späterer Zeit nur noch dialektal produktiv ist. In der Morphologie ist die Wandlung der Verbalflexion von nachhaltigster Bedeutung: die Attributivform des Verbs tritt an die Stelle der prädikativen Finalform und die Vokalalternation im Auslaut der zweistufigen Flexionsklassen wird durch Analogiebildung aufgegeben; beides zusammengenommen bewirkt eine Verminderung der Flexionsklassen von neun auf sechs. Außerdem setzen sich die schon zur Heian-Zeit sporadisch auftretenden Lautgruppenänderungen (*ombin*) jetzt allgemein in der Flexion der Verba und der Qualitativa durch und sind in der Schlußphase des Mitteljapanischen bereits durchweg grammatikalisiert, allerdings mit dialektaler Differenzierung. Dadurch wird auch bei den echten Qualitativa der Gegensatz von Attributiv- und Finalform aufgehoben (bei den verbalen Sekundärbildungen wird das Attributivsuffix *-naru* zu *-na* verkürzt). Die verbalen Postpositionen und Suffixe werden verringert, neue Formen tauchen auf: das Suffix des Perfekts wird verkürzt (*-tari*>*-ta*) und bezeichnet fortan in erster Linie das Präteritum. Modale Futursuffixe unterliegen dem Lautwandel (*-n* / *-ntosu*>*-u* / *-uzu*[*ru*]), alte Negationsformen werden durch neue ersetzt (statt *-zaru* [Präs.], *-zatta* [Prät.] jetzt *-nu*, *-nanda*; Ende der Muromachi-Zeit). Die Kopula *de-aru* wird kontrahiert zu *ja* und *ya* (Kyôto) oder *da* (Kantô-Gebiet). In der Syntax erscheinen neue Mittel konjunktionaler Bindung von Satzgefügen (*keredomo*, *kara*). Die sozial differenzierten Aussageformen erreichen in der Muromachi-Zeit ihre größte Vielfalt. Im Zusammenhang damit steht eine Überfülle von abgeleiteten Personalpronomen der 1. und 2. Person (*watakushi* ‚ich' stammt auch aus der Muromachi-Zeit). Die auf respektierte Personen bezogenen Nomina erhalten allgemein ehrende Präfixe. Das Lexikon der speziellen Höflichkeitswörter wächst. *haberi*, das bis zum Beginn der Kamakura-Zeit übliche Hilfsverb der Respektsbezeugung, wird durch *sôrô* abgelöst (>*soro*, *sô*, *sa*, *su* in der Muromachi-Zeit), dies wiederum in der Muromachi-Zeit durch *gozaru* verdrängt. Außerdem entwickeln sich viele neue Höflichkeitsverben. In Umgangssprache abgefaßte Texte sind aus der Muromachi-Zeit erhalten (*kyôgen*, *shômono*, *kirishitanmono*). Die Schrift- und Literatursprache bleibt von diesen Änderungen frei. In ihr gewinnt der sinojapanische Wortschatz weiter an Boden, und es bildet sich der spezifische japanisch-chinesische Mischstil (*wakankonkôbun*), der mit vielen Sinismen angereichert ist, auch idiomatische

Wendungen und syntaktische Besonderheiten der chinesischen Sprache ins Japanische transponiert. In der Schrift entspricht dem die Mischung chinesischer Wort- und japanischer Silbenzeichen (*kanji-kana-majiribun*), bei der im Gegensatz zu der weiblich bestimmten Schriftsprache der vergangenen Epoche möglichst viele Begriffswörter mit Wortschriftzeichen wiedergegeben werden, unabhängig von ihrem sinojapanischen oder japanischen Lautwert. Von der Kamakura-Zeit an kommen, anfangs unter dem Einfluß von Zen-Mönchen, neue chinesische Wortentlehnungen in neuartigen Lautungen auf (*tôin*). Der sinojapanische Wortschatz dringt auch tiefer in die Umgangssprache ein. Am Ende der Muromachi-Zeit tauchen durch portugiesische Vermittlung die ersten europäischen Fremdwörter auf.

20 Mit der nächsten sprachgeschichtlichen Entwicklungsstufe, der Edo-Zeit, beginnt das Neujapanische. Dieser Zeitraum von 250 Jahren wird als Periode der sprachlichen Teilung charakterisiert, da nunmehr zwei Sprachzentren erwachsen. Das eine umfaßt das Gebiet der alten Hauptstadt Kyôto und der nahen Hafen- und Handelsstadt Ôsaka, die beide zusammen mit ihrer Umgebung regional als *kamigata* bezeichnet werden. Das zweite Sprachzentrum bildet sich in Edo (dem jetzigen Tôkyô), wo die Shogunatsregierung der Tokugawa ihren Sitz hatte und wo ein neues wirtschaftliches und kulturelles Leben erblühte. In der ersten Hälfte dieser Epoche liegt das kulturelle und mithin auch das sprachliche Schwergewicht noch im Kamigata-Gebiet; erst in der zweiten Hälfte verlagert es sich nach Edo, das im Bereich des Kantô-Dialektes liegt, wodurch die Merkmale dieses Ostdialektes an der Formung der neuen Stadtsprache wesentlichen Anteil haben und so in die Hoch- und Standardsprache der Gegenwart eingehen. Überhaupt treten in der Edo-Zeit die regionalen Dialekte deutlich in Erscheinung, und auch die Idiome von Berufsgruppen und sozialen Ständen differenzieren sich noch stärker.

Die Sprache des Kamigata-Gebietes erweist sich ganz natürlich als die konservativere, da sie die Tradition der alten Hochsprache von Kyôto fortsetzt. Phonetisch ist die Aufhebung der Opposition *dʒ/ʒ* und *dz/z*, die Rückbildung von *ʃe/ʒe* zu *se/ze*, der Übergang von *kwa/gwa* zu *ka/ga* und die Entdiphthongisierung von *ei* zu *ê* zu vermerken; auch verlieren die Silben *ye, wo* wieder ihren halbvokalischen Anlaut, und der palatale Spirant *s* neigt zu der weicheren Aussprache *ç*. Morphologisch ist die Aufgabe einer alten, eng begrenzten verbalen Flexionsklasse hervorzuheben (*shinu, inu*), wodurch die Verbalflexionen auf die heute noch gültige Zahl von fünf verringert werden. In der Syntax zeigen sich weitere konjunktionale Postpositionen (*node, ni-yotte*). Überdies ist der verbreitete Gebrauch emphatischer Postpositionen am Satzende auffallend (*i, no, ino, ina*). Der Wortschatz zeigt die schon erwähnte Differenzierung nach Gilden und Ständen, bereichert aus dem Reservoir der Provinzialismen. Zudem entwickelt die Sprache der Frauen neben einem besonderen Vokabular auch besondere grammatische Formen.

21 Die neue Stadtsprache von Edo ist das Ergebnis mannigfaltiger Verschmelzungen. Anfangs ein Dialektgemisch der heterogenen Einwohnerschaft, die zum größten Teil aus den umliegenden Provinzen und auch aus dem Zentralgebiet Kamigata zugewandert ist, gewinnt sie erst allmählich eine einheitliche Form und ihr spezifisches Kolorit, das den Typ der modernen Umgangssprache von Tôkyô prägt. Die phonetische Entwicklung stimmt zum Teil mit der des Zentralgebietes überein (Zusammenfall von *dʒ/ʒ, dz/z; kwa/gwa>ka/ga; ɸ>h*). An speziellen Veränderungen wäre hervorzuheben: *ɸi>çi; ae/ai/ei>ê*; inlautendes *g>ŋ*; emphatische Gemination (*ya p p ari, mi n n a*) und Palatalisation (*sore-wa>soriyâ, sore-de-wa>sorejâ*). Auf grammatischem Gebiet ist die Entwicklung der Verbalflexion prinzipiell die gleiche wie im Kamigata-Dialekt, nur zeitigen die morphologischen Lautgruppenänderungen (*ombin*) teilweise andere Ergebnisse (z. B. *kafita>kôta* [Kamigata], *>katta* [Edo]) und werden in der Flexion der Qualitativa zurückgedämmt (*tadashiu* [Kamigata], *tadashiku* [Edo]). Gegenüber den Negationsformen *-nu, -nanda* des Zentralgebietes setzen sich in Edo die Formen *-nai, -nakatta* durch, und gegenüber dem Imperativsuffix *-yo — -ro*. In Edo entsteht auch die höfliche Form *desu* der Kopula (neben *de-arimasu*), die für die Standardsprache der Gegenwart so charakteristisch ist.

In der Edo-Zeit wird nach jahrhundertelanger Erstarrung der Schriftsprache erstmals wieder die Trennwand zur Umgangssprache durchbrochen, da ein gewisser Teil der urbanen Literatur in Umgangssprache abgefaßt ist (*haiku, senryû, sharebon, kokkeibon*, Dialoge in sonstiger Prosa). Andererseits bleibt dem Versuch nationalgesinnter Philologen (*kokugakusha*), eine von Sinismen entkleidete Schriftsprache altjapanischer Prägung populär zu machen (*gikobun*), eine Breitenwirkung versagt. Die Schriftsprache bewahrt ihre traditionelle Form und erhält nur im Vokabular zeitbedingte Akzente.

22 Als nach Jahrhunderten der Abschließung Japan seine Häfen dem Ausland freigab, als die Shogunatsregierung abtreten mußte, die kaiserliche Macht wiederhergestellt und das gesamte öffentliche Leben von Grund auf reformiert wurde, begann gegen Ende des vergangenen Jahrhunderts die japanische Sprache in ihre letzte Entwicklungsphase zu treten. Edo, der alte Sitz der Tokugawa-Shogune, wurde 1868 zur neuen, östlichen Hauptstadt (Tôkyô) proklamiert und ab 1869 kaiserliche Residenz. Damit war das politische und kulturelle Zentrum endgültig und eindeutig in den Osten verlegt, und die Sprache von Tôkyô errang somit die Stellung der offiziellen Hochsprache. Diese Sprache bildet die organische Fortsetzung des bereits beschriebenen Edo-Idioms und hat bis auf den heutigen Tag keine einschneidenden Veränderungen mehr erfahren. Diejenigen Merkmale, die sie von der Sprache der vorigen Periode abheben und als Sprache der Gegenwart (*gendaigo*) kennzeichnen, sind vornehmlich äußerer Natur und resultieren aus dem neuzeitlichen Strukturwandel der japanischen Lebensformen, ausgelöst durch die Berührung mit der westlichen Welt und durch die Adaptation ihrer technischen und zivilisatorischen Errungenschaften. Folglich ist das hauptsächlichste Charakteristikum der Sprache der Gegenwart in ihrem Wortschatz zu finden, dessen Neuerungen auf diese ausländischen Einflüsse zurückzuführen sind. Schon in der vorangegangenen Periode der Abschließung (*sakoku-jidai*) waren einige europäische Fremdwörter eingesickert, größtenteils portugiesischer und holländischer Provenienz. Nunmehr setzte mit dem unablässigen Zustrom neuer Dinge und Begriffe eine Flut von Wortentlehnungen ein, die in der Masse angelsächsischer Herkunft sind. Neben den eigentlichen Fremdwörtern kamen viele Lehnübersetzungen in Gebrauch, wobei auf den unerschöpflichen chinesischen Wortzeichenschatz zurückgegriffen wurde. Aus dem gleichen Reservoir wird auch das Material für eigenständige Bezeichnungen der neuen Güter geschöpft. Der enge Kontakt mit den europäischen Sprachen macht sich nicht nur in Neologismen bemerkbar: eine gewisse syntaktische Beeinflussung ist in der gehobenen Sprache nicht zu verkennen. So tritt neben den prädikativen Pol am Satzende als zweiter Pol das nominale Subjekt am Satzanfang, das sonst im Japanischen eine untergeordnete Rolle spielte; außerdem zeigt sich die Tendenz zu einer passivischen Ausdrucksweise und zur Auflösung der Satzperioden in Satzfügungen mit weniger Gliedern. Andererseits macht sich deutlich eine Bevorzugung der analytischen Bildungsweise des Prädikats, d. h. die Tendenz zur Auflösung der vielfältigen Agglutinationsformen beim Verb, bemerkbar, die in der Entwicklung des Neujapanischen und insbesondere der Sprache von Tôkyô immer greifbarer zutage tritt. Sprachstilistisch sei schließlich angemerkt, daß durch die Ausbreitung der modernen Gesellschaftsformen eine Reduktion und Nivellierung der sozial differenzierten Aussageformen um sich greift.

23 Mit dem Einsetzen der kulturellen Neuorientierung und der sprachlichen Modernisierung mußte der nach wie vor bestehende Gegensatz zwischen Umgangs- und Schriftsprache als schwerwiegendes Hemmnis empfunden werden. Hinzu kam die Erkenntnis, daß ein solcher Gegensatz bei den europäischen Sprachen nicht besteht, was nicht zu Unrecht mit dem zivilisatorischen Aufschwung der betreffenden Völker in Zusammenhang gebracht wurde. Deshalb setzte eine von führenden Gelehrten und Schriftstellern getragene Bewegung zur Vereinheitlichung der Umgangs- und Schriftsprache ein (*gembun-itchi*), als deren Ergebnis die altertümliche Schriftsprache auf wenige Reservate verdrängt wurde und die Umgangssprache als schriftliches Kommunikationsmittel Anerkennung fand. Kurz nach der Jahrhundertwende wurde die Umgangssprache in den Volksschullesebüchern eingeführt und bald darauf auch von der Presse übernommen. Erst nach der Aufgabe der erstarrten Standard-Schriftsprache konnte sich die Hochsprache von Tôkyô als Verkehrssprache (*futsûgo*) im ganzen Lande durchsetzen. Als Sprache des Schulunterrichts und der Presse gewann sie allgemeine Geltung, ohne daß regionale oder individuelle Abweichungen dem einen Abbruch tun konnten. Sie ist gegenwärtig die Nationalsprache, das offizielle sprachliche Kommunikationsmittel und als solches weitgehend standardisiert (*hyôjungo*). Die Schriftreform nach dem Zweiten Weltkrieg mit der Tendenz, die historische Orthographie durch eine phonetische zu ersetzen, und die endgültige Verdrängung der alten Schriftsprache aus dem öffentlichen Leben waren die letzten Schritte zur Vereinheitlichung und Vereinfachung der japanischen Sprache.

Literatur: G. Sansom, *An Historical Grammar of Japanese*, Oxford 1928, S. 51—68. — E. M. Kolpakči, *Nekotoryje problemy istorii japonskogo jazyka* (= KSIV 12 [1955], S. 3—12).

SCHRIFTSPRACHE UND UMGANGSSPRACHE

24 Der Unterschied zwischen Umgangs- und Schriftsprache, ein Charakteristikum des gesamten chinesischen Kulturkreises, bestand in Japan ungefähr 800 Jahre (1100—1900). Die japanische Schriftsprache blieb im wesentlichen während all dieser Jahrhunderte konstant. Sie bewahrte die grammatische Struktur der klassischen Sprache der Heian-Zeit und unterlag nur in lexikalischer und idiomatischer Hinsicht Veränderungen. Im Laufe der Jahrhunderte schrumpfte zwar das Verständnis subtiler grammatischer Ausdrucksmöglichkeiten, gleichzeitig trat aber eine Standardisierung dieses erstarrten Sprachgebildes auf. Von der Umgangssprache wenig beeinflußt, blieb es auch frei von Dialekteigentümlichkeiten. So bewährte es sich als schriftliche Verkehrssprache über alle regionalen und historischen Veränderungen hinweg, weshalb ihm als einigendes Band der japanischen Kultur größte Bedeutung beizumessen ist. Zudem blieb die Schriftsprache bis in die Neuzeit das sprachliche Medium der japanischen Literatur, die sich nur mit ihrer Kenntnis dem Verständnis erschließt.

Noch in den ersten dreißig Jahren nach der Meiji-Restauration (1868) nahm die konservative Schriftsprache einen letzten großen Aufschwung, da sie in den neu gegründeten Zeitungen, Zeitschriften und in der wissenschaftlichen Literatur allgemein vorherrschte. Sie präsentierte sich dort in einer der chinesischen Schriftsprache (*kambun*) sehr angenäherten Form, die faktisch einer japanischen Übersetzung des Kambun unter Beibehaltung des sinojapanischen Wortschatzes gleichzusetzen ist (*futsû-buntai*). Erst nach dem Siegeszug der Gembun'itchi-Bewegung, welche die bislang als Vulgärsprache (*zokugo*) abschätzig beurteilte Umgangssprache an ihre Stelle setzte, verlor die Standard-Schriftsprache die alte Vorherrschaft. Zwischen den beiden Weltkriegen wurde sie von der Umgangssprache auch aus ihren letzten Positionen verdrängt: dem Briefstil (*sôrô-buntai*), dem juristischen Stil (*hôritsu-buntai*) und dem administrativen Stil (*kôyô-buntai*). Nur noch in der Poesie findet die Grammatik der früheren Schriftsprache in seltenen Fällen Anwendung (*imbun*). Alles in allem gehört sie gegenwärtig der Sprachgeschichte an.

25 Die heutzutage allgemein gebräuchliche Schriftsprache auf der Basis der Umgangssprache (*kôgo-buntai*) gliedert sich in zwei Stilarten, die durch das formale Element der höflichen Aussageweise geschieden sind: der gewöhnliche Stil (*jôtai*) hält sich von den Honorifica frei und ist gekennzeichnet durch den Gebrauch der Kopula *da* oder *de-aru;* der höfliche Stil (*keitai*) verwendet Höflichkeitswörter und so auch die Kopula *desu* oder *de-arimasu* (*de-gozaimasu*). Die Abweichungen dieser neuen Schriftsprache gegenüber der Umgangssprache beschränken sich auf das Vokabular, da der sinojapanische Wortschatz noch immer im Schrifttum eine größere Rolle spielt als im mündlichen Verkehr. Die gesamte moderne Presse und Literatur sowie der offizielle und private Schriftverkehr bedienen sich der standardisierten Umgangssprache.

II LAUTLEHRE

ARTIKULATION

26 Die japanische Artikulation geschieht ohne starke Muskelspannung. Die Lippenbeteiligung ist gering. Charakteristisch ist die rillenförmige Ruhelage der Lippen, die bei der Artikulation grundsätzlich beibehalten wird und nur beim *o* in eine mäßige Rundung übergeht. Dazu kommt der kleine, relativ konstante Öffnungsgrad des Kiefernwinkels, der schwache Expirationsdruck, die geringe Spannung und der gleitende Lauteinsatz, was zusammengenommen der Artikulation eine wenig ausgeprägte Sonorität verleiht.

LAUTBESTAND

			bilabial		postdental		(palatalisiert) alveolar	palatal	velar		laryngal
				palatalisiert		palatalisiert			palatalisiert		
Klusile	stimmlos	kurz	p	p'	t				k'	k	ʔ
		lang	pː	p'ː	tː				k'ː	kː	
	stimmhaft		b	b'	d				g'	g	
Affrikaten	stimmlos	kurz			c		č				
		lang			cː		čː				
	stimmhaft				dz		dʒ				
Frikative	stimmlos	kurz	ɸ		s		ʃ	ç			h
		lang			sː		ʃː				
	stimmhaft				z		ʒ				
Nasale		kurz	m	m'	n	n'			ŋ'	ŋ	
		lang	mː	m'ː	nː	n'ː					
Liquida					ɾ	ɾ'					
Halbvokale			w					j		(ŋ̃)	
Vokale	kurz und lang	hoch						i/iː		ɯ/ɯː	
		mittel	ɔ/ɔː					ɛ/ɛː			
		tief						a/aː			
	Diphthonge		ai, ɔi, ɯi, aɯ, aŋ̃, ɔŋ̃, ɯŋ̃, ɛŋ̃, iŋ̃								

27 Die nebenstehende Tabelle zeigt den Lautbestand der modernen Standardsprache.

28 BESONDERHEITEN DER AUSSPRACHE

a) Die palatalisierten Konsonanten sind dadurch gekennzeichnet, daß unabhängig von ihrer Lokalisierung und Artikulationsart zusätzlich und gleichzeitig der Zungenrücken gegen das Palatum gehoben wird. Diese Modifikation verleiht den betreffenden Konsonanten einen höheren Eigenton und gleitet auf den folgenden Vokal über (jap. Transkription: *ky, py, my* usw.; siehe § 44).

b) *dz, dʒ*: In der Standardsprache wird der klusive Bestandteil der beiden Laute in der Regel nicht mehr artikuliert (nur noch in der Stellung nach *n* und nach Pausa), so daß sie in den meisten Stellungen lautlich mit *z, ʒ* zusammenfallen.

c) *ç*: Ähnlich dem deutschen ich-Laut, doch mit geringerer Reibung und etwas weiter zurückgezogener Zunge. Das stimmhafte Äquivalent dazu ist, rein phonetisch, der Laut *j*, allerdings mit etwas größerer Öffnung artikuliert.

d) ɾ : Das sogenannte geschlagene r (flapped r), durch einmaliges, vibrationsloses Abschlagen der Zungenspitze von den Alveolen gebildet.

e) *ŋ̃*: Der sogenannte Silbenschlußnasal; wie *ŋ*, doch ohne völligen Zungenverschluß am hinteren Velum; einem ungerundeten, nasalierten *u* (*ɯ̃*) ähnlich. Zweiter Bestandteil der Nasaldiphthonge.

f) ʔ : Der Kehlverschluß. Er tritt in der Regel nur als emphatisches Grenzsignal eines Sprechtaktes vor vokalischem Anlaut, häufiger nach vokalischem Auslaut desselben in Erscheinung (im allgemeinen folgt auf Pausa ein weicher Vokaleinsatz).

g) *ɯ*: Ungerundetes *u*, d. h. ohne Rundung der Lippen artikuliert. Die Enge wird von der zurückgezogenen Zunge auf der Höhe des mittleren Velums gebildet.

w ist ein unsilbisches *ɯ*.

h) Alle Diphthonge sind fallend.

i) Devokalisation: Die beiden hohen Vokale *i* und *ɯ* werden in der Stellung zwischen stimmlosen Konsonanten und häufig im Auslaut nach stimmlosen Sibilanten in ihrer Quantität reduziert und devokalisiert, verlieren also ihre Stimmhaftigkeit. Nur zwischen den Sibilanten werden sie in der Regel nicht devokalisiert (*ki̥ta ippi̥ki, cɯ̥ki, ɸɯ̥tacɯ̥, masɯ̥*; aber: *ʃisɔː, sɯʃi*).

DAS PHONEMISCHE SYSTEM (STANDARDSPRACHE)

29 Das Konsonantensystem:

			ʃː				
			sː				
w j			s	z			
			ʃ				
				ʒ			
ç b'	p')		č			k' G'	
h b	(p		t	d		k	G
pː			tː			kː	
p'ː			čː			k'ː	
m'				n'	ɾ'		
m				n	ɾ		
mː				nː			
m'ː				n'ː			

Anmerkung: Das Phonempaar *G—G'* wird in der Regel intervokalisch als *ŋ*, *ŋ'* realisiert, im Anlaut nach Pausa als *g*, *g'* (Ausnahmen siehe § 31 Anm.).

30 Das Vokalsystem

i	iː	iN	
ɯ	ɯː	ɯN	ɯi
ɛ ɔ	ɛː ɔː	ɛN ɔN	
ɑ	ɑː	ɑN	ɑi

Anmerkungen: 1. Der nasale Bestandteil der Nasaldiphthonge (Silbenschlußnasal *N*) wird vor Labialen als *m*, vor Dentalen und Affrikaten als *n*, vor Velaren als *ŋ*, vor Vokalen, Halbvokalen, stimmlosen Sibilanten (*s*, *ʃ*) und vor Pausa als *ŋ̃* realisiert (bei schnellem Sprechen als reiner Nasalvokal: *ĩ*, *ɔ̃* usw.).

2. Die Diphthonge *ai*, *ɯi* sind nur in einem Teil des sinojapanischen Vokabulars monophonematisch zu werten (wenn sie auf monosyllabische Diphthonge des Chinesischen zurückzuführen sind). Polyphonematisch sind sie stets zu werten, wenn die Morphemgrenze zwischen ihnen verläuft. Das gilt insbesondere für alle Diphthonge im rein japanischen Wortschatz (*ɑi*, *ɔi*, *ɯi*, *ɑɯ*), die stets durch eine Morphemgrenze geteilt sind.

31 ZUR KOMBINATION DER PHONEME

a) Es gibt die Verbindungen von Konsonantenphon. + Vokalphon. oder von (Konsonantenphon. +) Vokalphon. + Vokalphon. (selten). Im Anlaut kann statt der Verbindung Konsonantenphon. + Vokalphon. ein einzelnes Vokalphon. stehen (siehe § 33).

b) *F* (*ɸ*), *c*, *cː*, (*d*)*z* treten nur als kombinatorische Varianten vor *ɯ* auf: *F* statt *h* — *c*/*cː* statt *t*/*tː* — *dz* statt *d* (nach *N* und Pausa, sonst als *z* realisiert).

c) Das Phonempaar *p—p'* tritt nur im Inlaut sinojapanischer Lehnwörter nach *N* auf und in europäischen Fremdwörtern.

d) Das Phonempaar *h—ç* ist in seiner Stellung auf den Anlaut nach Pausa und nach der Fuge von Komposita (auch von sinojapanischen Binomen) beschränkt. Inlautendes, intervokalisches *h* geht vor *ɑ* in der Regel in *w* über (Ausnahmen: *yahari, haha*) und ist vor den übrigen Vokalen geschwunden (Nullvariante; Ausnahme: *afureru*). Die distinktive Opposition *h/w* ist folglich im Inlaut aufgehoben.

e) Die beiden Halbvokale *w* und *j* haben Nullvarianten: *w* vor *ɛ, i, ɔ, ɯ* (also nur *wa*), *j* vor *ɛ, i* (also nur *jɑ, jɔ, jɯ*).

f) Die Palatalisierungskorrelation ist vor den vorderen Vokalen aufgehoben (*i, ɛ*): vor *i* erscheint nur das merkmaltragende Glied (*ç, ʃ, č, k'* usw), vor ɛ nur das merkmallose Glied (*h, s, t, k* usw.).

g) Die Geminierungskorrelation ist nur intervokalisch, im Inlaut wirksam. Lange Konsonanten im Anlaut sind polyphonematisch als Realisation der Verbindung des betreffenden kurzen Konsonanten mit devokalisiertem hohen Vokal (*i̥, ɯ̥*) zu werten (vgl. § 28). Ebenso ist anlautendes *mː* als Realisation der Phonemverbindung *ɯm* nach Pausa und vor mittleren und tiefen Vokalen aufzufassen (*mːɑ, mːɛ*; jap. Transkription: *uma, ume*).

Zur Beachtung: Obige Angaben zum phonemischen System und zur Kombinationslehre beziehen sich auf die Standardsprache ohne Berücksichtigung der lautmalenden und emphatischen Wörter sowie der europäischen Fremdwörter.

Phonematische Besonderheiten der lautmalenden Wörter: *G* wird bei reduplizierenden Bildungen auch im Inlaut als *g* realisiert (*gatagata, guzuguzu*); *p—p'* tritt auch im Anlaut auf (*pikari, potsupotsu, pyompyon*).

Phonematische Besonderheiten der emphatischen Wörter: Geminierte Varianten der Nasale als Ergebnis emphatischer Dehnung (*minna, ammari*); als Einzelfall ɛ nach *č* (gegen Regel f): *che*.

Phonematische Besonderheiten der europäischen Fremdwörter: *G* wird auch im Inlaut als *g* realisiert (*puroguramu* [programme], *moga* [modern girl]); *p—p'* tritt auch im Anlaut auf (*pan* [pão], *perikan* [pelikan], *pyûritan* [Puritan]); Bildung eines zusätzlichen Phonems *v* (labiodentaler Spirant) (*vividdo* [vivid], *sûveniiru* [souvenir], *votoka* [wodka]); palatalisierte Konsonantenphoneme erscheinen auch vor ɛ (*chekku* [check], *jesuitto* [Jesuit]).

32 LAUTGESCHICHTLICHES

Das phonemische System des Altjapanischen, wie es sich zur Zeit der Bildung der Silbenschrift darstellt (Anfang 9. Jh.), war bedeutend einfacher in seinem Aufbau:

			s	z			i		u
	F	b	t	d	k	g	e		o
								a	
		m		n					
				ɽ					
y		w							

Es ist gekennzeichnet durch das Fehlen der Palatalisierungs- und Geminierungskorrelation und durch das Fehlen der Langvokale und Diphthonge. Auch die Stimmtonkorrelation (Opposition von stimmlosen und stimmhaften Konsonanten; jap. *sei'on* ‚reine Laute' [k, t, s, F] und *dakuon* ‚getrübte Laute' [g, d, z, b]) war im Anlaut nach Pausa aufgehoben, da hier nur das stimmlose Oppositionsglied zulässig war; eine Regel, die auch für das Neujapanische noch beschränkte Geltung hat (allgemeine Geltung behielt hingegen die Zusatzregel, daß anlautendes *sei'on* zu *dakuon* wird, wenn das betr. Wort zweiter Bestandteil eines Kompositums ist [sog. *rendaku* ‚Lauttrübung bei Verkettung': *hitobito, tokidoki, samazama, amegasa* usw.]).

Die Entwicklung, die zu der Komplizierung des Systems führte und bereits in der Heian-Zeit einsetzte, wurde hauptsächlich ausgelöst durch die Übernahme und lautliche Adaptation chinesischen Wortgutes, wodurch die spezifisch sinojapanische Komponente der Sprache entstand. In diesem Bereich sei nur auf die sekundär aber regelmäßig wirksamen Assimilationserscheinungen hingewiesen, die zum Entstehen der langen Konsonanten führten:

Da das Japanische grundsätzlich nur offene Silben kennt, wurden die aus dem Chinesischen übernommenen monosyllabischen Wörter mit konsonantischem Auslaut sämtlich vokalisch geöffnet. So wurden die Auslaute *-k, -t,* zu *-ku, -tu* erweitert. Kommen *-ku, -tu* bei der Bildung von Binomen neben der Kompositionsfuge vor stimmlosen Konsonanten zu stehen, so schwindet der Stützvokal (vgl. § 28 i!) und es tritt totale Assimilation ein: *-ku, -tu + k- > kk* (*gaku + ki > gakki, set(s)u + ku > sekku*); *-tu + t- > tt* (*met(s)u + ta > metta*); *-tu + s- > ss* (*rit(s)u + sô > rissô*); *-ku, -tu + F > pp* (*roku + Fuku > roppuku, mat(s)u + Fô > mappô*).

Assimilationserscheinungen dieser Art blieben im eigentlichen Japanischen auf wenige Einzelfälle beschränkt. Dagegen machten sich in diesem Bereich gleichzeitig synkopische Veränderungen im Wortinnern bemerkbar, die durch Kontraktion und Assimilation auch zur Bildung von langen Konsonanten, von Langvokalen und Diphthongen führten. Diese Veränderungen werden japanischerseits als *ombin* ‚Lauterleichterungen' bezeichnet.

Es gibt zwei Gruppen von *ombin*:

1. Konsonantenausfall und Zusammenrückung der benachbarten Vokale. a) *k, g, sh,* (*r*) vor *i* (*i-ombin* ‚Lauterleichterung vor i'): *sukigaki > suigai, tsugitatsu > tsuitatsu, mashite > maite, gozarimasu > gozaimasu.* b) *k, g* vor *u* (*u-ombin* ‚Lauterleichterung vor u'): *shitagut(s)u > shitauzu, shiroku > shirô* (*ou > ô* bereits zur Kamakura-Zeit).
2. Schwund des hohen Vokals *i* und Assimilation der zusammengerückten Konsonanten. a) *n, m, b,* (*r*) + *t* (*n*) > *nd* (*nn*) (*hatsu-ombin* ‚Lauterleichterungen mit Nasal'): *shinite > shinde, yomite > yonde, tobite > tonde; sakari ni > sakanni.* b) *ch, F, r + t > tt* (*soku-ombin* ‚Lauterleichterungen mit Spannungslaut', d. h. langem Konsonanten): *mochite > motte, kaFite > katte, urite > utte.*

Das gleiche Ergebnis wie das i-ombin und das u-ombin zeitigte auch der *w*-Schwund vor *i, e, o* (vgl. § 31 e) — z. B. *mawiru > mairu* — und der viel spätere Schwund von inlautendem *F* vor *i, e, o, u* zu Beginn der Edo-Zeit (ausgelöst durch den Lautwandel *f > h*) — z. B. *kaFi > kai, kaFo > kao, kaFu > kau.*

Die Lauterscheinungen des *ombin* haben vornehmlich die Gestalt der Flexion bestimmt: die agglutinativen Formen, die bis in die Heian-Zeit die Morphologie beherrschten und für die erstarrte Schriftsprache verbindlich geblieben sind, entwickelten unter dem Einfluß des *ombin* allmählich Verschleifungen, die schon in der Umgangssprache der Muromachi-Zeit grammatikalisiert wurden und für die Umgangssprache des Neujapanischen charakteristisch sind.

PROSODISCHE CHARAKTERISIERUNG

33 Die japanische Silbe ist grundsätzlich offen. Eine Ausnahme bilden nur inlautende Silben mit Nasaldiphthong bei konsonantischer Realisierung des *N* und Silben vor langen Konsonanten (der implosive Bestandteil langer Konsonanten ist positionell zur voraufgehenden Silbe zu rechnen).

Die kleinste prosodische Einheit des Japanischen ist die More (*haku*). Silben mit kurzem Vokal sind einmorig zu werten, Silben mit langem Vokal oder Diphthong (dgl. Nasaldiphthong) zweimorig (als zweimorig gelten auch die Positionslängen vor langen Konsonanten).

Als morenzählende Sprache besitzt das Japanische einen tonischen Akzent. Es sind drei relative Tonhöhen zu unterscheiden: hoch, mittel, tief. Die durch Tonhöhe differenzierten Prosodeme verbinden sich zu prosodischen Abschnitten, jeweils in der Ausdehnung eines Syntagmas (*bunsetsu*). Diese prosodischen Abschnitte sind verschieden in ihrer Tonbewegung und variieren beträchtlich in den einzelnen Dialekten. Für die Umgangssprache von Tôkyô läßt sich folgende Gruppierung festlegen: eine ebene Betonungsart (*heiban-shiki*) und eine bewegliche Betonungsart (*kifuku-shiki*); letztere unterteilt in eine fallende Form (*atamadaka-kei*), eine steigende Form (*odaka-kei*) und eine steigend-fallende Form (*nakadaka-kei*).

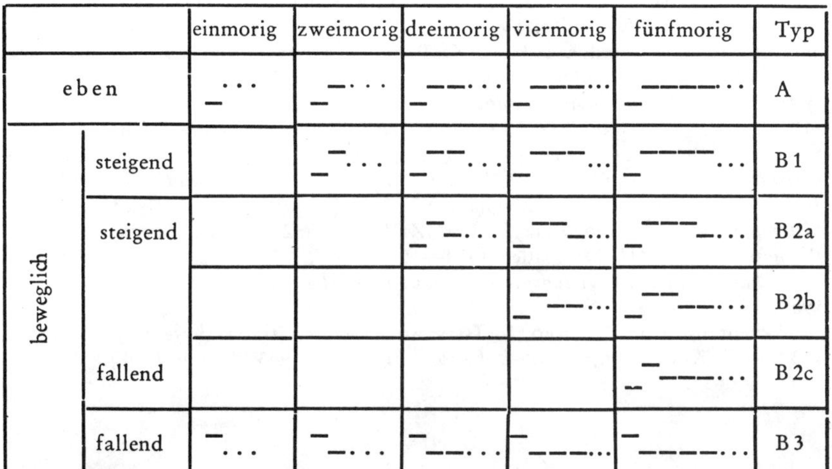

Viele Homonyme sind allein durch ihren Tonverlauf differenziert: *hi* A (Sonne) — *hi* B3 (Feuer); *hana* A (Nase) — *hana* B1 (Blüte); *kami* B3 (oben) — *kami* B1 (Papier); *ashige* B1 (Fußtritt) — *ashige* A (graues Pferd); *kikuzure* A (Kleidungsstück ohne Form) — *kikuzure* B 1 (Baisse); *sekiji* B 2a (Grenzweg) — *sekiji* A Sitzordnung), u. a. m.

Es ist zu beachten, daß die Tôkyôter Akzentuierung durch eine expiratorische Verstärkung der hochtonigen Gipfelmore charakterisiert ist, die an einen dynamischen Akzent erinnert, jedoch nur zusätzlich und ohne phonologische Relevanz auftritt.

Die prosodischen Abschnitte enthalten nur einen Akzentgipfel, der in der Regel mit dem des zentralen Vollwortes des Syntagmas zusammenfällt. Etwaige Hilfswörter innerhalb des Syntagmas sind meist postpositional und werden als mitteltonige Enklitika behandelt. Da die prosodische Folge Tiefton — Mittelton, Tiefton — Hochton, Hochton — Tiefton nur am Anfang eines prosodischen Abschnitts vorkommen kann, fungiert sie als syntagmatisches Grenzsignal.

Anmerkung: Bündige Regeln für die Zuordnung des Wortmaterials zu den einzelnen Akzenttypen lassen sich nicht aufstellen. Auskünfte für den Einzelfall geben die Lexika mit Akzentangaben (siehe Literatur).

Die prosodische Differenzierung zeigt zwar historisch gewachsene, feststehende Formen, ist aber für das Satzverständnis nicht unbedingt erforderlich. Hier wirkt das Kontextverständnis ausgleichend, weshalb auch das Japanisch von Ausländern, die kaum je die prosodischen Eigenschaften beachten, durchaus verstanden wird.

Literatur: E. R. Edwards, *Etude de phonétique de la langue Japonaise*, Leipzig 1903. — O. Pletner, *Musical Accent in Japanese Morphology* (= BSOS III, 3 [1924]). — K. Jimbo, *The Word-Tone of the Standard Japanese Language* (=BSOS III [1925]). — M. G. Mori, *The prononciation of Japanese*, Tôkyô 1929. — O. V. Pletner, E. D. Polivanov, *Grammatika japonskogo razgavornogo jazyka*, Moskau 1930 (Teil 2: *Fonetika*). — P. M. Suski, *The phonetics of Japanese language*, Los Angeles 1931. — E. D. Polivanov, *Istoriko-fonetičeskij očerk japonskogo konsonantizma* (= UZRANION IV, 1931). — S. Yoshitake, *The phonetic system of ancient Japanese*, London 1934. — O. Pletner, *Contribution à l'étude historique du vocalisme de l'ancien japonais* (= BMFJ VIII, 1 [1936]). — H. Frei, *Monosyllabisme et polysyllabisme dans les emprunts linguistiques* (= BMFJ VIII, 1 [1936]). — B. Karlgren, *Ancient Chinese and Sino-Japanese* (= Grammata Serica, Stockholm 1940, S. 65—89). — J. Drans, *Aspect et tendances actuels du phonétisme Japonais* (= BMFJ XV, 1—2 [1947]). — B. Bloch, *Studies in Colloquial Japanese IV. Phonemics* (= Language XXVI, 1 [1950]). — H. A. Syromjatnikov, *Sistema fonem japonskogo jazyka* (= UZIV IV [1952]). — G. Wenck, *Japanische Phonetik*, Bd. I—III, Wiesbaden 1954—1957. — F. J. Daniels, *The Sound System of Standard Japanese. A tentative account from the teaching point of view*, Tôkyô 1958.

Akzentangaben: K. Jimbo, S. Tsunemi, *Kokugo-hatsuon-akusento-jiten*, Tôkyô 1932. — K. Kinda'ichi, *Meikai-kokugo-jiten*, Tôkyô 1953 (7. verb. Aufl.).

III SCHRIFTLEHRE

HERKUNFT UND SYSTEM DER JAPANISCHEN SCHRIFT

34 Das japanische Schriftsystem ist das komplizierteste aller Kultursprachen. Es handelt sich um eine komplexe Wort- und Silbenschrift, die auf der chinesischen Schrift aufgebaut ist. Die chinesischen Wortschriftzeichen, die dem monosyllabisch-isolierenden Typus der chinesischen Sprache adäquat sind, wurden im 4. Jahrhundert in Japan bekannt und dort später von eingewanderten Koreanern und Chinesen sowie auch von sinologisch gebildeten Japanern zur Fixierung japanischen Sprachgutes benutzt, da die Japaner keine autochthone Schrift besaßen. Der völlig andersartige, polysyllabisch-agglutinierende Typus des Japanischen eignete sich jedoch wenig für eine Wiedergabe mit Wortschriftzeichen, da die morphologischen Elemente der Sprache nicht eindeutig bezeichnet werden konnten. Eine Zwischenlösung des Problems bildete die Anwendung chinesischer Wortschriftzeichen in rein phonetischer Funktion (wie z. B. in China selbst zur Transkription von Fremdwörtern): Wortschriftzeichen chinesischer Silbenwörter, deren meiste in ihrer Silbenstruktur dem Bau japanischer Einzelsilben nahekommen, wurden ohne Rücksicht auf ihren semantischen Wert zur Bezeichnung ähnlich lautender, japanischer Silbenmorpheme herangezogen. Schließlich waren für alle japanischen Silben bestimmte Lautzeichen dieser Art in Gebrauch, die wegen ihrer Verwendung in der ältesten japanischen Liedersammlung Manyôshû (8. Jh.) *manyôgana* genannt werden (*kana*<*kari-na* ‚geborgte Namen', d. h. zur Lautbezeichnung entlehnte chin. Wortschriftzeichen). Während der größte Teil dieser *manyôgana* auf der chinesischen Lautung des betreffenden Zeichens basierte (*ongana* ‚mit sinojapanischer Lesung entlehnte Zeichen'), bürgerten sich auch zahlreiche Lautzeichen ein, deren Lautwert der semantischen japanischen Lesung des betreffenden chinesischen Wortzeichens entsprach (*kungana* ‚mit jap. Lesung entlehnte Zeichen'). Im Laufe des neunten Jahrhunderts entwickelten sich aus den vollen Formen der Lautzeichen (*mana* ‚exakte Zeichen') durch häufigen Gebrauch stark kursive Verkürzungen (*sôgana* ‚kursive entlehnte Zeichen'), die statt der komplizierteren chinesischen Vollformen insbesondere von den Frauen im Schriftverkehr benutzt wurden, weshalb sie auch *onnade, onnaji* oder *onnamoji* genannt wurden (‚Frauenhandschrift'). Erst während der Edo-Zeit kam für diese Silbenschrift der Name *hiragana* auf (‚glatte entlehnte Zeichen'). Von diesen Kursivformen gab es für jeden silbischen Lautkomplex mehrere Varianten, den einzelnen *mana* entsprechend, welche durch Konvention für diesen Lautkomplex Geltung hatten. Mit Verbreitung des Buchdrucks wurden diese Varianten immer mehr verdrängt und sind heutzutage nur noch als individuelle Varianten in der Handschrift einzelner weniger zu finden (*hentaigana* ‚entlehnte Zeichen abweichender Gestalt'), während sich jeweils nur eine Standardform durchgesetzt hat.

Wenig später, nachweislich schon im neunten Jahrhundert, entwickelte sich neben der *hiragana* eine zweite Form der Silbenschrift, die *katakana* (‚als

Teilstück entlehnte Zeichen'), die im Gegensatz zur Hiragana nicht aus den kursiven, sondern aus den quadratischen Formen der chinesischen Wortzeichen hervorgegangen ist, indem ein Teilstück, seltener ein ganzes Zeichen der Quadratschrift als silbisches Lautzeichen verwendet wurde. Gegenüber der *hiragana* wurde die *katakana* vorzugsweise von Männern benutzt und fand ursprünglich verbreitete Anwendung als Hilfsschrift für die Glossierung chinesisch geschriebener buddhistischer Texte. Auch bei der *katakana* waren zahlreiche Varianten in Gebrauch (*itaigana* ‚entlehnte Zeichen unterschiedlicher Gestalt'), die erst während der Edo-Zeit in Vergessenheit gerieten. Die spätere Ausbildung der *katakana,* ihre spezielle Verwendung und auch die eckigen Formen, die sich einer zügigen Pinselführung weniger leicht anpassen als die runden Formen der *hiragana*, brachten es mit sich, daß die *hiragana* die allgemeine Gebrauchssilbenschrift wurde und die *katakana* auf einzelne Gebiete beschränkt blieb.

Die seit Einbürgerung der Silbenschrift üblichste Form schriftlicher Fixierung des Japanischen ist das sogenannte *kanji-kana-majiribun*, ‚der mit chinesischen Wort- und japanischen Silbenzeichen vermischte Text': dabei werden in der Regel die Begriffswörter mit chin. Zeichen geschrieben, die morphologischen und syntaktischen Elemente dazwischen in Silbenschrift. Die so in das Schriftbild eingestreuten *kana*-Zeichen werden *okurigana* genannt (‚begleitende *kana*'). Mitunter werden auch *kana*-Zeichen geringerer Größe neben die chinesischen Zeichen gesetzt, um deren Lesung anzugeben: das sind die sogenannten *furigana* (‚hinzugefügte *kana*').

35 Die chinesischen Zeichen (*kanji*) bilden eine Wortbild- und Wortlautschrift. Es gibt piktographische, logographische und phonologographische Zeichen. Letztere sind weitaus am zahlreichsten. Sie setzen sich aus jeweils zwei Teilen zusammen: einem, der die Begriffskategorie des Wortes bestimmt, und einem zweiten, der die Lautung andeutet. An begriffsbestimmenden Elementen, meist ‚Radikale' oder ‚Klassenhäupter' genannt (*jibu*), haben sich seit der Ming-Dyn. 214 von unterschiedlichem Gebrauchswert durchgesetzt. Sie bilden auch das verbreitetste Ordnungsschema der chin. Lexikographie, in das die nicht phonologographischen Zeichen ebenfalls eingruppiert werden. Die chin. Zeichen, die sich trotz ihrer Vielfalt graphisch auf sieben Pinselstrichformen zurückführen lassen, werden bei fortlaufender Schrift vertikal in imaginären, lückenlos aufschließenden Quadraten gleicher Größe angeordnet, unabhängig von der Anzahl der zugehörigen Striche (1—ca. 30!). Nach dem Schriftduktus werden drei Zeichenformen unterschieden: Musterschrift (*kaisho*, Ausgangsform der *katakana*), Kurrentschrift (*gyôsho*), Eilschrift (*sôsho*, Ausgangsform der *hiragana*). Von den mehr als 40 000 Zeichen, die in dem chin. Standardlexikon K'ang-hsi-tzŭ-tien aus dem Jahre 1716 zusammengestellt sind, ist etwa ein Viertel in den umfangreichsten sinojapanischen Lexika zu finden, wovon nur etwa die Hälfte tatsächlich in Gebrauch sein dürfte. Trotz dieses Reichtums an Schriftzeichen zeigten sich einige Lücken für spezifisch japanische und entlehnte europäische Begriffe, für die kein chin. Wortäquivalent vorhanden war. Das führte in Japan zur Erfindung von Zusatzzeichen (*kokuji* ‚einheimische Schriftzeichen'), deren Zahl im Laufe der Zeit auf ca. 250 angewachsen ist.

Im Zuge von Schriftreformen nach dem Zweiten Weltkrieg wurde 1946 in Japan von Regierungs wegen eine Liste von 1850 ‚chin. Zeichen für den allgemeinen Gebrauch' (*tôyô-kanji*) herausgegeben, die für die Presseerzeugnisse der Gegenwart

Richtschnur geworden sind. Seit 1948 sind 881 Zeichen davon obligatorischer und weitere 484 fakultativer Lehrstoff sämtlicher Volksschulen. Eine weitere Erleichterung besteht in der gegenwärtig allgemein üblichen Verwendung von Kürzelzeichen (*ryakuji*), d. h. vereinfachter Formen schwieriger. Standardzeichen (*seiji*).

Ähnliche und noch weitgehendere Schriftreformbewegungen haben gleichzeitig auch in China stattgefunden.

Literatur: G. v. d. Gabelentz, *Chinesische Grammatik*, Berlin 1953 (2. Aufl.): *Schriftlehre*, S. 42—89. — E. Haenisch, *Lehrgang der Chinesischen Schriftsprache*, Bd.. II, Leipzig 1949 (2. verb. Aufl.): Zeichentafel und Schriftlehre, S. 6—25, S. 178 bis 182. — Cl. Scharschmidt, *Die wichtigsten chinesischen Zeichen im Japanischen*, Berlin 1938. — W. P. Lehmann, L. Faust, *A Grammar of Formal Written Japanese*, HYIS V, 1951: Suppl. R. P. Alexander, *Kokuji*. — O. und E. E. Vaccari, *Standard Kanji*, Tôkyô 1952. — Chiang Yee, *Chinese Calligraphy*, London 1954 (2. Aufl.). — P. L. Kalff, *Einführung in die chinesischen Schriftzeichen*, Kaldenkirchen 1954. — N. I. Fel'dman, *Japonsko-russkij učebnyj slovar' ijeroglifov*, Moskau 1956.

DIE SILBENALPHABETE

36 Die japanischen Silbenschriftzeichen beider Gattungen werden nach einem festen System zusammengestellt, dem sogenannten *gojûon-zu*, der Fünfzig-Laute-Tafel. In ihr sind die Zeichen systematisch nach dem ihnen entsprechenden Silbenwert aufgereiht: zehn von rechts nach links verlaufende

輪 ワ 和 わ wa	良 ラ 良 ら ra	也 ヤ 也 や ya	万 マ 末 ま ma	八 ハ 波 は ha	奈 ナ 奈 な na	多 タ 太 た ta	散 サ 左 さ sa	加 カ 加 か ka	阿 ア 安 あ a
井 ヰ 爲 ゐ (w)i	利 リ 利 り ri		三 ミ 美 み mi	比 ヒ 比 ひ hi	二 ニ 仁 に ni	千 チ 知 ち chi	之 シ 之 し shi	幾 キ 幾 き ki	伊 イ 以 い i
	流 ル 留 る ru	弓 ユ 由 ゆ yu	牟 ム 武 む mu	不 フ 不 ふ fu	奴 ヌ 奴 ぬ nu	川 ツ 川 つ tsu	須 ス 寸 す su	久 ク 久 く ku	宇 ウ 宇 う u
慧 ヱ 惠 ゑ (w)e	礼 レ 礼 れ re		女 メ 女 め me	部 ヘ 部 へ he	祢 ネ 祢 ね ne	天 テ 天 て te	世 セ 世 せ se	介 ケ 計 け ke	江 エ 衣 え e
乎 ヲ 遠 を (w)o	呂 ロ 呂 ろ ro	與 ヨ 与 よ yo	毛 モ 毛 も mo	保 ホ 保 ほ ho	乃 ノ 乃 の no	止 ト 止 と to	曽 ソ 曽 そ so	己 コ 己 こ ko	於 オ 於 お o

‚Reihen' (*gyô*) sind nach dem Silbenanlaut geordnet, fünf von oben nach unten verlaufende ‚Stufen' (*dan* oder *retsu*) nach dem Silbenauslaut. Es handelt sich um ein phonologisches Ordnungsschema, das die silbischen Phoneme und Phonemkombinationen einer von fremdlautlichen Einflüssen freien japanischen Sprache bezeichnet und registriert. Diese Zeichenfolge fungiert jetzt allgemein als alphabetische Ordnung.

In der umseitigen Fünfzig-Laute-Tafel werden außer den Silbenschriftzeichen (oben *katakana,* darunter *hiragana)* die zugrundeliegenden chinesischen Zeichen angegeben (jeweils links), außerdem die Transkription nach dem Hepburn-System (siehe § 44).

Die einzelnen Reihen und Stufen werden nach dem ersten Zeichen benannt als *a-gyô, ka-gyô, sa-gyô* usw., bzw. als *a-dan, i-dan, u-dan* usw. (oder *a-retsu, i-retsu, u-retsu*). In der *ya-gyô* fehlen Zeichen für die Silben *yi* und *ye,* in der *wa-gyô* für die Silbe *wu,* so daß die Silbentafel de facto nur 47 verschiedene Zeichen enthält. In die drei Lücken treten die entsprechenden Silbenzeichen der *a-gyô* (*i, u, e*); bekanntlich fehlen die Lautverbindungen *yi, ye* und *wu* im Silbeninventar (vgl. § 31 e). Auch verloren vom 12. Jahrhundert an die Zeichen für *wi, we, wo* ihren labial anlautenden Aussprachewert und werden wie *i, e, o* der *a-gyô* gelesen (vgl. § 18, § 31 e).

Außerhalb der Fünfzig-Laute-Tafel und ihrer Systematik stehen die Kana-Zeichen für den Silbenschlußnasal, da dieser Laut sich im Sinojapanischen der Heian-Zeit entwickelte und dessen spezielle Bezeichnungsweise erst zu Ende der Heian-Zeit (12. Jh.), also nach der Ausbildung der Kana-Alphabete, aufkam.

尓	ン
无	ん
	n

37 Die *hiragana* fungiert gegenwärtig als Gebrauchssilbenschrift, die *katakana* als Auszeichnungssilbenschrift. Gesamttexte in Katakana gibt es nur noch in Telegrammen. Sodann waren in den älteren Volksschullesebüchern die ersten Leseübungen in Katakana abgefaßt. Die *okurigana* und *furigana* (vgl. § 34) in Zeitungen und Zeitschriften der Meiji-Zeit, in amtlichen Verlautbarungen und in manchen wissenschaftlichen Werken der Schriftsprache wurden ebenfalls in Katakana gegeben. Geltung hat immer noch die Tradition, die Lesehilfen in japanisch zu lesenden chinesischen Texten (*kambun*) mit Katakana zu bezeichnen. Dasselbe gilt für Aussprachebezeichnungen in lexikographischen und in vielen linguistischen und philologischen Arbeiten. Als Auszeichnungsschrift im üblichen *kanji-kana-majiribun* mit Hiragana wird die Katakana gegenwärtig in folgenden Fällen verwandt: 1. Onomatopoetica und Interjektionen (fakultativ), 2. Fremdwörter und Fremdnamen, 3. Umschreibung chinesischer Wörter, die nicht mit *tôyô-kanji* (vgl. § 35) geschrieben werden und aus dem Kontext auch bei Kana-Schreibung verständlich sind.

38 Die Silbentafel *gojûon-zu* datiert aus dem 10. bis 11. Jh. und verdankt ihre Entstehung den sinologischen und Sanskrit-Studien japanischer Mönche. Deshalb ist die Abhängigkeit vom Ordnungsschema indischer Alphabete ebenso unverkennbar wie der Einfluß des chinesischen Systems zur Bestimmung des Silbenlautwertes eines Zeichens mittels Bezeichnung seines Anlautes und seines

Auslautes (*fan-ch'ieh*-System). Anfangs gab es bei der Anordnung der Reihen und Stufen viele Diskrepanzen in den einzelnen Tafeln. Die jetzt übliche Abfolge entstand in der Kamakura-Zeit und wurde durch den Philologen Motoori Norinaga (1730—1801) endgültig fixiert. Die ältere Tradition, die dem gelehrten Staatsmann Kibi no Makibi (693—775) die Erfindung der *katakana* und des *gojûon-zu* zuschrieb, gehört ins Reich der Legende.

Neben der systematischen Ordnung der Kana-Zeichen nach dem *gojûon* gibt es noch andere Zusammenstellungen, die nach mnemotechnischen Gesichtspunkten eingerichtet sind und ebenfalls während der Heian-Zeit entstanden: es sind dies die Merkverse *taini*, *ametsuchi* und *iroha*. Von ihnen hat sich nur das *iroha* durchgesetzt, das bereits in einer Sutrenglossierung aus dem Jahre 1079 überliefert ist und dem Mönch Kûkai (Kôbô-daishi, 774—835) zugeschrieben wird, wogegen allerdings manche Indizien sprechen. Das *iroha* ist in die Form eines buddhistischen geistlichen Liedes gekleidet (*imayô-uta:* 4 Verspaare zu je 7+5 Silben) und nimmt Bezug auf eine Stelle des Nirvâṇa-sûtra. Die Silbenordnung ist folgende: i ro ha ni ho he to chi ri nu ru wo wa ka yo ta re so tsu ne na ra mu u wi no o ku ya ma ke fu ko e te a sa ki yu me mi shi we hi mo se su. In sinngemäßer Transkription:

Iro wa nioedo / chirinuru wo,
Waga yo tare zo / tsune naramu.
Ui no okuyama / kyô koete,
Asaki yume miji / ei mo sezu.

Übersetzung: Die Blüten duften zwar, doch sind sie abgefallen. Wer denn in unserer Welt wird unvergänglich sein? Die Berge fernab von den Wechselfällen (des Lebens) heute überschreitend, werde ich keine seichten Träume mehr träumen; bin auch nicht berauscht.

Während das *gojûon-zu* anfangs nur die *katakana* enthielt, war das *iroha-uta* aus *hiragana* zusammengesetzt. Das *iroha-uta* erfüllte bis Ende des 19. Jhs. die Aufgaben eines Alphabetes und wurde erst danach vom *gojûon-zu* aus dieser Position verdrängt, obgleich es auch noch heutzutage mitunter zur Rubrizierung herangezogen wird.

ERWEITERTE LAUTDARSTELLUNG DURCH SILBENZEICHEN

39 Darstellung der ‚getrübten' und ‚halbgetrübten' Laute

Im Kana-Alphabet sind keine besonderen Zeichen für diejenigen Silben vorhanden, die mit den stimmhaften Entsprechungen stimmloser Konsonanten anlauten (sei'on, dakuon; vgl. § 32). Das gleiche gilt für den Anlaut mit stimmlosem bilabialem Klusil (*p*). Die Bezeichnung dieser Reihen geschieht durch zusätzliche Diakritika an der rechten, oberen Ecke der betreffenden Silbenzeichen.

In der japanischen Terminologie werden die Anlaute *g-*, *z-*, *d-*, *b-* getrübte Laute (*dakuon*) genannt, der Anlaut *p-* dagegen halbgetrübter Laut (*handakuon*). Den kombinatorischen Übergang von den ungetrübten Lauten (*sei'on*: *k, s, t, h*) zu den (halb-)getrübten nennt man Nigorierung (*nigori* =Trübung) bzw. Halbnigorierung (*handaku*=Halbtrübung). Das diakritische Zeichen ״ heißt *dakuten* oder *nigoriten* (Trübungspunkt), das diakritische Zeichen ° heißt *maru* (Kreis) oder *handakuten* (Halbtrübungspunkt).

Handakuon kannte das Altjapanische überhaupt nicht; *dakuon* nur im Inlaut (vgl. § 32). Erst nach der Schaffung der Kana-Zeichen gewannen sie mit dem Sinojapanischen Raum und wurden phonologisch distinktiv. Damit setzte auch die Notwendigkeit einer speziellen Bezeichnung ein. Schon im Laufe der Heian-Zeit wurden dafür Diakritika verwendet, die bei den chinesischen Zeichen (*kanji*) zur Kenntlichmachung der Intonation gebräuchlich waren (*shôten*). Während der Muromachi-Zeit kam die gegenwärtige Notation der *dakuon* auf, die sich in der Edo-Zeit endgültig durchsetzte, wogegen der *handakuten* erst zu Beginn der Edo-Zeit in Schriften japanischer Christen auftaucht. Die Bezeichnung *handaku* scheint auf MOTOORI NORINAGA zurückzugehen, der dem *p*-Laut eine Mittelstellung zwischen den ‚reinen' und den ‚getrübten' Lauten zuwies (*f* = reiner jap. Laut, *b* = getrübter sinojap. Laut).

パ ぱ pa	バ ば ba	ダ だ da	ザ ざ za	ガ が ga
ピ ぴ pi	ビ び bi	ヂ ぢ dji	ジ じ ji	ギ ぎ gi
プ ぷ pu	ブ ぶ bu	ヅ づ dzu	ズ ず zu	グ ぐ gu
ペ ぺ pe	ベ べ be	デ で de	ゼ ぜ ze	ゲ げ ge
ポ ぽ po	ボ ぼ bo	ド ど do	ゾ ぞ zo	ゴ ご go

40 Darstellung der ‚gebrochenen' Laute

‚Gebrochene Laute' (*yô'on*) ist die traditionelle japanische Bezeichnung für Silben, die mit palatalisierten Konsonanten vor *a, o, u* und mit labialisierten Velaren vor *a* anlauten. Graphisch sind sie dadurch gekennzeichnet, daß sie durch zwei Silbenzeichen wiedergegeben werden müssen (alle anderen Anlaute, für deren Wiedergabe nur ein Zeichen verwendet wird, heißen demgegenüber *chokuon* ‚gerade Laute'). Das erste Silbenzeichen (*kai-yô'on* ‚einführender gebrochener Laut') wird aus der *i-dan* (bzw. *u-dan*) entnommen, das zweite Silbenzeichen (*gô-yô'on* ‚angefügter gebrochener Laut') aus der *ya-gyô* (bzw. *wa-gyô*). Dabei wird das zweite Zeichen häufig in kleinerem Schriftgrad rechts ausgerückt.

Yô'on waren dem ältesten Japanisch, das nur *chokuon* kannte, fremd und entwickelten sich erst im Sinojapanischen der Heian-Zeit. Mit dem Ausdruck ‚gebrochen' sollte vermutlich die komplexe Artikulation der betr. Konsonantenphon. umschrieben werden. Die schriftliche Fixierung der palatalen *yô'on* war ursprünglich unsicher. So wurde in der Heian-Zeit das *gô-yô'on*-Zeichen häufig der *a-gyô* entnommen. Erst in der Kamakura-Zeit bürgerte sich die heutige Bezeichnungsweise (*ya-gyô*) ein.

Die labialen *yô'on* (*kwa, gwa*) gibt es in der heutigen Standardsprache nicht mehr. Für das im älteren Sinojapanischen distinktive Phonempaar *kw* / *gw* ist in der Standardsprache *k* / *g* eingetreten, so daß die betr. Silben *ka*, *ga* lauten und auch heutzutage so geschrieben werden. Nur in der traditionellen Orthographie findet sich noch die ältere Schreibweise (vgl. §§ 20, 21).

グヮ ぐゎ gwa	クヮ くゎ kwa

リャ りゃ rya	ミャ みゃ mya	ピャ ぴゃ pya	ビャ びゃ bya	ヒャ ひゃ hya	ニャ にゃ nya	ヂャ ぢゃ dja	チャ ちゃ cha	ジャ じゃ ja	シャ しゃ sha	ギャ ぎゃ gya	キャ きゃ kya
リュ りゅ ryu	ミュ みゅ myu	ピュ ぴゅ pyu	ビュ びゅ byu	ヒュ ひゅ hyu	ニュ にゅ nyu	ヂュ ぢゅ dju	チュ ちゅ chu	ジュ じゅ ju	シュ しゅ shu	ギュ ぎゅ gyu	キュ きゅ kyu
リョ りょ ryo	ミョ みょ myo	ピョ ぴょ pyo	ビョ びょ byo	ヒョ ひょ hyo	ニョ にょ nyo	ヂョ ぢょ djo	チョ ちょ cho	ジョ じょ jo	ショ しょ sho	ギョ ぎょ gyo	キョ きょ kyo

41 Darstellung der ‚gespannten' Laute

Als ‚gespannte' Laute (*sokuon, tsumaru-on*) pflegt man die stimmlosen, langen Konsonanten des Japanischen zu bezeichnen (vgl. § 31 g). Schriftlich wird das Längungsmoment der betreffenden Konsonanten dadurch ausgedrückt, daß man das Silbenzeichen *‚tsu'* voranstellt, häufig im kleineren Schriftgrad rechts ausgerückt (wie die *ya-gyô-kana* bei den *yô'on*). In folgender Tabelle wird als Beispiel die Stellung der langen Konsonanten zwischen *a* gegeben:

あっぱ アッパ appa	あった アッタ atta	あっさ アッサ assa	あっか アッカ akka
あっぴゃ アッピャ appya	あっちゃ アッチャ atcha	あっしゃ アッシャ assha	あっきゃ アッキャ akkya

In der historischen Orthographie kann das Längungsmoment bei *p* und *k* auch durch das Silbenzeichen *‚ku'* wiedergegeben werden, wenn der erste Bestandteil der durch Assimilation entstandenen Geminaten auf ein sinojapanisches Semantem mit Silbenschlußguttural zurückgeht (vgl. § 32):
こくか kokka (Staat) ろくぴゃく roppyaku (sechshundert).

Sokuon haben sich im Sinojapanischen und durch *ombin* (vgl. § 32) gebildet und datieren ebenfalls seit der Heian-Zeit. Vorher kamen sie im Altjapanischen allenfalls in Onomatopoetica und emphatischen Ausdrücken vor und wurden nicht speziell bezeichnet. In der Heian-Zeit war die Schreibweise der *sokuon* noch sehr labil und fiel teilweise mit der anfänglichen Hilfsbezeichnung des Silbenschlußnasals zusammen. Die Darstellung mit Hilfe des Silbenzeichens ‚*tsu*' kam erst zu Beginn der Kamakura-Zeit auf.

Anmerkung: In der modernen Rechtschreibung hat das Silbenzeichen ‚*tsu*' eine weitere Hilfsfunktion übernommen: es bezeichnet den auslautenden Kehlverschluß bei emphatischer Sprechweise (vgl. § 28 f.) und wird dann häufig auch in kleinerem Schriftgrad ausgerückt.
はやくいってしまえっ *hayaku itte shimae* (ʃimaɛˀ) ‚geh rasch los!'

42 Darstellung der ‚langen' Laute

Unter ‚langen' Lauten (*chô'on*) versteht man üblicherweise Silben mit Langvokal. Bei *â* wird die Vokallänge durch das nachgestellte Silbenzeichen ‚*a*' wiedergegeben, bei *ii* und *ee* (Transkription: *ei* !) durch nachgestelltes ‚*i*'; in historischer Orthographie, morphologisch oder etymologisch bedingt, auch durch ‚*hi*' oder ‚*wi*' (so ist auch die gleichartige Variabilität der Schreibweise von i-Diphthongen zu erklären; vgl. § 32).

え え え	い い い	あ
ゐ ひ い	ゐ ひ い	あ
ei	ii	â

.

Langes *u* wird durch nachgestelltes Silbenzeichen ‚*u*' oder ‚*fu*' ausgedrückt, je nach der Etymologie des Wortes.

じ じ	し し	き き	い い	く く	う う
ふ う	ふ う	ふ う	ふ う	ふ う	ふ う
usw. jû	shû	kyû	yû	kû	û

Am komplexesten ist die Längungsbezeichnung beim *o*. Zumeist kommt der Langvokal im Sinojapanischen vor, und seine Darstellung beruht auf der japonisierten Lautschreibung chinesischer Wörter (vgl. § 46). Es gibt sechs Darstellungsweisen bei *chokuon* und fünf bei *yô'on:*

1. *chokuon* — Silbenzeichen der *a-dan* oder *o-dan*+‚*u*' oder ‚*fu*';
   Silbenzeichen der *o-dan*+‚*ho*' oder ‚*wo*' (fast nur bei rein japanischen Wörtern).
2. *yô'on* — ‚*ya*' oder ‚*yo*' + ‚*u*';
   Silbenzeichen der *e-dan* + ‚*u*' oder ‚*fu*'; ‚*wa*' + ‚*u*' (bei labialen *yô'on*).

Anmerkung: In der modernen Orthographie wird häufig, insbesondere bei Fremdwörtern, das Längungsmoment durch einen Strich hinter dem Silbenzeichen ausgedrückt: ダービー *dâbii* = Derby.

yô'on					chokuon			
くわう	びやう	ちやう	しやう	きやう	ばう	たう	さう	かう
					ばふ	たふ	さふ	かふ
kô	びよう	ちよう	しよう	きよう	ぼう	とう	そう	こう
					ぼふ	とふ	そふ	こふ
	べう	てう	せう	けう	usw. bô	tô	sô	kô
	べふ	てふ	せふ	けふ		とほ	そほ	こほ
	usw. byô	chô	shô	kyô		とを		こを

SILBENSCHRIFT-ORTHOGRAPHIE

43 Als die Silbenschriften zur Heian-Zeit in Anwendung kamen, entsprach die Schrift weitgehend dem Lautbild, war also phonetisch adäquat. Die damals gebildete Orthographie der Silbenschriftzeichen (*kanazukai*) blieb im Laufe der Sprachgeschichte ziemlich konstant, obgleich die Lautungen manchen Wandel erfuhren und zahlreiche Divergenzen zwischen Sprache und Schrift entstanden. Diese historische Orthographie (*rekishiteki-kanazukai*), in der morphologische und etymologische Zusammenhänge noch klar zutage treten, behielt bis zum Zweiten Weltkrieg ihre Gültigkeit. Jahrelange Reformbestrebungen fanden ihren Niederschlag in der Schriftreform nach dem Kriege, die durch Kabinettsverordnung vom 16. November 1946 in Kraft gesetzt wurde. Damit wurde eine neue, phonetische Orthographie (*hyô'onteki-kanazukai*) eingeführt, die als ‚neuzeitliche' Orthographie (*gendai-kanazukai*) gegenwärtig das Schrifttum beherrscht. Sie basiert auf den Lautungen der modernen japanischen Standardsprache (*hyôjun-kokugo*) und berücksichtigt nur in einigen Ausnahmefällen die historische Orthographie. Für die *gendai-kanazukai* gelten folgende Regeln:

a) *ha-gyô:* inlautendes *ha>wa* (*wa-gyô*); inlautendes *hi, fu, he, ho>i, u, e, o* (*a-gyô*). Ausnahmen: die enklitischen Postpositionen *wa, e* behalten die historische Schreibung *ha, he.*
b) *wa-gyô: wi, we, wo >i, e, o* (*a-gyô*). Ausnahme: die enklitische Postposition (*w*)*o* behält die historische Schreibung *wo.*

Zusatz: In Fremdwörtern und ausländischen Namen (Katakana-Schreibung!) werden die mit *v* (labiodental!) anlautenden Silben folgendermaßen umschrieben: ヴァ ヴィ ヴ ヴェ ヴォ Transkription: *va, vi, vu, ve, vo.*

c) *ta-gyô: dji, dzu* (nigoriertes *chi, tsu*) *>ji, zu* (*sa-gyô*, nigoriertes *shi, su*). Ausnahme: durch *rendaku* (vgl. § 32) entstandenes (*d*)*ji,* (*d*)*zu* der *ta-gyô* in Komposition oder Reduplikation behält die historische Schreibung bei.
d) *kwa, gwa* (*ku-wa, gu-wa*; labiale *yô'on*) *> ka, ga.*
e) *û* : Kana der *u-dan+u.* Ausnahme: das Verb *iu* ‚sprechen' (hist. Schreibung *ifu*) wird *iu* geschrieben.
f) *ô* : Kana der *o-dan+u* (*+o* fakultativ). Ausnahme: hist. Schreibung *oho>oo.*

Zusatz: In Fremdwörtern und ausländischen Namen wird das Längungsmoment des vokalischen Silbenauslautes durch nachgestelltes — in Schriftrichtung ausgedrückt.

Zur Beachtung: In Dialektgebieten, wo *kwa/ka — gwa/ga* und *ji/dji — zu/dzu* distinktive Oppositionen bilden, sind die Regeln c und d nicht obligatorisch.

Die *gendai-kanazukai* erstreckt sich auf das gesamte moderne Schrifttum der standardisierten Umgangssprache. Für die alte Literatur und für die alte Schriftsprache gilt weiterhin die historische Orthographie. Letztere ist zwar komplizierter, zeigt aber deutlicher die Wortstruktur.

LATEINUMSCHRIFTEN

44 Die Lateinumschriften japanischer Wörter von portugiesischen Jesuiten, holländischen Kaufleuten und Gelehrten vor der Öffnung des Landes sind nur von sprachhistorischem Interesse. Erst nach der Restaurationsepoche der Meiji-Zeit gewann die Transkriptionsfrage auch japanischerseits allgemeineres Interesse. Die Reformationsbestrebungen griffen auf die Schrift über, und es meldeten sich Japaner zu Worte, die das komplizierte einheimische Schriftsystem entweder durch eine konsequente Kana-Schrift oder durch eine Lateinumschrift (*rômaji*) ersetzen wollten. Diesen extremistischen Bestrebungen blieb zwar der Erfolg bis heute versagt, doch führten sie u. a. zur Ausbildung brauchbarer Lateinumschriften des Japanischen. 1885 wurde von einer Kommission einheimischer und ausländischer Gelehrter unter Mitwirkung des amerikanischen Missionars J. C. Hepburn (1815—1911) ein Umschriftsystem ausgearbeitet, das sich als phonetisch ausgerichtete Transkription erweist und bei der Wiedergabe der Konsonanten auf dem Englischen fußt, bei der Wiedergabe der Vokale auf dem Lateinischen. Da es 1886 in der 3. Auflage des von Hepburn verfaßten ersten Japanisch-englischen Wörterbuches (*A Japanese and English Dictionary*, 1867) Anwendung fand und dadurch

katakana	phon. Transkription	Hebonshiki-rômaji	Nipponsiki [Kokutei]
ア イ ウ エ オ	ɑ i ɯ ɛ ɔ	a i u e o	
カ キ ク ケ コ	kɑ ki kɯ kɛ kɔ	ka ki ku ke ko	
サ シ ス セ ソ	sɑ ʃi sɯ sɛ sɔ	sa shi su se so	si [si]
タ チ ツ テ ト	tɑ či cɯ tɛ tɔ	ta chi tsu te to	ti tu [ti tu]
ナ ニ ヌ ネ ノ	nɑ ni nɯ nɛ nɔ	na ni nu ne no	
ハ ヒ フ ヘ ホ	hɑ çi ɸɯ hɛ hɔ	ha hi fu he ho	hu [hu]
マ ミ ム メ モ	mɑ mi mɯ mɛ mɔ	ma mi mu me mo	
ヤ イ ユ エ ヨ	jɑ (i) jɯ (ɛ) jɔ	ya (i) yu (e) yo	
ラ リ ル レ ロ	ɾɑ ɾi ɾɯ ɾɛ ɾɔ	ra ri ru re ro	
ワ ヰ ウ ヱ ヲ	wɑ (i) (ɯ) (ɛ) (ɔ)	wa (i) (u) (e) (o)	wi we wo [i e o]
ガ ギ グ ゲ ゴ	gɑ gi gɯ gɛ gɔ	ga gi gu ge go	
ザ ジ ズ ゼ ゾ	zɑ ʒi zɯ zɛ zɔ	za ji zu ze zo	zi [zi]
ダ ヂ ヅ デ ド	dɑ (d)ʒi (d)zɯ dɛ dɔ	da ji zu de do	di du [zi zu]
バ ビ ブ ベ ボ	bɑ bi bɯ bɛ bɔ	ba bi bu be bo	
パ ピ プ ペ ポ	pɑ pi pɯ pɛ pɔ	pa pi pu pe po	
キャ キュ キョ クワ	k'ɑ k'ɯ k'ɔ(kwɑ)	kya kyu kyo(kwa)	
シャ シュ ショ	ʃɑ ʃɯ ʃɔ	sha shu sho	sya syu syo [dgl.]
チャ チュ チョ	čɑ čɯ čɔ	cha chu cho	tya tyu tyo [dgl.]
ニャ ニュ ニョ	n'ɑ n'ɯ n'ɔ	nya nyu nyo	
ヒャ ヒュ ヒョ	ç'ɑ ç'ɯ ç'ɔ	hya hyu hyo	
リャ リュ リョ	ɾ'ɑ ɾ'ɯ ɾ'ɔ	rya ryu ryo	
ギャ ギュ ギョ グワ	g'ɑ g'ɯ g'ɔ(gwɑ)	gya gyu gyo (gwa)	
ジャ ジュ ジョ	ʒɑ ʒɯ ʒɔ	ja ju jo	zya zyu zyo [dgl.]
ヂャ ヂュ ヂョ	(d)ʒɑ (d)ʒɯ (d)ʒɔ	ja ju jo	dya dyu dyo [zya zyu zyo]
ビャ ビュ ビョ	b'ɑ b'ɯ b'ɔ	bya byu byo	
ピャ ピュ ピョ	p'ɑ p'ɯ p'ɔ	pya pyu pyo	

größeren Kreisen bekannt wurde, trägt es den Namen Hepburn-System (*Hebonshiki-rômaji*), mitunter auch wegen seiner weiten Verbreitung Standardsystem (*hyôjunshiki-rômaji*). In einer gleichzeitigen Gegenbewegung, die von nationalistischen Tendenzen getragen wurde und den japanischen Physiker A. TANAKADATE (1856—1952) zum Hauptsprecher hatte, wurde ein anderes System ausgearbeitet, das sich auf die japanische Kana-

Schreibung stützt und den Charakter einer phonemischen Transliteration trägt. Es ist bekannt unter dem Namen Japanisches System (*Nipponshiki-rômaji; Nipponsiki-rômazi*). Dies System wurde in modifizierter Form, die einen teilweisen Kompromiß mit dem Hepburn-System darstellt, durch Kabinettsorder (*kunrei*) vom 21. November 1937 als Umschrift für den Amtsgebrauch eingeführt und nennt sich Offizielles System (*kokuteishiki-rômaji* oder *kunreishiki-rômaji*).

In der umstehenden Tabelle wird die Katakana-Schreibung nebst phonetischer Transkription den drei Lateinumschriften gegenübergestellt, wobei die Umschriften des Japanischen und des Offiziellen Systems nur dann angeführt werden, wenn sie vom Standardsystem abweichen.

In allen drei Systemen werden lange Vokale durch die Diakritika ^ oder ¯ bezeichnet (Ausnahmen: *ii, ei*), lange Konsonanten durch Doppelung (beachte im Hepburn-System: *tch, ssh*). Silbenschlußnasal vor Labialen wird im Hepburn-System durch *m* (*mp, mb*), im Japanischen und Offiziellen System durch *n* (*np, nb*) wiedergegeben; Silbenschlußnasal im Wortinnern vor Vokalen wird durch ' (. . *n'a*) getrennt.

Für den Gebrauch der Ausländer hat sich das Hepburn-System allgemein durchgesetzt, da es auch den Nichtkundigen die Lautungen annähernd richtig reproduzieren läßt. Das Japanische bzw. Offizielle System ist nur im japanischen Sprachbereich als Latein-Orthographie verwendbar, da es ohne Kenntnis der japanischen Silbenstruktur zu unverständlichen Fehlartikulationen verleitet. Obgleich die japanischen Umschriftsysteme auf der Grundlage der Kana-Alphabete für den Japaner selbst leichter zu erlernen sind als das Hepburn-System, hat das letztere nach 1945 auch im Inland wieder größere Verbreitung gefunden.

LESUNG DER CHINESISCHEN ZEICHEN

45 Die chinesischen Wortschriftzeichen (*kanji*), die in der japanischen Schrift verwendet werden, haben keine einheitliche Lesung, sondern verfügen traditionell je nach Funktion, Kontext und Komposition über verschiedenartige Lesungen. Grundsätzlich ist zwischen einer sinojapanischen Lesung (*on, koe*) und einer rein japanischen Lesung (*kun, yomi*) zu unterscheiden. Abgesehen von japanisch zu lesenden chinesischen Texten (*kambun*), in denen die *kanji* möglichst sinojapanisch gelesen werden, bilden das Hauptanwendungsgebiet der *on*-Lesung chinesisch geschriebene Nominalverbindungen — als Grundeinheiten zumeist binominaler Natur — innerhalb japanischer Schriftsätze. Die *on*-Lesung von Einzelzeichen ist hingegen selten (z. B. *hon, ron, bun, gun, myaku*).

46 on-Lesungen. Da die chinesischen Begriffswörter, die durch *kanji* dargestellt werden, unter uneinheitlichen kulturellen und semantischen Gesichtspunkten zu verschiedenen Zeiten entlehnt wurden, gibt es für die meisten *kanji* mehrere *on*-Lesarten, in Abhängigkeit von der chinesischen Lautung zur Zeit der Übernahme und den japanischen Besonderheiten der Lautsubstitution. Es werden drei *on*-Lesarten unterschieden: *go'on, kan'on* und *tôin*. *Kan'on* ist die verbreitetste Lesart, über die fast jedes *kanji* verfügt. *Go'on* ist eine hauptsächlich auf älteste Entlehnungen, vornehmlich im altbuddhistischen Schrifttum beschränkte Lesart. *Tôin* ist die seltenste Lesart, anzutreffen im Wortschatz des Zen-Buddhismus und in späteren, mittelalterlichen Entlehnungen, häufig aus dem Begriffsfeld der materiellen Kultur. Die on-Lesung der Zeichen und Zeichenverbindungen liegt ihrem Bedeutungsgehalt entsprechend traditionell fest und ist in den Lexika verzeichnet. Die Kenntnis der verschiedenen *on*-Lesarten eines Zeichens ist also für die Praxis nicht unbedingt erforderlich. Äußerst selten sind solche Fälle, in denen eine Zeichenverbindung zwei verschiedene *on*-Lesungen mit verschiedenem Bedeutungsgehalt hat (z. B. *keibun* / *kyômon*; siehe Tabelle).

kan'on	go'on	tôin
下流 かりう karyû (Unterlauf)	下男 げなん genan (Diener)	下火 あこ ako (Leichenverbrenner)
孝行 かうかう kôkô (kindl. Pietät)	行者 ぎやうじや gyôja (frommer Buddh.)	行宮 あんぐう angû (Reisepalast)
明白 めいはく meihaku (klar und deutlich)	光明 くわうみやう kômyô (strahlendes Licht)	明國 みんこく Minkoku (Ming-Reich)
外國 ぐわいこく gaikoku (Ausland)	外道 げだう gedô (Häresie)	外郎 うゐらう Uirô (Personenname)
經文 けいぶん keibun (Klassikertext)	經文 きやうもん kyômon (Sutrentext)	看經 かんきん kankin (Sutrenlesung)
提出 ていしゆつ teishutsu (Gesetzesvorlage)	菩提 ぼだい bodai (Bodhi)	提燈 てうちん chôchin (Laterne)

Anmerkung: Eine kleine Gruppe von *on*-Lesungen läßt sich dieser Dreiheit nicht unterordnen. Es sind das die sog. usuellen Lesarten (*kanyô'on*), die von der chinesischen Lautung stark abweichen, aber durch die Konvention beibehalten werden. Die betr. Zeichen sind zumeist nur in dieser Lesart überliefert und in Gebrauch (z. B. *koku*, *geki*, *satsu*, *yu*).

Die Bezeichnung der Lesarten — *go'on* ‚Wu-Lautung', *kan'on* ‚Han-Lautung', *tôin* ‚T'ang-Lautung' — geben keine verläßlichen Hinweise für die zeitliche und örtliche Herkunft der Lesarten. Die *go'on* gehören zur ersten und ältesten Schicht des Sinojapanischen (ca. 4. bis 8. Jh.). Die Entlehnungen kamen zusammen mit dem Buddhismus auf dem Wege über Kudara (Paekche) ins Land und basieren vermutlich auf der chinesischen Hochsprache, wie sie am Hofe der Östlichen Chin-Dyn. in Nanking (317—419) gepflegt wurde, da das koreanische Reich Paekche rege Kulturbeziehungen dorthin unterhielt. Die *kan'on* gehören zur zweiten Schicht des Sinojapanischen (ca. 8. bis 10. Jh.) und verdanken ihre Ausbildung dem unmittelbaren Kontakt mit dem China der T'ang-Dyn. Den Entlehnungen liegen die Lautungen der zeitgenössischen chin. Hochsprache mit dem kulturellen Zentrum Ch'ang-an zugrunde. Die *kan'on* haben in der Heian-Zeit auf Kosten der älteren *go'on* das absolute Primat errungen. *Tôin* schließlich ist eine irreführende Sammelbezeichnung für diejenigen sinojapanischen Lautungen, die nach Ausbildung des Sinojapanischen der Heian-Zeit durch spätere Entlehnungen aufkamen und aus hochsprachigem sowie dialektalem Chinesisch (vornehmlich Süddialekte, durch chinesische Handelsleute vermittelt) während der Sung-, Yüan-, Ming- und Ch'ing-Dynastie herzuleiten sind (die seltenere Bezeichnung *sôin* ‚Sung-Lautungen' ist wenigstens teilweise zutreffend).

Bei alledem ist zu beachten, daß eine Norm für die Bezeichnung der *kanji*-Lesungen mittels des japanischen Silbenalphabetes ursprünglich nicht vorhanden war. Die komplizierte *kana*-Orthographie für die mannigfaltigen *kanji*-Lautungen (*jion-kanazukai*), wie sie in der Neuzeit lexikographisch fixiert ist, erweist sich als wissenschaftliche Frucht eingehender Studien japanischer Philologen der Edo-Zeit.

47 kun-Lesungen. Die rein japanische Lesung chinesischer Wortschriftzeichen ist nichts anderes als die Wiedergabe des Bedeutungsgehaltes durch japanische Wörter. Da ein *kanji* häufig mehrere Bedeutungen hat, gibt es entsprechend viele *kun*-Lesungen, d. h. Übersetzungen ins Japanische. Die zutreffende *kun*-Lesart ist in der Regel durch den Kontext bestimmt und wird erleichtert, indem etwaige morphologische Elemente des japanischen Wortes in *kana*-Schreibung dem *kanji* nachgestellt werden. *Kanji*, die im Text allein stehen und von *kana* eingeschlossen sind, werden in der Regel japanisch gelesen. Bei weitem seltener ist die *kun*-Lesung bei einer Zeichenverbindung, d. h. die Wiedergabe eines japanischen Kompositums nur mit *kanji*, z. B. *arisama, mizuiro, tatemono*. Oft wird durch nach- oder zwischengestellte *kana* der japanische Wortcharakter der Zeichenverbindung gekennzeichnet, z. B. *oshi'ire, dekiru, uta'awase, nuri'ita, karimono*. Nur sehr wenige Zeichenverbindungen gibt es, die für ein einzelnes, nicht zusammengesetztes japanisches Wort stehen: *inaka, kinô, toneri* u. a. Domänen der *kun*-Lesung sind, mit wenigen Ausnahmen, die *kokuji* (vgl. § 35) sowie die mit *kanji* geschriebenen japanischen Orts- und Personennamen einheimischer Herkunft. Bei letzteren gibt es eine spezielle *kun*-Lesung für Zeichen, mit denen die ursprünglich dem Adel vorbehaltenen Zunamen (*nanori*) geschrieben werden. Schließlich gibt es Zeichenverbindungen, die sowohl nach dem *on* als auch nach dem *kun* gelesen werden können.

48 Sonderlesungen. Es gibt *kanji*-Verbindungen, die ihrem Lautwert nach gelesen ein japanisches Wort ergeben, wobei der semantische Zeichenwert gar nicht oder nur andeutungsweise auf die Wortbedeutung Bezug nimmt. Die Zeichen, welche solche Verbindungen bilden, heißen *ateji*, ‚angepaßte Zeichen'. 1. Nach der *on*-Lesung: z. B. *sewa, sata, miso;* 2. nach der *kun*-Lesung: z. B. *medetashi, yuba;* 3. nach der *on*-Lesung unter Benutzung des semantischen Zeichenwertes zur Wiedergabe japonisierter europäischer Fremdwörter: z. B. *kurabu, kompeitô*. Die *ateji*-Schreibweise beruht auf ähnlichen Prinzipien wie die alte *manyôgana*.

Eine Anzahl von Zeichenverbindungen hat teils *on*-, teils *kun*-Lesung. 1. Erster Bestandteil *on*, zweiter *kun* (sog. *jûbako-yomi*): z. B. *ichidoki, en-*

gumi, jibiki, kaichûmono; 2. erster Bestandteil *kun,* zweiter *on* (sog. *yutô-yomi*): z. B. *imayô, aikyaku, iibun.*

49 Textschreibung

a) Die Schreibung eines fortlaufenden Textes nur mit chinesischen Zeichen (*kambun*) oder nur mit kana-Zeichen (*kanabun*) gehört der Vergangenheit oder eng begrenzten Gebieten des Schrifttums an. Die beherrschende Rolle unter den Schreibstilen spielt der Mischstil (*kanji-kana-majiribun*). Auf sprachlicher Ebene entspricht ihm zumeist der japanisch-chinesische Mischstil (*wakan-konkôbun*). Mit *kanji* schreibt man die Begriffswörter (mit Ausnahme moderner Fremdwörter, die mit Katakana geschrieben werden), mit *kana* die syntaktischen Hilfswörter und morphologischen Elemente, fast ausschließlich suffigierender Art (folglich wird von flektierbaren japanischen Wörtern nur der Stamm mit *kanji* geschrieben). Mitunter wird die Lesung der Kanji mit rechts danebengestellten *kana*-Zeichen angegeben (*furigana*).

b) Textanordnung. Man schreibt vertikal in Zeilen von oben nach unten und von rechts nach links. Nur in modernen Texten, vornehmlich wissenschaftlicher Natur, wird zuweilen die europäische horizontale Zeilenanordnung nachgeahmt. Zwischenräume zwischen den einzelnen Wörtern gibt es nicht. Da die mit *kana* geschriebenen Wortzusätze in der Regel Postpositionen sind, ist die Zeichenfolge *kana* — *kanji* in den meisten Fällen graphisches Wortgrenzsignal.

c) Interpunktionszeichen. 1. Punkt (*maru*), in Form eines kleinen Kreises, seltener Punktes, rechts unter dem letzten Zeichen des Satzes; 2. Komma (*ten*), tropfenförmig, in gleicher Stellung wie der Punkt; 3. Anführungszeichen (*kagi*), winkelförmig rechts über und links unter dem Zitat; 4. Hervorhebungszeichen (*wakiten*), punkt- oder kommaförmig rechts neben jedem Schriftzeichen der auszuzeichnenden Stelle (jetzt oft durch einen durchlaufenden Strich ersetzt); 5. Trennpunkt (*nakaten*), auf der Zeilenmitte zur Trennung von *kanji* bei Aufzählungen oder zur Kenntlichmachung der Wortgrenze bei Fremdnamen, die mit Katakana geschrieben sind. In modernen Texten mit horizontaler Zeilenführung werden mitunter auch europäische Interpunktionszeichen verwendet.

d) Wiederholungszeichen. Statt der Wiederholung eines Kana-Zeichens wird ein tropfen- oder hakenförmiger Punkt auf die Zeilenmitte gesetzt, statt der Wiederholung mehrerer Kana-Zeichen eine langgezogene Spitzklammer. Statt der Wiederholung eines *kanji* wird das Zeichen 々 verwendet.

Literatur: B. H. Chamberlain, *A practical Introduction to the Study of Japanese Writing,* Yokohama 1905 (2nd. ed.) — F. S. G. Piggott, *The Elements of Sôsho,* Yokohama 1913. — R. Lange, *Einführung in die japanische Schrift,* Berlin 1922 (2. Aufl.). — Cl. Scharschmidt, *Schriftreform in Japan* (= MSOS 26, 27 [1924]). — Y. Yoshizawa, *Le signe de ‚Nigori' dans l'écriture syllabique japonaise (kana);* trad. p. Ch. Haguenauer (= JA 211, 1927). — N. E. Isemonger, *The Elements of Japanese Writing,* London 1929. — H. E. Palmer, *The Principles of Romanization with Special Reference to the Romanization of Japanese,* Tôkyô 1930. — E. Pagel, *Der Ursprung der japanischen Katakana und der Fünfzig-Laute-Tafel* (= ZDMG 91, 3 [1937]). — D. Carr, *The New Official Romanization of Japanese*

(= JAOS 59 [1939]). — E. O. Reischauer, *Rômaji or Rômazi* (= JAOS 60 [1940]). — J. K. Yamagiwa, *Introduction to Japanese Writing*, Ann Arbor 1942. — J. K. Yamagiwa, *Reforms in the Language and Orthography of Newspapers in Japan* (= JAOS 68, 1 [1948]). — H. Zachert, *Schriftreform in Japan* (= NOAG 74 [1953]). — Vgl. auch Literaturangaben unter § 35.

50 Textproben

a) Aus dem Heike-monogatari (13. Jahrhundert), Schriftsprache.

祇園精舎の鐘の聲、諸行無常の響あり。沙羅雙樹の花の色、盛者必衰のことわりをあらわす。おごれる人も久しからず、唯春の夜の夢のごとし。たけき者も遂にほろびぬ。偏に風の前の塵に同じ。

Transkription: *Gion-shôja-no kane-no koe, shogyô-mujô-no hibiki ari. Shara-sôju-no hana-no iro, jôsha-hissui-no kotowari-wo arawasu. Ogoreru hito-mo hisashikarazu, tada haru-no yo-no yume-no gotoshi. Takeki mono-mo tsui-ni horobinu. Hitoe-ni kaze-no mae-no chiri-ni onaji.*

Übersetzung: Im Glockenklang des Gion-Tempels ist der Widerhall der Unbeständigkeit alles Tuns. Die Blütenpracht des Śāla-Baumes offenbart die Wahrheit vom unbedingten Verfall des Gedeihenden. Auch der überhebliche Mensch ist nicht von Ewigkeit: nur dem Traum einer Frühlingsnacht ist er vergleichbar. Auch der tapfere Mann geht schließlich zugrunde: ganz genau so wie Staub vor dem Winde.

b) Aus einer modernen Zeitung (Yomiuri-shimbun, 1956), Umgangssprache.

本書の表現は嶄新で、方法は野心的である。資本主義の論理解明だけではない。ソビエーチズム、ニューディール＝アメリカ、修正資本主義、イギリス社会主義などにわたる透徹した論述である点からみれば、外國でおこなわれる「比較經済体制論」にあたるということもできよう。

Transkription: *Honsho-no hyôgen-wa zanshin-de, hôhô-wa yashinteki-de-aru. Shihonshugi-no ronri-kaimei-dake-de-wa-nai. Sobiêchizumu, nyûdiiru-Amerika, shûsei-shihonshugi, Igirisu-shakaishugi-nado-ni wataru tôtetsu-shita ronjutsu-de-aru ten-kara mireba, gaikoku-de okonawareru „Hikaku-keizai-taiseiron"-ni ataru-to-iu-koto-mo dekiyô.*

Übersetzung: Die Darstellung des vorliegenden Buches ist neuartig, die Methode ambitiös. Es ist nicht nur eine logische Deutung des Kapitalismus. Von dem Standpunkt aus betrachtet, daß es eine Erörterung ist, die sich in eindringlicher Weise auf den Sowjetismus, das Amerika des New Deal, den modifizierten Kapitalismus, den englischen Sozialismus usw. erstreckt, ergeben sich eigentlich auch Berührungen mit den im Ausland praktizierten „Vergleichenden Untersuchungen der Wirtschaftssysteme".

IV WORT- UND FORMENLEHRE

KLASSIFIZIERUNG DER WORTKATEGORIEN

51 Die aus den syntaktischen Bindungen isolierten semantischen Einheiten des Japanischen lassen sich formal bzw. funktionell in Wortkategorien einteilen. Deren Klassifizierung geht einerseits davon aus, ob die betreffenden semantischen Einheiten im Satz selbständig fungieren oder aber enklitisch bzw. suffigierend anderen Einheiten zugeordnet sind; andererseits davon, ob diese semantischen Einheiten flektierbar sind oder nicht. Demzufolge werden alle Wörter (*tango*) in die Wortkategorienpaare ‚selbständige Wörter' (*jiritsugo* [Vollwörter, *shi*] — ‚abhängige Wörter' (*fuzokugo*) [Hilfswörter, *ji*] und ‚flektierbare Wörter' (*katsuyôgo*) — ‚unflektierbare Wörter' (*mukatsuyôgo*) eingeteilt. Die weitere Gliederung der selbständigen Wörter erfolgt nach syntaktischen Gesichtspunkten: sie werden danach unterschieden, ob sie prädikativ, subjektisch, adnominal bzw. adverbial, konjunktional oder isoliert auftreten. Die selbständigen flektierbaren Wörter, die prädikativ stehen können, — funktionell als *yôgen* zusammengefaßt, d. h. Wörter zur Bezeichnung eines Vorgangs oder einer Erscheinung, — gliedern sich weiter in Verba (*dôshi*), Qualitativa[1] (*keiyôshi*) und verbale Qualitativa (*keiyôdôshi*). Die selbständigen unflektierbaren Wörter, die subjektisch stehen können, — funktionell als *taigen* zusammengefaßt, d. h. Wörter zur Bezeichnung einer Wesenheit, — sind die Nomina (*meishi*), zu denen auch die Demonstrativa (Pronomen) (*daimeishi*) und Numeralia (*sûshi*) gerechnet werden. Die adverbiale Gruppe unter den selbständigen unflektierbaren Wörtern bilden die Adverbia (*fukushi*), die adnominale Gruppe die Attributiva (*rentaishi*) und die konjunktionale Gruppe die Konjunktionen (*setsuzokushi*). Zu den selbständigen unflektierbaren Wortarten gehören schließlich die Interjektionen (*kandôshi*), außerhalb der sprachlichen Darstellungsebene und daher syntaktisch isoliert wie in den meisten Sprachen. Das Einteilungsmerkmal der abhängigen Wörter bildet die Flexion. Die flektierbaren unter ihnen bilden die Klasse der Verbalsuffixe (*jodôshi*), die unflektierbaren die Klasse der Postpositionen[2] (*joshi*). In schematischer Ordnung ergibt sich nebenstehendes Bild.

Dies Ordnungsschema ist in der japanischen Schulgrammatik verbreitet und findet auch in der wissenschaftlichen Grammatik häufigste Anwendung. Terminologisch ist die Klassifizierung mit wenigen Ausnahmen (*taigen, yôgen, rentaishi*) der europäischen Tradition angelehnt, doch trägt sie in ihrer

---

[1] *keiyôshi* ‚Gestalt und Zustand (bezeichnende) Wörter'. Die Wiedergabe dieser Kategorie mit ‚Adjektiva' ist irreführend, da sie morphologisch und syntaktisch über den adjektivischen Bereich indogermanischer Sprachen hinausragen.

[2] *joshi* ‚Hilfswörter'. Eine nicht sachhaltige, behelfsmäßige Bezeichnung dieser Kategorie. Die Bezeichnung ‚Partikel' wurde ebenfalls vermieden, da ihr überdies die notwendige Abgrenzung gegenüber den Konjunktionen und Interjektionen fehlt. Ein Oberbegriff für die vielfältigen Funktionen dieser Kategorie steht aus. Die Bezeichnung ‚Postpositionen' enthält wenigstens eine syntaktische Definition.

Die japanischen Wortkategorien

<table>
<tr><td rowspan="8">selbständig
(Vollwörter)</td><td rowspan="3">flektierbar</td><td rowspan="3">(prädikativ) *yôgen*</td><td>Verba
(*dôshi*)</td></tr>
<tr><td>Qualitativa
(*keiyôshi*)</td></tr>
<tr><td>verbale Qualitativa
(*keiyôdôshi*)</td></tr>
<tr><td rowspan="5">unflektierbar</td><td>(subjektisch) *taigen*</td><td>Nomina
(*meishi*)
Demonstrativa
(*daimeishi*)
Numeralia
(*sûshi*)</td></tr>
<tr><td>(adverbial)</td><td>Adverbia
(*fukushi*)</td></tr>
<tr><td>(adnominal)</td><td>Attributiva
(*rentaishi*)</td></tr>
<tr><td>(konjunktional)</td><td>Konjunktionen
(*setsuzokushi*)</td></tr>
<tr><td>(isoliert)</td><td>Interjektionen
(*kandôshi*)</td></tr>
<tr><td rowspan="2">abhängig
(Hilfswörter)</td><td>flektierbar</td><td rowspan="2"></td><td>Verbalsuffixe
(*jodôshi*)</td></tr>
<tr><td>unflektierbar</td><td>Postpositionen
(*joshi*)</td></tr>
</table>

Gliederung der morphologischen und syntaktischen Struktur des Japanischen volle Rechnung. Da sie dem Gegenstand adäquat ist, das Verständnis der grammatischen Zusammenhänge erleichtert und zudem eine bessere Orientierung in der einschlägigen japanischen Literatur ermöglicht, legen wir sie der Wort- und Formenlehre zugrunde, wobei nur aus methodischen Gründen die einzelnen Wortkategorien in teilweise veränderter Reihenfolge behandelt werden.

Die vorliegende Klassifizierung wurde von SH. HASHIMOTO (1882—1945) ausgearbeitet (*kokugohô-yôsetsu*, 1934), beruht aber auf einer längeren Entwicklung, die auf die japanische Philologie der Edo-Zeit zurückgeht. Den Ausgangspunkt bildet die Klassifizierung von N. FUJITANI (1738—1779), der in den Studien *Ayui-shô* (1778) und *Kazashi-shô* (1767) folgende Viergliederung vornahm: 1. *na* (Nomen), 2. *kazashi* (Pronomen, Adverbien, Konjunktionen), 3. *yosoi* (Verben), 4. *ayui* (Verbalsuffixe, Postpositionen, Interjektionen). Die prinzipielle Zweiteilung der Wortklassen in flektierbare und unflektierbare wurde von GIMON (1786—1843) vorgenommen (*katsugo-shinan*, 1840). Von großer Wirkung auf spätere Einteilungen war auch die dreiklassige Gliederung von H. TOGASHI (1793—1873), aufgezeichnet im *Kotoba-no-tamahashi* (1846): 1. *gen* (= *taigen*),

2. *shi* (= *yôgen*), 3. *ji* (= *joshi* + *jodôshi*). Die erste Klassifizierung unter dem Einfluß der europäischen Grammatik (durch holländische Vermittlung) stammt von SH. TSURUMINE (1788—1859), der im *Gogaku-shinsho* (1833) neun Wortklassen aufstellte: 1. *ikotoba* (Nomen), 2. *tsukikotoba* (Qualitativa), 3. *kaekotoba* (Pronomen), 4. *tsuzukikotoba* (Attributiva), 5. *hatarakikotoba* (Verba), 6. *samakotoba* (Adverbia), 7. *tsuzukekotoba* (Konjunktionen), 8. *sashikotoba* (Präpositionen), 9. *nagekikotoba* (Interjektionen). Eine Weiterentwicklung unter Berücksichtigung der europäischen Grammatik, aber sorgfältiger auf den japanischen Sprachbau abgestimmt, stellt die Klassifizierung von F. ÔTSUKI (1847 bis 1928) dar, die er im *Kô-Nihon-bunten* (1897) gab und die sowohl sachlich als auch terminologisch für die meisten neuen Klassifizierungen, auch die von HASHIMOTO, richtungweisend wurde: 1. *meishi* (+*daimeishi*, *sûshi*), 2. *dôshi*, 3. *keiyôshi*, 4. *jodôshi*, 5. *fukushi*, 6. *setsuzokushi*, 7. *tenioha* (= *joshi*), 8. *kandôshi*.

NOMINA (MEISHI)

52 Das japanische Nomen ist ein selbständiges, unflektierbares Wort. Syntaktisch ist es dadurch gekennzeichnet, daß es Subjekt sein kann, daß es ohne Zusätze ein Syntagma bilden kann (in der Funktion des Nominativs oder des Vokativs) und daß es durch ein Attribut näher bestimmt werden kann. Von dem letzten Merkmal abgesehen teilt es alle übrigen mit den Demonstrativa (*daimeishi*) und Numeralia (*sûshi*), die deshalb grammatisch den *meishi* gleichgestellt sind und nicht als selbständige Wortkategorien, sondern als semantische Sondergruppen der *meishi* gelten. Sie alle werden als *taigen* zusammengefaßt und heben sich durch die Funktion der Nennung von den übrigen Wortkategorien ab.

Anmerkung: Wörter aller Kategorien werden als *taigen* behandelt, wenn sie als sog. Quasi-taigen (*jun-taigen*) in Nennfunktion stehen; z. B. *taru-wo shiru* ein Genügen kennen.

53 Aus dem Gesamtbereich der Nomina appellativa (*futsû-meishi*) sind zwei Gruppen auszuscheiden, deren Nennfunktion abgeschwächt ist und die zur Konversion neigen. Es sind dies die Temporalnomina (*toki-no-meishi*) und die Formalnomina (*keishiki-meishi*).

a) *toki-no-meishi*: *kyô* heute, *kinô* gestern, *ashita* morgen, *kotoshi* heuer, *mukashi* in alter Zeit, usw. — Sie können zwar einerseits wie die regulären *meishi* ein Subjekt bilden, andererseits aber auch ein Prädikat näher bestimmen, weshalb sie eine Zwischenstellung zwischen Nomina und Adverbia einnehmen.

b) *keishiki-meishi*: *koto* Sache, *mono* Ding, *tokoro* Ort, *toki* Zeit, *aida* Zwischenraum, *yue* Grund, *hazu* Notwendigkeit, *wake* Bedeutung (Grund), *yoshi* Grund (Umstand), *tame* Zweck, *tôri* Art und Weise, *kata* Form, *hô* Seite (Verfahren), *ten* Punkt, *bun* Teil, *gi* Fall u. a. — Nomina dieser Art können zwar in ihrer vollen substantiellen Bedeutung (als *jisshitsugo*) angewendet werden, sind aber weit häufiger in ihrer Funktion zu suffixähnlichen oder adverbialen Hilfswörtern abgeschwächt. In solcher Funktion stehen sie zwischen den Vollwörtern (*shi*) und den Hilfswörtern (*ji*) und tendieren zum Übergang in die Kategorie der Postpositionen (*joshi*).

Beachte: Die Konvergenz von *keishiki-meishi* und *joshi* zeigt sich auch in einer eigentümlichen Funktion der Postposition *no* (seltener *ga*): In der Stellung zwischen *taigen* (auch attributiven *yôgen* oder determinativen *joshi*) und anderen Postpositionen wirken sie als Nominalstellvertreter und sind den *keishiki-meishi koto* und *mono* sehr ähnlich (Sh. Hashimoto nennt *no* in dieser Funktion *juntai-joshi* ‚quasi-nominale Postp.'); z. B. *ima-no aruji-mo, saki-no-mo . . . idenikeri* der jetzige Hausherr und der vorige traten heraus (*saki-no* = *saki-no aruji*); *kono uta-wa Kakinomoto-no Hitomaro-ga-nari* dies Gedicht ist eines von K. (*ga* = *-no mono*, im Sinne von *uta* ‚Gedicht'); *kinô kita-no-wa daredarô* (U) wer ist es eigentlich, der gestern gekommen ist? (*kita-no-wa* = *kita hito-wa* ‚derjenige, welcher gekommen ist').

54 Den Nomina appellativa (*futsû-meishi*) stehen die Nomina propria (*koyû-meishi*) gegenüber, d. h. die Personennamen, Ortsnamen, Titel, Firmenbezeichnungen usw. Besondere Schwierigkeiten bieten die japanischen Ortsnamen (*chimei*), vor allem aber die Personennamen (*jimmei*). Beide Typen haben traditionelle *kanji*-Schreibungen, die als *on, kun, ateji* oder bei Zunamen als *nanori* gelesen werden. Bei den Personennamen sind zu unterscheiden Familiennamen (*seishi*: z. B. *Hayashi, Sakabe, Andô*), häufig von Ortsnamen abgeleitet (z. B. *Fujiwara, Kiyo'oka, Tsuda*) und Eigennamen (*zokumyô*: z. B. *Tarô, Minoru, Kyônosuke*), denen früher die adligen Zunamen gegenüberstanden (*nanori*: z. B. *Yorimoto, Michizane, Masashige*), jetzt noch zum Teil als Eigennamen in Gebrauch. Außerdem trug der Adel Altjapans Standestitel (*kabane*: z. B. *Asomi, Sukune, Imiki*). Auch gibt es Milchnamen (*yômyô*: z. B. *Ushiwakamaru, Katsuchiyo*), Beinamen (*azana*: z. B. *Shisei, Sakichi*), Künstlernamen (*gô*: z. B. *Kyokuteishûjin, Harunoyaoboro*), Mönchsnamen (*hômyô*: z. B. *Kûkai, Saichô*), postume Namen (*okurina*: z. B. *Kôbô-daishi, Meiji-tennô*). Andere Formen haben die Frauennamen in Vergangenheit und Gegenwart (z. B. *Hiromushi, Sei Shônagon, Masako, Okiku, Ryû*)[3].

55 Das japanische Nomen kennt kein grammatisches Genus. Das natürliche Geschlecht ist lexikalisch immanent; z. B. *chichi* Vater, *oji* Onkel, *otoko* Mann, *haha* Mutter, *oba* Tante, *onna* Frau.

Wortbildungselemente zur Bezeichnung des natürlichen Geschlechts bei Menschen waren die schon im Altjap. nur begrenzt produktiven Suffixe *-ko* masc. und *-me* fem.; z. B. *otoko* Jüngling, *otome* Jungfrau, *musuko* Sohn, *musume* Tochter, *hiko* Prinz, *hime* Prinzessin.

---

[3] Als Hilfsmittel zur Feststellung der Namenslesung sind zu nennen: A. J. Koop, H. Inada, *Japanese Names and how to read them*, London 1923. — I. V. Gillis, Pai Ping-ch'i, *Japanese Surnames*, Peking 1939. — dto. *Japanese Personal Names*, Peking 1940. — E. A. Fol'kman, N. P. Kapula, *Slovar' japonskich imjon i familij*, Moskau 1953, 2. verb. Aufl. 1958.

Ebenso unproduktiv sind auch die Präfixe *o-* (*on-*) (<*wo*) masc. und *me-* (*men-*) fem., welche dieselbe Funktion innerhalb des Tierreiches ausüben; z. B. *oushi* Stier, *meushi* Kuh (*ushi* Rind), *ouma* (>*oma*) Hengst, *meuma* (>*mema*) Stute (*uma* Pferd), *ondori* Hahn, *mendori* Henne (*tori* Vogel, Huhn). Etwas häufiger findet man statt dessen die Umschreibung mit *osu* (<*wosu*) Männchen, *mesu* Weibchen; z. B. *osu-no uma* Hengst, *mesu-no uma* Stute.

56 Das japanische Nomen kennt keinen grammatischen Numerus. Singularische oder pluralische Bedeutung eines *meishi* erschließt sich aus dem Kontext. Wenn eine ausdrückliche Bezeichnung des Plurals erforderlich ist, stehen semantisch begrenzt die Mittel der Reduplikation oder der Affigierung zu Gebote, die jedoch unproduktiv sind und von denen nur selten Gebrauch gemacht wird.

a) Reduplikation (nur bei jap. Grundwörtern und mit regelmäßigem Auftreten des *rendaku* [vgl. § 32]); impliziert zumeist die Nebenbedeutung der Gesamtheit: *yamayama* Berge, *kuniguni* alle Länder, *hitobito* alle Leute, *katagata* alle Anwesenden (*kata* Person).

b) Suffigierung. Mittels der japanischen Suffixe *-ra, -domo, -tachi, -gata, -bara* und des sinojap. Suffixes *-shû*. Sie alle implizieren zumeist eine kollektive Nebenbedeutung:

-ra *kodomora* (altjap. *kora*) Kinder (*kodomo* Kind), *kakera* Scherben (*kake* Bruchstück), *seitora* die Schüler.

-domo *onnadomo* die Frauen, *segaredomo* die Söhne.

kodomo hatte ursprünglich pluralische Bedeutung wie *kora*, wird aber nicht mehr pluralisch empfunden, wodurch die Neubildung *kodomora* möglich wurde (s. o.). Im Altjap. zeigt das Suffix noch eine gewisse Produktivität, z. B. *yamadomo* Berge, *matsudomo* Kiefern, *monodomo* Dinge, *kotodomo* Angelegenheiten.

-tachi *hitotachi* Leute, *kodomotachi* Kinder, *oyatachi* Eltern, *okâsantachi* Verwandte der Mutter (‚Mutter und die Ihren').

tomodachi Freund, *kindachi* (< *kimitachi*) Junker, hatten ursprünglich auch pluralisch-kollektive Bedeutung, die im heutigen Sprachbewußtsein nicht mehr fortlebt. Deshalb ist auch eine Bildung wie *tomodachira* ‚Freunde' möglich. Aus dem Altjap. sind noch überliefert *mikotachi* Prinzen, *kamitachi* Gottheiten u. a.

-gata *daijingata* die Herren Minister, *daimyôgata* die Herren Daimyô, *onnagata* die Damen, *senseigata* die Herren Lehrer.

Honorificum und deshalb häufig auf angeredete Personen bezogen. Vgl. *katagata* alle Anwesenden, meine Damen und Herren.

-bara *hyakushôbara* das Bauernvolk, *yakuninbara* die Beamten, *kodomobara* die Bengels, *wakadonobara* die jungen Leute, *yatsubara* die Kerls.

Das Suffix enthält eine pejorative Nebenbedeutung.

-shû *wakashû* die jungen Leute, *onnashû* die Frauen.

c) Präfigierung. Mittels der sinojapanischen Präfixe *ta-*, *sû-*, *sho-* (Anwendungsbereich nur im sinojapanischen Wortschatz) und dem japanischen Präfix *moro-*. Da diese Semanteme neben dem Begriff der Pluralität alle eine spezifische Nebenbedeutung haben und als Wortbildungselemente den anschließenden Nomina gleichwertig sind, sind sie eher als appositionelle Kompositionsglieder denn als Präfixe aufzufassen.

ta- *tanen* viele Jahre, *taji* viele Geschäfte, *tayô* viele Arten.

sû- *sûnen* mehrere Jahre, *sûnin* mehrere Leute.

sho- *shonin* alle Leute, die Masse, *shokun* meine Herrschaften, *shoji* allerlei Geschäfte.

moro- *morokuni* alle Länder, *morobito* jedermann.

moro- ist das Äquivalent des sinojap. *sho-*, z. B. *morokuni* = *shokoku*. Im älteren Japanisch verhältnismäßig produktiv. Beachtenswert ist der verschiedentliche Gebrauch des Präfixes zur Bezeichnung des Duals: *morote* die beiden Hände, *morohiza* die beiden Knie, *moroha* die Zweischneidigkeit (eines Schwertes) u. a.

Anmerkung: Häufiger als bei den Nomen findet man die Pluralsuffixe bei den Demonstrativa, wo sie in festen Verbindungen auch heute in der Umgangssprache lebendig sind (siehe § 73).

57 Die *taigen* (Nomina, Demonstrativa, Numeralia) besitzen keine Kasus-Flexion. Die Kasusrelationen werden mittels enklitischer Postpositionen (*joshi*) bezeichnet (siehe §§ 104, 106).

58 Der nominale Wortschatz

Die Wortkategorie der *meishi* zeigt am deutlichsten die genetisch heterogene Zusammensetzung des japanischen Wortschatzes. Ihrer Herkunft nach werden sie in japanische Grundwörter (*honraigo*) und nichtjapanische Lehnbzw. Fremdwörter (*gairaigo*) eingeteilt, letztere wiederum in solche aus dem asiatischen oder dem europäischen Sprachenkreis. Eine Sonderstellung unter den Wörtern fremden Ursprungs nehmen die sinojapanischen Wörter (*kango*) ein, die den weitaus größten Teil des nominalen Vokabulars ausmachen und ein inhärenter Bestandteil des Japanischen sind.

honraigo: *ame* Himmel, *hi* Sonne, Tag, *kuni* Land, *shima* Insel, *michi* Weg, *hana* Blume, *ki* Baum, *hito* Mensch, *kokoro* Herz, usw.

kango: *hon* Buch, *hô* Seite, *kyaku* Gast, *bôshi* Mütze, *seikatsu* Leben, *ongaku* Musik, *budôshu* Traubenwein, usw.

Die ältesten nominalen Entlehnungen aus dem Chinesischen wurden durch Lautsubstitution völlig der jap. Wortstruktur angepaßt, z. B. *uma* Pferd, *ume* Pflaume, *fude* Pinsel, *fumi* Schreiben. Auch einige spätere Entlehnungen dieser Art werden nicht mehr als *kango* empfunden, z. B. *zeni* Münze, *e* Bild, *niku* Fleisch, *cha* Tee.

gairaigo: Ainu — z. B. *atsushi* (<attush) aus der verarbeiteten Rinde des *atsuni* (<atni)-Baumes gefertigtes Gewebe, *kompu* (<kompo) Riemen-

tang, *sake* (<shakipe) Lachs. Koreanisch — z. B. *tera* (<chŏl) buddh. Tempel, *patchi* (<paji) Hosen, *kasasagi* (<kkach'i) Elster. Sanskrit — z. B. *sara* (<sarâva) Schüssel, *danna* (<dânapati) Patron, *kawara* (<kapâla) Ziegel. Aus südostasiatischen Sprachen gibt es nur sehr vereinzelte Wortentlehnungen, z. B. *kiseru* (<khsier, Khmer) Tabakpfeife; *sarasa* (<sarasa, Jav.) bedruckter Kattun.

Portugiesisch — z. B. *kappa* (<capa) Überrock, *pan* (<pão) Brot, *tabako* (<tabaco) Tabak. Spanisch — *meriyasu* (<medias) Wirkware. Holländisch — z. B. *kôhi* (<koffij) Kaffee, *garasu* (<glas) Glas, *sâberu* (<sabel) Säbel. Englisch — z. B. *mishin* (<machine) [Näh-]Maschine, *haikara* (<high collar) Dandy, *pêji* (<page) Seite. Französisch — z. B. *manto* (<*manteau*) Mantel, *dekadan* (<décadent) Decadence, *atorie* (<atelier) Atelier. Deutsch — z. B. *gâze*<Gaze, *sukî*<Ski, *ideorogi*<Ideologie.

Fremdwörter aus anderen europäischen Sprachen sind sehr gering an Zahl und meist durch englische Vermittlung eingedrungen, z. B. ital. *opera, piano,* russ. *interi* (< intelligencija Intellektuelle), *sobietto* (< sovjet).

59 Nominale Wortbildung

Mannigfaltig sind die Arten der nominalen Wortbildung durch Ableitung und Zusammensetzung. Unter den einfachen Wörtern (*tanjungo*) — größtenteils rein japanische Nomina (*ame, michi, kokoro* usw.) und zum geringeren Teil sinojapanische (*hon, kyaku, cha* usw.) — ist eine Gruppe konversiver Bildungen (*gyakuseigo*) aus dem jap. Grundwortschatz als abgeleitet herauszuheben.

a) Verba →Nomina: aus der Konjunktionalform — *warai* Lachen (<*warau* lachen), *obi* Gürtel (<*obu* gürten), *ayamachi* Fehler (<*ayamatsu* sich irren), *oshie* Lehre (<*oshiu* lehren), *tasuke* Hilfe (<*tasuku* helfen); aus der Finalform — *sumô* Ringkampf (ringen), *kagerô* Sommerfäden (flimmern), *mukô* Gegenseite (gegenüberstehen).

Eine verhältnismäßig zahlreiche Untergruppe der konversiven Bildungen (aus verbalen Finalformen) besteht aus männlichen Eigennamen: *Tsutomu, Shigeru, Minoru, Tôru, Kaoru, Noboru, Susumu, Masaru.*

b) Qualitativa →Nomina: aus der Konjunktionalform — *chikaku* Nachbarschaft (<*chikashi* nahe), *tôku* Ferne (<*tôshi* fern), *ôku* Menge (<*ôshi* viel).

Sämtlich Neubildungen der Umgangssprache.

Aus der Finalform — *Tadashi, Masashi, Takeshi, Hiroshi, Hisashi.*

Nur männliche Eigennamen.

Bei den Komposita (*fukugôgo*) sind die japanischen von den sinojapanischen zu scheiden. Hybride Bildungen sind nicht allzu häufig. Die Mittel der Zusammensetzung bestehen in Juxtaposition, Präfigierung, Suffigierung und Lexikalisierung syntagmatischer Verbindungen.

60 Juxtaposition

a) Japanisch

Nomen + Nomen [kopulativ] — *ame-tsuchi* Kosmos (Himmel + Erde), *tsuki-hi* Zeit (Monde + Tage), *mono-goto* Dinge (Gegenstände + Sachen); [determinativ] — *yama-michi* Bergweg, *kawa-doko* Flußbett, *kokoro-ne* innerste Gefühle (Herz + Wurzel).

Verb (Konjunktionalform) + Nomen [determinativ] — *ii-kata* Sprechweise (*iu* sprechen), *ki-mono* Gewand (*kiru* anziehen), *watashi-bune* Fährboot (*watasu* übersetzen).

Qualitativum (Stamm) + Nomen [determinativ] — *aka-hara* Plötze (rot + Bauch), *waka-te* junge Leute (jung + Hand), *chika-me* Kurzsichtigkeit (nahe + Auge).

Komposita wie das letztere können auch exozentrisch auf den Träger der Eigenschaft bezogen werden: der Kurzsichtige.

Nomen + Verb (Konjunktionalform) [exozentrisch] — *kane-mochi* Reicher (Geld + besitzen), *take-tori* Bambussammler (Bambus + nehmen), *michi-zure* Gefährte (Weg + begleiten); [determinativ] — *tsuki-mi* Mondschau (Mond + sehen), *mono-gatari* Geschichte (Dinge + erzählen), *hana-tsukuri* Blumenzucht (Blumen + machen).

Letzteres auch exozentrisch: Gärtner.

Nomen + Qualitativum (Stamm) [exozentrisch] — *me-kura* Blinder (Auge + dunkel), *hara-guro* Bösewicht (Bauch + schwarz), *take-naga* langformatiges Papier (Höhe + lang).

Determinative Komposita dieser Art sind selten: *yo-samu* Nachtfrost (Nacht + kalt), *hi-naga* Tageslänge (Tag + lang).

Verb + Verb (Konjunktionalformen) [kopulativ] — *kachi-make* Sieg und Niederlage, *uke-tori* Quittung (empfangen + ergreifen), *wari-ai* Verhältnis (zerteilen + entsprechen).

Qualitativum + Qualitativum (Stämme) [kopulativ] — *taka-hiku* Unebenheit (hoch + niedrig), *tô-asa* seichter Strand (fern + seicht), *yoshi-ashi* (Finalformen!) Gutes und Böses.

Qualitativum (Stammform) + Verb (Konjunktionalform) [determinativ] — *taka-warai* schallendes Gelächter (hoch + Lachen), *naga-iki* Langlebigkeit (lang + leben), *furu-gi* alte Kleider (alt + anziehen).

Adverb + Nomen [determinativ] — *tada-goto* Unbedeutendes (gewöhnlich + Sache), *mata-itoko* Vetter 2. Grades (auch + Vetter), *sozoro-goto* Geplauder (leichthin + Worte).

Adverb + Verb (Konjunktionalform) [determinativ] — *tada-nori* Freifahrt (gratis + fahren), *mata-danomi* indirekte Bitte (auch + bitten); [exozentrisch] — *potto-de* Landpomeranze (einfältig + herauskommen).

Beachte: 1. Japanische Komposita mit mehr als zwei Gliedern sind selten, z. B. *uo-tsuri-bune* Angelboot (Fisch + angeln + Boot), *mono-age-ba* Landungsplatz (Dinge + heben + Platz), *ama-hase-zukai* Eilkurier (Himmel + laufen + Bote).

2. Bei kompositionellen Bildungen aus japanischem Wortmaterial können sich kombinatorische Lautänderungen ergeben, die allerdings nicht regelmäßig auftreten: a) Umlaut vor der Kompositionsfuge — *fune* + *michi* > *funamichi* Schiffsweg; b) Anlautnigorierung beim zweiten Kompositionsglied (*rendaku*) — *mono* + *koto* > *monogoto* Dinge; c) Stützkonsonant in der Kompositionsfuge — *haru* + *ame* > *harusame* Frühlingsregen; d) *ombin* — *tsuki* + *tachi* > *tsuitachi* Monatserster; e) Kontraktion — *ara* + *iso* > *ariso* Kieselstrand; f) Haplologie — *kawa* + *hara* > *kawara* (ausgetrocknetes) Flußbett.

b) Sinojapanisch

Die Kompositionsglieder und deren Zusammensetzungen sind formal durchweg nominaler Natur. Es gibt folgende Typen der Zuordnung:

kopulativ-synonymisch — *shi-dai* Reihenfolge (Ordnung + Ordnung), *ken-kyû* Untersuchung (untersuchen + untersuchen), *ri-eki* Vorteil (Nutzen + Nutzen);

kopulativ-antonymisch — *ze-hi* Recht und Unrecht, *ta-shô* Quantität (viel + wenig), *kun-shin* Fürst und Untertan;

kopulativ-selektiv — *sô-moku* Pflanzenwelt (Gräser + Hölzer), *san-sui* Landschaft (Berge + Gewässer), *bum-pitsu* Schriftstellerei (Geschriebenes + Pinsel);

determinativ-attributiv — *shoku-motsu* Speise (essen + Ding) *buk-kyô* Buddhismus (Buddha + Lehre), *gai-koku* Ausland (außen + Land);

determinativ-prädikativ — *men-kan* Amtsentsetzung (absetzen + Amt), *zui-hitsu* Essay (folgen + Pinsel), *ki-koku* Heimkehr (zurückkehren + Land).

Beachte: 1. Die binominalen *kango* können miteinander oder mit einem Simplex zu Reihenkomposita verknüpft werden, deren Glieder in progressiver Determination einander untergeordnet sind; z. B. *jôdai* Altertum, *bukkyô* Buddhismus, *shisô* Gedanke, *shi* Geschichte, *kenkyû* Untersuchung: *jôdai-bukkyô-shisô-shi-kenkyû* Untersuchungen zur Geistesgeschichte des Buddhismus im Altertum.

2. Bei der Komposition sinojapanischer Semanteme treten unter gewissen Bedingungen regelmäßig Assimilationen an der Kompositionsfuge auf (vgl. § 32).

3. Zahlreiche *kango* sind japanische Neologismen, vornehmlich der modernen Sprache, z. B. *eiga* Kino, *bummin* Zivilisten, *iryô* Kleiderstoffe. Bei ihnen sind die Semanteme durchweg determinativ einander zugeordnet.

c) Hybride Bildungen

Typ *jûbako* (vgl. § 48): *ji-biki* Wörterbuch (Schriftzeichen + herausziehen), *en-gumi* Heirat (Band + zusammenfügen), *yaku-ba* Amt (Dienst + Platz), *dan-go* Kloß (Rundgeknetetes? + Kind);

Typ *yutô: asa-han* Frühstück (Morgen + Speise), *yomi-hon* Lesebuch (lesen + Buch), *mi-bun* gesellschaftlicher Stand (Person + Los), *uke-sho* Anerkennungsschreiben (empfangen + Schreiben).

Es gibt auch eine ganze Reihe hybrider Bildungen mit europäischen Lehnwörtern, z. B. *pan-ya* Brotladen (port.-jap.), *haikara-ren* die feinen Leute (engl.-sinojap.), *kûki-pompu* Luftpumpe (sinojap.-holl.).

61 Präfixkomposita (*settôgo*)

Die Präfixe sind unselbständige, determinative Semanteme, die dem Nomen eine zusätzliche Bedeutungsnuance verleihen. Echte Präfixe dieser Art gibt es nur im rein japanischen Wortschatz, doch sind sie kaum mehr produktiv.

ô- (groß): *ôgoe* laute Stimme (*koe* Stimme), *ômoto* Urgrund (*moto* Wurzel);
su- (einfach): *sude* bloße Hand (*te* Hand), *sugao* ungeschminktes Gesicht (*kao* Gesicht);
ki- (frisch): *kigusuri* noch ungemischte Arznei (*kusuri* Arznei) *kimusume* Jungfrau (*musume* Mädchen);
nii- (neu): *niiname* Reiskostefest (*name* Kosten), *niizuma* junge Ehefrau (*tsuma* Ehefrau);
ui- (erst): *uigo* Erstgeborenes (*ko* Kind), *uitabi* erste Reise;
ma- (richtig): *magokoro* Aufrichtigkeit (*kokoro* Herz), *maho* volle Segel;
sa- (rasch): *sanae* Reissproß (*nae* Pflänzchen);
sa- (schmal): *sagiri* leichter Nebel (*kiri* Nebel).

Beachte: 1. Zu dieser Gruppe gehören die Präfixbildungen mit *o-*, *me-* zur Kennzeichnung des Geschlechtes bei Tieren (vgl. § 55).
2. Funktionsmäßig lassen sich bei den sinojap. Nominalkomposita die Semanteme der Negation (*fu-*, *mu-*, *bu-*, *hi-*) und der Quantität (*ta-*, *sho-*, *sû-*) hier einordnen.

Eine Sondergruppe der nominalen Präfixkomposita, zugleich der produktivste Bestandteil dieses Typs, sind die Höflichkeitswörter (*keigo*) mit den Präfixen *o-* (jap.) und *go-* (sinojap.), welche zum Ausdruck der Hochachtung (jetzt der Höflichkeit) solchen Nomina vorangestellt werden, die sich auf den Gesprächspartner beziehen oder auf eine dritte zu ehrende Person, oder die allgemein eine ehrende Bezeichnung des Gemeinten beinhalten.

o-: *osumai* Ihre Wohnung, *ohanashi* Ihre Erzählung;

go-: goshinsetsu Ihre Freundlichkeit, *gomendô* Ihre Mühe *gohan* die Mahlzeit, *gosho* der kaiserliche Palast.

Beachte: 1. In älteren Komposita kommt mitunter statt go- die jetzt unproduktive *go'on*-Lesart *gyo-* vor, z. B. *gyoen* kaiserlicher Garten, *gyoza* kaiserliche Residenz.

2. Japonisierte *kango*, die im Sprachbewußtsein nicht mehr als Lehnwörter empfunden werden, haben das japanische Präfix o-, z. B. *ocha* Tee, *orei* Begrüßung.

Im Altjapanischen waren mit Bezug auf Gottheiten, Kaiserhaus und Adel die ehrenden Präfixe *mi-* (erlaucht), *ômi-* (groß + erlaucht), *ôn-* (< *ômi*), *on-* (< *ôn*) gebräuchlich, z. B. *miko* Kaisersohn, *mitami* Volk (= kaiserliche Untertanen), *ômikami* (> *ôngami*) Gottheiten, *ômiso* (> *ônzo*) kaiserliche Gewänder, *ontarashi* Bogen (des Heerführers). Einige solcher Komposita leben im modernen Wortschatz fort, werden aber nicht mehr als Zusammensetzungen empfunden, z. B. *miya* (erlauchtes Haus) Palast, Schrein, Prinz, *miyo* Regierungszeit des Kaisers (altjap. auch *ôndoki* < *ômitoki*).

62 Suffixkomposita (*setsubigo*)

Sie sind im nominalen Bereich nur durch wenige Typen vertreten. Am bedeutendsten ist die Gruppe der Pluralbezeichnungen (*-domo, -tachi, -ra* usw., vgl. § 56b). Zudem werden einige Nomina agentis durch Suffixe gekennzeichnet:

-be (jap., unproduktiv) — *urabe* Wahrsager, *kataribe* Erzähler, *kadobe* Torhüter.

be ist eine altjap. Bezeichnung der Berufsgruppe. Komposita dieser Art sind nicht mehr gebräuchlich.

-ka, -sha (sinojap., produktiv) — *rakugoka* Geschichtenerzähler, *semmonka* Spezialist, *isha* Arzt, *kangakusha* Sinologe.

Beachte: Ein Teil der Nomina agentis sind verbale Ableitungen, z. B. *kataribe* (< *kataru* erzählen), *hanashika* (< *hanasu* erzählen).

Zu den nominalen Suffixkomposita sind auch die Höflichkeitsformen der Personennamen bzw. die ehrenden Personifizierungen zu rechnen, die ihrerseits zu den Höflichkeitswörtern (*keigo*) gehören:

-sama — *kamisama* die Gottheiten, *ohisama* die liebe Sonne (*o-* präfigierendes Honorificum, vgl. § 61), *Tanakasama* Herr Tanaka (formell), *okusama* die Frau des Hauses.

-san (weniger formell) — *niisan* älterer Bruder, *okâsan* Mutter (Bildungsweise wie *o-hi-sama*), *Tanaka-san* Herr Tanaka (Anrede), *okusan* Ihre Gattin.

-chan (familiär; vorzugsweise Kindern gegenüber) — *botchan* Ihr Sohn, *Ayako-chan* liebe Ayako.

-kun (freundschaftlich oder herablassend) — *Tanaka-kun* lieber Tanaka.

Beachte: 1. Im älteren Japanisch war das Suffix *-dono* neben -sama verbreitet, z. B. *kampaku-dono* der Herr Regent, *Kurô-dono* der Herr Kurô (Beiname des Minamoto no Yoshitsune).

2. Stark pejorativ ist das Suffix *-me: aitsume* der Kerl da (*aitsu* der da), *chikushôme* Dreckskerl (*chikushô* Vieh).

63 Derivative Bildungen (*haseigo*)

Die derivativen Bildungen nominaler Art sind Suffixkomposita und von Qualitativa oder Verba hergeleitet.

Dequalitativa (Stammableitung)

-sa: fukasa Tiefe (*fukashi*), *ôkisa* Größe (*ôki*), *kurushisa* Pein (*kurushi*);

-mi: yowami Schwäche (*yowashi*), *akami* Röte (*akashi*), *shiromi* Weiße (*shiroshi*);

-ke (*-ge*)*: samuke* Kälte (*samushi*), *oshige* Knausrigkeit (*oshi*), *abunage* Gefahr (*abunashi*).

Der Unterschied dieser Suffixe besteht darin, daß *-sa* die Bedeutung ‚Grad der Eigenschaft' hat, *-mi* ‚Sitz der Eigenschaft' und *-ke* ‚Erscheinungsweise der Eigenschaft'. So hat z. B. *shiromi* die Nebenbedeutung ‚*Eiweiß*', *akami* ‚schieres Fleisch'.

Deverbativa (selten)

-ka (*-ga*) (‚Ort', von der Konjunktionalform abgeleitet): *sumika* Wohnort (*sumu*), *kakurega* Versteck (*kakuru*);

-e (‚Richtung', von der Attributivform abgeleitet): *yukue* Verbleib, *inishie* Vergangenheit (*inishi* = weggegangen).

64 Syntagmatische Bildungen (*bunsetsugo*)

Wortzusammensetzungen, welche aus der Lexikalisierung einer syntagmatischen Verbindung (*bunsetsu*) entstanden sind. Bei den meisten Komposita dieses Typs handelt es sich um lexikalisierte syntagmatische Verbindungen mit Kasusrelation:

ama-no-gawa Milchstraße (des Himmels Fluß), *yama-no-te* hüglige Gegend (des Berges Hand), *waga-mama* Eigennutz (mein Gutseinlassen), *ki-ni-iri* Günstling (der einem gefällt), *ma-ni-awase* Behelf (Einpassung in eine Lücke), *ta-so-gare* Abenddämmerung (wer ist er; Tageszeit, da man schwer zu erkennen ist), *mite-kure* äußere Erscheinung (sieh her).

65 Neologismen (*shingo*)

Die nominalen Neologismen der modernen Sprache basieren größtenteils auf der neuen Zusammensetzung oder Ableitung sinojapanischer Semanteme oder auf der Einführung europäischer Fremdwörter. Am verbreitetsten ist unter den sinojapanischen Neologismen die Neuzusammensetzung bekannter Semanteme zur Bezeichnung neuer Begriffe (vgl. § 60 b, Anm.). Mehrgliedrige sinojapanische Komposita werden mitunter zu binominalen gekürzt (*shôryakugo*), z. B. *Tôkyô-daigaku* Universität Tôkyô > *Tôdai, kokusai-rengô* Vereinte Nationen > *kokuren, rôdô-kumiai* Arbeitergewerkschaft > *rôgumi.* Beliebte sinojapanische Ableitungssuffixe der Gegenwart sind *-sei* (-keit, -tät) und *-ka* (-ierung), z. B. *kotai-sei* Festigkeit, *antei-sei* Stabilität, *antei-ka* Stabilisierung, *heimin-ka* Demokratisierung.

Bei den Neologismen aus europäischen Sprachen fallen in das Gebiet der Wortbildung die durch Kürzung vereinfachten Formen, von denen es drei Typen gibt: 1. Kopfformen (nur der erste Teil des Wortes bleibt erhalten) — *apâtomento* Appartment > *apâto*, *infureishon* Inflation > *infurei*, *puroguramu* Programm > *puro*; 2. Schwanzformen (nur der zweite Teil des Wortes bleibt erhalten) — *purattohômu* (engl. platform) Bahnsteig > *hômu*, *buranketto* (engl. blanket) Wolldecke > *ketto*, *dainamaito* (engl. dynamite) Dynamit > *maito*; 3. Initialformen (nur die Initialen des Wortes bleiben erhalten) — Licensed Agency for Relief in Asia > *rara*[4], Sowjetunion > *Soren*, modern girl > *moga*.

[4] Licensed wird durch ra wiedergegeben, da das Japanische nur die Liquide r hat; vgl. *kurabu* < club, *hirumu* < Film usw.

DEMONSTRATIVA (DAIMEISHI / SASU-GO)

66 Die japanischen Demonstrativa sind selbständige, unflektierbare Wörter, die ein Subjekt bilden können. Wegen dieser nominalen Eigenschaften gehören sie zu den *taigen* und werden den Nomina als semantische Sondergruppe zugerechnet (vgl. § 52). Das distinktive Merkmal gegenüber den Nomina besteht in ihrem Zeigwert, der sie semantisch eint und die Bezeichnung Demonstrativa (*sasu-go*) rechtfertigt.

Die der europäischen gram. Terminologie entlehnte Bezeichnung *daimeishi* ‚Pronomen‘ ist insofern für das Japanische inadäquat, als die betr. Wortgruppe morphologisch und syntaktisch nicht von den Nomina abgrenzbar ist und nicht mit flektiven sondern nur mit syntaktischen Mitteln attributiv gebraucht werden kann.

67 Es sind zu unterscheiden: personale Demonstrativa (*ninshô-daimeishi*), reale Demonstrativa (*jibutsu-daimeishi*), lokale Demonstrativa (*basho-daimeishi*), direktionale Demonstrativa (*hôgaku-daimeishi*) und reflexive Demonstrativa (*hanshô-daimeishi*). In der Funktion von Interrogativpronomen werden die indefiniten Formen der Demonstrativa verwendet (siehe §§ 68, 115 Anm.). Die Äquivalente von Possessivpronomen werden durch Verbindung von attributiven Postpositionen (*no*, *ga*) mit personalen Demonstrativa gebildet; sie stehen der Wortkategorie der Attributiva sehr nahe (siehe § 83 ff.). Wörter, welche die Funktion von Relativpronomen ausüben, kennt das Japanische nicht; eine Eigentümlichkeit, die es mit den altaischen Sprachen teilt. Sie erübrigen sich durch die determinierende Wortfolge (siehe § 2, 216 e).

68 Das Charakteristikum der japanischen Demonstrativa besteht darin, daß sie ein Triadensystem bilden, welches nicht nur auf die personalen Demonstrativa beschränkt bleibt, sondern sich auch auf die realen, lokalen und direktionalen erstreckt. Sie alle zeigen eine ursprüngliche Bezüglichkeit

		Demonstrativa				
		personale	reale	lokale	lokal-direktionale	reflexive
1. Person (jishô)		1 wa, ware onore soregashi yatsugare *yo, *tôhô, *shôsei, *chin, *honkan	7 ko, kore	11 koko	15 kochi konata	19 onore onozukara mizukara *jibun *jishin *jiko (*dô-, *tô-)
2. Person (taishô)		2 na, nare nanji *kikei *kikun *kihô *sokka *kikan *kakka *denka *heika onore sonata sochi	8 so, sore	12 soko	16 sochi sonata	
3. Pers. (tashô)	auf Sprecher bezogen (kinshô)	3 ko, kore	9 ka, kare a, are	13 kashiko ashiko asoko	17 achi anata kanata	
	auf Partner bezogen (chûshô)	4 so, sore				
	auf Außenstehende bezogen (enshô)	5 ka, kare a, are				
indefinit (futeishô)		6 ta, tare soregashi nanigashi	10 izure nani	14 izuko izuku izuchi	18 izuchi izukata	

Anmerkung: Die mit * versehenen Demonstrativa sind sinojapanische Bildungen.

auf den Sprecher (1. Person), den Partner (2. Person) oder Außenstehende (3. Person). Diese Dreiteilung, die meist den räumlichen, aber auch den zeitlichen Abstand vom Träger der Aussage bezeichnet, kehrt sogar bei den personalen Demonstrativa der 3. Person wieder. Das findet seinen Grund in deren Herkunft, handelt es sich doch hier um reale Demonstrativa, die eine personale Nebenfunktion angenommen haben, denn das Japanische kennt keine primären Personalwörter der 3. Person. Hingegen sind diejenigen der 1. und 2. Person sehr zahlreich vertreten und heben sich durch ihre Vielfalt deutlich aus dem Insgesamt der Demonstrativa ab. Diese Besonderheit ist darauf zurückzuführen, daß sie dem Wortfeld der sozialen Wertung angehören und in ihrer Mehrzahl den Honorifica (*keigo*) zuzurechnen sind, da sie mit Ausdrücken der Hochachtung oder Bescheidenheit, die zum Teil dem sinojapanischen Vokabular entstammen, auf einen faktischen oder fiktiven Unterschied in der sozialen Stellung der Sprechpartner hinweisen. Zu bemerken ist allerdings, daß diese Funktion im allgemeinen von Verbalformen ausgeübt wird, weshalb die Personalwörter grammatisch eine untergeordnete Rolle spielen.

Bedeutungsgehalt (vgl. Tabelle S. 53): 1. ich — *wa* nur altjap.; *ware, onore* neutral; *soregashi* bescheiden; *yatsugare* unterwürfig; *yo* formal; *tôhô, shôsei* formal (Briefstil); *chin* nur vom Tennô gebraucht; *honkan* nur von Beamten gebraucht. 2. du — *na, nare* nur altjap.; *nanji* neutral bis höflich; *kikei, kikun* höflich; *kihô, sokka* hochachtungsvoll; *kikan* nur gegenüber Beamten gebraucht; *kakka* ‚Exzellenz'; *denka* ‚Hoheit' *heika* ‚Majestät'; *onore* wegwerfend; *sochi, sonata* herablassend. 3. er = dieser hier. 4. er = der da. 5. er = jener dort. 6. jemand — *ta, tare* wer; *soregashi, nanigashi* ein gewisser.

7. dieser hier. 8. der da; auch: der Betreffende (Vorgenannte) 9. jener dort. 10. etwas, was, welches (von beiden).

11. hier. 12. da, an dem betreffenden Ort 13. dort, 14. irgendwo, wo.

15. (dies) hier, hierher. 16. (das) da, dahin, zu dem betr. Ort. 17. (jener) dort, dorthin. 18. irgendwohin, wohin.

19. (ich, du, er, sie, es, wir usw.) selbst; die sinojap. Semanteme *dô-* ‚derselbe (vorgenannte)' und *tô-* ‚der betreffende (vorgenannte)' werden mit sinojap. Wörtern verbunden und nehmen ein bereits eingeführtes Nomen wieder auf, z. B. *tônin, dônin* selbige Person, *tônen, dônen* selbiges Jahr. *dô-* bezeichnet im weiteren Sinne die Identität: ein und dieselbe Person, ein und dasselbe Jahr.

69 Die umgangsprachigen Demonstrativa zeigen manche abweichenden Formen, besonders im personalen Bereich:

1) *watakushi, watashi* [höflich], *washi* [Allegroform, familiär], *atakushi, atashi* [nur von Frauen gebraucht], *temae, waga-hai, *boku* [familiär, meist von Männern gebraucht], *ore, ora, oira* [vulgär]. 2) *anata, anta* [höfliche Anrede], **sensei* [ehrende Anrede, ‚Lehrer', ‚Meister'], *omae, kimi* [familiär, meist von Männern gebraucht], *kisama* [vulgär oder herablassend], *temae* [vulgär]. 3) *konokata* [höflich], *konohito* [familiär], *koitsu* [vulgär]. 4) *sonokata, sonohito, soitsu.*

5) *anokata, anohito, aitsu, kare* [neutral]. 6) *donokata, donata, dare.* 7) *kore.* 8) *sore.* 9) *are.* 10) *dore.* 11) *koko.* 12) *soko.* 13) *asoko* (*asuko*). 14) *doko.* 15) *kotchi, kochira.* 16) *sotchi, sochira.* 17) *atchi, achira.* 18) *dotchi, dochira.* 19) *onore, mizukara* (fem.), *jibun.*

Beachte: 1. In S und U können die lokaldirektionalen Demonstrativa auf *ko-* (*koko, kotchi, kochira, konata*) auch zur Bezeichnung der 1. Pers. gebraucht werden, und diejenigen auf *so-* (*sotchi, sochira, sonata*) zur Bezeichnung der 2. Pers.

2. Die personalen Demonstrativa der 1. und 2. Pers. stehen in paariger Abhängigkeit, da sie sich im Höflichkeitsgrad jeweils entsprechen. Höflich-formal: *watakushi* — *anata;* höflich-freundlich: *watashi* — *anta*; familiär: *boku* — *kimi, washi* — *omae;* vulgär: *ore* — *kisama.*

70 Diachronisch betrachtet zeigen die personalen Demonstrativa der 1. und 2. Pers. eine erstaunliche Variabilität, die mit dem Bestand und Wandel der feudalen Gesellschaftsordnung und ihrer sozialen Stufung verknüpft ist, weshalb diese Personalwörter in der Muromachi- und Edo-Zeit, den stärksten Epochen des japanischen Feudalismus, ihre größte Vielfalt erreichen. Im Laufe dieser Entwicklung treten die echten Personalwörter (*a, are, wa, ware, na, nare*) immer mehr in den Hintergrund und werden durch periphrastische Bildungen ersetzt.

Nara-Zeit: 1. Person — *a, are, wa, ware, ono, onore, yatsuko, wake* u. a. 2. Person — *na, nare, mashi, imashi, mimashi, kimi, nushi, namuchi* u. a.

Heian-Zeit: 1. Person — *wa, ware, maro, mi, nanigashi, yatsugare, onore* u. a. 2. Person — *na, nare, kimi, nanji* (< *namuchi*), *kinji* (< *kimuchi*), *nushi, wadono, omae* u. a.

Kamakura-Zeit: 1. Person — *ware, wanami, maro* (*maru*), *orera* (plur.), *warawa* (fem.) u. a. 2. Person — *nanji, nandachi* (plur.), *kimi, dono, okoto, ommi,* **gohen* u. a.

Muromachi-Zeit: 1. Person — *mi, midomo, wagami, soregashi, watakushi, kochi, konata, kono-hô, wanami, ore, warawa* (fem.), **sessha* u. a. 2. Person — *nushi, onushi, sochi, sonata, sono-hô, konata, ware, wadono, miuchi, wagoryo, koko-namono, nanji,* **kisho,* **kihô,* **kihen* u. a.

Edo-Zeit: 1. Person — *kochi, kochitora* (plur.), *soregashi, watakushi* (> *watashi, washi, watchi*), *midomo, ore, orera* (plur.), *oira, temae, temaedomo* (plur.), **sessha* u. a. 2. Person — *omae, omaesan, nushi, onoshi, nishi, konata, konatasama* (> *konasan*), *konta-shû* (plur.), *sonata, sonatasama, sochi, ommi, omi, anata, kisama, sokomoto, katasama, otemae, onore, ware, waresama, kidono* u. a.

71 In ihrer Bildungsweise zeichnen sich die japanischen Demonstrativa durch die deiktischen Morpheme *ko, so, ka* (U: *a*), *izu* (U: *do*) aus, die vom Träger der Aussage her betrachtet den raumzeitlichen Entfernungsgrad bzw. dessen Unbestimmtheit angeben. Wegen der Regelmäßigkeit ihres Auftretens wird das von ihnen gebildete System *ko-so-a-do* (U) genannt (*ko-so-ka-izu* [S]).

Beachte: 1. *so* steht im Ablaut mit *sa, su, shi;* z. B. *sa-yô* diese Art und Weise, *a-su-ko* dort (dieser Ort), *shi-ka* so.

2. Die Morpheme *ko, so, a, do* bilden auch in anderen Wortkategorien Teilsysteme: in der Umgangssprache als Attributiva (*rentaishi*) — *kono, sono, ano, dono,* oder in den Verbindungen *konna, sonna, anna, donna* (< *kore naru* usw.) in der Funktion von attributiven Demon-

strativa (siehe § 85 b); als Adverbia (*fukushi*) in den Formen *kô, sô, â, dô* oder den Verbindungen *konna-ni, sonna-ni* usw. in der Funktion von adverbialen Demonstrativa (siehe § 89 a Anm.).

72 Ebenso deutlich zeichnen sich bei den Demonstrativa bestimmte Suffixe ab, die der begrifflichen Zuordnung dienen:

-re: lebewesen- und sachbezogen — *ware, nare, tare, onore, ore, kore, sore, are, kare, izure, dore.*

-ko: ortsbezogen — *koko, soko, kashiko, ashiko, izuko, doko.*

-ra (U): ortsbezogen — *kochira, sochira, achira, dochira, kokora* (hier herum), *sokora* (da herum).

-chi: orts- und richtungsbezogen — *kochi* (U: *kotchi* usw.), *sochi, achi, izuchi, dotchi.*

-nata (< *no kata*): richtungs- und personenbezogen — *konata, sonata, anata, kanata, izukata, donata.*

-itsu (U): personenbezogen (< *yatsu* Kerl) *koitsu, soitsu, aitsu, doitsu.*

73 Genusunterschiede kennen die Demonstrativa ebensowenig wie die Nomina (eine Ausnahme bilden die nur von Frauen gebrauchten Ich-Formen *warawa* und *atakushi* [*atashi*], s. o.). Hingegen besitzen die Demonstrativa, vornehmlich der Umgangssprache, eine ziemlich entwickelte Pluralbezeichnung (vgl. § 56):

a) Reduplikation: *wareware* wir alle; *sorezore* die einen wie die anderen.

b) Suffigierung:

-ra: kochitora (Edo), *orera, bokura* wir; *nanjira, kimira, omaera* ihr; *koitsura, soitsura, aitsura, karera* sie; *korera, sorera, arera* diese, jene.

-domo: midomo (Muromachi, plur. majestatis), *temaedomo* (Edo), *watakushidomo* wir.

-tachi: watakushitachi, bokutachi wir; *nandachi* (Kamakura), *kimitachi, omaetachi* ihr; *konohitotachi* sie; *tônintachi* sie (selbige).

-gata: sonatagata, konokatagata sie; *anatagata* Sie.

-shû (sinojap.): *konta-shû* Sie (Edo).

NUMERALIA (SÛSHI)

74 Die Zahlwörter des Japanischen gehören ebenso wie die Demonstrativa zu den *taigen*, denn sie sind unflektierbar. Sie bilden eine semantische Sondergruppe der Nomina (*meishi*), und ihr auszeichnendes Merkmal besteht in ihrem Zählwert zur Bezeichnung einer Quantität oder Sequenz. Das Japanische verfügt über ein japanisches defektes Zählsystem und ein komplettes sinojapanisches; das japanische ist vermutlich ein altes Fünfersystem, das sinojapanische ein Zehnersystem.

75 Die Zahlwörter des Japanischen gruppieren sich in Kardinalia (*kisûshi*) und Ordinalia (*junjosûshi*) mit den Untergruppen der Multiplikativa

(*baisûshi*) und Bruchzahlwörter (*bubunsûshi*). Hinzu kommen die indefiniten bzw. interrogativen Numeralia (*futeisûshi*). Hervorzuheben ist das weitgehend auf chinesischen Einfluß zurückgehende Vorhandensein von nominalen Numeralklassifikatoren (*josûshi*), die je nach Art der gezählten Dinge den Numeralia suffigierend nachgestellt werden.

76 Die japanischen Kardinalia

1	*hitotsu*	10	*tô* (< *towo*), *to*
2	*futatsu*		*-so* in Zusammensetzungen
3	*mitsu*	20	*hatachi*
4	*yotsu*	100	*momo*
5	*itsutsu*		*-ho in Zusammensetzungen*
6	*mutsu*	1 000	*chi*
7	*nanatsu*	10 000	*yorozu* (urspr. Bezeichnung einer unzählbaren Menge).
8	*yatsu*		
9	*kokonotsu*		

Charakteristisch für die meisten jap. Kardinalia ist das Suffix *-tsu* (als Ablaut *-chi* [*Tu-Ti*] in *hatachi*, nigoriert zu *-zu* in *yorozu*), das als allgemeiner Numeralklassifikator für unbelebte Dinge zu werten ist. Die Wurzelformen der betr. Kardinalia lauten also: *hito, futa, mi, yo,* (*i-*)*tsu, mu, nana, ya, koko*(*-no*), *hata* (Ablaut: *hatsu*), *yoro.*

Im Ablaut stehen offenbar *hito — futa, mi — mu, yo — ya,* vielleicht auch *tsu — to,* da das *i-* von *itsutsu* wohl urspr. nur ein prothetischer Vokal war.

Diese Wurzelformen stehen nicht nur in Verbindung mit den jap. Numeralklassifikatoren (siehe § 82 a), sondern auch in reinen Nominalkomposita, z. B. *hitoyo* eine Nacht, *hitotsuki* ein Monat, *futago* Zwillinge (zwei + Kinder), *mikeneko* dreifarbige Katze (drei + Fell + Katze), *yomo* die vier Himmelsrichtungen, *nanakusa* die sieben Pflanzen, *tokaeri-no-hana* die zehnmal wiederkehrende Blüte der Kiefer.

Eine Sondergruppe solcher Komposita bildet die Datumsbezeichnung (auch Tageszählung), wobei ein Teil der Wurzelformen lautliche Abweichungen aufweist (2 und 7 in Ablautstufe auf -u): *futsuka* 2. Tag des Monats (zwei Tage), *mikka* 3. Tag des Monats (drei Tage), *yokka, itsuka, muika, nanuka, yôka, kokonoka, tôka, hatsuka* 20. Tag d. M. (zwanzig Tage). Der 1. Tag d. M. heißt *tsuitachi* (< *tsukitachi* Monatsanfang) oder sinojap. *ichinichi* 1. Tag; der 30. Tag *misoka* (Ultimo) oder sinojap. *sanjûnichi.* Alle übrigen werden stets sinojap. gebildet (siehe § 78 c).

Der numerale Bestandteil jap. Nominalkomposita weist aber auch häufig die mit *-tsu* verlängerte Form der Kardinalia auf, z. B. *mitsugo* Drillinge, *yotsuashi* Vierfüßler, *yatsume-unagi* Neunauge (acht + Auge + Aal). Beachte: *hitokoto* eine Angelegenheit, etwas, *hitotsukoto* ein und dieselbe Sache; *hitome* ein Blick, *hitotsume* Einäugiger. — Selten sind hybride Komposita dieser Art mit sinojap. Semantemen, z. B. *hitoban* ein Abend, *hitomaku* ein Aufzug.

Während diese Bildungsweise mit jap. Zahlwörtern nur auf einige feste Komposita beschränkt ist, ist sie bei den sinojapanischen weit verbreitet und produktiv.

Im Neujapanischen sind nur die jap. Kardinalia 1—10 zum Zählen in Gebrauch. Alle komplexen Zahlwörter ab 11 werden mit den sinojap. Numeralia gebildet.

Beachte: In der Umgangssprache hat sich bei den einsilbigen Numeralwurzeln der Anlaut von *-tsu* zu einem gespannten Konsonanten entwickelt: *mittsu, yottsu, muttsu, yattsu.*

Im Altjap. bestand noch die Möglichkeit, zusammengesetzte Zahlen aus den Grundzahlen zu bilden. Zehner: *miso(-ji)* 30, *yoso(-ji)* 40, *iso(-ji)* 50, *muso(-ji)* 60, *nanaso(-ji)* 70, *yaso(-ji)* 80, *kokonoso(-ji)* 90 (*-ji* ist die nigorierte Form von *-chi* im Ablaut zu *tsu/zu*, s. o.). Hunderter: *futaho* 200, *iho* 500 usw. Tausender: *michi* 3000, *yachi* 8000 usw. Bei zuzüglichen Einern wurde den Zehnern das Nominalsuffix *amari* (Rest) ,mehr als, über' nachgestellt, z. B. *to-amari hitotsu* 11, *misoji-amari futatsu* 32. Solche zusammengesetzten Zahlen sowie *momo* und *chi* leben im Neujapanischen nur in einigen Nominalkomposita fort, z. B. *misoka* Ultimo (3 × 10 + Tag), *yaoyorozu* Myriaden (8 × 100 × 10000), *yachiyo* ewige Zeiten (8 × 1000 + Generationen), *momokusa* zahlreiche Arten, *chitose* tausend Jahre. Erhalten hat sich im Sprachgebrauch *hatachi* mit Bedeutungswandel: 20. Lebensjahr. — Die zusammengesetzten Formen des jap. Zählsystems haben wegen ihrer Schwerfälligkeit seit der Heian-Zeit den sinojap. Numeralia weichen müssen.

77 Die sinojapanischen Kardinalia

1 *ichi (itsu)*	6 *roku (riku)*	100 *hyaku*
2 *ni (ji)*	7 *shichi (shitsu)*	1 000 *sen*
3 *san*	8 *hachi (hatsu)*	10 000 *man (ban)*
4 *shi*	9 *ku (kyû)*	100 Mill. *oku*
5 *go*	10 *jû*	

Beachte: 1. Die gebräuchlichen Lautungen der sinojap. Kardinalia entsprechen der *go'on*-Lesart, zeugen also für das hohe Alter der Entlehnungen (vgl. II, § 46). Die eingeklammerten Lautungen sind *kan'on* und jüngeren Datums. Sie finden sich nur bei zusammengesetzten Zahlen in assimilierter Form (s. u.) und in einigen Komposita, z. B. *ittei* (<*itsu*+*tei*) bestimmt, *jimô* Grauhaariger (zwei+Haar), *Rikkokushi* (<*riku*+*koku*) Sechs Reichsgeschichten, *shitten-battô* (<*shitsu*+*ten*, *hatsu*+*tô*) Höllenqualen (siebenmal hinfallen, achtmal umstürzen), *kyûsei* die neun Sterne (der Astrologie), *banzai* Hurra (zehntausend Jahre).

2. Für *shi* 4 und seltener *shichi* 7 treten in Zusammensetzungen nach Möglichkeit die jap. Numeralwurzeln *yo(-n)* und *nana* ein, als Ergebnis eines Worttabu wegen der Homophonie mit *shi* ,sterben' bzw. *shitsu* ,Verlust', wobei auch die größere lautliche Unverwechselbarkeit von *yo* und *nana* gegenüber *shi* und *shichi* ins Gewicht fallen dürfte.

Die zusammengesetzten Zahlwörter, deren Bildung nach Art aller sinojap. Komposita durch einfache Juxtaposition erfolgt, sind ihrem Stellenwert entsprechend angeordnet. Zu beachten sind die Assimilationserscheinungen an der Kompositionsfuge (vgl. § 32):

11	*jûichi*	100	*hyaku*
12	*jûni*		*ippyaku* (<*itsu*+*hyaku*)
13	*jûsan*	200	*nihyaku*
14	*jûshi* (*jûyon*)	300	*sambyaku* (<*san*+*hyaku*)
15	*jûgo*	400	*shihyaku* (*yonhyaku*)
16	*jûroku*	500	*gohyaku*
17	*jûshichi* (*jûnana*)	600	*roppyaku* (<*roku*+*hyaku*)
18	*jûhachi*	700	*shichihyaku* (*nanahyaku*)
19	*jûku*	800	*happyaku* (<*hatsu*+*hyaku*)
20	*nijû*	900	*kuhyaku* (*kyûhyaku*)
21	*nijûichi*	1 000	*sen*, *issen* (<*itsu*+*sen*)
22	*nijûni* usw.	2 000	*nisen*
30	*sanjû*	3 000	*sanzen* (<*san*+*sen*)
40	*shijû* (*yonjû*)	4 000	*shisen* (*yonsen*)
50	*gojû*		usw.
60	*rokujû*	7 000	*shichisen* (*nanasen*)
70	*shichijû* (*nanajû*)	8 000	*hassen* (<*hatsu*+*sen*)
80	*hachijû*	30 000	*samman* (<*san*+*man*)
90	*kujû*	100 000	*jûman*
		1 Mill.	*hyakuman*
		1 Milliarde	*jûoku*

Von 1 bis 10 werden die rein japanischen Kardinalia gebraucht, ab 11 die sinojapanischen. Die sinojap. Kardinalia 1—10 treten nur in Komposita auf: a) in zusammengesetzten Zahlwörtern (21, 32 usw. s. o.), b) in Verbindung mit Nomina, wobei *itsu*, *san*, *roku*, *hatsu*, *jû* (<*jiFu*) in Abhängigkeit vom Anlaut des folgenden Kompositionsgliedes assimiliert werden, z. B. *ippô* (<*itsu*+*hô*) eine Seite, *sambun* Dreiteilung, *rokkaku* (<*roku*+*kaku*) Sechseck, *hakke* Weissagung (<*hatsu* + *ke* acht Hexagramme), *jikkan* (<*jiFu* + *kan*) zehn Kalenderzeichen.

78 Ordinalia

Die Ordinalia werden mit Hilfe von Affixen gebildet, welche den Kardinalia angefügt werden.

a) Bei der japanischen Zahlwortreihe wird das Semantem *-me* (Auge, Markierung) an die mit Numeralklassifikatoren (auch *-tsu*) oder nominalen Kompositionsgliedern erweiterten Formen angefügt:

hitotsume	erster	*hitorime*	erste Person
futatsume	zweiter	*futarime*	zweite Person
mitsume	dritter	*mimame*	drittes Zimmer
yotsume	vierter	*yokkame*	vierter Tag
usw.		usw.	

b) Bei der sinojapanischen Zahlwortreihe wird das sinojap. Semantem *dai-* (Reihenfolge) präfigiert oder *-ban* (Mal, Nummer), seltener *-gô* (Nummer) suffigiert. Auch die Kombination beider Bildungsweisen ist gebräuchlich:

daiichi	*ichiban*	*ichigô*	erster
daini	*niban*	*nigô*	zweiter
daisan	*samban*	*sangô*	dritter
daishi (*daiyon*)	*shiban* (*yomban*)	*shigô* (*yongô*)	vierter
usw.	usw.	usw.	

dgl. *daiichiban*	*daiichigô*	erster	
dainiban	*dainigô*	zweiter	usw.

Wenn das Zahlwort mit einem sinojap. Numeralklassifikator oder Nomen ein Kompositum bildet, wird von der präfigierenden Bildungsweise Gebrauch gemacht; z. B. *dai-sannin* dritte Person, *dai-nitoku* zweite Tugend, *dai-gosatsu* fünfter Band, *dai-ikken* (< *itsu* + *ken*) erstes Haus.

In der Umgangssprache wird zuweilen das jap. Suffix *-me* (siehe § 78 a) allein oder zusätzlich als Ordinalbildner angehängt, allerdings nie unmittelbar an die sinojap. Zahlwörter, sondern nur an Kompositionsformen, z. B. (*dai-*) *ichibamme*, (*dai-*) *ichigôme*, (*dai-*) *sannimme*, (*dai-*) *ikkemme*.

c) Unbezeichnet bleiben die Ordinalia in der Regel bei Numerierungen (*ichi* erstens, *ni* zweitens usw.) und in manchen Numeralkomposita, vornehmlich bei Datumsangaben, wo einfach die Kardinalia stehen, z. B. *sannan* der dritte Sohn, *goi* fünfter Rang, *ichiryû* erste Klasse, *jûichinichi* 11. Tag (des Monats), *nigatsu* 2. Monat (Februar), *sannen* 3. Jahr.

Beachte: Wo für die Bezeichnung der Monatstage jap. Numeralkomposita vorliegen (2.—10., fakultativ 20. 30., vgl. § 76) können die sinojap. Äquivalente nur für die Bezeichnung einer Tagesanzahl benutzt werden, z. B. *mikka* 3. Tag (oder drei Tage), *sannichi* drei Tage. Hybride Bildungen sind: *jûyokka* 14. Tag, *jûyonnichi* 14 Tage; *nijûyokka* 24. Tag, *nijûyonnichi* 24 Tage.

79 Multiplikativa

Zur Bezeichnung eines Vielfachen dient das jap. Semantem *-e* (-fach) als Suffix nach den Wurzelformen der jap. Kardinalia und das sinojap. Semantem *-bai* (doppelt) oder *jû* (doppelt) im Anschluß an sinojap. Kardinalia:

hitoe			einfach
futae	*nibai*	*nijû*	zweifach
mie	*sambai*	*sanjû*	dreifach
(*yoe*)	*shibai* (*yombai*)	*shijû* (*yonjû*)	vierfach
itsue	*gobai*	*gojû*	fünffach

(*mue*)	*rokubai*	*rokujû*	sechsfach
nanae	usw.	usw.	siebenfach
yae			achtfach
kokonoe			neunfach

Bei den jap. Multiplikativa sind die Stellen ‚vierfach' und ‚sechsfach' nicht belegt. Ab ‚zehnfach' treten allgemein die sinojapanischen Formen in Funktion (*jûbai, jûichibai* usw.). Die Komposita mit *-bai* haben auch die Bedeutung ‚Paare', die mit *-jû* die Bedeutung ‚zweierlei' usw.

80 Bruchzahlwörter

Die Bruchzahlwörter sind syntagmatische Verbindungen auf der Grundlage der sinojap. Kardinalia. Der Wert des Nenners, gefolgt von dem Semantem *-bun* (Teil), wird dem Wert des Zählers vorangestellt und beide werden durch die Postposition *no* (seltener *ga*) in der Funktion des Genitivs verbunden; z. B. *sambun-no-ichi* ‚von drei Teilen einer' $^{1}/_{3}$, *gobun-no-ni* $^{2}/_{5}$, *jûbun-no-san* $^{3}/_{10}$, *hyakubun-no-ichi* $^{1}/_{100}$, *yombun-no-san* $^{3}/_{4}$.
Beachte: $^{1}/_{2}$ = *han, hambun* (auch: *nibun-no ichi*).

81 Indefinite Numeralia

Zur Bezeichnung eines unbestimmten oder zu erfragenden Zahlwertes werden die Semanteme *iku-* oder *nan-* (<*nani*) an die Stelle der bestimmten Zahlwörter bei den oben behandelten Numeralia gesetzt. *iku-* tritt in der Regel für jap. Numeralia ein, *nan-* für sinojapanische.

ikutsu wieviel, *ikura* wieviel, *ikutsume* (*ikubamme*) der wievielte, *ikue* wievielfach, *ikubaku* wie lange, *ikutabi* (*ikudo*) wievielmal, *ikutari* (*ikunin*) wieviel Leute, *ikutose* (*ikunen*) wieviel Jahre, usw.

namban, nango der wievielte, welche Nummer, *nambai* wievielfach, *nando* (*ikudo*) wievielmal, *nannin* (*ikunin*) wieviel Leute, *nannen* (*ikunen*) wieviel Jahre, *nanji* (*ikuji*) um welche Zeit, wann, *nambyaku* wieviel hundert (seltener: *ikuhyaku*), usw.

Ebenso stehen *iku-* und *nan-* in Verbindung mit den Numeralklassifikatoren (s. u.), z. B. *ikutari* wieviel (Leute), *ikumune* wieviel (Gebäude), *ikuma* wieviel (Räume), *nambiki* wieviel (Tiere), *nansô* wieviel (Schiffe), *nanken* wieviel (Häuser).

82 Numeralklassifikatoren

Die Numeralklassifikatoren sind eine dem Chinesischen, Koreanischen und Japanischen gleichermaßen eigene Wortbildungsgruppe, die auch das Malayische auszeichnet. Es handelt sich um suffigierende Semanteme, die unmittelbar an die Numeralia angehängt werden und die Zugehörigkeit der gezählten Konkreta zu einer bestimmten Begriffsklasse auf Grund eines charakteristischen Wesens- oder Formmerkmals angeben.

Keineswegs handelt es sich hierbei um eine Mengen- oder Maß-Klassifikation in der Art des deutschen ‚Stück', ‚Dutzend', ‚Meter', ‚Klafter', ‚Flasche' usw., sondern um eine reine Sachklassifikation, etwa wie im englischen ‚two sails of ships'. Deshalb sind auch Semanteme wie *taba* Bündel, *saji* Löffel (voll), *dâsu* Dutzend, *hai* Schale (voll), *bun* Teil, *hiki* Ballen usw. nicht als echte Numeralklassifikatoren anzusehen, obgleich sie ebenso wie diese gebraucht werden.

Es sind japanische und sinojapanische Numeralklassifikatoren zu unterscheiden. Erstere werden an jap. oder sinojap. Numeralia angeschlossen, letztere nur an sinojapanische. Nachstehend geben wir eine Zusammenstellung der wichtigsten beider Gruppen in alphabetischer Ordnung.

a) Japanische Numeralklassifikatoren

-eda (Zweig) für Geschenke; z. B. *kiji hitoeda* ein (geschenkter) Fasan.
-furi (Hieb) für gezogene Schwerter; z. B. *katana hitofuri* ein Schwert.
-hari (Gespanntes) für Bogen, Zelte, Papierlaternen; z. B. *yumi nanahari* sieben Bogen.
-hashira (Säule) für Gottheiten und Großwürdenträger; z. B. *mihashira-no kami* drei Gottheiten.
-kasane (Geschichtetes) für jap. Gewänder; z. B. *kosode mikasane* drei wattierte Seidengewänder.
-kashira (Kopf) für Buddhastatuen und Daimyô; z. B. *daimyô futakashira* zwei Daimyô.
-koshi (Lende) für Hosen, Röcke, Schwerter (in Scheide), Pfeile (in Köcher); z. B. *gojûkoshi-no ya* 50 Pfeile.
-ma (Zwischenraum) für Gemächer; z. B. *heya futama* zwei Zimmer.
-moto (Wurzel) für lange Gewächse und Falken; z. B. *taka hitomoto* ein Falke.
-mune (First) für Gebäude; z. B. *dozô hitomune* ein feuersicherer Speicher.
-nagare (Strömung) für Fahnen; z. B. *akahata sanjûnagare* 30 rote Fahnen.
-suji (Sehne, Linie), für lange, schmale Dinge; z. B. *ya nanasuji* sieben Pfeile.
-tari (Mensch [urjap.]) für Menschen; z. B. *musume futari* zwei Töchter.

Nur erhalten in den Verbindungen *hitori, futari* (beide vermutlich Haplologie-Formen von *hito-tari, futa-tari*), *yottari, ikutari.* Bei den übrigen Zahlwerten treten die sinojap. Numeralia mit dem Semantem *-nin* in Funktion (s. u.).

-wa (<*ha,* Flügel) für Vögel; z. B. *kamo niwa* zwei Wildenten.

Beachte: Die jap. Numeralklassifikatoren sind fast durchweg veraltet und, von *-tari* abgesehen, in der Umgangssprache nicht mehr gebräuchlich.

b) Sinojapanische Numeralklassifikatoren

-bi (Schwanz) für Fische; z. B. *akahara sambi* drei Plötzen.
-chaku (Anzug) für Kleidungsstücke; z. B. *hakama itchaku* (< *itsu* + *chaku*) ein Paar Hosen.
-chô (Handhabe) für lange, griffige Geräte; z. B. *rôsoku gochô* fünf Kerzen.
-chô (Gespanntes) für Bogen, Zelte und Saiteninstrumente; z. B. *koto gochô* fünf Koto.
-dai (Plattform) für Fahrzeuge und Maschinen; z. B. *kikai ichidai* eine Maschine.

-fû (Siegel) für verschlossene Briefe, Pakete usw.; z. B. *ippû* (< *itsu* + *fû*)*-sho* ein Brief.
-fuku (Stoffbreite) für Rollbilder, Karten; z. B. *chizu nifuku* zwei Landkarten.
-gu (Gerät) für Gerätschaften und Kleidungsstücke; z. B. *heishi ichigu* eine Vase.
-hiki (eins vom Paar) für Pferde und andere Vierfüßler (seltener für Fische, Vögel, Insekten); z. B. *uma nihiki* zwei Pferde.
-hon (Wurzel) für Schriftrollen und lange, runde Gegenstände; z. B. *fude jippon* (<*jiFu*+*hon*) zehn Pinsel.
-jiku (Achse) für Rollbilder; z. B. *makimono nijiku* zwei Rollbilder.
-jô (Linie) für langgestreckte Dinge wie Gürtel, Bänder, Wegrouten usw.; z. B. *obi ichijô* ein Gürtel.
-ka (*-ko*) allgemeinstes Zählwort für unbelebte Dinge und Abstrakta; z. B. *hako niko* zwei Schachteln, *sûka-koku* mehrere (*sû*) Länder.

Beachte: *-ka* dient insbesondere zur Zählung der Monate und Jahre, z. B. *ikka-getsu* ein Monat, *nika-getsu* zwei Monate, *sanka-getsu* drei Monate usw.; *ikka-nen* ein Jahr, *nika-nen* zwei Jahre usw. Bei Angabe der Monats- und Jahresfolge steht hingegen kein Numeralklassifikator (vgl. § 78c), z. B. *ichigatsu* 1. Monat (Januar), *nigatsu* 2. Monat (Februar), *sangatsu* 3. Monat (März) usw. *ichinen* 1. Jahr, *ninen* 2. Jahr usw.

-ka (Last) für geschulterte Lasten; z. B. *ryôgake ikka* ein Paar Tragkisten.
-ken (Vordach) für Häuser; z. B. *sankemme-no yashiki* das dritte Anwesen.
-ku (Mund) für Menschen oder Geräte und Gefäße; z. B. *kôshi ikku* ein buddh. Lehrmeister, *sara rokku* sechs Schüsseln.
-kyaku (Fuß) für Hausgerät, das auf Beinen steht; z. B. *tsukue nikyaku* zwei Tische.
-mai (Halm) für dünne, flache Gegenstände (früher auch für Münzen und Geldscheine); z. B. *kami ichimai* ein Blatt Papier, *gin sammai* drei Goldmünzen.
-mei (Name) für Personen (achtungsvoll); z. B. *hakase hachimei* acht Professoren.
-men (Oberfläche) für Gegenstände mit flacher Oberfläche (Spiegel, Lauteninstrumente usw.); z. B. *biwa sammen* drei Biwa.
-mon (Tor) für Kanonen; z. B. *hô hyakumon* hundert Geschütze.
-nin (Mensch) für Menschen; z. B. *bushi ikunin* wieviel Krieger.
-ryô (Radspur) für Wagen, Schienenfahrzeuge; z. B. *kuruma ichiryô* ein Wagen.
-satsu (Buch) für Bücher; z. B. *shomotsu hyakusatsu* hundert Bücher.
-satsu (Urkunde) für Urkunden; z. B. *shômon issatsu* (<*itsu*+*satsu*) ein Zeugnis.
-shu (Kopf) für Gedichte; z. B. *waka sanshu* drei jap. Gedichte.
-sô (Schiff) für Schiffe; z. B. *kaisen gosô* fünf Handelsbarken.
-soku (Fuß) für Fußbekleidung; z. B. *kutsu gosoku* fünf Paar Schuhe.
-tô (Kopf) für Haustiere; z. B. *ushi hyakutô* hundert Rinder.
-tsû (Bericht) für Briefe und Urkunden; z. B. *tegami ittsû* (<*itsu*+*tsû*) ein Brief.
-zen (Speise) für in Schüsseln servierte Speisen und für Eßstäbchen; z. B. *shiru nizen* zwei Schalen Suppe, *hashi ichizen* ein Paar Eßstäbchen.

ATTRIBUTIVA (RENTAISHI)

83 Die Attributiva bilden eine eigentümliche, eng umrissene Wortkategorie des Japanischen. Sie sind selbständig und unflektierbar und besitzen die syntaktische Funktion der adnominalen Bestimmung. Auf dieser Funktion beruht die japanische Bezeichnung der Wortkategorie: *rentaishi* (auch *fukutaishi*) ‚adnominale Wörter' oder *renshi* (auch *tenshi*) ‚Beifügungen'. Formal handelt es sich bei den Attributiva durchweg um Sekundärbildungen, da sie entweder auf verbale Attributivformen oder auf Demonstrativa zurückzuführen sind.

84 In der Schriftsprache gehören nur acht Wörter zu den Attributiva: *aru* ein (gewisser), *saru* (< *sa* + *aru*) ein solcher (besagter), *kakaru* (< *kaku* + *aru*) ein solcher, *arayuru* alle, jeder, *iwayuru* sogenannter, *kitaru* kommender, nächster, *saru, sannuru* (< *sari* + *nuru*) vergangener, letzter, *inji* (< *inishi*) vergangener.

Sie alle erweisen sich als erstarrte und lexikalisierte Attributivformen von Verben: *aru, saru, kakaru* (*sa, kaku* so) sind von *ari* ‚(vorhanden) sein' abgeleitet; *arayuru, iwayuru* sind residuelle Passivbildungen des Altjapanischen von *ari* (s. o.) und *iu* ‚sprechen'; *kitaru, saru* sind präsentische Attributivformen der gleichlautenden Verben (kommen, fortgehen); *sannuru, inji* sind die perfektische bzw. präteritale Attributivform von *saru, inu* ‚fortgehen'.

85 Zahlreicher sind die Attributiva der Umgangssprache, da hier insbesondere eine Gruppe von Ableitungen der Demonstrativa zuzurechnen ist.

a) Ableitungen von Verba: *aru, toaru* (ein gewisser), *saru, kakaru, arayuru, iwayuru, saru* (= *sannuru*), *kitaru, akuru* folgend, nächst, *ataru* betreffend, *tonda* verwunderlich, *bakageta* lächerlich, *taishita* groß, bedeutend (die letzten drei sind lexikalisierte Perfektformen);

b) Ableitungen von Demonstrativa: *kono* dieser (hier), *sono* der (da), der betreffende, *ano, kano* jener (dort), *dono* welcher, *konna* solcher (hier), *sonna* solcher (da), *anna* solcher (dort), *donna, ikanaru* was für ein, *waga* mein (unser);

c) Ableitungen von Nomina: *ironna* (< *iroiro-naru*) vielerlei, *honno* bloß, gering, *kudanno* besagt.

86 Die Wortkategorie der Attributiva unterscheidet sich funktionell nicht von der Masse der attributiven Syntagmen und ist auch formal in Grenzfällen schwer von diesen abgrenzbar. Die distinktiven Merkmale für die Abgrenzung der Attributiva sind deren Worteinheit, Unveränderlichkeit und Isoliertheit. Folgende Typen attributiver Bestimmungen gehören deshalb nicht zur Wortkategorie der Attributiva: a) *taigen* mit attributiver Postposition (*no, ga*), z. B. *asa-no* morgendlich; b) Attributivformen der Verba, die vom Paradigma nicht isoliert sind, z. B. *ukuru* (U: *ukeru*) empfangend; c) Attributivformen der Qualitativa, z. B. *wakaki* (U: *wąkai*) jung; d) Attributivformen der verbalen Qualitativa, z. B. *shizuka-naru* (U: *shizukana*) ruhig (seiend).

Beachte: 1. Die demonstrativen Semanteme *ko, so, a, ka* (real) und *wa* (personal), die in der Umgangssprache mit den attributiven Postpositionen *no* (*ga*) lexikalische Verbindungen eingegangen sind und eine spezielle Gruppe demonstrativer Attributiva bilden (s. o.), erfüllen für die Schriftsprache in solchen Verbindungen nicht das Kriterium der Worteinheit, da diese Semanteme dort auch als selbständige Wörter auftreten können. *ko-no, so-no, a-no, ka-no, wa-ga* sind also in der Schriftsprache als syntagmatische Verbindungen von *taigen* mit attributiven Postpositionen aufzufassen.

2. Manche Wörter der Umgangssprache sind in ihrer Wertung als Attributiva umstritten, z. B. *chiisana* klein, gering, *ôkina* groß, bedeutend, *okashina* spaßig, wunderlich, da es sich bei ihnen zwar um isolierte Attributivformen von Qualitativa handelt, daneben aber die gleichbedeutenden Formen *chiisai, ôkii, okashii* mit regelmäßiger Flexion der Qualitativa stehen. Ebenso ist *reino* ‚üblich, bekannt, besagt' zwar lexikalisch isoliert, doch kommt das zugrundeliegende sinojap. Nomen *rei* ‚Brauch, Gewohnheit, Beispiel' auch selbständig vor.

87 Die Attributiva (*rentaishi*) wurden erst im Laufe dieses Jahrhunderts von den jap. Grammatikern als selbständige Wortkategorie herausgearbeitet. Y. Yamada machte in seinem *Nihon-bumpôron* (1908) erstmals auf die formale und funktionelle Besonderheit der betr. Wortgruppe aufmerksam. Als eigene Wortkategorie wurden die Attributiva dann in zwei Grammatiken behandelt, die im Jahre 1924 erschienen: Ts. Tsuruda, *Nihon-kôgohô;* D. Matsushita, *Hyôjun-Nihon-bumpô.* Die endgültige terminologische Fixierung — *rentaishi* ‚den *taigen* beigefügte Wörter' — stammt von Sh. Mitsuya, *Bumpôron to kokugogaku* (1932). Seit den vierziger Jahren wird diese Wortkategorie auch in den jap. Schulgrammatiken unter dieser Bezeichnung behandelt.

Für die Umgangssprache sind die Attributiva als selbständige Wortkategorie jetzt allgemein anerkannt, soweit die betr. Wörter den oben genannten Kriterien entsprechen. Allerdings ist in Einzelfällen die Wertung nicht einheitlich (*chiisana, reino* usw., s. o.). Umstritten sind sie jedoch in der Schriftsprache wegen ihrer dort leicht vorzunehmenden Reduzierbarkeit auf andere Wortkategorien und wegen ihrer zahlenmäßigen Geringfügigkeit.

ADVERBIA (FUKUSHI)

88 Unter *fukushi,* Adverbia, versteht man im Japanischen eine Gruppe selbständiger, unflektierbarer Wörter, die weder ein Subjekt noch ein Prädikat bilden können und zur näheren Bestimmung eines flektierbaren Vollwortes (*yôgen*), eines Nomens (nur Adv. quantitatis et gradus), eines Adverbs oder eines Prädikats (bestehend aus einem *yôgen* oder einem Kompositum mit flektierbarem Bestandteil) dienen. Am nächsten sind sie syntaktisch mit den Attributiva (*rentaishi*) verwandt. Ursprüngliche japanische Adverbia sind sehr gering an Zahl. Mannigfaltig hingegen sind die Ableitungen von *yôgen* und *taigen,* wobei die Trennungslinie zwischen echten Adverbien und syntagmatischen Verbindungen oder Formen anderer Wortkategorien in adverbialer Funktion fließend ist[1]. Auch sind manche Adverbia, insbesondere

[1] Zum Beispiel sind die auf *-ku, -ni, -to* (lautsymbolische Bildungen ausgenommen) endenden Adverbia eigentlich Adverbialformen (*fukushikei*) von Qualitativa und verbalen Qualitativa, gehören also formal zu jenen Wortkategorien. Siehe §§ 147, 148, 154, 155.

unter den temporalen, nur auf Grund der syntaktischen Funktion von den Nomina abgrenzbar. Die meisten Adverbia sind sowohl in der Schrift- als auch in der Umgangssprache gebräuchlich[2]; allein die Gruppe der lautsymbolischen Bildungen findet sich vornehmlich nur in der Umgangssprache. Etymologisch betrachtet überwiegen die Adverbia japanischer Herkunft die sinojapanischen. Semantisch lassen sich die Adverbia klassifizieren in Adverbia modi (*jôtai-fukushi*), loci (*basho-fukushi*), temporis (*toki-no-fukushi*), quantitatis et gradus (*teido-fukushi*), praedicationis (*chinjutsu-fukushi*).

89 Die Adverbialklassen

a) Adverbia modi (*jôtai-fukushi*)
Bestimmungen der Art und Weise; dienen zur näheren Bestimmung von *yôgen*.

yoku gut, *hayaku* rasch, *takaku* hoch, *tsuyoku* stark, *surudoku* scharf, *mijikaku* kurz, *chiisaku* klein, *utsukushiku* schön, *onajiku* ebenso;

akiraka-ni klar, *shizuka-ni* ruhig, *oroka-ni* töricht, *sumiyaka-ni* unverzüglich, *hanayaka-ni* prächtig, *nodoka-ni* friedlich; *omomuro-ni* langsam; *toku-ni* eigens, *betsu-ni* besonders, *jitsu-ni* wahrlich, *totsuzen-ni* plötzlich;

semete wenigstens, *shiite* zwangsweise, *sadamete* bestimmt, *shitagatte* (U) folglich, *tsuzukete* ununterbrochen; *taezu* (S) unaufhörlich, *aikawarazu* (S) unveränderlich;

sorezore einzeln, *iroiro* verschieden, *hayabaya* schnell, frühzeitig *tamatama* zufällig;

dandan allmählich, *mochiron* zweifellos, *issai* gänzlich, *taitei* meistens, *taigai* größtenteils, *heizei*, *fudan* gewöhnlich;

dôdô-to würdevoll, *gôgô-to* lärmend, *tôtô-to* reißend (fließen), *konkon-to* ernstlich, *genzen-to* gebieterisch.

Eine sehr umfangreiche Gruppe der Adverbia modi ist lautsymbolischer Art:

kitto scharf, streng, *dotto*, *patto* plötzlich, *sotto* sanft, *zutto* direkt, stracks, *hatto* überstürzt; *yukkuri* langsam, *sokkuri* ganz (ungeteilt), *kitchiri* präzis, *kossori* heimlich, *honnori* schwach, matt, *hakkiri* klar, genau, *ussuri* dünn, leicht; *botari-to* plumps, *pittari-to* dicht, plötzlich, *patan-to* mit einem Knall, *pokan-to* gedankenlos; *dondon* eilends, *guigui* kräftig, *kirakira* glitzernd, *garagara* klappernd, *piripiri* stechend, *gobogobo* glucksend; *harahara-to*, *hatahata-to* flatternd, tropfend, *honobono-to* schwach, matt, *sarasara-to* rieselnd.

Beachte: Zu den Adverbia modi gehören schließlich die auf dem *ko-so-a-do*-System (vgl. § 71) beruhenden Demonstrativ-Adverbia (*shiji-fukushi*) der Umgangssprache: *kô*, *sô*, *â* so, *dô* wie, und die mittels der Postposition

[2] Adverbia, die entweder nur in der Schrift- oder nur in der Umgangssprache gebräuchlich sind, werden nachstehend durch den Zusatz (S) bzw. (U) gekennzeichnet.

ni in adverbialer Funktion gebrauchten urspr. attributiven Demonstrativa *konna-ni, sonna-ni, anna-ni* dergestalt, *donna-ni* auf welche Weise. — In der Schriftsprache entsprechen ihnen zum Teil *to, kaku, sa, shika* so (*to-ni kaku-ni* so und/oder so), die zu den wenigen nicht abgeleiteten Adverbia des Japanischen gehören.

b) Adverbia loci (*basho-fukushi*)
Bestimmungen des Ortes; dienen zur näheren Bestimmung von *yôgen.*

chikaku nahe, *tôku* weit weg; *haruka-ni* in der Ferne, *harubaru* aus der Ferne, *tokorodokoro* hier und da, *hôbô* allerorten, *michimichi, michisugara* unterwegs.

Beachte: In adverbialer Funktion werden auch die lokalen und lokal-direktionalen Demonstrativa gebraucht, und zwar in Verbindung mit der Postposition *ni; koko-ni, kochira-ni* hier usw. (vgl. § 68, 69).

c) Adverbia temporis (*toki-no-fukushi*)
Bestimmungen der Zeit; dienen zur näheren Bestimmung von *yôgen.*

mazu zuerst, *sugu* sofort, *itsu* (irgend-) wann, *mata* nochmal, *imada, mada* (U) noch, *mohaya, mô* (U) bereits, *futatabi* ein zweites Mal, *yagate* bald; *hisashiku, nagaku, nagaraku* lange, *chikaku* bald, *mamonaku* alsbald, *arakajime, kanete* zuvor, *katsute* einst, *hajimete* anfangs, *shibashi, shibaraku* eine Weile, *yomosugara* die ganze Nacht, *tama-ni, mare-ni* selten, *tsui-ni, yôyaku* schließlich, *tokidoki, oriori* zuweilen, *shibashiba, tabitabi* oft.

Beachte: Ein Teil der Zeitbestimmungen wie *ima* jetzt, *mukashi* in alter Zeit, *kotoshi* heuer usw. ist nominalen Charakters (*toki-no-meishi,* vgl. § 53a), steht aber häufig in adverbialer Funktion.

d) Adverbia quantitatis et gradus (*teido-fukushi*)
Bestimmungen der Menge und des Grades; dienen zur näheren Bestimmung von *yôgen, taigen* und *fukushi.*

mina, subete alle, *ono'ono* jeder, je, *kotogotoku* sämtlich, *mattaku* gänzlich, *sukoshi, wazuka* wenig, *isasaka, issun* etwas, *chotto* (U) etwas, *yaya* etwas, fast, *tada* nur, *hotondo* fast, *kanari* ziemlich, *ito* (S), *itaku* (S), *hanahada* (S) *goku* (S) sehr, *taisô, taihen, kiwamete, itatte, sukoburu* (S) äußerst, *mottomo, subarashiku* (S) höchst, äußerst, *amari-ni* zuviel, *yohodo* beträchtlich, *narutake* (S) möglichst, *motto* mehr, *amata, takusan* (U) viel, *nao* noch mehr, *iyoiyo, masumasu* (S) mehr und mehr.

e) Adverbia praedicationis (*chinjutsu-fukushi*)
Bestimmungen der Satzaussage; dienen zur Modifikation der Aussage als Verneinung, Bedingung, Bekräftigung, Vermutung, Bitte, Frage, Vergleichung usw. Sie stehen häufig in Korrelation zu bestimmten Verbalformen (siehe § 221).

imada (S), *mada* (U) (+ Neg.) noch nicht, *kesshite* (+ Neg.) auf keinen Fall, *sarasara* (+ Neg.) (S) durchaus nicht, *ikkô* (+ Neg.) nicht im geringsten, *tsuyu* (+ Neg.) (S), *taete* (+ Neg.) (S) überhaupt nicht, *yume* (+ neg. Imper.) (S) nie und nimmer, *masaka* (+ Neg.) gewiss nicht, *yomoya, yomo* (S) (+ neg. Futur) sicherlich nicht, *shosen* (+ Neg.) unbedingt nicht, *osaosa* (+ Neg.) (S) kaum, *roku-ni* (+ Neg.) nicht ordentlich;

naze, nado (S), *nazo* (S) warum, *ikaga, ikade* (S) wie, *dôshite* (U) wie, warum eigentlich; *ani* (S), *izukunzo* (S) (+ Fut.) ist es denn möglich, daß . . .;

dôzo, dôka, nanitozo (S) bitte;

kanarazu, zehi auf jeden Fall, *moppara* ausschließlich, *sazo* (+ Fut.) gewiß, *naruhodo* wirklich, *masa-ni* (+ *-beshi*) (S) (sollte) wirklich, *subekaraku* (+ *-beshi*) (S) (müßte) notwendigerweise, *yoroshiku* (+ *-beshi*) (S) (sollte) richtigerweise, *osoraku* (+ Fut.) möglicherweise, *kedashi* (S) wahrscheinlich, *negawaku-wa* hoffentlich, *sasuga* erwartungsgemäß, *sudeni* (+ Fut.) im Begriff zu, *moshi* (+ Konditionalform) falls, *iyashikumo* (+ Kond.-form) vorausgesetzt daß, *man'ichi* (+ Kond.-form) wenn etwa, *tatoe* (+ Konzessivform), *yoshi* (S) selbst wenn;

sanagara (S) gerade wie, *atakamo* (+ *no gotoshi*) (S) gleichsam, *marude, chôdo* (U) genau wie.

90 Die adverbialen Ableitungen

Ursprüngliche Adverbia wie *shika* so, *ito* sehr, *mata* wieder, *tada* nur, fallen in der Masse der japanischen Adverbia nicht ins Gewicht. Zahlreicher sind die lautsymbolischen Bildungen (*kossori, hakkiri, sotto, kitto* [*-ri, -to* Ableitungssuffixe bei Onomatopoetica], häufig mit intensivierender Reduplikation — *garagara, piripiri;* s. o.). Die meisten Adverbia erweisen sich jedoch als konversive Bildungen aus anderen Wortkategorien, teils von den unflektierbaren *taigen* hergeholt, teils aus erstarrten Formen der flektierbaren *yôgen* abgeleitet. Bildungen mit speziellen Adverbialsuffixen sind selten und im Neujapanischen nicht mehr produktiv.

a) Konversive Bildungen

α) *taigen* →Adverbia

adverbialisierte Nomina — *ima* jetzt, *inishie* in alter Zeit, *kozo* letztes Jahr, **heizei* gewöhnlich; *makoto-ni* wirklich, *saiwai-ni* glücklicherweise, **betsu-ni* insbesondere, *waza-to* absichtlich (die Postpos. *ni, to* fungieren hier als adverbiale Formantien); *iroiro* verschieden, *hibi* tagtäglich, **nennen* alljährlich (Reduplikationsformen);

adverbialisierte Demonstrativa — *koko-ni, soko-ni* usw., *sorezore* einzeln;

adverbialisierte Attributiva — *konna-ni, sonna-ni* usw.

β) *yôgen* →Adverbia

adverbialisierte Qualitativa — *yoku* (*yokuyoku* sorgfältig), *nagaku, hisashiku* (Adverbialform *-ku*); *haya* bereits, *ita* (altjap.) *sehr* (Stammform); *usuusu* etwas, *naganaga* weitschweifig (reduplizierte Stammformen);

adverbialisierte Verbalqualitativa — *akiraka-ni, shizuka-ni, *dôdô-to, *taizen-to;*

adverbialisierte Verba — *tsumari* schließlich, *amari* zu sehr (<Konjunktionalform); *hajimete, subete, kesshite* (<Suspensivform); *katsu* (S) überdies, *sukoburu* (S) äußerst, *nakanzuku* (S) vornehmlich (<Finalform); *iwaba* sozusagen, *tatoeba* zum Beispiel, *omoeba* wohlbedacht (<Konditionalform); *omowazu* unabsichtlich, *taezu* unaufhörlich, *aikawarazu* (S) unveränderlich (<Negationsform); *osoraku, negawaku-wa* (<Verbalsubstantivierungen); *yukuyuku* unterwegs, *misumisu* in Gegenwart, *toridori* verschiedenartig, *ikiiki* quicklebendig, *kanegane* oft zuvor (Reduplikationen).

b) suffigierende Bildungen

-nagara: sanagara wirklich, *mukashinagara* (S) wie einstens;
-sugara (S): *yomosugara* die ganze Nacht; *michisugara* unterwegs;
-gatera (S): *hanamigatera* während der Blumenschau;
-zukara: mizukara, onozukara von selbst, *tezukara* eigenhändig.

INTERJEKTIONEN (KANDÔSHI)

91 Die japanischen Interjektionen sind selbständige, unflektierbare Wörter, die weder ein Subjekt noch ein Prädikat bilden können. Auch dienen sie nie zur näheren Bestimmung anderer Satzteile noch dulden sie selbst eine nähere Bestimmung bei sich. Ihre Funktion besteht in der Kundgabe eines Gefühls oder einer Stellungnahme und im Appell an den Gesprächspartner. So sind sie stets entweder monolog- oder dialogbezogen und deshalb in der Regel auf die mündliche Äußerung beschränkt. Die Interjektionen sind nie syntaktisch an Satzglieder gebunden, sondern stehen entweder isoliert am Anfang eines Satzes oder als Satzwort selbständig für eine ganze Aussage. Am nächsten sind sie mit den interjektionalen Postpositionen (*kandô-joshi*, siehe § 115 d) verwandt, die aber unselbständig enklitisch gebraucht werden.

92 Im Gegensatz zu allen übrigen Wortkategorien fungieren die Interjektionen nicht als Semanteme zur sprachlichen Darstellung eines Gedankens, sondern als Lautgesten zum unmittelbaren Ausdruck emotionaler oder appellativer Äußerungen. Besonders die Ausdrucksmittel zur Kundgabe eines Gefühls basieren zu einem großen Teil auch im Japanischen auf den interlingual wenig variierenden menschlichen Affektlauten, die häufig in Abhängigkeit von ihrer Intonation sowohl lustbetonte als auch unlustbetonte Regungen bezeichnen können. Allerdings sind viele emotionale und appellative Interjektionen demonstrative Ableitungen (*ko-, so-, sa-, a-, do-*), soweit das deiktische Element bei ihnen im Vordergrund steht. Interjektionen nominaler Herkunft (z. B. *aware*) oder verbaler (z. B. *moshi*) sind sehr gering an Zahl.

Beachte: Flüche und Beschwörungen sind meist nominaler Natur, z. B. *chikushô* Biest, *kuso* Sch..., *namu-sambô* gerechter Himmel; doch handelt es sich hierbei nicht um echte Interjektionen, sondern nur um interjektional gebrauchte Nomina.

Eine Eigentümlichkeit der japanischen Interjektionen besteht darin, daß die dialogbezogenen unter ihnen je nach dem faktischen oder fiktiven sozialen Gefälle zwischen den Gesprächspartnern Formen verschiedener Höflichkeitsstufen aufweisen. Naturgemäß gehören die Interjektionen zur Umgangssprache, doch haben sich Interjektionen älterer Sprachstadien in der Literatur erhalten und gelten demzufolge als schriftsprachige Formen (S).

93 Semantische Klassifizierung der Interjektionen.

a) Kundgabe einer Gefühlsbewegung (*hyôjô*): *a', â, ô, yare, yareyare, ana* (S), *aware* (S) (Affekt, lust- oder unlustbetont); *a', ya, yâ, iya, otto, satesate, awaya* (S), *suwa* (S) (Überraschung oder Bestürzung); *oya, hô, hê, mâ, korewa, koriya, kuwa* (< *korewa*), *sorewa, soriya, are, ara* (fem.) (Erstaunen); *sa, sâ, dore, dora, iza* (S), *ide* (S) (Ermunterung); *yoshi, hahâ* (Anerkennung); *appare, aware* (S) (Bewunderung); *shimatta* (Ärger); *che', hen, fun* (Widerwillen), *suwa* (S) (Einschüchterung), *êto* (Besinnung).

b) Ausdruck einer Stellungnahme (*ôtô*): zustimmend — *hai, hâ* (höflich); *ai, ê, sâ, sô* (familiär); *â, ô, nn* (vulgär); ablehnend — *ie, iie, iya, iyaiya, nâni, nânte* (fem.), *ina* (S).

c) Aufmerksamkeitsgewinnung der Gesprächspartner (*yobikake*): *moshi, moshimoshi, ano* (höflich); *nê, anonê, yâ, sâ* (familiär); *oi, yai, kora, kore, sora, sore, hora* (vulgär); *yayo* (S), *ikani* (S), *iza* (S), *ide* (S), *iya* (S), *nô* (S), *nônô* (S).

94 Als selbständige Wortkategorie des Japanischen wurden die Interjektionen erstmals behandelt von Sh. Tsurumine (*Kokugaku-shinsho*). Die Bezeichnung *kandôshi* ‚Wörter der Gefühlsbewegung' stammt von F. Ôtsuki. Die Lehnübersetzung für ‚Interjektion', *kantôshi*, wurde von einigen Grammatikern, z. B. E. Sugiyama (*Kokugohô-hinshiron*), speziell auf die Verlegenheitspartikeln innerhalb eines Satzganges beim Stocken des Redeflusses angewandt, z. B. *e . . ., anô . . ., sonô . . .* (auch *asobi-kotoba* genannt). Die Interjektionen im üblichen Sinne (*kandôshi*) behandelte Y. Yamada (*Nihon-bumpôron*) ebenso wie die Konjunktionen (*setsuzokushi*) als Sondergruppe der Adverbia (*fukushi*), was vom syntaktischen und semantischen Standpunkt aus nicht vertretbar erscheint. Auch M. Kieda (*kôtô-kokubumpô-shinkô*) faßte *kandôshi* und *setsuzokushi* zu einer eigenen Klasse zusammen, wobei er allerdings die Wörter zum Ausdruck einer Stellungnahme (*ôtôshi*) als besondere Gruppe von den *kandôshi* absonderte.

KONJUNKTIONEN (SETSUZOKUSHI)

95 Konjunktionen, im Sinne einer Wortkategorie, spielen im Japanischen eine untergeordnete Rolle. Der weitaus bedeutendere Teil grammatischer Mittel zur Verbindung von Wörtern und Sätzen wird gerade in der Schriftsprache von den konjunktionalen Postpositionen (*setsuzoku-joshi*, siehe § 109) gestellt; auch dient die konjunktionale Verbalform (*renyôkei*) zur Nebenordnung von Prädikaten oder Sätzen (siehe § 213). Die eigentlichen Konjunktionen unterscheiden sich von den konjunktionalen Postpositionen syntaktisch durch ihre satzeinleitende Stellung bei der Verbindung von Sätzen (jene stehen am vorangehenden Satzende, der Verbalendung agglutiniert) und formal durch ihre ausnahmslose Ableitung oder Zusammensetzung aus Gliedern anderer Wortkategorien. Besonders nahe stehen sie den Adverbia (vgl. § 89e, 94), zumal sie selbständig, unflektierbar und Sekundärbildungen sind wie diese; doch fungieren sie im Gegensatz zu ihnen nicht als nähere Bestimmungen, sondern als Bindeglieder von Satzteilen oder Aussagen. Einige können je nach Kontext entweder adverbial oder konjunktional stehen (*mata, nao*).

96 Ihrer syntaktischen Funktion nach sind zu unterscheiden wortverbindende Konjunktionen, z. B. *oyobi* und, *matawa* oder, **naishi* bis (zwischen *taigen* innerhalb eines Satzteils), und satzverbindende Konjunktionen, z. B. *tadashi* indessen, *kakute* solchermaßen, *mashite* um so mehr, geschweige denn (am Anfang eines Satzes).

97 Je nach den logischen Beziehungen, die zwischen den Sätzen bzw. Wörtern hergestellt werden, lassen sich die japanischen Konjunktionen in fünf Gruppen einteilen:

a) koordinative (*heiretsu*) — *oyobi* und, *narabi-ni* und, sowie, *mata* auch, ebenso, *nao* und, **naishi* bis;
b) additive (*tenka*) — *nao* noch (mehr), *katsu* außerdem, ferner, *awasete* zudem, *shikamo* überdies, *mashite* um so mehr, geschweige denn, *shikanominarazu* noch dazu, zudem, *mata* noch dazu, *mushiro* vielmehr, *sate, somo* (*-somo*) übrigens, nun eigentlich;
c) disjunktive (*sentaku*) — *matawa* oder, *moshikuwa* oder, beziehungsweise, *hata, hatamata* oder, **naishi* oder, *aruwa* (... *aruwa*) (entweder ...) oder, *nakanzuku* vornehmlich;
d) adversative (*gyakusetsu*) — *tadashi* indessen, *saredo* (*-mo*), *sarinagara, saru-wo* aber, jedoch, *shikaredomo, shikaru-ni, shikaru-wo* aber, jedoch, *kakaredomo* aber, jedoch, *kaette* (*kaerite*) im Gegenteil;
e) konsekutive (*junsetsu*) — *yotte* (*yorite*) also, folglich, gemäß, *motte* dadurch, *kakute, kakushite* solchermaßen, alsdann, *sunawachi* folglich, dann, *shitagaite* folglich, *yue-ni* deshalb, *saraba, saru-wo* alsdann, nun, *sareba* also, daher, *shikashite* alsdann, darauf, *shikaraba* also, folglich, *tsuide* darauf, dann.

98 Die entsprechenden Konjunktionen der Umgangssprache decken sich zum Teil mit den vorgenannten der Schriftsprache; eine reinliche Trennung ist nicht in jedem Falle durchzuführen. Beachtenswert ist in der Umgangssprache die Tendenz, die Abhängigkeit der Sätze untereinander weniger wie in der Schriftsprache durch satzschließende konjunktionale Verbalformen als vielmehr durch selbständige, satzeinleitende Konjunktionen zu bezeichnen. — Hier die wichtigsten umgangssprachigen Konjunktionen in derselben Gruppierung wie oben:

a) *oyobi, narabi-ni, mata*; b) *nao, mashite, shikamo, nominarazu* (=shikanominarazu), *mata; tsugi-ni, sore-ni* zudem, *sono-ue* obendrein, *sôshite, soshite* und, dann, *omake-ni* noch dazu; c) *matawa, moshikuwa, aruiwa* (=*aruwa*) *nakanzuku; sore-tomo* oder aber; d) *tadashi, shikaru-ni; shikashi* aber, jedoch, *shikamo* trotzdem, *mottomo* indessen, übrigens, zwar, *kaette* im Gegenteil, *datte* aber, immerhin, *da-ga, desu-ga, da-no-ni* trotzdem, *demo, sore-demo, ga, tokoro-ga* dennoch, dessenungeachtet, *keredomo, da-kedo* jedoch, allein; e) *yotte, shitagatte, yue-ni, sore-yue, sore-de, sore-kara, sore-da-kara, da-kara, desu-kara* deshalb, aus diesem Grunde, *sore-dewa* unter diesen Umständen, *soko-de* deshalb, darauf, *suru-to* alsdann, darauf, *tsuite-wa* in dieser Beziehung, deshalb.

99 Die japanischen Konjunktionen bilden ebenso wie die Adverbia nur eine funktionelle, jedoch keine formale Einheit. Nach Herkunft und Bildungsweise divergieren sie stark. Nur zu einem geringen Teil handelt es sich um echte Einzelwörter; in der Mehrzahl sind es lexikalisierte Syntagmen. Folgende Ableitungstypen liegen vor:

a) < Adverbia — *nao, mata, mushiro, mottomo;*

b) < Verba (Suspensivform) — *mashite, awasete, motte, yotte, kaette, shitagatte, tsuide;* (Konjunktionalform) *oyobi;*

c) < Postpositionen — *ga, demo, dewa;*

d) < Nomina + Postpositionen — *narabi-ni, yue-ni, tsugi-ni, omake-ni, tokoro-ga;*

e) < Demonstrativa + Postpositionen — *sore-kara, sore-demo, sore-tomo, somo* (< *sore-mo*), *soko-de;*

f) < Demonstrativa + Nomina — *sore-yue, sono-ue;*

g) < Adverbia + Postpositionen — *matawa, moshikuwa, shikashi, shikamo, tadashi, sate* (< *sa-ari-te*);

h) < deiktische Verbalkomposita + Postpositionen[1] — *sare-domo, kakaredomo, sara-ba, sare-ba, saru-wo, shikaredomo, shikaru-ni, shikaraba, shikashite, kakushite* (> *kakute*), *soshite* (alle wörtl.: obgleich . . ., weil . . ., indem es so ist);

i) < Kopula + Postpositionen (nur umgangssprachig) — *desu-kara, desu-ga, da-ga, da-no-ni, da-kedo* (< *keredo*), *da-kara.*

Einzelbildungen sind: *suru-to* (verb. Finalform + Postp.), *keredomo* (isolierte Verbalendung + Postp.), (*shika-*) *nominarazu* ([Adv.] + Postp. + Negationsform der Kopula *nari*) wörtl.: ‚nicht (so) nur ist es', *nakanzuku* (< *naka-ni tsuku,* adv. Best. + Verb) wörtl.: ‚im Zentrum haften'.

POSTPOSITIONEN (JOSHI)

100 Die japanischen Postpositionen bilden eine umfangreiche Gruppe grammatischer Elemente, die weniger einen semantischen als vielmehr einen syntaktischen bzw. modifizierenden Eigenwert besitzen und enklitisch anderen Wörtern angeschlossen sind. Deshalb werden sie auch als abhängige Hilfswörter (*ji*) bezeichnet, die allen semantisch relevanten Vollwörtern (*shi*) gegenüberstehen und mit den Verbalsuffixen (*jodôshi*) verwandt sind, welche sich formal nur durch ihre Flektierbarkeit und syntaktisch nur durch ihre

[1] Der verbale Bestandteil ist mittels der Hilfsverben *ari* ‚(vorhanden) sein' und *su* ‚tun' gebildet.

obligatorische Bindung an *yôgen* von ihnen unterscheiden. Die Postpositionen bilden neben den Verbalsuffixen das typologische Merkmal des Japanischen, da sie beide auf suffigierend-agglutinative Weise den Aussagegehalt grammatisch ordnen und präzisieren.

101 In der älteren, noch nicht europäisch beeinflußten japanischen Grammatik wurden die Postpositionen, Verbalsuffixe, Flexionsendungen und Wortbildungssuffixe als Gesamtheit der grammatischen Elemente unter dem Terminus *tenioha* (<*teniwoha*) oder *teniha* zusammengefaßt[1]. Erst F. Ôtsuki (*Kô-Nihon-bunten, 1897*) bezog diesen Ausdruck allein auf die Postpositionen. Sachlich und terminologisch abgesondert von den Verbalsuffixen hatte sie aber bereits H. Togashi (*Kotoba-no-tamahashi*, 1846; vgl. § 51), der zwischen unflektierbaren Hilfswörtern (*seiji*=*joshi*) und flektierbaren (*dôji*=*jodôshi*) unterschied. Y. Yamada (*Nihon-bumpôron*, 1908) bevorzugte für die Postpositionen den Oberbegriff *kankeigo* ‚Relationswörter'. Erst um 1920 hat sich bei den japanischen Grammatikern der Terminus *joshi* ‚Hilfswörter' durchgesetzt. — Hier wird die viel weniger gebräuchliche Bezeichnung ‚Postposition' (*kôchishi*) benutzt, die den Vorteil einer eindeutigen syntaktischen Kennzeichnung besitzt.

102 Die japanischen Postpositionen sind in ihrer Mehrzahl ein- oder zweisilbige Enklitika (z. B. *no, wo, ka, made, namu*), die dem Grundwortschatz entstammen und nicht abgeleitet sind. Zwei, selten mehr, können zur weiteren syntaktischen oder modalen Modifizierung miteinander kombiniert werden (z. B. *ni-wa, wo-mo, made-no, mo-ga-na*). Neben diesen primären Postpositionen gibt es eine Gruppe von Syntagmen in postpositioneller Funktion (*joshi-sôtô-rengo*), bestehend aus Verbindungen von primären Postpositionen mit partizipial gebrauchten Hilfsverben oder, meist neueren Datums, Vollverben (z. B. *ni-shite, ni-okeru, wo-motte*). Schließlich gehören zu den *joshi* im weiteren Sinne semantisch abgeschwächte Nomina, die sekundär postpositionell gebraucht werden können (z. B. *aida, hodo, tokoro*), die aber zum größeren Teil durch beigestellte primäre Postpositionen ihren ursprünglichen nominalen Charakter anzeigen (z. B. *no-aida-ni, no-yue-ni, ga-tame-ni; keishiki-meishi*, vgl. § 53).

---

[1] Dieser Name stammt aus den Lesepraktiken chin. Texte (*kambun*) während der Heian-Zeit: In formaler Nachahmung der in China gebräuchlichen zusätzlichen Bezeichnung des Tonverlaufes eines Wortes mittels diakritischer Punkte an den Ecken der Schriftzeichen (*shôten*, vgl. § 39) wurden damals zur Erleichterung der jap. Lesung (*kundoku*) chin. Texte an bestimmten Stellen der *kanji* ‚Lesepunkte' (*kunten*) gesetzt, die je einem häufigen grammatischen Hilfswort des Japanischen entsprachen und anschließend an das betreffende Vollwort zu lesen waren. Bei dem gebräuchlichsten dieser Systeme standen die Eckpunkte am Zeichenquadrat für die Postp. te-ni-wo-ha, weshalb diese dann als Terminus für das betreffende *kunten*-System dienten und später verallgemeinernd für sämtliche grammatischen Elemente des Japanischen überhaupt.

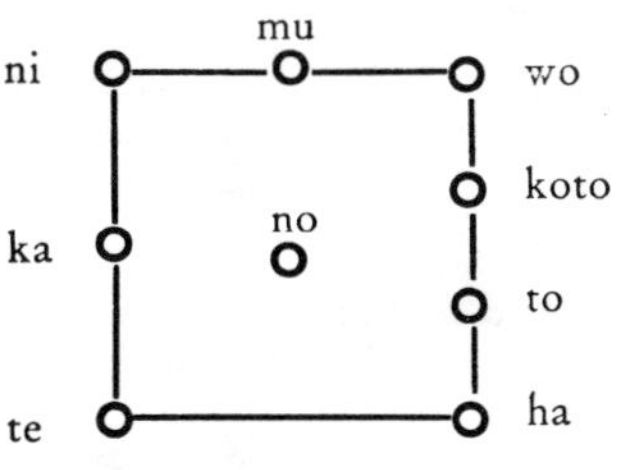

103 Funktionell lassen sich die Postpositionen folgendermaßen einteilen: a) relativische Postpositionen (*kankei-joshi*); sie bezeichnen die attributiv untergeordneten, nominalwertigen Glieder eines Satzes (*rentai-joshi* attributive Postp.), die Relationen der nominalwertigen nebengeordneten Glieder eines Satzes zueinander (*heiritsu-joshi* koordinative Postp.) oder zum Prädikat (*kaku-joshi* prädikatsbezogene Postp.)[2] und die parataktischen oder hypotaktischen Relationen der Sätze untereinander (*setsuzoku-joshi* konjunktionale Postp.); b) qualifizierende Postpositionen (*shûshoku-joshi*); sie bezeichnen die emphatische Hervorhebung eines Satzteils (*kyôchô-joshi* elative Postp.) oder dessen abschwächende Einschränkung (*gentei-joshi* modifizierende Postp.); c) modale Postpositionen (*wahô-joshi*); sie bezeichnen die Aussageform eines Satzes als fragend (*gimon-joshi* interrogative Postp.), verbietend (*kinshi-joshi* prohibitive Postp.), wünschend (*kibô-joshi* desiderative Postp.) oder emotional beeinflußt (*kandô-joshi* interjektionale Postp.).

Die Klassifizierung der Postpositionen ist japanischerseits umstritten. F. Ôtsuki beschränkte sich auf eine rein syntaktische Gliederung: a) solche, die an *taigen* angeschlossen werden können (z. B. *ga, ni, yori*), b) solche, die an verschiedene Wortarten angeschlossen werden können (z. B. *wa, mo, nomi*), c) solche, die an *yôgen* angeschlossen werden können (z. B. *ba, tomo, ni*). Die Einteilung von Y. Yamada ist funktionell-syntaktisch gemischt: er unterschied Kasus-Postp. (*kaku-joshi: no, wo, ni usw.*), adverbiale Postp. (*fuku-joshi: dani, nado, sae* usw.), konjunktionale Postp. (*setsuzoku-joshi: ba, domo, nagara* usw.), korrelative Postp. (*kakari-joshi: ka, koso, shika* usw.), finale Postp. (*shû-joshi: kana, kashi, sa* usw.), interjektionale Postp. (*kantô-joshi: yo, shi, ne* usw.). Sh. Hashimoto (*Kokugohô-yôsetsu*, 1934; vgl. § 51) zweigte in seiner Gliederung von diesen sechs Gruppen drei weitere ab: koordinative Postp. (*heiritsu-joshi: to, ya, nari* usw.), quasi-nominale Postp. (*juntai-joshi: no, kara, hodo* usw.), quasiattributive Postp. (*junfukutai-joshi: no, ga*), denen er später als zehnte Untergruppe die quasi-adverbialen Postp. angliederte (*junfuku-joshi: nagara, gatera, mama* usw.). — Diese und andere Klassifikationen (von Sugiyama, Kieda, Matsushita, Mitsuya u. a.) divergieren sowohl in der Gruppierung als auch in der Zuordnung der Postpositionen. In der Schulgrammatik hat sich die Viererteilung *kaku-joshi, setsuzoku-joshi, fuku-joshi* und *shû-joshi* durchgesetzt, zuweilen mit *heiritsu-joshi* und *juntai-joshi* erweitert. — Das hier verwendete Ordnungsschema basiert auf denen von Yamada und Hashimoto, hält sich aber nur an funktionelle Kriterien, weshalb insbesondere die syntaktisch definierten *kakari-joshi* und *shû-joshi* ihrer Funktion entsprechend umgruppiert wurden.

Beachte: 1. Eine Eigentümlichkeit mehrerer primärer Postpositionen besteht darin, daß sie verschiedene Funktionen ausüben können, die sich sprachhistorisch in der Regel auf einen Grundwert zurückführen lassen. Sie

---

[2] *kaku-joshi* ‚Kasus-Hilfswörter'; ein mechanischer Rückgriff auf die europäische grammatische Terminologie, da die Funktionen dieser Postp. sich teilweise mit der der Kasus-Bezeichnungen in den idg. Sprachen decken. Insgesamt bezeichnen die *kaku-joshi* die Beziehungen von Subjekt, Objekt oder adv. Bestimmung zum Prädikat. Da ein adäquater Terminus fehlt, wird hier behelfsmäßig ‚prädikatsbezogene Postpositionen' gesetzt.

erscheinen also nachstehend mehrmals, unter verschiedenen Rubriken.

2. Die Postpositionen der Umgangssprache zeigen gegenüber denjenigen der Schriftsprache verhältnismäßig wenige Neubildungen und nur geringe funktionelle Abweichungen.

Relativische Postpositionen (*kankei-joshi*)[3]

104 Attributive (*rentai-joshi*)

Die attributiven Postpositionen stehen nach *taigen* oder nominalisierten *yôgen* (Attributivform), wenn diese andere *taigen* determinieren.

NO bezeichnet 1. die attributive Determination; z. B. *natsu-no yû* Sommerabend, *ume-no hana* Pflaumenblüten, *ko-no ie* dies Haus, *achira-no machi* die dortige Stadt, *futari-no onna* zwei Frauen, *ima-no tami* das jetzige Volk; 2. die appositionelle Determination; z. B. *Fuji-no yama* der Berg Fuji, *Tosa-no kuni* die Provinz Tosa, *ani-no Tarô* der ältere Bruder Tarô, *Taira-no Kiyomori* der Taira Kiyomori, *getsuyôbi-no hatsuka* Montag, der 20.; 2a) die appositionelle Determination vergleichender Bedeutung; z. B. *hana-no miyako* die blütengleiche Hauptstadt, *tsuyu-no inochi* das Leben [vergänglich] wie Tau; viele Epitheta ornantia (*makurakotoba*) der altjap. Poesie sind hier einzuordnen, z. B. *nubatama-no* wie die Nuba-Frucht (schwarz), *wakakusa-no* wie junges Gras (schmiegsam), *shirotae-no* wie weißes Leinen (rein); 2b) die erweiterte appositionelle Determination in Form eines Satzes, nur nach *yôgen* in Attributivform (fakultativ); z. B. *ima komu-no chigiri* das Versprechen, daß [ich] jetzt kommen werde, *ware-ya yukamu-no izayoi* die 16. Nacht des Monats, in der ich kommen werde, *wasureji-no yukusue* die Zukunft, die [ich] nicht vergessen werde (*wasureji* = neg. Futur von *wasuru* vergessen); 3. die possessive Determination, z. B. *ani-no ie* des Bruders Haus, *mizukara-no oya* die eigenen Eltern.

Beachte: In Anbetracht der progressiven Determination im Jap. steht bei einer Reihung von determinativen Gliedern das determinierte Wort stets am Ende der Reihe, z. B. *furusato-no Yoshino-no miya-no haru-no yo-no tsuki* (Kinkai) der Mond (*tsuki*) der Nacht (*yo*) des Frühlings (*haru*) des Palastes (*miya*) von Yoshino, dem heimatlichen (*furusato* = altes Dorf, Heimat) = der Mond in einer Frühlingsnacht im heimatlichen Yoshino-Palast.

GA[4] bezeichnet 1. die possessive Determination, z. B. *wa-ga kuni* mein Land, *kimi-ga yo* des Herrschers Regierungszeit, *tare-ga kutsu* wessen Schuhe,

[3] Bei der folgenden Aufzählung werden erst die einfachen, dann, soweit vorhanden, die erweiterten Postp. der Schriftsprache gegeben. Diejenigen der Umgangssprache sind jeder Gruppe nachgestellt.

[4] Beachte die nasalierte Aussprache des g (ŋa), da *ga* als enklitische Postposition in der Regel nur im Inlaut steht (vgl. § 29).

sore-ga tama dessen Edelstein (*sore* hier: er), *mitsu-ga hitotsu* von dreien eins (1/3); 2. die appositionelle Determination (in Ortsnamen); z. B. *Seki-ga-hara* (Barrieren-Heide), *Koma-ga-take* (Fohlen-Gipfel), *Shichiri-ga-hama* (Siebenmeilen-Bucht), *Oni-ga-shima* (Teufelsinsel).

Beachte: Bei der determinativen Bindung mit *ga* liegt der Nachdruck auf dem vorangehenden, determinierenden Bestandteil, bei *no* hingegen auf dem nachfolgenden, determinierten Bestandteil; auch ist sie bei *ga* enger als bei *no* und tendiert stets zur possessiven Determination. Vgl. *so-no tama* dieser Edelstein, *sore-ga tama* dessen Edelstein; *Masamune-no katana* ein Masamune-Schwert (appositionell), *Masamune-ga katana* Masamune's Schwert (possessiv). Ähnlich bewirkt *ga* auch bei den Ortsnamen eine intensivere Bindung, da hier die nachgestellten Gattungsbegriffe (*shima* Insel, *hama* Bucht, *take* Gipfel usw.) stets ein inhärenter Bestandteil des Namens werden, was bei *no* nur zuweilen der Fall ist; vgl. *Koma-ga-take* aber *Fuji-no yama*, *Tane-ga-shima* aber *Iki-no shima*.

TSU (altjap.) attributive Determination; z. B. *ama-tsu kaze* Himmelswind *kuni-tsu kami* Landesgottheiten, *no-tsu tori* Wildvögel.

Einige dieser determinativen Verbindungen des Altjap. leben lexikalisiert im jap. Wortschatz oder als Ortsnamen fort, z. B. *yakko* Knecht, Kerl (<*ya-tsu-ko* Hausmannen), *okitsukaze* Seewind, *Akitsushima*, *Shimotsuke*.

Attributive Postpositionen der Umgangssprache.

Nur *NO* in den Funktionen 1, 2, 3 ist als attributive Postposition produktiv geblieben. Das determinative *ga* ist als Attributivum *waga* ‚mein' erhalten (siehe § 85 b) und in Ortsnamen; dgl. *tsu* in einzelnen Ortsnamen und Nominalkomposita (siehe oben).

105 Koordinative (*heiritsu-joshi*)

Die koordinativen Postpositionen verbinden *taigen* oder nominalisierte *yôgen* (Attributivform), soweit diese zum gleichen Satzglied gehören.

NI Bezeichnung der Anreihung sachlich zusammengehöriger Dinge (additiv); z. B. *take-ni suzume* Bambus und Sperling (Bildmotiv), *tsuki-ni murakumo*, *hana-ni kaze* Mond und Haufenwolken, Blüten und Wind (d. h. zum Mond gesellen sich Wolken, zu den Blüten der Wind; Sprichwort).

Mit dieser Funktion von *ni* läßt sich eine andere vergleichen, in der es der Konjunktionalform eines Verbs nachgestellt wird, dem dasselbe Verb folgt. Diese Konstruktion dient zur Betonung des verbalen Vorgangs; z. B. *hita naki-ni naku* nur immer weinen und weinen, *tada hie-ni hie-irite iki-wa hayaku tae-hatenikeri* (Genji) nur kälter und kälter wurde [ihm], und der Atem hörte bald ganz auf.

TO Bezeichnung der Aufzählung; z. B. *haha-to musume-to kawa-nite sentaku-su* Mutter und Tochter waschen im Fluß, *kare-wa niku-wo inu-to neko-to-ni ataeki* er gab das Fleisch dem Hund und der Katze.

Beachte: *to* wird nach dem letzten Glied der Aufzählung wiederholt, kann aber fortfallen, besonders wenn eine weitere Postposition angeschlossen ist (gilt allerdings in der Schriftsprache als inkorrekt).

to kann ebenso wie *ni* in der Konstruktion zur Betonung eines verbalen Vorgangs gebraucht werden[5]; z. B. *yo-ni ari-to aru hito* die Leute, die [alle] auf der Welt sind, *akikaze-no fuki-to fukinuru Musashino-wa* (Kokin) Musashino, wo der Herbstwind wehte und wehte.

MO bezeichnet die Anreihung mehrerer Dinge oder Sachverhalte mit besonderem Nachdruck; z. B. *yuki-mo kaeri-mo tomo-ni-su* sowohl Weggang als auch Rückkehr gemeinsam machen, *sono naka-ni komoreru ie-domo, ôkinaru-mo chiisaki-mo hitotsu-to-shite yaburezaru-wa nashi* (Hôjôki) von den darinnen eingeschlossenen Häusern, sowohl den großen als auch den kleinen, gab es nicht ein einziges unzerstörtes.

Beachte: Wenn das koordinative *mo* einem einzelnen Satzglied nachgestellt wird, so befindet es sich im Zusammenhang mit einem gleichwertigen vorgenannten oder hinzugedachten Gegenstand bzw. Sachverhalt; z. B. *konnen-mo yume-no ma-ni suginikeri* auch dies Jahr (gleich den anderen) ist [wie] im Traum vergangen, *mi-Yoshino-wa, yama-mo kasumite* (Shinkokin) im schönen Yoshino sind die Berge auch (gleich den Tälern usw.) in Nebel gehüllt.

YA bezeichnet die disjunktive Anreihung (Wiederholung nach jedem Glied der Anreihung), z. B. *cha-ya sake-ya-wo nomitashi* ich möchte Tee oder Sake trinken, *mina hito-wa hana-ya chô-ya-to isogu hi-mo* (Makura) auch an einem Tage, da alle Leute eilen [mit dem Gedanken an] Blüten oder Schmetterlinge . . .

Koordinative Postpositionen der Umgangssprache

NI, TO, MO wie in S. Beachte, daß *ni* in U häufig zur direkten Aufzählung dient, z. B. *fude-ni sumi-ni kami* Pinsel, Tusche und Papier. — *YA* im Gegensatz zu S kopulativ und nur zwischen den zu verbindenden Gliedern stehend; z. B. *utsukushii momo-ya sakura-no hana-ga ichiji-ni saku* die schönen Blüten des Pfirsichs und der Kirsche erblühen zur gleichen Zeit. — *YARA* additiv, disjunktiv, Wiederholung nach jedem Glied (wie *ya* in S); z. B. *naku-yara warau-yara* lachen und weinen, *matsu-no tsuyu-yara namida-yara* Tau von den Föhren oder Tränen. — *KA* disjunktiv, Wiederholung nach jedem Glied (eine andere Postposition kann folgen); z. B. *watakushi-ni-wa sake-ka biiru-ka(-wo) kudasai* mir bitte Sake oder Bier. — *NARI* disjunktiv, Wiederholung nach jedem Glied

[5] Es sei dahingestellt, ob *ni* und *to* in dieser Konstruktion (*fuki-ni fuku, fuki-to fuku*) nicht vielmehr als Adverbialbildner zu interpretieren sind und folglich den *kaku-joshi* näher stehen als den *heiritsu-joshi*.

(nie in Kombination mit weiteren Postpositionen); z. B. *kodomo-nari watakushi-nari dare-ka ikimashô* das Kind oder ich, irgendwer wird wohl gehen. — *DANO* additiv oder disjunktiv, Wiederholung nach jedem Glied (nie in Kombination mit weiteren Postpositionen); z. B. *â-dano kô-dano katte-na koto-bakari itte-iru* so oder so spricht er nur aus Eigennutz, *ano hito-wa inu-dano neko-dano niwatori-dano takusan katte-iru* er hält sich viel [Viehzeug] wie Hunde, Katzen, Hühner usw.

106 Prädikatsbezogene, einfache (*kaku-joshi*)

Die prädikatsbezogenen Postpositionen schließen sich in der Regel *taigen* oder nominalisierten *yôgen* (Attributivform) an, die als Subjekt, Objekt oder adverbiale Bestimmung im Satze fungieren.

NO 1. Bezeichnung des Subjekts unter bestimmten Bedingungen: a) bei direkter Abfolge von Subjekt und Prädikat in einem erweiterten Satz oder Satzgefüge als Ausdruck einer engen sachlichen Bindung und zur Betonung des Vorgangs (fakultativ, häufig in der Poesie); z. B. *itsu-no ma-ni inaba soyogite, akikaze-no fuku* (Kokin) bald rascheln die Reisblätter, wenn der Herbstwind weht (beim Wehen des Herbstwindes); b) korrelativ zur Attributivform eines Prädikats im Hauptsatz (Emphase, Frage); z. B. *irinishi hito-no otozure-mo senu* (Kokin) der Mann, der hingegangen ist, gibt noch nicht einmal eine Nachricht (*senu* = neg. Attributivform von *su* ‚machen'); c) korrelativ zu adnominalen Nebensätzen (Prädikat in der Attributivform); z. B. *kaze-no fuku hi-wa samushi* ein Tag, an dem der Wind weht, ist kalt; d) bei Trennung von Subjekt und Prädikat durch viele Satzglieder; z. B. *ane, mamahaha-nado yô-no hitobito-no, sono monogatari, kano monogatari, Hikaru-Genji-no aru yô-nado tokorodokoro kataru-wo kiku-ni* (Sarashina) wenn ich zuhöre wie Leute, etwa die Schwester oder Stiefmutter, aus dieser Geschichte, jener Geschichte, Dinge aus Hikaru-Genji, dies und das erzählen ...; e) bei Inversion von Subjekt und Prädikat (fast nur in der Poesie); z. B. *fuki-mayou nokaze-wo samu-mi, akihagi-no utsuri-mo yuku-ka, hito-no kokoro-n o* (Kokin) ach, das Herz der Menschen verändert sich wie die herbstlichen Hagi[blüten] in der Kälte des hin und her wehenden Feldwindes. — 2. Bezeichnung des direkten Objektes, wenn dies auf Silbenschlußnasal endet (Mitteljap. unter Einfluß des *renjô*; vgl. § 19); z. B. *go-on no hôji-tatematsuru kokorozashi* die Absicht, Eure Huld ehrerbietigst zu entgelten.

GA 1. Bezeichnung des Subjekts wie *no* unter den Bedingungen a, b, c. a) *Aoyama-ni hi-ga kakuraba* wenn die Sonne am Aoyama untergeht (Beachte: *ga* tritt in solchen Fällen nur in Nebensätzen auf, *no* hingegen in Hauptsätzen); b) *ware-woba kimi-ga omoi-hedatsuru* mir entfremdet Ihr Euch; c) *hitori-ga mochi-idetaru atai* (Hôjôki) die Werte, die eine Person forttrug. — 2. Bezeichnung des Subjekts in der Form eines nominalisierten *yôgen* (Attributivform); z. B. *omoi-izuru-ga ureshige-mo nashi* sich zu erinnern macht gar keine Freude, *yo-wo komete kataru-ga tanoshi* bei fortschreitender Nacht zu erzählen macht Spaß, *nadeshiko-no hana-no shiro-*

ki-ga ôku sakitari von den Nelkenblüten die weißen waren zahlreich erblüht.

Beachte: 1. Die Bezeichnung des Subjekts mit *no* oder *ga* geschieht nur unter den aufgezählten Bedingungen. In der Regel sind in S dem Subjekt keine prädikatsbezogenen Postpositionen angeschlossen; z. B. *tori naku* (die) Vögel singen (der / ein Vogel singt).

2. Der Unterschied zwischen *no* und *ga* als Subjektzeichen besteht darin, daß *no* eine stärkere Betonung des Prädikats, *ga* eine stärkere Betonung des Subjekts ausdrückt. Dies entspricht dem Unterschied von *no* und *ga* als attributive Postpositionen (siehe oben).

WO[6] 1. Bezeichnung des direkten Objekts; z. B. *mizu-wo nomu* Wasser trinken, *ji-wo kaku* Schriftzeichen schreiben; 2. Bezeichnung des Objektsatzes (Prädikat desselben in der Attributivform); z. B. *hito-no kuru-wo matsu* warten, daß jemand kommt (jemandes Kommen erwarten); 3. Bezeichnung des indirekten Objekts bei Verben der Fortbewegung; z. B. *hashi-wo wataru* die Brücke überschreiten, *yama-wo kudaru* den Berg herabsteigen, *kuni-wo izu* außer Landes gehen, *sora-wo tobu* am Himmel fliegen, *furuki miyako-wo kite* in die alte Hauptstadt kommend . . .; 4. Bezeichnung des logischen Subjekts beim Faktitiv (fakultativ neben *wo-shite, ni*); z. B. *haha ko-wo nemurasu* die Mutter läßt das Kind schlafen, *kyôshi seito-wo taijôseshimu* der Lehrer läßt die Schüler gehen; 5. Bezeichnung des logischen Objekts beim Passiv; z. B. *uma-ga genan-ni mizu-wo nomaseraru* das Pferd wird von dem Bediensteten mit Wasser getränkt.

NI 1. Bezeichnung eines indirekten Objekts: a) als Partner (dativisch); z. B. *hito-ni mono-wo atau* jem. etwas geben, *shi-ni michi-wo tou* den Meister nach der Lehre fragen; b) als Vergleichsobjekt (komparativisch); z. B. *hito-ni masaru* jem. überlegen sein, *chichi-ni niru* dem Vater ähneln, *aite-ni otoru* dem Gegner unterlegen sein, *obi-ni mijikashi* [es] ist kürzer als ein Gürtel, *kô-wa otsu-ni hitoshi* A ist gleich B; c) als Ausgangspunkt (egressiv); z. B. *furusato-ni wakaru* aus der Heimat scheiden, *haha-ni hanaru* sich von der Mutter trennen; d) als Anteil (partizipiell); z. B. *kaisan-ni tomu* an Meeresprodukten reich sein, *tôshi-ni kaku* des Kampfgeistes ermangeln, *genki-ni toboshi* [er] ist arm an Energie; e) als Ursache (kausal); z. B. *yamai-ni kurushimu* an einer Krankheit leiden, *hitode-ni shinu* durch die Hand eines anderen sterben, *tsuki-ni tanoshimu* sich am Mond ergötzen; f) als Zweck (final); z. B. *hanami-ni izu* zur Blütenschau gehen, *monogatari-kiki-ni omomuku* hingehen, um beim Geschichtenerzählen zuzuhören; g) als Ergebnis (resultativ); z. B. *mizu kôri-ni hen-zu* Wasser verwandelt sich in Eis, *ki ishi-ni naru* Holz wird zu Stein, *katsu-wa iezuto-ni-su* (Hôjôki) teils machen sie sie zu Mitbringseln. — 2. Bezeichnung des logischen Subjekts (Agens) a) beim Passiv; z. B. *hito-ni homeraru* von jem. gelobt werden, *kano hito-wa zoku-ni korosaretari* jener Mann (er)

---

[6] Aussprache: ɔ, mit weichem Einsatz. Die Transkription *wo* entspricht der noch jetzt beibehaltenen historischen Orthographie; vgl. § 31e, 43b.

ist von einem Räuber getötet worden; b) beim Faktitiv (fakultativ neben *wo, wo-shite*); z. B. *shujin genan-ni tsuchi-wo hakobasu* der Herr läßt den Diener Erde tragen, *kyôshi seito-ni sho-wo yomasu* der Lehrer läßt die Schüler das Buch lesen. — 3. Bezeichnung des Subjekts beim Honorifikativ (Prädikat formal mit Passiv oder Faktitiv identisch); z. B. *heika-ni-wa honjitsu kankô-seraru* Seine Majestät kehrt heute zurück, *in-no gozen-ni-mo sukoshi namidagumi-owashikeri* sogar seine Majestät der Exkaiser hatte etwas Tränen in den Augen. — 4. Bezeichnung des Prädikativums (bei nachfolgender qualifizierender oder modaler Postposition oder bei Kopula in Negationsform); z. B. *korę-wa tatsu-no shiwaza-ni-koso ari-kere* (Taketori) das war natürlich das Werk des Drachen; *ika-ni omoi-hajimekeru-koto-ni-ka (aran)* wie sollte das der Anfang der Neigung sein? *kore-wa kanji-ni-arazu* das ist kein chinesisches Schriftzeichen.

Beachte: In der Regel wird *ni ari* als Kopula in der bejahenden Form, wenn keine andere Postposition dazwischentritt, zu *nari* kontrahiert; siehe § 140.

5. Bezeichnung einer adverbialen Bestimmung, a) lokal, direktional; z. B. *miyako-ni itaru* in der Hauptstadt ankommen, *miyako-ni kaeru* in die Hauptstadt zurückkehren, *tsukue-ni oku* auf den Tisch legen, *bungaku-ni arawaru* in der Literatur erscheinen; b) temporal; z. B. *yami-no yo-ni idete* in dunkler Nacht hinaustretend . . ., *jishin-wa mahiru-ni okoreri* das Erdbeben begann genau mittags; c) modal (bei verbalen Ausdrücken, nach der Attributivform); z. B. *omou-ni, anzuru-ni* nach meiner Meinung, *kaerimiru-ni* unter Berücksichtigung.

Beachte: Die Postposition *ni* dient überhaupt zur Adverbialisierung von *taigen* und *yôgen* der Typen *saiwai-ni, jitsu-ni, koko-ni, konna-ni, akiraka-ni, haruka-ni* (vgl. § 89).

NITE Bezeichnung einer adverbialen Bestimmung, a) instrumental; z. B. *fude-nite kaku* mit dem Pinsel schreiben, *te-nite utsu* mit der Hand schlagen; b) kausal; z. B. *byôki-nite yasumu* krankheitshalber fehlen, *bimbô-nite gakkô-ni noboru-koto atawazariki* aus Armut konnte er nicht in die Schule gehen; c) lokal (bezeichnet den Ort, an dem eine Handlung stattfindet), z. B. *Kyôto-nite seikatsu-su* in Kyôto leben, *Dannoura-nite umi-ni shizumi-tamaishikaba* (Heike) als er bei Dannoura im Meere ertrank . . .; d) temporal (bezeichnet den Zeitpunkt, an dem eine Handlung stattfindet); z. B. *kono tennô gonen jûgo-nite taishi-ni tachi* (Shôtôki) dieser Tennô wurde mit fünfzehn Jahren als Kronprinz eingesetzt . . .; *honkô-wa rokka-nen-nite sotsugyô-no kitei-nari* in dieser Schule besteht die Regel des Abgangs nach sechs Jahren.

Beachte: Die Postposition *nite* darf nicht mit der gleichlautenden, kontrahierten Suspensivform der Kopula *nari* verwechselt werden; z. B. *chichi-wa gakusha-nite, haha-wa ongakka-nari* der Vater ist Gelehrter, und die Mutter ist Musikerin (vgl. § 140).

E Bezeichnung einer adverbialen Bestimmung, lokal-direktional; z. B. *miyako-e agaru* zur Hauptstadt gehen, *Kiyomizu-e maire* pilgere zum Kiyomizu(-Tempel).

Beachte: Im Gegensatz zu *ni,* das in dieser Funktion die Bedeutung ‚ins Ziel' hat, bezeichnet *e* nur die Bewegung ‚zielwärts'; vgl. *miyako-ni itaru* in der Hauptstadt ankommen, *miyako-e agaru* zur Hauptstadt gehen.

TO 1. Bezeichnung der von Verben des Sagens, Beurteilens, Benennens und Erfahrens abhängigen Satzteile (Prädikatsnomina oder indirekte Objekte) oder Sätze (Objektssätze, insbes. zur Wiedergabe von Zitaten oder der direkten Rede); z. B. *tsugi-no mikado Suisei-tennô-to môshiki* der folgende Kaiser hieß S., *Nayotake-no-Kaguyahime-to tsuketsu* (Taketori) er gab (ihr) den Namen N., *ko-wo takara-to iu* Kinder als einen Schatz bezeichnen, *kunshi-wo gujin-to omou* den Edlen für einen Narren halten, *hana-wo yuki-to miru* Blüten für Schnee ansehen, *kaminari-wo kuruma-no koe-to kiku* den Donner als Wagenklang auffassen (wörtl.: hören), *kare-wa sude-ni kesshin-seri-to kikeri* ich habe gehört, daß er sich bereits entschlossen hat, *sô kono jichû-ni ari-ya-to tazunuru-ni* als er fragte, ob ein Mönch im Innern dieses Tempels sei . . ., *kotowaza-ni iu: ‚yamai-wa kuchi-yori iru' to* im Sprichwort heißt es: die Krankheiten dringen vom Munde her ein.

Beachte: Zuweilen wird das Verb, von dem ein Zitat oder die direkte Rede abhängt, elliptisch übergangen; z. B. *‚moshi-ya tasukaru' to, mae-no umi-zo ôku hashiri-irikeru* (Heike) [mit den Worten] ‚vielleicht wird Rettung' sprengten sie zahlreich in das Meer vor [sich].

2. Bezeichnung des Prädikatsnomens bzw. indirekten Objekts bei Verben des Werdens, Handelns und Veränderns (zur Angabe einer Veränderung, eines temporären Zustandes oder des Ergebnisses einer Handlung); z. B. *haku'un hen-jite, uro-to naru* die weiße Wolke ändert sich und wird Regen, *hito-wo mago-to tsukau* jen. als Pferdetreiber beschäftigen, *kane-wo kome-to kau* Geld gegen Reis eintauschen, *ani-wo buchô-to seri* den Bruder machte man zum Abteilungsleiter.

Beachte: Eine sehr ähnliche Bedeutung und Funktion hat auch die Postposition *ni* (siehe oben). In vielen Fällen jedoch wird mit *ni* ein Gleichheitsverhältnis, mit *to* hingegen nur ein Ähnlichkeitsverhältnis ausgedrückt; vgl. *kane-wo kome-to kau* Geld gegen Reis eintauschen, *kane-wo kome-ni kau* Geld in Reis verwandeln; *gyôja-to naru* als frommer Buddhist wirken, *gyôja-ni naru* ein frommer Buddhist werden.

3. Bezeichnung eines indirekten Objekts komitativer Bedeutung; z. B. *tomodachi-to asobu* mit Freunden spielen, *teki-to tatakau* mit dem Feinde kämpfen. — 4. Bezeichnung einer adv. Best. des Vergleichs; z. B. *namida ame-to furu* Tränen fallen wie Regen, *hana yuki-to chireri* die Blüten zerflatterten wie Schnee (vgl. *hana-wo yuki-to miru* [s. o.] Blüten für Schnee ansehen).

Beachte: *to* dient auch als Adverbialbildner bei vielen lautsymbolischen Wörtern (*sarasara-to, honobono-to, kitto, sotto, botari-to, patan-to* usw.) und einigen chinesischen Ableitungen (*dôdô-to, genzen-to, taizen-to, kakko-to*); vgl. § 89/90.

YORI Bezeichnung einer adverbialen Bestimmung, die den Ausgangspunkt angibt, a) lokal; z. B. *sato-yori kaeru* aus dem Dorf zurückkehren, *konoma-yori mori-kuru tsuki-no kage* (Kokin) das durch die Zwischenräume der Bäume dringende Mondlicht; b) temporal; z. B. *hajime-yori* von Anfang an, *gogo goji-yori kaien* Aufführung ab fünf Uhr nachmittags, *saru toki-yori-namu yobai-to-wa iikeru* (Taketori) seit besagter Zeit eben spricht man vom nächtlichen Einschleichen (bei der Geliebten); c) material; z. B. *ki'ito mayu-yori toru* Rohseide aus Kokons gewinnen (wörtl.: nehmen), *ame-wa kumo-yori shô-zu* Regen entsteht aus Wolken, d) instrumental (altjap.); z. B. *Yamashiro-ji-wo hitozuma-no uma-yori yuku-ni* (Manyô) während die Männer anderer auf dem Yamashiro-Weg zu Pferde reisen . . ., *tada hitori kachi-yori môdekeri* nur einer pilgerte zu Fuß; e) abstraktiv; z. B. *ware-wa chûshin-yori kare-ni keifuku-su* ich bewundere ihn aus vollem Herzen; f) komparativisch; z. B. *hito-yori masaru* anderen überlegen sein, *sato-wa kawa-yori chikashi* das Dorf ist näher als der Fluß (Standardform der Komparation!), *hana-yori dango* (*wo toru*) Klöße den Blüten (vorziehen) (Sprichwort).

Beachte: Im Altjap. hatte *yori* die Nebenformen *yo, yu, yuri;* z. B. *Saigawa-yo kumo tachi-watari* (Kojiki) vom Sai-Fluß ziehen Wolken auf . . ., *ametsuchi-no wakareshi toki-yu* (Manyô) seit der Zeit, da Himmel und Erde sich schieden, *takama-no-hara-yuri amori-mashishi* (Semmyô) der vom Hohen Himmelsgefilde herabgestiegene . . .

KARA Bezeichnung einer adverbialen Bestimmung, die den Ausgangspunkt angibt; semantisch identisch mit *yori* in den Fällen a, b, d; z. B. *okabi-kara akikaze fukinu* (Manyô) von der Hügelseite blies der Herbstwind (lokal), *kozo-kara yama-gomori-shite haberu-nari* (Kagerô) seit dem letzten Jahr lebe ich verborgen in den Bergen (temporal), *kachi-kara mairite* (Ochikubo) zu Fuß gehend . . . (instrumental). — Selten wird *kara* auch kausal gebraucht; z. B. *kokoro-kara inochi-wo horobosu-narikeri* (Konjaku) vom Herzen her hatte er das Leben zerstört.

Beachte: *kara* als Synonym von *yori* in den angegebenen Bedeutungen war bereits in der Schriftsprache der Heian-Zeit unproduktiv. Seit dem Mitteljap. wird es in S nicht mehr verwendet, tritt dafür aber in U an die Stelle von *yori*.

MADE Bezeichnung einer adverbialen Bestimmung, die den Zielpunkt angibt; a) lokal; z. B. *Kyôto-yori Ôsaka-made* von Kyôto bis Ôsaka, *otoko Musashi-no kuni-made madoi-arikikeri* (Ise) ein Mann lief umherirrend bis in die Provinz Musashi, b) temporal; z. B. *nanji-made kakute aramu-zo* bis zu welcher Zeit wird es denn so sein? *yo fukuru-made asobi-wo-zo shi-tamau-naru* (Genji) bis in die tiefe Nacht spielte sie (Musik).

Prädikatsbezogene Postpositionen der Umgangssprache

GA a) Bezeichnung des Subjekts (außer in attributiven Nebensätzen); z. B. *hana-ga saku* die Blume blüht; b) Bezeichnung des Objekts in Wunschsätzen (fakultativ neben *wo* beim Optativsuffix *-tai*); z. B. *ano hito-wa kodomo-ga hoshii* er möchte gern Kinder haben, *watakushi-wa hon-ga* (oder: *wo*) *yomitai* ich möchte das Buch lesen. — *NO* Bezeichnung des Subjekts in attributiven Nebensätzen; z. B. *watakushi-no yonda shimbun-wa omoshiroi* die Zeitung, die ich gelesen habe, ist interessant. — *WO* wie in S. — *NI* wie in S. — *DE* (<*nite*) wie *nite* in S[7]. — *E* wie in S. — *TO* wie *in* S. — *YORI* wie unter f in S (komparativisch)[8], z. B. *kin-wa gin-yori omoi* Gold ist schwerer als Silber. Außerdem ist *yori* nur noch in der erstarrten Verbindung *yori-hoka-ni* (= *no-hoka-ni*) ‚außer' erhalten geblieben; z. B. *benkyô-yori-hoka-ni seikô-no michi-wa nai* außer dem Fleiß gibt es keinen Weg des Erfolges. — *KARA* wie *yori* in den Funktionen a-e in S. — *MADE* wie in S.

107 Prädikatsbezogene, erweiterte (*kakujoshi-sôtô-rengo*)

NI-SHITE stärker betonte Nebenform von *nite* in denselben Funktionen; z. B. *kuchi nashi-ni-shite* (*kotaezu*) (Kokin) wegen des Nichtvorhandenseins eines Mundes (antwortet sie nicht), *michi-ni-shite uma-nusubito arite* (Konjaku) auf dem Wege waren Pferderäuber ...

Beachte: *ni-shite* ist zwar etymologisch, nicht aber funktionell mit der gleichlautenden Suspensivform von *nari* identisch (vgl. oben § 106, *nite*); z. B. *takumi-ni-shite, sumiyaka-nari* geschickt seiend ist er schnell (er ist geschickt und schnell).

TO-SHITE stärker betonte Nebenform von *to*, tritt aber nur in der zweiten Funktion von *to* sowie auch als Adverbialbildner in Erscheinung; z. B. *gakusei-to-shite taigû-su* als Studenten behandeln, *toki-to-shite* zeitweilig, *kotsuzen-to-shite* plötzlich.

Beachte: *to-shite* ist zwar etymologisch, nicht aber funktionell mit der gleichlautenden Suspensivform von *tari* identisch; z. B. *mizu byôbô-to-shite, fune yôyô-tari* das Wasser ist unermeßlich, schwankend sind die Schiffe.

WO-SHITE stärker betonte Nebenform von *wo*, die nur beim Faktitiv zur Bezeichnung des Agens der vom Subjekt ausgelösten Handlung ange-

[7] Der Postp. *de* steht die gleichlautende Suspensivform der Kopula *da* gegenüber (vgl. *nite* in S!); z. B. *kochira-ga bijutsukan-de achira-ga hakubutsukan-da* dies hier ist eine Kunstgalerie, das da ist ein Museum.

[8] In der gegenwärtigen Schriftsprache umgangssprachigen Stils wird *yori* unter dem Einfluß der analytischen Komparationsbildung des Englischen mitunter einem zu steigernden Qualitativum als Komparativbildner vorangestellt; eine dem japanischen Sprachtyp völlig heterogene Bildungsweise. Z. B. *nageku-yori-wa, yori-yoki chishiki-wa rikai-wo masu-yô-ni tsutomeru-hô-ga kemmei-de-arô* statt zu seufzen wäre es vernünftiger, sich zu bemühen, daß ein besseres Wissen das Verständnis fördere; *shin'ai-wo kan-ji-au-koto-no hô-ga yori-taisetsu-desu* Herzlichkeit füreinander zu fühlen ist noch wichtiger.

wendet wird; a) obligatorisch, wenn der Faktitiv von einem exoaktiven Verb gebildet wird und das direkte Objekt benannt ist (mit *wo* bezeichnet), z. B. *chichi ko-wo-shite yôfuku-wo kiseshimu* der Vater läßt den Sohn europäische Kleidung tragen; b) fakultativ (neben *ni* oder *wo*), wenn ein direktes Objekt beim Faktitiv nicht benannt ist (bei endoaktiven Verben), z. B. *hito-wo-shite warawasu* jen. lachen lassen (*hito-ni* und *hito-wo* gelten als weniger korrekt).

Außer diesen drei prädikatsbezogenen Postpositionen, deren Erweiterung auf die Suspensivform des Hilfsverbs *su* ‚tun' zurückzuführen ist, haben sich in der neueren Verkehrssprache zahlreiche erweiterte Postpositionen dieser Gattung entwickelt, die mit der Suspensiv- oder Konjunktionalform eines Vollverbs verbunden sind und durchweg adverbiale Bestimmungen bilden. Sie finden auch in der modernen, auf der Umgangssprache beruhenden Schriftsprache Anwendung: *WO-MOTTE* [*mochite*][9] (<*motsu* nehmen) mittels, *WO-NOZO*[*K*]*ITE* (<*nozoku* ausnehmen) ausgenommen, *WO-HAJIME* (<*hajimu* beginnen) voran, *NI O*[*K*]*ITE* (<*oku* legen) in (lokal, temporal), durch (betonte Bezeichnung des belebten Agens beim Passiv, statt *ni*), *NI-YOTTE* [*yori*] (<*yoru* abhängen) aufgrund, durch (betonte Bezeichnung des unbelebten Agens beim Passiv, statt *ni*), *NI-TSUITE* [*tsuki*] (<*tsuku* haften) bezüglich, *NI-TOTTE* [*torite*] (<*toru* nehmen) für, *NI-MUKATTE* [*mukai*] (<*mukau* gegenüberstehen) in Richtung, angesichts, *NI-MUKETE* [*muke*] (<*muku* zuwenden) in Richtung, *NI-KAKETE* (<*kaku* anhängen) bis hin, *NI-ATATTE* [*atarite*] (<*ataru* treffen) in (lokal), im Falle, *NI-SHITAGATTE* [*shitagai*] (<*shitagau* folgen) entsprechend.

Mehrere dieser erweiterten Postpositionen sind mit verbalisierten sinojap. Semantemen zusammengesetzt; z. B. *NI-KANSHITE* (<*kan-su* betreffen) betreffs, *NI-HISHITE* (<*hi-su* vergleichen) im Vergleich zu, *NI-SAISHITE* (<*sai-su* sich ereignen) bei Eintreten von, *NI-TAISHITE* (<*tai-su*=*mukau*) gegen, gegenüber, *NI-ÔJITE* (<*ô-zu* entsprechen) gemäß, in Erwiderung.

Beachte: Eine Reihe dieser erweiterten Postpositionen kann ohne Bedeutungsänderung statt der Suspensivform des betreffenden Verbs die Attributivform annehmen und so determinierend einem Nomen vorangestellt werden (*ni-okeru, ni-kansuru, ni-taisuru, ni-yoru* usw.); z. B. *bukkyô-ni-okeru kenkyû* die Forschungen im Buddhismus (d. h. von buddh. Institutionen unternommenen), *Meiji-isshin-ni-kansuru mondai* die die Meiji-Restauration betreffenden Probleme.

108 Nominalableitungen als prädikatsbezogene Postpositionen (*keishiki-meishi*)

Eine Reihe ursprünglich nominaler Semanteme, die ein Lage- oder Abhängigkeitsverhältnis ausdrücken, wird postpositionell zur Bildung adverbialer Bestimmungen gebraucht. Der nominale Charakter derselben äußert sich darin, daß die von ihnen determinierten Wörter attributiv gebraucht werden: Nomina haben meist die attributiven Postpositionen *no* oder *ga* nach sich, Verba stehen in der Attributivform (*rentaikei*). Die nominalen Quasi-Postpositionen selbst werden zum Teil durch folgendes *ni* (*nite*) zusätzlich als adverbiale Bestimmungen gekennzeichnet.

---

[9] In eckigen Klammern stehen die korrekten Formen der S.

AIDA zwischen, während, *ATO* nach (lokal), hinter, *BAAI* im Falle, *HOKA* (*no-hoka* oder *yori-hoka*) außer, *KAGE* dank, *KATA* per Adresse, **KEIYU* via (bei Routenangaben), *MAE* vor, *NAKA* in, *NOCHI* nach (temporal), *SOBA* seitlich, *SOTO* außerhalb, *TAME* (*no-tame* oder *ga-tame*) wegen, zwecks, *TOMO* (*to-tomo*) zusammen, *TÔRI* gemäß, *UCHI* in, bei, *USHIRO* hinter, *UE* über, auf, außer, **YÔ* wie, als ob, *YUE* (*no-yue* oder *ga-yue*) wegen.

109 Konjunktionale, einfache (*setsuzoku-joshi*)

Die konjunktionalen Postpositionen schließen sich ausnahmslos flektierbaren Wörtern (Verba, Qualitativa, verbale Qualitativa, mit oder ohne Verbalsuffixen) in prädikativer Stellung an. Im Gegensatz zu den selbständigen Konjunktionen (vgl. § 95 ff.), die am Anfang eines Satzes stehen, bilden die konjunktionalen Postpositionen den Schluß eines Nebensatzes, der zu einem Satzgefüge gehört, oder eines verkürzten Nebensatzes, der als Adverb fungiert.

BA 1. nach der Indefinitform (*mizenkei*), bezeichnet einen hypothetischen Nebensatz (korrelativ dazu steht im Nachsatz in der Regel eine Form futurischen Wertes); z. B. *kaze fukaba, nami tatamu* wenn der Wind wehen würde, würden die Wellen hochgehen, *uguisu-no tani-yori izuru koe nakuba, haru kuru-koto-wo tare-ka shiramashi* (Kokin) wenn der Nachtigall Stimme, die aus dem Tale dringt, nicht wäre, wer würde das Kommen des Frühlings erfahren? — 2a) nach der Konditionalform (*izenkei*), bezeichnet einen konditionalen Nebensatz; z. B. *kaze fukeba, nami tatsu* wenn der Wind weht, gehen die Wellen hoch, *hana-wo-shi mireba, monomoi-mo nashi* (Kokin) wenn die Blüten, ja, ich sehe, hab' ich keine Sorgen mehr. 2b) nach der Konditionalform, bezeichnet einen kausalen Nebensatz; z. B. *kaze fukeba, nami tatsu* weil der Wind weht, gehen die Wellen hoch, *akatsuki-yori ame fureba, onaji tokoro-ni tomareri* (Tosa) weil es seit Tagesanbruch regnet, liegen wir am selben Ort [vor Anker]. 2c) nach der Konditionalform, bezeichnet einen Nebensatz mit einer Handlung, auf die eine unvorhergesehene Wendung folgt; z. B. *sono hama-wo mireba, Harima-no kuni Akashi-no hama-narikeri* (Genji) er betrachtete diese Bucht: da war es die Bucht von Akashi in der Provinz Harima, *rakka eda-ni kaeru-to mireba, kochô-kana* (*haiku* von MORITAKE) eine abgefallene Blüte sei zum Zweig zurückgekehrt, so meinte ich (*to mireba*): da [war es], ach ein Schmetterling!

TO nach der Finalform (*shûshikei*) von Verba und verbalen Qualitativa, nach der Konjunktionalform (*renyôkei*) von Qualitativa; bezeichnet a) einen hypothetischen konzessiven Nebensatz; z. B. *arashi-nomi fukumeru yado-ni hanasusuki ho-ni idetari-to, kai-ya nakaramu* (Kagerô) wenn auch bei dem Haus, das doch nur der Sturm umweht, das Pampasgras in die Knospen schösse, Nutzen würde es wohl keinen haben; b) einen realen konzessiven Nebensatz (statt *do, tomo,* selten); z. B. *kaze fuku-to eda-wo-*

hanarete otsumajiku hana tojitsukeyo (Saigyô: Sankashû) wenn auch der Wind weht, trennt Euch nicht von den Zweigen und fallt nicht ab, sondern verbindet die Blüten miteinander ...

TOMO häufiger als *to*; Anschlußart und Funktion wie oben; a) *tatoe issentari-tomo, yasunzubeki-ni-arazu* sei es auch nur ein Heller, dürfte man ihn nicht gering schätzen; *hyaku-semman-ri-no hodo yukitari-tomo, ika-de-ka torubeki* (Taketori) selbst wenn er hundertmal hunderttausend Meilen gegangen wäre, wie hätte er sie [die Almosenschale] bekommen können; b) (statt *domo*, selten) *kanashiku-tomo, kokoro yaburu-na* wenn es auch traurig ist, laß dir nicht das Herz brechen, *hana-no iro-wa yuki-ni majirite miezu-tomo, ka-wo-dani nioe, hito-no shirubeku* (Kokin) wenn auch die Farbe der [Pflaumen-]Blüten, im Schnee vermischt, nicht zu sehen ist: ihren Duft mögen sie wenigstens verströmen, daß die Menschen sie erkennen können.

Beachte: Im Mitteljapanischen findet man *tomo* nicht selten an die Attributivform (*rentaikei*) angeschlossen, z. B. *ikura kakururu-tomo* wie sehr er sich auch verstecken mag (diese Erscheinung ist darauf zurückzuführen, daß damals die Attributivform die Funktion der Finalform in prädikativer Stellung übernahm. S. § 133).

DO nach der Konditionalform (*izenkei*); bezeichnet einen realen konzessiven Nebensatz; z. B. *kaze yamitaredo, harô nao takashi* obgleich der Wind sich gelegt hat, sind die Wellen noch hoch, *iro-wa nioedo, chirinuru wo* (Iroha-uta) obgleich die Farben [der Blüten] prangen, sind sie doch abgefallen.

DOMO Anschlußart und Funktion wie oben; z. B. *utedomo, kudakezu* obgleich man [es] schlägt, zerbricht [es] nicht, *fumi-wo kakite yaredomo, kaerigoto-mo sezu* (Taketori) obgleich sie Briefe schrieben und schickten, gab sie nicht einmal Antwort.

Beachte: *do* oder *domo* können bei einer Gegenüberstellung eine disjunktive Konzession bezeichnen; z. B. *kono tomari, tôku miredomo, chikaku miredomo, ito omoshiroshi* (Tosa) dieser Landeplatz ist, ob man ihn aus der Ferne anschaut oder aus der Nähe, sehr schön.

MO in gleicher Funktion wie *to* und *tomo*, wird aber an die Attributivform, mitunter auch an die Konjunktionalform (*renyôkei*) angeschlossen. Hinsichtlich der Häufigkeit in der Literatur rangiert es zwischen *tomo* und *to*; z. B. a) *atatakeku-mo yukan* selbst wenn es warm sein sollte, werde [ich] gehen, *ikanaru riyû aru-mo, chûto-taijô-wo yurusazu* was auch immer die Gründe sein mögen: ein Verlassen auf halbem Wege lasse ich nicht zu; b) *ya-wa atarazarishi-mo, itade-wa oinu* (Heiji) obgleich der Pfeil nicht [genau] traf, erhielt er eine schwere Wunde, *hito-wa imijiku takeku-mo chikara oyobanu-koto-narikeri* (Gukanshô) obgleich der Mann hervorragend tapfer war, war es so, daß die Kraft nicht ausreichte.

Beachte: *mo* kann alle vier übrigen konzessiven Konjunktionalpostpositionen vertreten (*to, tomo, do, domo*).

TE nach der Konjunktionalform (*renyôkei*); bezeichnet die parataktische Verbindung von Prädikaten, Haupt- oder Nebensätzen; z. B. *mizu kiyokute tsumetashi* das Wasser ist klar und kalt, *mizu kiyokute, yuki tsumetashi* das Wasser ist klar, und der Schnee ist kalt, *mizu kiyokute, yuki tsumetakeredo* obgleich das Wasser klar und der Schnee kalt ist ... — Wegen des überleitenden Charakters dieser *te*-Form wird die Verbindung der Konjunktionalform mit *te* als Suspensivform (*chûshikei*) bezeichnet. — Die mit *te* verbundenen Sätze können in folgendem logischen Zusammenhang stehen: a) einfache Aneinanderreihung; z. B. *kumoreru kumo nakute, akatsuki tsukuyo itomo omoshirokereba* (Tosa) weil es keine Wolken gab, die sich zusammenballten, und weil der Mond bei Tagesanbruch sehr schön war ... b) zeitliche Abfolge; z. B. *Shizuoka-wo sugite, Numazu-ni tsukeri* er durchquerte Shizuoka und gelangte nach Numazu; c) Ursache — Wirkung; z. B. *tekijin-ni kiri-irite, shi-seri* sie drangen in die feindliche Stellung ein und kamen um; d) Gegensatz; z. B. *idaki-orosarete, naki-nado shi-tamawazu* (Genji) sie wurde umfaßt und heruntergenommen, weinte aber nicht.

Beachte: 1. Die mit der Postposition *te* erweiterten verbalen Konjunktionalformen dienen auch häufig als Adverbia oder adverbiale Bestimmungen, z. B. *shinobite yoru* sich heimlich nähern, *oshiete michibiku* lehrend anleiten (vgl. § 90).

2. Die Suspensivform auf *-te* bildet mit einem nachfolgenden Hilfsverb der Befindlichkeit die analytische Form des imperfektiven Aspektes oder des Perfektums (siehe § 172).

3. Die Postposition *-te* ist eine erstarrte Konjunktionalform des Verbalsuffixes *-tsu* (siehe § 173).

SHITE (<Konjunktionalform von *su* ‚tun' + *te*) nach Qualitativa oder verbalen Qualitativa (Konjunktionalform), bei Verba in der Regel nur nach der Negation; in derselben Funktion wie *te*, bringt aber eine möglichst enge Bindung zwischen Prädikaten zum Ausdruck; z. B. *tsuki kiyoku- shite akiraka-nari* der Mond ist klar und hell, *mono-mo kuwazushite omoitsutsu kano ie-ni ikite* (Taketori) er aß gar nichts, und, sich sehnend, ging er in jenes Haus ...

DE nach der Indefinitform (*mizenkei*); bezeichnet die parataktische Verbindung eines negativen Prädikats bzw. Satzes mit einem folgenden affirmativen; z. B. *yane-no yuki-wa kiede, imada nokoreri* des Daches Schnee ist nicht geschmolzen und noch übriggeblieben, *kimi-narade, tareni-ka misemu, ume-no hana* (Kokin) wenn Ihr es nicht seid, wem soll ich sie zeigen, die Pflaumenblüten?

Beachte: *de* ist das negative Äquivalent von *te* und etymologisch als Kontraktionsform von *zu* (Verbalsuffix der Negation) + *te* zu erklären; *de* = *zute* (funktionell auch mit *zu-shite* identisch). Vgl. oben, *shite*.

TOTE nach einem Satz, der eine Äußerung, Meinung oder Absicht darstellt, oder nach einer Nominalgruppe, die eine Namensnennung oder ein Zitat beinhaltet; zur Überleitung zu einem folgenden Prädikat oder Satz; z. B. *hanami-ni-tote ideyuku* ‚zur Blütenschau' so sagen (denken) und fortgehen (d. h. mit den Worten [bzw. in der Absicht] zur Blütenschau [zu gehen] fortgehen), *sa-shi-mo abunaki kyôchû-no ie-wo tsukuru-tote, takara-wo tsuyashi* (Hôjôki) in einer solcherart gefährdeten Hauptstadt Häuser zu bauen [beabsichtigen sie] und verschwenden das Vermögen, *Tsutsumichûnagon-monogatari-tote kyô aru tampen-shôsetsu-shû-nari* das sogenannte Ts. m. ist eine kurzweilige Sammlung kleiner Geschichten.

Beachte: 1. *tote* ist in den obigen Fällen eine elliptische Verbindung für *to iite* (*itte*) ‚so sagend' oder *to omoite* (*omotte*) ‚so denkend', setzt sich also aus der prädikatsbezogenen Postposition *to* (vgl. Funktion 1) und der konjunktionalen Postposition *te* zusammen.

2. *tote* tritt in Einzelfällen auch als Bezeichnung eines Konzessivsatzes auf (=*tote-mo*=*to-mo*); z. B. *ware nakunarinu-tote, kuchioshiu omoi-kuzuoru-na* (Genji) wenn ich auch gestorben bin: gebt Eure Absicht nicht enttäuscht auf.

TSUTSU nach der Konjunktionalform (*renyôkei*), bezeichnet die Fortdauer oder Wiederholung eines Vorgangs in der Stellung vor einem Hilfsverb der Befindlichkeit bzw. vor einem Satz, der einen gleichzeitigen Vorgang beinhaltet[10]. a) Fortdauer; z. B. *sake-wo kumitsutsu ori* Sake schöpfend sein (Sake schöpfen), *nao urewashi-to omoitsutsu-nan-arikeru* (Ise) immer noch ‚traurig' denkend, ach, war er (noch immer, ach, dachte er: ‚wie traurig'); b) Wiederholung; z. B. *anji-môshitsutsu, gobuin-ni uchisugi-sôrô* (formeller Briefstil) ich bin [immer wieder] bekümmert, daß ich Sie lange ohne Nachricht gelassen habe, *noyama-wo majirite, take-wo toritsutsu, yorozu-no koto-ni tsukaikeri* (Taketori) in den Gefilden und Bergen streifte er umher, sammelte [immer wieder] Bambus und verwendete [ihn] für vielerlei Dinge; c) Gleichzeitigkeit; z. B. *ayumitsutu kataru* während des Gehens erzählen, (*shiroki tori-no*) *mizu-no-ue-ni asobitsutsu, io-wo kuu* (Ise) (ein weißer Vogel) treibt auf der Oberfläche des Wassers und frißt Fische.

GA nach der Attributivform (*rentaikei*); bezeichnet a) die adversative Verbindung zweier Sätze; z. B. *hi kururu-made machitaru-ga, tsui-ni tomowa kitarazariki* bis Einbruch der Nacht hat er gewartet, doch der Freund kam schließlich nicht; *Kumano-no bettô Tanzô-wa Heike jûon-no minarishi-ga, tachimachi-ni kokoro-kawari-shite* (Heike) Tanzô, Kommissar

---

[10] Als nicht reduplizierte Postposition (*tsu*) bezeichnet es in seltenen Fällen alternative Vorgänge; z. B. *kokoro mata mi-no kurushimi-wo shirereba, kurushimu-tokiwa yasume-tsu, mame-naru-toki-wa tsukau* (Hôjôki) weil das Herz auch die Nöte des Körpers kennt, gönnt es ihm Ruhe zu Zeiten der Nöte, benutzt es ihn zu Zeiten des Kräftigseins. — In solchen Fällen zeigt sich deutlich die Herkunft von dem Verbalsuffix *-tsu*; siehe § 173.

von Kumano, stand bei der Taira-Familie in großer Gunst, doch plötzlich änderten sie ihre Gesinnung ... b) die koordinative Verbindung zweier Sätze; z. B. *ware-wa Sanemori-naru-ga, nanji-wa nani-mono-zo* ich bin Sanemori, und wer bist du? *mukashi Yorimitsu-to-iu mono arikeru-ga, makoto-ni hito-ni suguretaru gô-no mono-narikeri* vor Zeiten gab es einen Mann namens Y., und er war in der Tat ein ausgezeichneter Mann, der die anderen überragte.

NI Anschlußart wie oben; bezeichnet a) die adversative Verbindung zweier Sätze; z. B. *ame hageshiki-ni, ideyukikeri* der Regen war heftig, doch er ging fort (trotz des heftigen Regens ...), *mizukara ie-wo kobochite ichi-ni idete uru-ni, hitori-ga mochi-idetaru atai, nao ichinichi-ga inochi-wo atauru-ni-dani oyobazu-to-zo* (Hôjôki) von sich aus rissen sie die Häuser ein und gingen auf den Markt, [sie] zu verkaufen; doch der Preis [für das], was ein Mann hingetragen hatte, reichte noch nicht einmal für einen Tag Leben, so, wahrlich, [heißt es]; b) die temporale oder kausale Unterordnung des Vordersatzes; z. B. *nanigoto-zo-to towase-tamaikeru-ni, shikajika-to môsarekeri* als er zu fragen geruhte, was es denn sei, berichtete der so und so, *karôjite iki-ide-tamaeru-ni, mata kanae-no-ue-yori te tori ashi tori-shite sage-oroshi-tatematsuru* (Taketori) da er mit knapper Not wieder zu Bewußtsein gekommen war, hoben sie ihn an Armen und Beinen wieder von dem Dreifuß herab.

WO Anschlußart wie oben; bezeichnet a) die adversative Verbindung zweier Sätze; z. B. *ame furu-wo, kasa-mo sasazu-ni ide-yukikeri* es regnete, doch er ging, ohne den Schirm aufzuspannen, hinaus, *ne takaki-wo, shitsu-mo yokarazu* der Preis ist hoch, aber auch die Qualität ist schlecht; b) die kausale Unterordnung des Vordersatzes; z. B. *hi-mo kure, michi-mo tôki-wo, koyoi-wa koko-ni akashi-tamae* da der Tag zur Neige geht und auch der Weg weit ist, verbringe diese Nacht hier, *waga yumi-no chikara-wa tsuyoki-wo, tatsu araba, futo i-koroshite, kubi-no tama-wa toritemu* (Taketori) da die Kraft meines Bogens stark ist, werde ich den Drachen, wenn er da ist, sofort totschießen und den Edelstein an seinem Hals ergreifen.

110 Konjunktionale, erweiterte (*setsuzokujoshi-sôtô-rengo*)

TO-IEDOMO Anschlußart wie bei *to;* stärker betonte Nebenform von *do(-mo)* zur Bezeichnung eines realen konzessiven Nebensatzes; z. B. *yaburetari-to-iedomo, shônin-sezariki* obgleich er besiegt war, gab er es nicht zu.

In konjunktionaler Stellung werden auch gebraucht: *NI-MO-KAKAWA-RAZU* ohne Rücksicht auf, ungeachtet, (*MOSHI* ...) *NI-O[K]ITE-WA* falls.

Beachte: Ebenso wie die *kakujoshi-sôtô-rengo* (vgl. § 107) kamen auch die *setsuzokujoshi-sôtô-rengo* erst in der neueren Standardschriftsprache auf.

111 Nominalableitungen als konjunktionale Postpositionen (*keishiki-meishi*)

MONO-WO nach der Attributivform (*rentaikei*); bezeichnet eine betont adversative Verbindung zweier Sätze; z. B. *warera-wa yakusoku-no-gotoku asoko-nite machishi-mono-wo, nanjira-wa nadote kozarishi-zo* wir haben wie verabredet dort gewartet; warum aber seid ihr nicht gekommen?

MONO-NO Anschlußart und Funktion wie oben; z. B. *tsurenaku netaki mono-no, wasure-gataki-ni obosu* (Genji) sie war zwar herzlos und boshaft, doch er glaubte sie nicht vergessen zu können.

MONO-KARA Anschlußart und Funktion wie oben; z. B. *netaki mono-kara, e-taede warainu* (Genji) es verdroß ihn; jedoch konnte er nicht an sich halten und lachte.

Beachte: In der Schriftsprache des Neujap. hat diese postp. Verbindung unter dem Einfluß des umgangssprachigen *kara* ‚weil' eine kausale Bedeutung angenommen (=*mono-da-kara*); z. B. *sasuga-ni hendo-no ifû wasure-zaru-mono-kara, shushô-ni oboeraru* (Hosomichi) weil, wie zu erwarten, die ererbten Bräuche in abgelegenen Gegenden nicht vergessen werden, erinnerte man sich ihrer als besonders bewundernswert.

MONO-YUE Anschlußart wie oben; a) adversativ; z. B. *aki narade, au-koto kataki ominaeshi, ama-no kawara-ni oinu mono-yue* (Kokin) ist es nicht Herbst, ist die Jungfernblume schwerlich anzutreffen [wie die Tanabata], obgleich sie nicht in der Milchstraße des Himmels wächst; b) kausal; z. B. *koto-yukanu mono-yue, dainagon-wo soshiri-aitari* (Taketori) weil sie es nicht begriffen, beschimpften sie den Oberkabinettsrat.

KARA-NI nach der Attributivform (*rentaikei*); bezeichnet einen kausalen Nebensatz; z. B. *fuku kara-ni, aki-no kusaki-no shiorureba* (Kokin) dadurch, daß er weht (der Bergwind), welken die herbstlichen Gräser und Bäume; deshalb ...

Beachte: Die Verbindung *kara-ni* ist als Vorläuferin des umgangssprachigen *kara* anzusehen. Offenbar hatte *kara* einen ursprünglichen Nominalwert (Grund, Grundlage): *kara ni* ‚auf Grund von'; vgl. *tezukara* (<*te-tsu-kara*) von eigener Hand, *iegara* Familienabstammung.

Anmerkung: In der mitteljap. und neujap. Schriftsprache sowie dem daraus hervorgegangenen formalen Briefstil (*sôrôbun*) treten auch die *keishiki-meishi aida* und *tokoro* als konjunktionale Postpositionen auf: *AIDA* nach der Attributivform (*rentaikei*); bezeichnet einen kausalen Nebensatz; z. B. ... *to, hitobito omoikeru-aida, aru hito Ichiman-ga nyûbo-ni kono yoshi-wo katarikereba* (Soga) ... weil die Leute so dachten, erzählte jemand der Amme des Ichiman diese Umstände, und deshalb ... Vgl. *shikaru-aida* weil dem so ist. — *TOKORO* Anschlußart wie oben;

bezeichnet ein adversatives Verhältnis zweier Sätze; z. B. *kokoro-gakari ni zonji-ori-sôrô tokoro, otegami haiken, ando-tsukamatsuri-sôrô* (formaler Briefstil) ich war in Besorgnis, doch nach Lesen Ihres Briefes fühle ich mich beruhigt.

112 Konjunktionale Postpositionen der Umgangssprache

BA Funktion wie in S unter 1, 2a, wird aber durch *to* (s. u.) verdrängt; Anschluß in allen Fällen an die Konditionalform (*izenkei*=*kateikei*); daher auch in S des Neujap. Tendenz zur Verwechslung von *izenkei* und *mizenkei* vor *ba* bei der Bildung hypothetischer Konditionalsätze. Beachte: *ba* wird in U auch zur additiven Nebenordnung von Sätzen gebraucht (kenntlich durch die Hervorhebung der betr. Subjekte oder Objekte mittels *mo*); z. B. *sakana-mo toreba, kari-mo shita* Fische fing er, und jagen tat er auch. — *TO* Anschlußart wie in S (*shûshikei*); bezeichnet a) hypothetische Konditionalsätze, z. B. *hayaku kite kureru-to ii-ne* es wäre ja gut, wenn Du rasch kämst; b) reale Konditionalsätze; z. B. *kaze-ga fuku-to, nami-ga tatsu* wenn der Wind weht, gehen die Wellen hoch; c) Temporalsätze; z. B. *uchi-e kaeru-to, hi-ga kureta* als er nach Hause zurückkehrte, wurde es Abend; d) hypothetische Konzessivsätze (kenntlich durch Anschluß an Futurformen), z. B. *nan-to iô-to, kamawanai* was er auch sagen mag, ich kümmere mich nicht darum. — *KEREDO* (*KEREDOMO*) Anschluß an die Finalform (*shûshikei*); Funktion wie *do*(*-mo*) in S: reale Konzessivsätze; z. B. *mada hayai keredo*(*-mo*), *dekakeyô* obgleich es noch früh ist, werde ich fortgehen. Beachte: *keredo*(*-mo*) dient auch zur Koordination inhaltlich konträrer Sätze (kenntlich durch die Hervorhebung der konträren Satzteile mittels *mo*); z. B. *undô-mo-suru-keredo*(*-mo*) *benkyô-mo-suru* Sport treiben, aber auch fleißig lernen. — *GA* Anschluß an die Finalform (*shûshikei*), Funktion wie in S; z. B. *kaze-wa fuku-ga, samuku-wa nai* der Wind weht, aber kalt ist es nicht, *watakushi-desu-ga, nanika goyô-wa* ich bin es; was steht zu Diensten? — *NONI* Anschluß an die Attributiv- (bei Qualitativa und verbalen Qu.) bzw. Finalform; Funktion wie *ni* unter a (adversativ) in S; z. B. *hon-ga aru-noni, yomanai* Bücher haben, sie aber nicht lesen. Beachte: *noni* kann auch einen Finalsatz bezeichnen, z. B. *hon-wo kau-noni, kane-ga kakaru* um Bücher zu kaufen, braucht man Geld. — *NODE* Anschluß an die Finalform (*shûshikei*); bezeichnet kausale Nebensätze; z. B. *oshôgatsu-ga kuru-node, ôsôji-wo shimashita* weil Neujahr kam, machte sie Großreine. — *KARA* Anschluß an die Finalform (*shûshikei*); Funktion wie *node;* z. B. *ame-ga furu-kara, chûshi-suru* weil es regnet, aufhören. Beachte: *node* und *kara* verdrängen *ba* in Kausalsätzen (S unter 2b). — *SHI* Anschluß an die Finalform (*shûshikei*); bezeichnet die parataktische Verbindung von Sätzen (häufig in Korrelation mit *mo* beim Subjekt); z. B. *ame-mo furu-shi, kaze-mo fuku* es regnet, und der Wind weht. — *TE* (*DE*) Anschluß an die Konjunktionalform (*renyôkei*) unter Beachtung des *ombin* (*katte, kaite, kande* usw., siehe § 121); Funktion wie *te* in S. Beachte: 1. *te* bildet als Suspensivform des Vollverbs in Verbindung mit Hilfsverben die Bezeichnung von Verbalaspekten (siehe §§ 172—174); z. B. *tabete-iru* essen (imperf. Aspekt), *tabete-shimau* essen (perf. Aspekt); 2. *te* wird häufig in der Frauensprache an das Ende einer Mitteilung, Frage oder Bitte gestellt (Ellipse einer Schlußform); z. B. *chotto matte* warte bitte etwas, *koko-ni atte-yo* hier ist es. — *TEMO* (*DEMO*) Anschlußart wie *te*, Funktion wie *tomo* in S; a) hypothetische Konzessivsätze, z. B. *mitemo wakarumai* selbst wenn er es sähe, würde er es nicht verstehen; b) reale Konzessivsätze, z. B. *ikura yondemo, henji-ga nakatta* wie oft er auch rief: es kam keine Antwort. — *TEWA* Anschlußart wie *te,* Funktion wie *to* unter a, b, aber stärker betont; z. B. *ame-ga futtewa, komaru* wenn es regnet, bin ich in Verlegenheit. — *TEKARA* Anschlußart wie *te,* bezeichnet die Vorzeitigkeit; z. B. *ame ga futtekara, uchi-e kaerimashita* nachdem es geregnet hatte, kehrte er nach Hause zurück (aber: *ame ga futta-kara . . .* weil es regnete . . .). — *NAGARA* Anschluß an die Konjunktionalform (*renyôkei*) (bei Qualitativa an die Finalform); bezeichnet a) die Gleichzeitigkeit von Vorgängen (wie *tsutsu* in S unter c); z. B. *warai-nagara chikayotte kita* während er lachte (lachend) kam er näher; b) die Gegensätzlichkeit von Vorgängen (adversative Bindung); z. B. *chiisai-nagara, yoku hataraku* er ist zwar klein, aber er arbeitet gut (beachte *nagara* in der Bedeutung ‚in der Art wie' [*itsumo-nagara* wie immer] und ‚gemeinsam' [*chûkô futatsu-nagara* Loyalität und Pietät, beide zusammen]). — *YARA* Anschluß an die Finalform (*shûshikei*); bezeichnet die disjunktive Verbindung mehrerer gleichgeordneter Nebensätze (wird nach jedem Prädikat wiederholt), z. B. *denwa-wo kakeru-yara, tsukai-wo dasu-yara, ôsawagi-wo shita* ob er telefonierte oder ob er Boten wegschickte, — er machte [dabei] ein großes Geschrei. — *NARI* Anschluß an die Final- oder Konjunktionalform; bezeichnet den Beginn oder die Fortdauer eines Vorgangs bei Eintritt eines anderen; z. B. *watakushi-ga miru-nari, kare-wa tachi-agatta* kaum erblickte ich [ihn], als er auch schon aufstand. — *TARI* (*DARI*) Anschluß an die Konjunktionalform (*renyôkei*) unter Beachtung des *ombin* (*tottari, tondari* usw., siehe § 121); bezeichnet die alternative Verbindung mehrerer Sätze und steht in Korrelation mit *suru* ‚tun' nach dem letzten *tari* der Verbindung; z. B. *eigo-no benkyô-wo shitari, sûgaku-no benkyô-wo shitari suru* bald (mal) betreibt er das Studium der englischen Sprache, bald (mal) betreibt er das Studium der Mathematik. Beachte: Wird nur ein Glied der Alternanz gegeben, so werden weitere, sachlich ähnliche impliziert, und das genannte Glied hat dann die Bedeutung eines Beispiels; z. B. *naitari shitewa ikenai* weinen und dergleichen darf man nicht.

113 Qualifizierende Postpositionen (*shûshoku-joshi*)

Die qualifizierenden Postpositionen stehen sowohl nach nicht flektierbaren Wörtern (*taigen*) als auch nach flektierbaren (*yôgen* und *jodôshi*), bei letzteren in der Regel nach der Attributivform (*rentaikei*), in einigen Fällen auch nach der Konjunktionalform (*renyôkei*) oder Finalform (*shûshikei*). Sie verleihen den prädikatsbezogenen Satzteilen oder Teilsätzen eine zusätzliche, qualifizierende Bestimmung und können an die Stelle der prädikatsbezogenen Postpositionen treten oder auch mit ihnen verbunden werden.

a) Elative (*kyôchô-joshi*)

WA dient zur syntaktischen Abgrenzung des thematischen Gegenpols des Prädikats (selektive Funktion) oder zur emphatischen Hervorhebung gegenüber anderen Satzteilen (emphatische Funktion). *wa* in emphatischer Funktion ist meist an formal bereits bestimmte Satzteile angeschlossen. 1. Abgrenzung des Subjekts a) in kategorischen Feststellungen; z. B. *hana-wa utsukushi* die Blume ist schön; b) in Definitionen; z. B. *dôshi-wa meishi-no ato-ni tsukite, sono dôsa-wo iu kotoba-nari* das Verb ist ein Wort, welches hinter dem Nomen folgt und dessen Tätigkeit nennt; c) bei Gegenüberstellungen; z. B. *hito-wa sari, ware-wa tomaru* jener geht, ich bleibe; 2. Abgrenzung des Objekts a) wenn es das Thema einer

Erörterung ist (besonders bei der Wiederaufnahme desselben); z. B. *sono ori koyasu-no kai-wa torase-tamae* (Taketori) in diesem Augenblick ergreift Ihr die Muschel der leichten Geburt; b) in negierten Sätzen, wenn es den eigentlichen Gegenstand der Negation bildet; z. B. *ware sake-wa nomazu* Sake trinke ich nicht; 3. Abgrenzung der adv. Best. des Ortes oder der Zeit, soweit sie inhaltlich von Belang sind; z. B. *môka moe-kitaraba, kawa-wo hedatete-mo, shibashi-wa sakenubeshi* (Heike) wenn das lodernde Feuer brennend kommt, werdet ihr, wenn auch durch den Fluß getrennt, euch eine Weile retten können. — 4. Hervorhebung a) des Subjekts; z. B. *wakana tsumu waga koromode-ni yuki-wa furitsutsu* (Kokin) frische Kräuter pflücke ich; [dabei] fällt auf meinen Ärmel der Schnee; b) des Objekts, z. B. *kimi-no ôsegoto-woba ikaga somukubeki* (Taketori) wie könnte ich mich Eurer Weisung widersetzen? (Beachte: *wo* + *wa* > *woba*!); c) einer adv. Best.; z. B. *ichô-ni-wa sono tagui nashi* (Shôtôki) an anderen Höfen gibt es Derartiges nicht; d) des von einem negierten Prädikat abhängigen Satzteils; z. B. *sono ikioi, hyakki-bakari-ni-wa sugizarikeri* (Hôgen) deren Kräfte überstiegen nicht einmal hundert Berittene; e) des von einer konzessiven Prädikatsform abhängigen Satzteils; z. B. *otoroetaru yo-to-wa iedomo* (Tsurezure) obgleich man von dem niedergegangenen Zeitalter spricht; f) des den Gegenstand einer Frage bezeichnenden Satzteils; z. B. *ikaga-wa semu* wie soll man es tun?

MO dient zur Herausstellung eines Dinges oder Sachverhaltes aus einer Reihe gleichartiger, die vorher genannt worden sind oder implizite mitverstanden werden; a) in affirmativen Sätzen; z. B. *kokoro-naki mi-ni-mo aware-wa shirarekeri* (Saigyô) selbst der gefühllose Mensch lernt wohl die Rührung kennen; b) in negativen Sätzen; z. B. *waga yado-wa yuki furi-tsumite michi-mo nashi* (Kokin) bei meinem Hause fällt und häuft sich der Schnee, und nicht einmal einen Weg gibt es; c) beim Vergleich; z. B. *hiru-yori-mo akarushi* es ist heller sogar als am Mittag; d) bei bestimmten oder unbestimmten Mengenangaben (im abgrenzenden Sinne); z. B. *yo-wa kare-wo mitabi-mo yoberi* ich rief ihn dreimal.

Beachte: Im Anschluß an indefinite Demonstrativa (vgl. § 68) bezeichnet das qualifizierende *mo* in positiven Sätzen die Gesamtheit, in negativen Sätzen die Aufhebung; z. B *tare* (irgend)wer, *tare-mo* jeder, *tare-mo* (+ Neg.) niemand; *nani* (irgend) etwas, *nani-mo* alles, *nani-mo* (+Neg.) nichts; *izuko* (irgend)wo, *izuko-mo* überall, *izuko-mo* (+Neg.) nirgends.

ZO dient zur Hervorhebung; a) hinweisend; z. B. *shika-zo aruramu* só wird es wohl sein, *yôka-zo kaerase-tamaeba* (Makura) da er am 8. Tage zurückkehrte . . ., *waga yo tare-zo*[11] *tsune naramu* (Iroha-uta) wér in unserer Welt wird ewig sein? b) bekräftigend; z. B. *onnagokoro-zo kawari-yasuki* die Gefühle der Frauen sind wahrlich leicht veränderlich; *nobe-no midori-zo iro-masarikeru* (Kokin) wahrlich, das Grün auf den Fluren nimmt an Farbe zu.

[11] *tare-zo* hat in der Schriftsprache noch eine spezielle Nebenform: *ta-so.*

Beachte: Wenn die qualifizierende Postposition *zo* in einem Hauptsatz vorkommt, steht das Prädikat in der Attributivform; z. B. *kaze-zo tsuyoki* der Wind ist wahrlich stark (vgl. auch Beispiele oben). Siehe § 220.

KOSO in derselben Funktion wie *zo*, hat aber im Hauptsatz die Konditionalform (*izenkei*) des Prädikats nach sich; z. B. *imashimubeki-wa iro-to sake-ni-koso-are* was man meiden sollte, sind wahrlich die Liebe und der Wein, *haru-ni naraba, tomo-ni miyako-ni noboramu-to-koso omoishika* wenn es Frühling wird, werden wir gemeinsam zur Hauptstadt gehen, so, wahrlich, dachte er, *kono onna-wo-koso eme* (Ise) diese Frau eben werde ich nehmen.

NAMU (>*NAN*) in derselben Funktion wie *zo* und *koso*, bezeichnet aber eine weniger starke Hervorhebung; wenn *namu* (*nan*) im Hauptsatz steht, folgt das Prädikat in der Attributivform (*rentaikei*, wie nach *zo*); z. B. *sareba-namu ware-mo iitaru* deshalb eben habe auch ich es gesagt, *sono take-no naka-ni moto hikaru take-namu hitosuji arikeru* (Taketori) inmitten dieses Bambus gab es doch einen Bambusstock, der an der Wurzel leuchtete, *Kakinomoto-no Hitomaro-namu uta-no hijiri-narikeru* (Kokin, Jo) K. no. H. eben war der Dichterweise.

Beachte: Im Altjap. hatte *namu* die Nebenform *namo; z. B. . . . to-namo omohoshimesu* (Semmyô) so, wahrlich, denken wir.

SHI in derselben Funktion wie *namu*, jedoch ohne Einfluß auf die Form des Prädikats; z. B. *ima-shi yo-wa sakarinari* jetzt gerade das Zeitalter steht in Blüte, *hana-wo-shi mireba, monomoi-mo nashi* (Kokin) wenn ich die Blüten eben betrachte, ist selbst das Grübeln weg.

Beachte: *shi* wird häufig zu *shimo* erweitert, wodurch die Hervorhebung verstärkt wird, besonders in der Negation; z. B. *hototogisu waga yado-wo-shimo sugigate-ni naku* (Kokin) der Kuckuck ruft, da es ihm schwer ist, gerade an meinem Hause vorbeizufliegen, *kanarazu-shimo kare-no tsumi-ni-arazu* keinesfalls ist es seine Schuld.

b) Modifizierende (*gentei-joshi*)

DANI dient zur Kennzeichnung eines prädikatsbezogenen Satzteiles, der semantisch das wertmäßig niedere Glied einer Reihe im Kontext vergleichbarer Dinge beinhaltet und diese stillschweigend ausschließt; z. B. *yume-ni-dani mimu* im Traum wenigstens werde ich [ihn] sehen, *chirinutomo, ka-wo-dani nokose, ume-no hana* (Kokin) selbst wenn ihr auch abgefallen seid, laßt wenigstens den Duft zurück, ihr Pflaumenblüten, *kami ichimai-dani nashi* nicht einmal ein einziges Blatt Papier ist da, *na-wo-dani shirazu* nicht einmal den Namen kennt man.

Beachte: In der Heian- und Kamakura-Zeit war eine Nebenform *damo* (<*dani mo?*) in Gebrauch; z. B. *mata hyakubu-ga ichi-ni-damo oyobazu* (Hôjôki) es erreicht noch nicht einmal ein Hundertstel.

SURA in ähnlicher Funktion wie *dani*, jedoch mit stillschweigender Einbeziehung der übrigen vergleichbaren Glieder; z. B. *tori-sura oya-wo yashinau-koto-wo shiru* selbst ein Vogel weiß um die Pflege der Eltern, *haruka-ni tsutaekiku-sura nao kanashimi-no namida seki-aezu* (Gempei) sogar das Erfahren vom Hörensagen in der Ferne kann doch die Tränen der Trauer nicht zurückhalten, *yukue-sura-mo oboezu* (Taketori) nicht einmal das Wegziel kannte er.

Beachte: Neben *sura* war in der Kamakura-Zeit die Form *sora* gebräuchlich; z. B. *hachi-sora mono-no on-wa shirikeri* (Konjaku) Dankbarkeit kannten selbst die Bienen.

SAE dient zur Kennzeichnung eines prädikatsbezogenen Satzteils, der semantisch einen Zusatz zu bereits Erwähntem beinhaltet; z. B. *ie-wa yakare, tsuma-sae ushinaitari* das Haus brannte ab, dazu noch verlor er seine Frau, *hi-wa kure-kakarite, ito monokanashi-to omou-ni, shigure-sae uchisosogu* (Izayoi) als der Tag zur Neige ging und mir sehr niedergeschlagen zumute war, fiel auch noch ein Sprühregen.

NOMI bezeichnet die absolute Ausschließlichkeit eines Dinges oder Sachverhaltes; z. B. *ware-nomi yukamu* nur ich werde gehen, *kyô-wa miyako-nomi-zo omoi-yararuru* (Tosa) heute hat man Heimweh nach der Hauptstadt allein.

BAKARI bezeichnet a) die nicht unbedingte Ausschließlichkeit eines Dinges oder Sachverhaltes; z. B. *sake-bakari nomu* nur Sake trinken, *hitori shirabe, hitori ei-jite, mizukara kokoro-wo yashinau-bakari-nari* (Hôjôki) allein spielend und allein singend, ist es [eigentlich] nur eine Erbauung des Herzens für mich selbst; b) einen Grad oder Annäherungswert; z. B. *u-no toki-bakari-ni fune idasu* (Tosa) um die 4. Doppelstunde stach das Schiff in See, *hito-no naki ato-bakari kanashiki-wa nashi* (Tsurezure) nichts ist annähernd so traurig wie die Zeit nach dem Tode eines Menschen.

MADE bezeichnet den äußersten Grad, den ein Vorgang oder Sachverhalt erreicht; z. B. *tsuki-no omoshiroki-ni yo fukuru-made asobi-wo-zo shitamau-nari* (Genji) wegen des Zaubers des Mondes trieben sie Kurzweil bis in die tiefe Nacht, *Nagara otodo-no Saburô Mototsune otodo-wa dajôdaijin-made nari-tamaeri* (Ôkagami) der dritte Sohn von Exzellenz Nagara, Exzellenz Mototsune, wurde sogar Großkanzler; *ori yokuba, mi-ni konu-made-mo* (Murasaki) selbst wenn es soweit ginge (*made*), daß sie nicht zum Schauen kommen, wenn die Zeit richtig ist . . .

NADO bezeichnet aus einer Reihe zusammengehöriger Dinge oder Vorgänge den Abbruch ihrer Aufzählung oder ein einzelnes Beispiel; z. B. *hôyû, chijin-nado-to-tomo-ni ichinichi-wo asobi-kuraseri* zusammen mit Freunden, Bekannten usw. verbrachte er in Kurzweil einen Tag, *kajitori itaku hokorite, fune-ni ho-age-nado yorokobu* (Tosa) der Steuermann nahm den Mund sehr voll und freute sich, auf dem Schiff das Segel zu setzen und dergleichen.

Beachte: 1. Zuweilen dient *nado* dazu, die Beiläufigkeit einer Angabe anzudeuten; z. B. *hi-nado isogi-okoshite* (Makura) in Eile ein Feuer entfachend ...

2. Steht *nado* nach (vorzeitig abgebrochenen) Aussprüchen oder Zitaten, so wird in der Regel die sonst stets folgende prädikatsbezogene Postposition *to* eliminiert; z. B. *nanigoto-zo-nado tou* ‚worum handelt es sich' und dergleichen fragen.

3. In der neueren Schriftsprache wird *nado* häufig durch das ursprüngliche Pluralsuffix *ra* (**tô*) ersetzt (vgl. § 56 b), äußerlich bedingt durch die Schreibung von *nado, ra, *tô* mit demselben *kanji.*

114 Qualifizierende Postpositionen der Umgangssprache

WA, MO Funktion wie in S. — *KOSO* Funktion wie *koso* (*zo, nan, shi*) in S, hat aber im Hauptsatz das Prädikat in der regelmäßigen Finalform nach sich[12]; z. B. *watakushi-koso shitsurei-shimashita* ich war es, der sich unhöflich benommen hat. — *SAE* übt alle Funktionen der schriftsprachigen *sae, sura* und *dani* aus; z. B. *michi-ga kurai-ue-ni, ame-sae futte-kita* nicht nur daß der Weg dunkel war, — es fing auch noch an zu regnen; *Kôshi-ni-sae ketten-wa aru* sogar ein Konfuzius hat Fehler, *kore-sae areba yoi* wenn es auch nur das gibt, ist es gut, *mizu-sae nodo-ni tôranai* nicht einmal Wasser geht durch die Kehle. — *DEMO* Funktion wie *dani* und *sura* in S; z. B. *ocha-demo meshiagare* nehmen Sie wenigstens Tee, *kodomo-demo shitte-iru* sogar Kinder wissen es. — *SHIKA* Funktion wie *nomi* in S, jedoch stets mit folgender Negationsform des Prädikats[13]; z. B. *hitori-shika inai* nur einer ist da. — *BAKARI* Funktion wie in S. — *DAKE* entspricht *nomi* und *bakari* in S; z. B. *nichiya kenkyû-ni-dake fukeru* sich Tag und Nacht ausschließlich den Studien widmen, *watakushi-no shitte-iru-dake-wa* soviel ich weiß, *kare-wa goen-dake machigatta* er verrechnete sich um zirka fünf Yen, *nagakereba, nagai-dake yoi* je länger desto lieber (wörtl.: wenn es lang ist, nach Maßgabe der Länge ist es gut); seltener steht *dake* in der Funktion des schriftsprachigen *dani,* z. B. *kore-dake-wa tashika-da* das wenigstens ist sicher. — *KIRI* (*GIRI*) Funktion wie *nomi* in S; z. B. *sore-kiri deshita* nur das war es. — *HODO* bezeichnet einen Annäherungswert oder Grad; z. B. *sannen-hodo* ungefähr drei Jahre, *ashi-ga itaku naru-hodo aruita* [ich] lief, bis die Füße schmerzten. Dazu gehört insbesondere die Bezeichnung des Vergleichsmaßes, wenn der zu vergleichende Gegenstand oder Sachverhalt dies Maß nicht erreicht (vgl. *yori* bei der Komparation); z. B. *kyô-wa kinô-hodo atsuku*[*-wa*]*nai* heute ist es nicht so warm wie gestern. Speziell bezeichnet *hodo* die Intensivierung einer Tätigkeit; z. B. *kono hon-wa yomeba, yomu-hodo omoshiroi* je weiter man dies Buch liest, desto mehr gefällt es einem (wörtl.: wenn man liest, in dem Maße wie man liest ...). — *GURAI* (*KURAI*) bezeichnet einen Annäherungswert oder Grad wie *hodo;* z. B. *atama-gurai-no ôkisa* die Größe ungefähr eines Kopfes, *kimi-gurai benkyô-shitara, gôkaku ukeai-da* wenn ich in dem Maße wie du arbeiten würde, würde ich sicher im Examen durchkommen. — *MADE* Funktion wie in S. — *NADO* Funktion wie in S. Beachte, daß im Gegensatz zu S *to* nach *nado* unter

---

[12] In Korrelation mit der Konditionalform steht *koso* nur, wenn es eine nachdrückliche Affirmation zum Ausdruck bringt; z. B. *yorokobi-koso sure, okoru hazu-ga nai* er freut sich wirklich, und es besteht kein Grund zum ärgerlich sein.

[13] In der Edo-Zeit gab es neben *shika* + Neg. noch *haka* (= *yori-hoka*) + Neg.

den angegebenen Bedingungen (Anm. 2) nicht eliminiert wird, z. B. ... *nado-to itte-ita* ... und dergleichen sagte er.

115 Modale Postpositionen (*wahô-joshi*)

Die modalen Postpositionen folgen auf *taigen* oder *yôgen*, auch auf Verbalsuffixe oder andere Postpositionen, und kennzeichnen den betr. Satz als interrogativ bzw. dubitativ, prohibitiv, desiderativ oder affektiv. Einige von ihnen, insbesondere die interrogativen, können im Satzinnern dem Wort oder Teilsatz folgen, der sachlich im Mittelpunkt steht; zumeist jedoch folgen sie dem Prädikat und bilden den Satzschluß. Nach diesem äußerlichen Merkmal werden sie in der japanischen Schulgrammatik als ‚finale Hilfswörter' (*shû-joshi*) zusammengefaßt.

a) Interrogative (*gimon-joshi*)

KA bezeichnet 1. wenn es am Satzende steht (das vorangehende Prädikat nimmt die Attributivform an), a) die elementare Gültigkeitsfrage; z. B. *koyasu-no kai toritaru-ka* (Taketori) haben sie die Muschel der leichten Geburt bekommen? b) die disjunktive Gültigkeitsfrage (Wiederholung nach jedem Glied); z. B. *yo-no naka-wa yume-ka utsutsu-ka* (Kokin) [ist] die irdische Welt Traum oder Wirklichkeit? *akikaze-no fukiage-ni tateru shirakiku-wa hana-ka aranu-ka nami-no yosuru-ka* (Kokin) die weiße Chrysantheme, die in [der Bucht von] Fukiage steht, wo der Herbstwind weht, ist sie eine Blume oder ist sie es nicht? oder ist es das Nahen der Wellen? c) die materiale Frage z. B. *sate ika-ni tsukômatsurumajiki-ka* (Sagoromo) nun, warum sollte er nicht Dienst tun? d) die rhetorische Frage[14] (meist in Verbindung mit der interjektionalen Postp. *wa* [siehe unten, *wa*]); z. B. *kuina-no tataku-nado kokoro-bosokaranu-kawa* (Tsurezure) ist das Klopfen (d. h. der an Klopfen erinnernde Ruf) der Wasserrallen und dergleichen etwa nicht herzbeklemmend?; 2. wenn es im Satzinnern steht (im Hauptsatz nimmt das folgende Prädikat die Attributivform an!) a) die Unentschiedenheit eines Sachverhaltes; z. B. *miyako-ni-ka kaeritari-to omou* meinen, er sei vielleicht in die Hauptstadt zurückgekehrt, *tôgoku-no ikioi nammanki-ka aruramedo* (Heike) selbst wenn die Kräfte der Ostprovinzen mehrere zehntausend Berittene betragen sollten ... b) die materiale Frage (häufiger als in der Stellung am Satzende); z. B. *izuku-e-ka yukamu* wohin soll [ich] gehen? *hana chirasu kaze-no yadori-wa tare-ka shiru* (Kokin) wer kennt die Behausung des Windes, der die Blüten zerstreut? c) die rhetorische Frage (in Verbindung mit Fragewörtern); z. B. *iki-to-*

[14] Als rhetorische Frage auch in den Verbindungen *kamo* (mit vorangehender Konditionalform des Futurs: *-me*) oder *mono-ka* (*-wa*); z. B. *furu-wo aogite, ima-wo koizarame-kamo* (Kokin, Jo) wenn er in die Vergangenheit blickt, sollte es ihn nicht nach der Gegenwart verlangen? *hito-banaretaru tokoro-ni kokoro tokete inuru-mono-ka* wie könnte man an einem Ort, fern von den Menschen, gelösten Herzens schlafen?

shi ikeru mono izure-ka uta-wo yomazarikeru (Kokin, Jo) was von all den Lebewesen singt denn keine Lieder?

Beachte: Die indefiniten Demonstrativa (vgl. § 68) haben alleinstehend in der Regel interrogative Bedeutung (*tare* wer, *nani* was, *izuko* wo usw.); ihre indefinite Bedeutung wird meist durch ein unmittelbar folgendes *ka* bestimmt: *tare-ka* irgendwer, *nani-ka* irgendwas, *izuko-ka* irgendwo; z. B. *nani aru-ka* was ist da? *nani-ka aru* irgend etwas ist da, *nani-ka aru-ka* ist irgend etwas da?

YA bezeichnet 1. wenn es am Satzende steht a) die elementare Gültigkeitsfrage (das vorangehende Prädikat steht in der Finalform, seit dem Mitteljap. auch in der Attributivform); z. B. *hototogisu konoha kakure-no koe-wa kikoyu-ya* (Gosen) Kuckuck, ist [deine] Stimme aus dem Laubversteck zu hören? b) die disjunktive Gültigkeitsfrage (Wiederholung nach jedem Glied); z. B. *waga omou hito-wa ari-ya nashi-ya* (Kokin) ist meine Geliebte da oder ist sie nicht da? c) die materiale Frage (seit dem frühen Mitteljap. neben *ka*); z. B. *kore-wa izuchi-e-tote watarase-tamau-ya* (Heike) wohin denn eigentlich gedenken Sie sich zu wenden? *Shirakawa-no seki ika-ni koetsuru-ya* (Hosomichi) wie habt Ihr denn die Wegsperre von Shirakawa überquert? d) die rhetorische Frage (nach der Finalform oder Konditionalform des Prädikats)[15]; z. B. ... *to omoi-kakeki-ya* hätte ich erwartet, daß ...? *hana-koso chirame, ne-sae kareme-ya* (Kokin) die Blüten, wahrlich, werden sich zerstreuen; werden etwa auch noch die Wurzeln verdorren? e) die Unentschiedenheit eines Sachverhaltes (bei Ellipse des Prädikats); z. B. *Ushû-Kuroyama-wo chûryaku-shite Haguro-yama-to iu-ni-ya* (= *ni ya aramu*) (Hosomichi) vielleicht ist es so, daß man den Namen des Berges Kuroyama der Provinz Dewa (graph.: de-ha) in der Mitte kürzt und Haguroyama nennt; 2. wenn es im Satzinnern steht (im Hauptsatz nimmt das folgende Prädikat die Attributivform an!) a) die Unentschiedenheit eines Sachverhalts, z. B. *hito-ya miru-to, namida-wa tsurenashi-zukurite* (Kagerô) [in der Befürchtung], daß ein Fremder es vielleicht sähe, setzte ich trotz der Tränen eine gleichmütige Miene auf und ...; b) die materiale Frage (seit dem Mitteljap. neben *ka*, selten); z. B. *tare-ya-no hito* wessen Mann? c) die Gültigkeitsfrage (seltener als in der Stellung am Satzende; z. B. *hototogisu-ya kiki-tamaeru* (Tsurezure) habt Ihr den Kuckuck gehört? d) die rhetorische Frage (hier auch in der Verbindung *yawa*); z. B. *chikaki hi-nado-ni niguru hito-wa ‚shibashi' to-ya iu* (Tsurezure) sagen etwa die vor einem nahen Feuer und dergleichen fliehenden Menschen: ‚Eile mit Weile'? *izure-no onkata-mo, ware hito-ni otoramu-to omoitaru-yawa aru* (Genji) welche von den Hofdamen es auch sein mochte, gab es etwa eine, die glaubte, sie stehe einer anderen nach?

---

[15] In dieser Funktion mitunter in der Verbindung *yawa;* z. B. *ware uguisu-ni otoramashi-yawa* (Kokin) sollte ich etwa der Nachtigall nachstehen? (altjap. *yamo*, z. B. *i-mo nurame-yamo* [Manyô] werden sie etwa schlafen können?) — Im Altjap. steht *ya* nach der Konditionalform des Prädikats auch in der Funktion e, z. B. *ohomiyabito-wa itoma are-ya* (Manyô) vielleicht haben die Großhöflinge Urlaub.

Beachte: Die interrogativen Modalpostpositionen *ka* und *ya* sind funktionell in den meisten Fällen gleichzusetzen und semantisch kaum voneinander abzugrenzen. *ka* scheint in der Fragestellung kategorischer zu sein als *ya*. Deshalb wird *ya* wegen seiner gedämpfteren Nuance häufig bei der Befragung einer anderen Person der Vorzug gegeben.

b) Prohibitive (*kinshi-joshi*)

NA Anschluß an die Finalform des Verbs (bei *ari, ori* und *haberi* Anschluß an die Attributivform); bezeichnet ein Verbot; z. B. *kono tama-wo toriede-wa, uchi-ni kaeri-ku-na* (Taketori) wenn Ihr diesen Edelstein nicht erlangen könnt, kommt nicht nach Haus zurück! *taemu-to omou-na* (Kokin) glaube nicht, daß wir uns trennen werden!

Beachte: Im Altjap. wurde *na* zuweilen auch dem Verb vorangestellt, das dann in der Konjunktionalform gebraucht wird; z. B. *are nashi-to, na-wabi, waga seko* (Manyô) wenn ich nicht da bin, grämet Euch nicht, mein Herr.

SO Anschluß an die Konjunktionalform des Verbs (bei *ku* und *su* Anschluß an die Indefinitform [*mizenkei*]); steht in der Regel in Korrelation mit dem prohibitiven *na* (s. o.), das in diesem Falle dem Verb unmittelbar, selten mittelbar, vorangeht; bezeichnet ein Verbot, im Vergleich mit dem allein durch *na* ausgedrückten etwas weniger streng formuliert; z. B. *na-yuki-so* geh nicht! *na-ko-so* komm nicht! *namida na-soe-so, yama-hototogisu* (Shinkokin) vergieße keine Tränen mehr, Berg-Kuckuck! *mizukara haberu-to, na hito-ni yumeyume shirase-tamai-so* (Ujishûi) daß ich selbst hier bin, laß keinesfalls jemanden wissen!

Beachte: *so* ist im Grunde eine interjektionale Postposition und verwandt mit *zo*. Die eigentlich prohibitive Funktion eignet dem *na* (*na-se-so* tue [es] nicht, wirklich!). Seit dem frühen Mitteljap. kann aber auch *so* allein prohibitiv wirken; z. B. *sareba yoshinaki koto-wo iu-so* (Konjaku) deshalb sage nichts Grundloses!

c) Desiderative (*kibô-joshi*)

Die desiderativen Modalpostpositionen sind durchweg exklamatorischer Art.

KANA einem Verb nachgestellt unter Zwischenschaltung der Verbalsuffixe *-teshi-* oder *-nishi-* (Attributivformen); bezeichnet einen Wunsch der 1. Pers. im monologischen Ausruf; z. B. *kono Kaguyahime-wo eteshi-kana, miteshi-kana* (Taketori) ach könnte ich doch K. [zur Frau] gewinnen, ach könnte ich sie doch sehen! *ima-wa ikade mi-kikazu-ni-arinishi-kana* (Kagerô) ach könnte ich doch jetzt irgendwie nicht sehen und nicht hören!

GANA einem Nomen, Qualitativum (Konjunktionalform) oder Adverb nachgestellt unter Zwischenschaltung der qualifizierenden Postp. *mo;* bezeichnet einen Wunsch der 1. Pers. im monologischen Ausruf; z. B. *shiritaru hito-mo-gana* (Makura) ach gäbe es doch einen Menschen, der es versteht! *sarubekaramu hito-ni mimusume-mo-gana* (Sagoromo) ach wäre es doch die Tochter eines Menschen, wie er sein sollte!

Beachte: 1. Im Altjap. lauteten diese Desiderativ-Postpositionen einfach *ka* (*-shi-ka, -teshi-ka, -nishi-ka*) bzw. *ga* (*mo-ga*); z. B. *tatsu-no ma-mo ima-mo eteshi-ka* (Manyô) ach besäße ich doch wenigstens jetzt das Drachenpferd auch! *waga inochi-mo nagaku-mo-ga* (Nihongi) ach wäre doch auch mein Leben lang!

2. Während sich die Erweiterung von *mo-ga* mit der interjektionalen Postposition *na* in der Heian-Zeit durchsetzte (*mo-gana*), waren in der Nara-Zeit Erweiterungen mit *mo* und *mona* gebräuchlicher; auch die Verbindung *mo-ga-mo-ya* kam in derselben Funktion vor.

BAYA Anschluß an die Indefinitform (*mizenkei*) eines Verbs oder Verbalsuffixes; bezeichnet einen Wunsch der 1. Pers. im monologischen Ausruf; z. B. *kokoro aramu hito-ni misebaya* (Goshûi) ach könnte ich es doch einem Menschen zeigen, der ein Herz hat! *ima shibashi ikite-arabaya* (Ochikubo) ach könnte ich jetzt noch ein Weilchen am Leben bleiben!

Beachte: *baya* ist ein Kompositum aus der konjunktionalen Postposition *ba* und der qualifizierenden *ya*. *baya* ist funktionell mit dem oben behandelten *kana* identisch, tritt aber erst seit der Kamakura-Zeit allgemein an dessen Stelle.

NAMU (>*NAN*) Anschluß an die Indefinitform (*mizenkei*) eines Verbs oder Verbalsuffixes; bezeichnet einen Wunsch der 1. Person, der an jemand anders gerichtet ist; z. B. *yûgure-no magaki-wa yama-to mienanamu* (Kokin) Zaun im Abenddämmerschein, erscheine [ihnen] bitte als Berg! *sakurabana, chiru-to-iu-koto-wa narawazaranamu* (Kokin) ach, Ihr Kirschblüten, lernet bitte nicht die Sache, die ‚Abfallen' heißt!

Beachte: 1. Im Altjap. hatte *namu* die Form *namo;* z. B. *kumo-dani-mo kokoro aranamo* (Manyô) Ihr Wolken wenigstens, habt bitte ein Herz!

2. Im Altjap. kamen in gleicher Funktion und Anschlußart die Postpositionen *ne* und *ni* vor; z. B. *na norasane* (Manyô) nenne bitte den Namen! *nari-wo shimasani* (Manyô) tuet bitte euer Werk! — Im Ablaut dazu stand die Postposition *na* in gleicher Anschlußart aber in der Funktion des desiderativen *kana*; z. B. *asobi-kurasana* (Manyô) ach könnt ich doch den Tag in Kurzweil verbringen!

d) Interjektionale (*kandô-joshi*)

KA Anschluß an *taigen* (meist in Korrelation mit dem elativen *mo* im Satzinnern) oder *yôgen* und Verbalsuffixe in der Finalform (selten Attributivform); bezeichnet einen Ausruf der Bewunderung, des Erstaunens oder des Bedauerns; z. B. *shiratsuyu-wo tama-ni-mo nukeru, haru-no yanagi-ka* (Kokin) oh, die Frühlingsweide, die den weißen Tau wie Perlen durchbohrt! *yamabuki-no horoboro chiru-ka, taki-no oto* (*haiku* von Bashô) oh, wie die [Blüten der] Goldnessel flatternd abfallen, beim Rauschen des Wasserfalls, *ya-no tachikeru-koso fushigi-nare, kamiya naru-ka-to-zo oboeshi* (Hôgen) wahrlich seltsam ist es, wie der Pfeil stand. ‚Oh, es ist ein Götterpfeil!' das erkannte man fürwahr.

NA Anschluß an *taigen* oder *yôgen* und Verbalsuffixe (Finalform); Funktion wie *ka*; z. B. *kore-wo miru-wa ureshi-na* (Sarashina) oh, wie schön ist es, dies zu sehen! *kare-zo kono Hitachi-no-kami-no muko-no shôshô-na* (Genji) der da ist der Generalmajor, der der Schwiegersohn des Gouverneurs von Hitachi ist, *hana-no iro-wa utsurinikeri-na* (Kokin) ach, die Farbe der Blüten ist verblichen!

KANA Anschlußart und Funktion wie *ka*; z. B. *Shiga-no miyako-wa arenishi-wo, mukashi-nagara-no sakurabana-kana* (Heike) die Hauptstadt in Shiga ist verwüstet; doch die Kirschblüten, ach, die sind wie früher! *aware-naru hito-wo mitsuru-kana* (Genji) ein liebliches Geschöpf habe ich entdeckt, ach!

Beachte: *kana* kam in dieser Funktion in der Heian-Zeit auf. Im Altjap. war statt dessen *kamo* verbreitet; z. B. *sawarabi-no moe-izuru haru-ni narikeru-kamo* (Manyô) oh, Frühling ist es geworden, da das junge Farnkraut hervorsprießt!

KASHI Anschluß an die Final- oder Imperativform eines Verbs oder Verbalsuffixes, auch an die elative Postposition *zo* nach einem Nomen; bezeichnet den affektvollen Abschluß einer Willensäußerung oder Feststellung; z. B. *yomiten yawa? yomitsubeku-wa, haya ie-kashi* (Tosa) wirst du etwa ein Gedicht aufsagen? Wenn du ein Gedicht aufsagen willst, sage es rasch, los! *sa-wa omoitsu-kashi* (Genji) das habe ich mir gedacht, natürlich! *ito kanashikarishi koto-zo-kashi* eine Sache, die sehr traurig war, in der Tat!

YA Anschluß an *taigen* oder *yôgen* und Verbalsuffixe (meist in der Finalform, aber auch in der Attributiv- oder Imperativform); bezeichnet einen schwachen Anruf oder Ausruf (Andeutung einer Gemütsbewegung); z. B. *iu kai nashi-ya* nutzlos, ach, ist es, zu reden, *ana, tôto-no keshiki-ya* (Tsurezure) oh, welch erhabene Erscheinung![16] *koyubeki yama-no mine-nare-ya* (Shinkokin) ach, der Gipfel des Berges ist es, den [ich] überqueren werde, *ason-ya, sayô-no ochiba-wo-dani hiroe* (Genji) he, Höfling! so ein abgefallenes Blatt hebet wenigstens auf!

Beachte: In der *haikai*-Dichtung hat *ya* seinen emotionalen Charakter fast völlig eingebüßt und dient dort in der Regel nur als Füllsel oder zur Bezeichnung der Zäsur (als sog. *kireji*); z. B. *furu ike-ya, kawazu tobikomu,*

---

[16] Wie in diesem Beispiel ist eine Korrelation zwischen der Interjektion *ana* und der interjektionalen Postposition *ya* sehr häufig.

mizu-no oto (*haiku* von BASHÔ) ein alter Teich; ein Frosch springt hinein; Geräusch des Wassers.

YO Anschlußart und Funktion wie *ya*; z. B. *ware-koso hito-yo* ich, fürwahr, ein Mensch! *sareba-yo tatsu-no shiwaza-ni-koso-arikere* (Taketori) deshalb ja war es das Werk des Drachen! *Yorikata-yo, Yorinaka-yo! iubekikoto ari* (Hôgen) he, Yorikata und Yorinaka! ich habe Euch etwas zu sagen.

Beachte: Die in der heutigen U übliche Verwendung von *yo* nach bestimmten Imperativformen findet sich schon in der Heian-Zeit, jedoch noch im vollen Sinne eines den Befehl verstärkenden Anrufes und unabhängig von der Flexionsklasse des betreffenden Verbs; z. B. *kotoba-nite môse-yo* (Yamato) berichte es mit Worten!

WA Anschluß an *taigen* oder *yôgen* und Verbalsuffixe (meist in der Attributivform); bezeichnet einen bekräftigenden Ausruf; z. B. *kano hana-no usenikeru-wa* (Makura) die Blüten dort sind verschwunden, ja, *saru saganaki ebisu-gokoro-wo mitewa ikaga-wa sen-wa* (Ise) wenn [er] diese ungeschliffene, wilde Gesinnung sehen würde, was sollte [sie] denn tun?

Beachte: Zuweilen wird das interjektionale *wa* zu *wamo* oder *waya* erweitert; z. B. *sasa-no ha-ni furi-tsumu yuki-no ure-wo omomi, moto-kudachi-yuku, waga sakari-wamo* (Kokin) [wie] der Schnee, der auf die Bambusblätter fallend sich häuft, auf dem Wipfel lastet, daß er sich niederbeugt und erschlafft, [so] ist meine Blütezeit [hinfällig], fürwahr. Beachte auch die Verbindung *yawa* als Ausdruck einer rhetorischen Frage (siehe oben, interrogatives *ya*).

WO Anschlußart und Funktion wie *wa;* z. B. *tsuyu-shimo-ni nurete-wo yukamu* von Tau und Reif befeuchtet, ja, werden wir gehen, *ako-wa waga ko-nite-wo are-yo* (Genji) sei du mir wie mein Kind, ja.

Beachte: Das interjektionale *wo* war besonders im Altjap. verbreitet; z. B. *yae-gaki tsukuru, sono yae-gaki-wo* (Kojiki) einen achtfachen Zaun baue ich, so einen achtfachen Zaun, ja.

MO Anschluß an *taigen, yôgen* oder Verbalsuffixe (meist in Final- oder Konjunktionalform) oder andere Postpositionen; bezeichnet einen Ausruf (Andeutung einer Gemütsbewegung); z. B. *ayashiku uruwashiku medetaki mono-ni-mo* (*ari*) (Taketori) oh, ein ungewöhnlich schönes, liebliches Ding ist es! *naku oto kanashi-mo* (Kinkai) oh, wie traurig ist der Klang des [Fasanen-]Rufes!

Beachte: das interjektionale *mo* war vorwiegend im Altjap. gebräuchlich, häufig auch in den Verbindungen *kamo, wamo, zomo* (siehe Beispiel unter *kana*).

ZO Anschluß an *taigen* und *yôgen* oder Verbalsuffixe (Attributivform), funktionell dem elativen zo ähnlich, jedoch stets am Schluß der Aussage (häufig auch in der Verbindung *zo-kashi*); bezeichnet einen Ausruf zur Bekräftigung, zur Gewinnung der Aufmerksamkeit oder zum Nachdruck bei einer Frage (korrelativ mit Fragewörtern); z. B. *kono Sumiyoshi-no myôjin-wa rei-no kami-zo-kashi* (Tosa) diese namhafte Gottheit von Sumiyoshi ist ja doch ein gewöhnlicher Gott, *nan-jô* (< *to iu*) *kokochi sureba, kaku mono-wo omoitaru sama-nite tsuki-wo mi-tamau-zo* (Taketori) was für ein Empfinden habt Ihr, daß Ihr in einem so nachdenklichen Zustand den Mond betrachtet? *kono nishi naru ie-ni-wa nani hito-no sumu-zo* (Genji) was für ein Mensch wohnt denn in diesem Haus, das im Westen ist?

116 Modale Postpositionen der Umgangssprache

a) interrogative: *KA* am Satzende zur Bezeichnung der Gültigkeitsfrage, der materialen oder der rhetorischen Frage (in rhet. Fragen häufig in den Verbindungen *mono-ka, koto-ka*; z. B. *konna shôsetsu nanka yomeru-mono-ka* wie könnte man so einen Roman lesen?); im Satzinnern zur Bezeichnung der Unentschiedenheit. — *YARA* bezeichnet eine Ungewißheit (häufig in Verbindung mit Fragewörtern; z. B. *kono akambô-wa hanashi-ga wakaru-no-yara nikoniko waratte-iru* vielleicht versteht es dieser Säugling, daß er lächelt, *dare-yara-ga sô itta* irgend jemand hat das gesagt.

b) prohibitive: *NA* Anschlußart und Funktion wie in S.

c) desiderative: *GANAA* am Satzende, eingeleitet durch einen Konditionalsatz; z. B. *kane areba ii-ganaa* ach wenn ich doch Geld hätte! (wie gut wäre es, wenn ich Geld hätte)[17].

d) interjektionale: *NA, NAA, NE, NEE* am Ende eines Satzes oder Syntagmas, bei Verben in der Regel auf die Finalform folgend; bekräftigend: *subarashii keshiki-da-na* (*naa*) ein herrlicher Anblick, wirklich! Ausdruck einer Gemütsbewegung: *zuibun samui-na* (*naa*) oh, es ist ziemlich kalt; Ausdruck des Interesses oder Entgegenkommens: *sô-desu-ne* (*nee*) so ist es, aha; Zustimmung heischend: *ii tenki-desu-ne* (*nee*) es ist schönes Wetter, nicht wahr; auffordernd (nach der Konjunktionalform): *hayaku iki-nee (na)* geh rasch! — ZO am Satzende, Funktion wie in S; z. B. *abunai-zo* achtung, gefährlich! (nach Fragewörtern stehend bezeichnet es die Unbestimmtheit wie *ka* [jetzt veraltet]: *nan-zo goyô desu-ka* brauchen Sie irgendwas?). — *YO* am Ende eines Satzes oder Syntagmas; Funktion ähnlich wie in S; Ausdruck der Gemütsbewegung: *jitsu-ni subarashii-yo* wirklich, es ist ja herrlich; bekräftigend: *namakete-iru-to, rakudai-suru-yo* wenn du faul bist, wirst du sicher durchfallen; anrufend: *Tarô-yo* he, Tarô! auffordernd: *ikô-yo* laßt uns gehen! in Verbindung mit der direkten Befehlsform aller Verben außer denen der fünfstufigen Flexion: *mi-yo* schau! *tsuge-yo* berichte! — *YA* (*YAI*) Stellung wie *yo*; anrufend: *Tarô-ya* he, Tarô! *yai* meist spottend: *nakimushi-yai* he du Heulpeter! — *SA* Stellung wie oben; bekräftigend: *mochiron-sa* freilich, ja. — *ZE* Stellung wie oben; freundlich versichernd: *aru-ze* es ist wirklich so. — *TOMO* Stellung wie oben; nachdrücklich bekräftigend: *sô-desu-tomo* ja, ganz recht. — *KOTO* Stellung wie oben; emotionale Postposition der Frauensprache; z. B. *maa, kirei-da-koto* oh, das ist wunderbar. — *WA* (*WAI*)[18] Stellung wie *koto*; Ausdruck der Gemütsbewegung, womöglich betonter als *koto;* ebenfalls vornehmlich von Frauen gebraucht; z. B. *watashi-mo*

---

[17] Das schriftsprachige Äquivalent ist *baya*: *kane-wa arabaya.*

[18] Beachte die kana-Schreibung mit dem Silbenzeichen der *wa*-Reihe.

yukitai-wa ich möchte doch auch gehen. — *NO* Stellung wie oben; Ausdruck entschiedener Meinungsäußerung in der Frauen- und Kindersprache; wird vom selben Personenkreis auch statt *ka* als Abschluß einer Frage gebraucht; z. B. *dame datta-no* es war wirklich nutzlos, *o-niisan-wa itsu tai'in-nasaru-no* wann kommt Ihr Herr Bruder aus dem Krankenhaus?

VERBA (DÔSHI)

117 Die Verba des Japanischen sind selbständige, flektierbare Wörter, deren syntaktische Hauptfunktion in der Bildung von Prädikaten besteht. Sie bezeichnen eine Tätigkeit, einen Vorgang, einen Zustand oder das Vorhandensein. Hinsichtlich dieser Kriterien stehen sie den Qualitativa (*keiyôshi*) und den verbalen Qualitativa (*keiyôdôshi*) sehr nahe, von denen sich die Qualitativa nur morphologisch durch die Andersartigkeit der Flexionsformen und beide semantisch durch einen engeren Bedeutungsbereich (Eigenschaften und Zustände) von den Verba unterscheiden. Auf Grund ihrer gemeinsamen Merkmale werden die drei genannten Wortkategorien zusammenfassend *yôgen*[1] genannt. Sie alle kennen, den *taigen* entsprechend, weder eine Bezeichnung des Genus noch des Numerus, wozu hier noch insbesondere das Fehlen der formalen Unterscheidung nach Personen (1., 2., 3. Pers.) kommt. Ähnlich wie bei den *taigen* werden auch die Beziehungen der prädikativen *yôgen* zueinander im Satzgefüge vornehmlich durch Postpositionen ausgedrückt (*setsuzoku-joshi,* vgl. § 109). Die Tatbestände bzw. Sachverhalte, die durch *yôgen* bezeichnet werden, lassen sich temporal, aspektiv, modal und nach den Genera verbi bestimmen, doch fallen diese grammatischen Bestimmungen zum überwiegenden Teil in den Funktionsbereich der Verbalsuffixe (*jodôshi*), die den *yôgen,* insbesondere den Verba, enklitisch nachgestellt werden und ihrerseits auch flektierbar sind.

Flexionsformen

118 Die Flexion (*katsuyô*) der japanischen Verba ist eine Endungsflexion, die teils durch Alternation des Auslautvokals, teils durch agglutinative Endungsmorpheme oder durch eine Kombination beider Bildungsweisen entsteht. Es lassen sich von jedem Verb (auch Qualitativum und verbalen Qu.) grundsätzlich sechs Flexionsformen (*katsuyôkei*) bilden, die zum Teil als Anschlußbasis für Verbalsuffixe oder Postpositionen, zum Teil auch syntaktisch selbständig fungieren:

1. Die Indefinitform (*mizenkei*); fungiert nur in Verbindung mit Verbalsuffixen oder Postpositionen.
2. Die Konjunktionalform (*renyôkei*); fungiert a) als Prädikatsform in Vordersätzen von Satzverbindungen (in dieser Funktion auch *chûshikei*

---

[1] ‚Aktionswörter' (*yô* im Sinne von *sayô* ‚Tätigkeit'), Antonym zu *taigen* ‚Wesenheitswörter' (*tai* im Sinne von *jittai* ‚Ding an sich'); zwei Termini der jap. Gram., die auf Begriffen der chin. Philosophie der Sung-Zeit basieren.

'Suspensivform' genannt), b) als Kompositionsform des vorderen Gliedes in zusammengesetzten Verba (oder Qualitativa), c) als nominalwertige Form von Verba (Verbalnomina), d) in Verbindung mit Verbalsuffixen oder Postpositionen.

3. Die Finalform (*shûshikei*); fungiert a) als Prädikatsform in alleinstehenden Hauptsätzen oder am Schluß von Satzverbindungen und Satzgefügen, b) in Verbindung mit Verbalsuffixen oder Postpositionen, c) als Nennform in Grammatik und Lexikographie.
4. Die Attributivform (*rentaikei*); fungiert a) als Form flektierbarer Attribute vor *taigen,* b) in S als Prädikatsform von Hauptsätzen in Korrelation mit den Postpositionen *zo* (elativ, interjektional), *namu* (elativ), *ka* (interrogativ, interjektional) und *ya* (interrogativ), c) als nominalwertige Form von *yôgen,* alleinstehend (fast nur in S) oder in Verbindung mit den Formalnomina *koto, mono* oder den quasinominalen Postpositionen *no* und *ga* (vgl. § 53 Anm.), d) in Verbindung mit Verbalsuffixen oder Postpositionen.
5. Die Konditionalform (*izenkei*); fungiert a) in S als Prädikatsform von Hauptsätzen in Korrelation mit der elativen Postposition *koso,* b) in Verbindung mit Postpositionen (von Verbalsuffixen nur *-ri,* jedoch ausschließlich in S und nur bei Verben der vierstufigen Flexion).
6. Die Imperativform (*meireikei*); fungiert nur als direkte Befehlsform, selbständig oder in Verbindung mit den Postpositionen *yo* (S, U), *ro, i* (U).

Die Herausarbeitung der Flexionsformen nach syntaktisch-funktionellen Gesichtspunkten geht auf die Studien japanischer Philologen der Edo-Zeit zurück. Die Frucht dieser Studien ist u. a. die Analyse der oben gegebenen sechs Flexionsformen, die erstmals von Tôjô Gimon systematisch dargestellt wurden (in: *Wagosetsu no ryakuzu,* 1833), allerdings mit noch teilweise abweichender Terminologie: 1. *shôzengen*[2], 2. *renyôgen*[3], 3. *setsudangen,* 4. *rentaigen*[4], 5. *izengen,* 6. *kegugen* (*gen* hier: Aussage). Der jetzt übliche Terminus *mizen* statt *shôzen* wurde bereits von Togashi Hirokage (in: *Kotoba no tamahashi,* 1826) verwendet: *mizendan*[2] (*dan* = Stufe). Kurokawa Mayori führt den Terminus *shûshi* (abschließend) statt *setsudan* (abschneidend) ein (in: *Kotoba no shiori uchigiki,* 1890). Die Ersetzung von *kegu* (auffordernd) durch *meirei* (befehlend) ist ebenso durch die Einwirkung europäischer grammatischer Begriffe zu erklären wie die Ersetzung von *gen* 'Aussage(-weise)' bzw. *dan* 'Stufe' durch *kei* 'Form'.

Beachte: Die hier aufgestellten Flexionsformen beziehen sich in erster Linie auf die Schriftsprache. In der Grammatik der Umgangssprache findet dies System zwar auch traditionsgemäß Anwendung, gibt aber ein ungenaues Bild vom Formenbestand der Verbalflexion des Neujapanischen.

---

[2] Die Termini *shôzen* 'zukünftig so (werden)' und *mizen* 'noch nicht so (sein)' nehmen Bezug auf eine der Hauptfunktionen dieser Form, nämlich in Verbindung mit der konjunktionalen Postposition *ba* einen hypothetischen Konditionalsatz zu bezeichnen (vgl. § 109). Die hier gewählte Wiedergabe 'Indefinitform' soll den funktionell unfertigen Charakter der Form kennzeichnen.

[3] *renyô* 'an *yô*(*-gen*) anschließend', im Hinblick auf Funktion b dieser Form.

[4] *rentai* 'an *tai*(*-gen*) anschließend', im Hinblick auf Funktion a dieser Form.

Deshalb bedienen wir uns für die Beschreibung der Verbalflexion der U eines abweichenden Formenschemas, das den tatsächlichen Verhältnissen besser gerecht wird:

1. Indefinitform (*mizenkei*).
2. Dubitativform (*suiryôkei*); fungiert in Verbindung mit den Verbalsuffixen u, yô zur Bezeichnung des Dubitativs (formal unterscheidbar nur in der fünfstufigen Verbalflexion).
3. Konjunktionalform (*renyôkei*).
4. Assimilationsform (*ombinkei*); fungiert bei den Verben der fünfstufigen Verbalflexion vor Verbalsuffixen und Postpositionen, die mit *t* anlauten (*te, ta, tara, tari*).
5. Final- und Attributivform (*shûshi-rentaikei*); formale Koinzidenz in U.
6. Konditionalform (*kateikei*)[5].
7. Imperativform (*meireikei*).

Flexionsklassen

119 Die Flexionsformen zeigen bei der Gesamtheit der Verba gruppenweise morphologische Verschiedenheiten. Zur morphologischen Klassifizierung der Verbalflexion ist es ratsam, Stammsilben, Endungssilbe und silbisches Endungsmorphem zu unterscheiden; z. B. *izenkei* von *oyogu* (schwimmen) = *oyoge: oyo-* (Stammsilben) *-ge* (Endungssilbe); *rentaikei* von *uku* (erhalten) = *ukuru: u-* (Stammsilbe), *-ku* (Endungssilbe), *-ru* (silbisches Endungsmorphem)[6]. Von diesen Elementen der Flexionsform liefert die Endungssilbe die Kriterien für die Klassifizierung. Man bedient sich zur Bezeichnung der Flexionsklassen des Ordnungsschemas der Fünfzig-Laute-Tafel (*gojûon-zu*, vgl. § 36), indem man die Zahl der möglichen Alternationen des vokalischen Auslautes der Endungssilbe jeder Flexionsklasse auf die vertikal angeordneten Stufen (*dan*) der Tafel bezieht, die Zahl der möglichen konsonantischen Anlaute der Endungssilbe aller zu der betreffenden Flexionsklasse gehörenden Verben auf die horizontal angeordneten Reihen (*gyô*). Danach sind folgende Flexionsklassen der Verba zu unterscheiden:

---

[5] *katei* ‚voraussetzend' (auch *jôkenkei* ‚bedingende Form') bezieht sich auf die einzige Funktion dieser Form in U, nämlich der Bildung von Konditionalsätzen in Verbindung mit der konjunktionalen Postposition *ba*. Der für S gebräuchliche Terminus *izen* ‚schon so (sein)' steht im Gegensatz zu *mizen* (vgl. oben, Anm. 2), bezugnehmend auf die S-Funktion dieser Form, nämlich reale Konditional- oder Konzessivsätze zu bilden (in Verbindung mit den konjunktionalen Postpositionen *ba* bzw. *do*[*-mo*], vgl. § 109).

[6] Diese Formenanalyse entspricht der jap. Silbenstruktur und Silbenschrift und ermöglicht dadurch eine adäquate Systematisierung der Flexionsklassen nach dem Vorbild japanischer Grammatiker. Die naheliegende Scheidung von unveränderlichem Stamm und veränderlicher Endung (*oyog-e, uk-uru*) entspricht weder der jap. Wortstruktur noch läßt sie sich wegen des kombinatorischen Lautwandels allgemein durchführen (z. B. *mot-a, moch-i, mots-u* [nehmen]).

A Schriftsprache — neun Flexionsklassen

1. Die vierstufige Flexion (*yodan-katsuyô*); Alternation in den Stufen *a, i, u, e* bei Verben mit Endungssilben aus den Reihen *ka, ga, sa, ta, ha, ba, ma, ra.*
2. Die unregelmäßige vierstufige Flexion der *ra*-Reihe (*ra-gyô-henkaku-katsuyô*); Alternation wie oben.
3. Die unregelmäßige vierstufige Flexion der *na*-Reihe (*na-gyô-henkaku-katsuyô*); Alternation wie oben.
4. Die dreistufige Flexion der *ka*-Reihe (*ka-gyô-sandan-katsuyô*); Alternation in den Stufen *i, u, o.*
5. Die dreistufige Flexion der *sa*-Reihe (*sa-gyô-sandan-katsuyô*); Alternation in den Stufen *i, u, e.*
6. Die obere zweistufige Flexion[7] (*kaminidan-katsuyô*); Alternation in den Stufen *i, u* bei Verben mit Endungssilben aus den Reihen *ka, ga, ta, da, ha, ba, ma, ya, ra.*
7. Die obere einstufige Flexion (*kami'ichidan-katsuyô*); Endungsvokal ohne Alternation nur in der *i*-Stufe, Stamm- und Endungssilbe identisch, aus den Reihen *ka, na, ha, ma, ya, ra.*
8. Die untere zweistufige Flexion[7] (*shimonidan-katsuyô*); Alternation in den Stufen *u, e* bei Verben mit Endungssilben aus allen Reihen (nicht nigoriert und nigoriert, 14 Reihen).
9. Die untere einstufige Flexion (*shimoichidan-katsuyô*); Endungsvokal ohne Alternation nur in der *e*-Stufe, Stamm- und Endungssilbe identisch, aus der *ka*-Reihe.

B Umgangssprache — fünf Flexionsklassen

1. Die fünfstufige Flexion (*godan-katsuyô*); Alternation in den Stufen *a, i, u, e, o* bei Verben mit Endungssilben aus den Reihen *ka, ga, sa, ta, na, ha* (=*a*/*wa*), *ba, ma, ra.*
2. Die vierstufige Flexion der *sa*-Reihe (*sa-gyô-yodan-katsuyô*); Alternation in den Stufen *a, i, u, e.*
3. Die dreistufige Flexion der *ka*-Reihe (*ka-gyô-sandan-katsuyô*); Alternation in den Stufen *i, u, o.*
4. Die obere einstufige Flexion (*kami'ichidan-katsuyô*); Endungsvokal ohne Alternation nur in der *i*-Stufe, Endungssilben (teilweise mit Stammsilbe identisch) aus den Reihen *a, ka, ga, za, ta, na, ha, ba, ma, ra.*
5. Die untere einstufige Flexion (*shimoichidan-katsuyô*); Endungsvokal ohne Alternation nur in der *e*-Stufe, bei Verben mit Endungssilben (teilweise mit Stammsilbe identisch) aus allen Reihen (nicht nigoriert und nigoriert), mit Ausnahme der *ya*- und *wa*-Reihe (12 Reihen).

---

[7] ‚Oben' und ‚unten' bezieht sich hier rein äußerlich auf die vertikale Anordnung der fünf Vokalstufen im *gojûon-zu*: *a, i* stehen oben in der Reihe, *e, o* unten; das *u* in der Mitte wird beim Vorkommen von *i* bzw. *e* jeweils zur oberen oder unteren Hälfte gerechnet.

Es entsprechen einander die Flexionsklassen

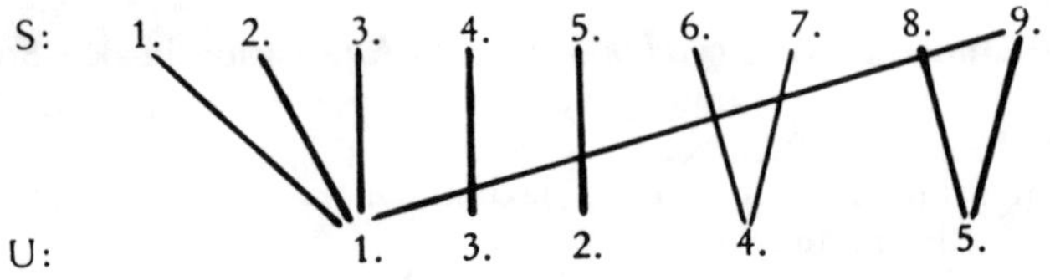

Ebenso wie die Herausarbeitung der Flexionsformen ist auch die Systematisierung der Flexionsklassen das Werk japanischer Philologen der Edo-Zeit. Die Ansätze einer Ordnung nach dem Schema der *gojûon-zu* wurden von Tanigawa Kotosuga (*Nihonshoki-tsûshô*, 1762) und Kamo Mabuchi (*Goi-kô*, 1769) gemacht. Die erste brauchbare Flexionstabelle (*yosoi no katagaki*) stammt von Fujitani Nariakira (enthalten im *Ayui-shô*, 1778). Weiterentwickelt wurden dessen Gedanken von Suzuki Akira (*Katsugo-danzoku-fu*, 1803) und Motoori Haruniwa (*Kotoba no yachimata*, 1808). Letzterer fixierte bereits sieben Flexionsklassen von neun (S) in der noch heute üblichen Art (1. 3. 4. 5. 6. 7. 8.). Die Analyse der 2. Flexionsklasse geht auf Tôjô Gimon zurück. (*Wagosetsu no ryakuzu*, 1833) und die der 9. Flexionsklasse auf Hayashi Kunio (*Kotoba no otamaki*, 1838).

120 1. Klasse — die vierstufige Verbalflexion (*yodan-katsuyô*) (Abk.: 4)

Merkmale: Vierstufige Alternation (*a*, *i*, *u*, *e*) in acht möglichen Reihen; Bildungsweise ohne silbische Endungsmorpheme; Identität von Final- und Attributivform einerseits, Konditional- und Imperativform andererseits.

	Reihe	ka	ga	sa	ta	ha	ba	ma	ra
	Beispiel	*kaku* schreib.	*isogu* eilen	*osu* schieb.	*utsu* schlag.	*ka(f)u* kaufen	*tobu* fliegen	*yomu* lesen	*toru* nehmen
	Stammsilben	*ka-*	*iso-*	*o-*	*u-*	*ka-*	*to-*	*yo-*	*to-*
Endungssilbe	mizen	*-ka*	*-ga*	*-sa*	*-ta*	*-wa*	*-ba*	*-ma*	*-ra*
	renyô	*-ki*	*-gi*	*-shi*	*-chi*	*-(h)i*	*-bi*	*-mi*	*-ri*
	shûshi	*-ku*	*-gu*	*-su*	*-tsu*	*-(f)u*	*-bu*	*-mu*	*-ru*
	rentai	*-ku*	*-gu*	*-su*	*-tsu*	*-(f)u*	*-bu*	*-mu*	*-ru*
	izen	*-ke*	*-ge*	*-se*	*-te*	*-(h)e*	*-be*	*-me*	*-re*
	meirei	*-ke*	*-ge*	*-se*	*-te*	*-(h)e*	*-be*	*-me*	*-re*

Beachte die Erscheinungen des kombinatorischen Lautwandels: a) in der *i*-Stufe erscheint das merkmaltragende Glied der Palatalisierungskorrelation (vgl. § 31 f), am ausgeprägtesten in der *sa*- und *ta*-Reihe (*-shi*, *-chi*); b) in der *u*-Stufe der *ta*-Reihe tritt als Variante von *t* vor *u* *ts* auf (vgl. § 31 b); c) in der *ha*-Reihe geht das intervokalische *h* vor der *a*-Stufe in *w* über und schwindet vor den übrigen Stufen (Nullvariante, vgl. § 31 d); die historische Orthographie der S behält jedoch die *ha-gyô*-Schreibung bei.

Umgangssprachige Entsprechung:

121 1. Klasse — die fünfstufige Verbalflexion (*godan-katsuyô*) (Abk.: 5)

Merkmale: Fünfstufige Alternation (*a, i, u, e, o*) in neun möglichen Reihen; Bildungsweise ohne silbische Endungsmorpheme; Vorhandensein von Assimilationsformen in allen Reihen außer der *sa*-Reihe; Identität von Final- und Attributivform einerseits, Konditional- und Imperativform andererseits.

Reihe		ka	ga	sa	ta	na	a(ha)	ba	ma	ra
Beispiel		*kaku* schreib.	*isogu* eilen	*osu* schieb.	*utsu* schlag.	*shinu* sterben	*kau* kaufen	*tobu* fliegen	*yomu* lesen	*toru* nehmen
Stammsilben		*ka-*	*iso-*	*o-*	*u-*	*shi-*	*ka-*	*to-*	*yo-*	*to-*
Endungssilbe	mizen	*-ka*	*-ga*	*-sa*	*-ta*	*-na*	*-wa*	*-ba*	*-ma*	*-ra*
	suiryô	*-ko*	*-go*	*-so*	*-to*	*-no*	*-o*	*-bo*	*-mo*	*-ro*
	renyô	*-ki*	*-gi*	*-shi*	*-chi*	*-ni*	*-i*	*-bi*	*-mi*	*-ri*
	ombin	*-i*	*-i*	○	*-t*	*-n*	*-t*	*-n*	*-n*	*-t*
	shûshi rentai	*-ku*	*-gu*	*-su*	*-tsu*	*-nu*	*-u*	*-bu*	*-mu*	*-ru*
	katei meirei	*-ke*	*-ge*	*-se*	*-te*	*-ne*	*-e*	*-be*	*-me*	*-re*

Beachte: 1. Die Erscheinungen des kombinatorischen Lautwandels wie in S unter a, b. Der intervokalischen Lautentwicklung der *ha-Reihe* (s. o. unter c) trägt die neuzeitliche Orthographie der U Rechnung, weshalb hier die *a*-Reihe (mit *wa*-Variante in der *mizenkei*!) an die Stelle der alten *ha*-Reihe tritt (vgl. § 43 a).

2. Die Assimilationsformen (*ombinkei*) ergaben sich aus dem Schwund des Auslautvokals *i* (bzw. der Anlautkonsonanten *k g* der Endungssilbe in der *ka*- und *ga*-Reihe) in der *renyôkei* vor den mit *t* anlautenden Suffixen *-te, -ta, -tara, -tari* (*i-ombin, hatsu-ombin, soku-ombin*; vgl. § 32); dabei geht das anlautende *t* der Suffixe nach dem *i* aus der *ga*-Reihe und nach *n* in *d* über: *kaite, isoide,* (*oshite*), *utte, shinde, katte, tonde, yonde, totte.* Folgende Unregelmäßigkeiten treten auf: a) *yuku* (*iku*) gehen: *itte*; b) *tou* fragen: *toute* (=*tôte*); dies ist ein Einzelfall von *u-ombin* in der Verbalflexion der Standardsprache (regelmäßiges *u-ombin* in der Flexion der *a-gyô* dialektal im Kinki-Gebiet um die alte Hauptstadt Kyôto), der sich zur Abgrenzung der Assimilationsformen der beiden Häufigkeitsverba *tou* ‚fragen' und *toru* ‚nehmen' durchsetzen konnte.

3. *keru* ‚stoßen' hat neben der regelmäßigen *meireikei kere* die unregelmäßige *kero* (siehe § 131).

4. Die in S vierstufig flektierten *aku* ‚überdrüssig werden', *taru* ‚genügen', *karu* ‚leihen' flektieren in U nach der oberen einstufigen Verbalflexion: *akiru, tariru, kariru* (siehe § 129).

122 2. Klasse — die unregelmäßige vierstufige Verbalflexion der *ra*-Reihe (*ra-gyô-henkaku-katsuyô*) (Abk.: 4ra)

Merkmale: Vierstufige Alternation (*a, i, u, e*); Bildungsweise ohne silbische Endungsmorpheme; formale Identität von Konjunktional- und Finalform einerseits, Konditional- und Imperativform andererseits.

Reihe	Beispiel	Stamm-silbe	Endungssilbe					
			mizen	renyô	shûshi	rentai	izen	meirei
ra	*ari* da sein	*a-*	*-ra*	*-ri*	*-ri*	*-ru*	*-re*	*-re*

Nach 4ra werden nur flektiert: 1. die Verba der Existenzaussage (*sonzai-dôshi*) *ari* (da, vorhanden) sein, *ori* sich befinden, *haberi* sich befinden[8], *imasukari* (*imasokari*)[9] sich befinden; 2. die Kopula *nari* (<*ni ari*) und *tari* (<*to ari*); 3. die Verbalsuffixe *-tari* (<*te ari*), *-ri*, *-keri* (<*ki ari*), *-meri* (<*mu ari*).

Beachte: 1. Die Unregelmäßigkeit gegenüber der vierstufigen Verbalflexion besteht in der Abweichung der Finalform: *toru*, aber: *ari*.
2. Laut Bekanntmachung des Kultusministeriums (*Mombushô*) vom 2. XII. 1905 war es ab dato offiziell zulässig, die noch gebräuchlichen Verba dieser Klasse (*ari, ori*) auch in S nach der regelmäßigen vierstufigen Flexion zu behandeln; also *shûshikei: aru, oru*.

In der Umgangssprache ist S 4ra in der regelmäßigen fünfstufigen Verbalflexion aufgegangen. Von dem oben angegebenen Wortbestand sind nur noch *aru* und *oru* in Gebrauch.

123 3. Klasse — die unregelmäßige vierstufige Verbalflexion der *na*-Reihe (*na-gyô-henkaku-katsuyô*) (Abk.: 4na)

Merkmale: Vierstufige Alternation (*a, i, u, e*); Bildungsweise mit den silbischen Endungsmorphemen *-ru, -re*; Verschiedenheit aller sechs Flexionsformen.

Reihe	Beispiel	Stamm-silbe	Endungssilbe					
			mizen	renyô	shûshi	rentai	izen	meirei
na	*shinu* sterben	*shi-*	*-na*	*-ni*	*-nu*	*-nuru*	*-nure*	*-ne*

[8] Ursprünglich ‚dienen', ‚zu Diensten sein'. In der Kamakura-Zeit wurde es gleichbedeutend mit *ari* und *ori* als bescheidene Aussageform der 1. Person gebraucht.

[9] Das Gegenstück von *haberi*; wurde nur im ehrenden Sinne anderen Personen gegenüber gebraucht (statt *imasu, owasu*; selten).

Nach 4na werden nur zwei Verba flektiert: *shinu* sterben, *inu* fortgehen.

Beachte: 1. Das sinojap. Synonym von *shinu*, *shi-su*, wird nach 3sa flektiert.
2. Seit 1905 war es offiziell zulässig, auch diese beiden Verba regelmäßig vierstufig zu flektieren (s. o. § 122, Anm. 2).

In der Umgangssprache ist S 4na in der regelmäßigen fünfstufigen Verbalflexion aufgegangen. *inu* ist in U nur noch dialektal in Gebrauch.

124 4. Klasse — die dreistufige Verbalflexion der *ka*-Reihe (*ka-gyô-sandan-katsuyô*) (Abk.: 3ka)

Merkmale: Dreistufige Alternation (*i, u, o*); Bildungsweise mit den silbischen Endungsmorphemen *-ru, -re, -yo;* Verschiedenheit aller sechs Flexionsformen.

Reihe	Beispiel	Stammsilbe	Endungssilbe					
			mizen	renyô	shûshi	rentai	izen	meirei
ka	*ku* kommen	(*ku*)	*ko*	*ki*	*ku*	*kuru*	*kure*	*koyo*

Nach 3ka wird nur das Verb *ku* ‚kommen' flektiert.

Beachte: 1. *ku* gehört zu den einsilbigen Verba der jap. Schriftsprache (dgl. *su* [3sa] tun, machen, *u* [2u] erhalten, können, *fu* [2u] vergehen). Eine Trennung von Stamm- und Endungssilbe ist in dieser Gruppe wie bei Verben der Klasse 1o und 1u (in S) nicht möglich.
2. Die einsilbigen Formen von *ku*, die alleinstehend gebraucht werden können (*ku, ki* in prädikativer Stellung) werden wegen ihrer wenigen Lautcharakteristika in der Regel durch die entsprechenden Formen des mehrsilbigen Synonyms *kitaru* 4 ersetzt (*kitari, kitaru*).
3. Im Altjap. konnte die Imperativform von *ku* auch ohne silbisches Endungsmorphem auftreten: *ko*.

In der Umgangssprache ist die dreistufige Flexion der *ka*-Reihe erhalten geblieben (3. Klasse, vgl. § 119), jedoch mit zwei Abweichungen gegenüber S: 1. *shûshikei* und *rentaikei* identisch: *kuru* (regelmäßige formale Koinzidenz beider Flexionsformen in U; vgl. § 118); 2. in der *meireikei* tritt an die Stelle des silbischen Endungsmorphems *yo* ein *i*: *koi*. — Auch in U ist die Flexionsklasse 3ka nur durch das Verb *kuru* ‚kommen' vertreten.

125 5. Klasse — die dreistufige Verbalflexion der *sa*-Reihe (*sa-gyô-sandan-katsuyô*) (Abk.: 3sa)

Merkmale: Dreistufige Alternation (*i, u, e*); Bildungsweise mit den silbischen Endungsmorphemen *-ru, -re, -yo;* Verschiedenheit aller sechs Flexionsformen.

Reihe	Beispiel	Stamm-silbe	Endungssilbe					
			mizen	renyô	shûshi	rentai	izen	meirei
sa	*su* machen	(*su*)	*se*	*shi*	*su*	*suru*	*sure*	*seyo*

Nach 3sa wird nur das Verb *su* ‚machen, tun' flektiert.

Beachte: 1. *shi* (statt *si*) erscheint unter dem Einfluß des kombinatorischen Lautwandels (vgl. § 31 f).
2. Wie bei *ku* ist auch bei *su* eine Trennung von Stamm- und Endungssilbe nicht möglich (vgl. § 124, Anm. 1).
3. *su* dient als Hilfsverb zur Verbalisierung von Nomina (insb. sinojap.) und Qualitativa. Beim Auftreten bestimmter assimilatorischer Bedingungen wird es dann zu *zu* nigoriert; siehe § 143, 2a Anm.

Umganggssprachige Entsprechung:

126 2. Klasse — die vierstufige Verbalflexion der *sa*-Reihe (*sa-gyô-yodan-katsuyô*) (Abk.: 4sa)

Merkmale: Vierstufige Alternation (*a, i, u, e*); Bildungsweise mit den silbischen Endungsmorphemen *-ru, -re, -yo* (*-ro*); Identität von Final- und Attributivform; Vorhandensein von Varianten in der Indefinit- und Imperativform.

Reihe	Beispiel	Stamm-silbe	Endungssilben				
			mizen-suiryô	renyô	shûshi-rentai	katei	meirei
sa	*suru* machen	(*su*)	*sa shi se*	*shi*	*suru*	*sure*	*seyo shiro*

Wie in S wird nach 4sa nur das Verb *suru* flektiert.

Beachte: 1. Die Abweichungen gegenüber S betreffen, von der Koinzidenz *shûshikei-rentaikei* abgesehen, die Varianten in der *mizenkei* und *meireikei*. a) *mizenkei* (*suiryôkei*): sa — vor den Verbalsuffixen des Passivs und Faktitivs (*sareru, saseru*); *shi* — vor den Verbalsuffixen der Negation und des Dubitativs (*shinai, shiyô*); *se* — fakultativ vor den Verbalsuffixen des Passivs und Faktitivs als Hilfsverb nach Nomina (*anshin-serareru* usw.); b) *meireikei: seyo* und *shiro* (selten auch *sero*) sind dialektale Varianten: *-yo* ist im Kinki- Dialekt gebräuchlich (Kamigata, Kyôto), *-ro* im Kantô-Dialekt (Tôkyô).
2. Auch in U dient *suru* zur Verbalisierung von Nomina und Qualitativa, insbesondere noch zur Verbalisierung moderner Fremdwörter aus europäischen Sprachen (siehe § 143, 2a Anm.).

127 6. Klasse — die obere zweistufige Verbalflexion (*kaminidan-katsuyô*) (Abk.: 2o)

Merkmale: Zweistufige Alternation (*i, u*) in neun möglichen Reihen; Bildungsweise mit den silbischen Endungsmorphemen *-ru, -re, -yo;* Identität von Indefinit- und Konjunktionalform.

Reihe		ka	ga	ta	da	ha	ba	ma	ya	ra
Beispiel		*iku* leben	*sugu* vorbeigehen	*otsu* fallen	*hazu* sich schämen	*mochi(f)u* benutzen	*nobu* sich dehnen	*kokoromu* prüfen	*oyu* altern	*oru* herabsteigen
Stammsilben		*i-*	*su-*	*o-*	*ha-*	*mochi-*	*no-*	*kokoro-*	*o-*	*o-*
Endungssilben	mizen renyô	*-ki* *-ki*	*-gi* *-gi*	*-chi* *-chi*	*-ji* *-ji*	*-(h)i* *-(h)i*	*-bi* *-bi*	*-mi* *-mi*	*-i* *-i*	*-ri* *-ri*
	shûshi	*-ku*	*-gu*	*-tsu*	*-zu*	*-(f)u*	*-bu*	*-mu*	*-yu*	*-ru*
	rentai	*-kuru*	*-guru*	*-tsuru*	*-zuru*	*-(f)uru*	*-buru*	*-muru*	*-yuru*	*-ruru*
	izen	*-kure*	*-gure*	*-tsure*	*-zure*	*-(f)ure*	*-bure*	*-mure*	*-yure*	*-rure*
	meirei	*-kiyo*	*-giyo*	*-chiyo*	*-jiyo*	*-(h)iyo*	*-biyo*	*-miyo*	*-iyo*	*-riyo*

Beachte: 1. Die Erscheinungen des kombinatorischen Lautwandels: a) in der *i*-Stufe erscheint die palatalisierte Variante des Anlautkonsonanten der Endungssilben, am ausgeprägtesten in der *ta*- und *da*-Reihe (*chi,* [*d*]*ji*) (vgl. § 31 f); b) in der *u*-Stufe der *ta*- und *da*-Reihe treten als Varianten von *t* und *d ts* und (*d*)*z* auf (vgl. § 31b); c) in der *ha*-Reihe tritt an die Stelle des intervokalischen *h* vor *i* und *u*, d. h. in sämtlichen Flexionsformen, die Nullvariante (vgl. § 31 d), doch wird in der historischen Orthographie der S die *ha-gyô*-Schreibung beibehalten; d) in der *ya*-Reihe tritt an die Stelle des anlautenden Halbvokals *y* der Endungssilbe vor *i* die Nullvariante auf; wird auch in der Kana-Orthographie mit einfachem *i* geschrieben (vgl. § 31 e, § 36).

2. *kokoromu* 2o ‚prüfen', ‚versuchen' und *kangamu* 2o ‚zum Vorbild nehmen', ‚beherzigen' können auch nach der oberen einstufigen Verbalflexion abgewandelt werden: *kokoromiru, kangamiru.* — *shinobu* 2o ‚erdulden' wird auch nach der vierstufigen flektiert.

In der Umgangssprache ist S 2o in der oberen einstufigen Flexion (1o) aufgegangen; siehe § 129.

128 7. Klasse — die obere einstufige Verbalflexion (*kami'ichidan-katsuyô*) (Abk.: 1o)

Merkmale: Ohne Alternation (nur *i*-Stufe); sechs mögliche Reihen; Stamm- und Endungssilbe meist identisch; Bildungsweise mit den silbischen Endungsmorphemen *-ru, -re, -yo*; Identität von Indefinit- und Konjunktionalform einerseits, Final- und Attributivform andererseits.

Nach 1o werden in S insgesamt achtzehn Verba flektiert. Das sind außer den umseitigen sechs des Paradigmas die folgenden: *niru* kochen, *hiru* worfeln, *hiru* niesen (selten), *kaerimiru* berücksichtigen, *kokoromiru* (auch nach 2o!)

Reihe		ka	na	ha	ma	ya	wa
Beispiel		*kiru* anziehen	*niru* ähneln	*hiru* trocknen	*miru* sehen	*iru* schießen	*(w)iru* sich befinden
Stammsilben		(*ki*)	(*ni*)	(*hi*)	(*mi*)	(*i*)	([*w*]*i*)
Endungssilben	mizen	*ki*	*ni*	*hi*	*mi*	*i*	(*w*)*i*
	renyô	*ki*	*ni*	*hi*	*mi*	*i*	(*w*)*i*
	shûshi	*kiru*	*niru*	*hiru*	*miru*	*iru*	(*w*)*iru*
	rentai	*kiru*	*niru*	*hiru*	*miru*	*iru*	(*w*)*iru*
	izen	*kire*	*nire*	*hire*	*mire*	*ire*	(*w*)*ire*
	meirei	*kiyo*	*niyo*	*hiyo*	*miyo*	*iyo*	(*w*)*iyo*

prüfen, versuchen, *kangamiru* (auch nach 2o!) zum Vorbild nehmen, beherzigen, *omommiru* erwägen, *iru* (*ya-gyô*) gießen (Metall), *iru* (*ya-gyô*) begießen (selten), *iru* (*ya-gyô*) genesen (selten), (*hiki-*)*iru* (*wa-gyô*) befehligen, *mochiiru* (*wa-gyô*) benutzen (Variante von *mochi*[*f*]*u* 2o).

Beachte: Die beiden Halbvokale *y*, *w* haben Nullvarianten vor *i* (vgl. § 31 e), jedoch wird in der historischen Orthographie der S noch *wi* (*wa*-Reihe) geschrieben, dagegen in der *ya*-Reihe einfaches *i* (vgl. § 36).

129 Die umgangssprachige Entsprechung ist die formal mit S 1o identische obere einstufige Verbalflexion (4. Klasse, 1o), allerdings mit einer dialektalen Variante in der *meireikei:* neben dem Endungsmorphem *yo* fungiert auch *ro;* z. B. *miyo, miro* (vgl. § 126 Anm. 1).

Außer den unter 1o aufgeführten Verben flektieren nach U 1o auch die Verben von S 2o, weshalb in U 1o eine größere Anzahl von Endungssilbenreihen vorhanden ist (zehn), wobei man zu beachten hat, daß in der *i*-Stufe die *ha*-[10], *ya*- und *wa*-Reihe nach der modernen Orthographie der U mit der *a*-Reihe zusammengefallen sind, ebenso wie die *da*-Reihe mit der *za*-Reihe (*gendai-kanazukai: i, ji;* vgl. § 43, Regel a, b, c).

S 2o und S 1o verteilen sich auf U 1o wie folgt:

Reihe	U 1o	S
a	*mochiiru*	< 2o ha
		< 1o wa
	iru	< 1o wa
	iru	< 1o ya
	oiru	< 2o ya
ka	*ikiru*	< 2o ka
	kiru	< 1o ka
ga	*sugiru*	< 2o ga
za	*hajiru*	< 2o da

Reihe	U 1o	S
ta	*ochiru*	< 2o ta
na	*niru*	< 1o na
ha	*hiru*	< 1o ha
ba	*nobiru*	< 2o ba
ma	*kokoromiru*	< 2o ma
	miru	< 1o ma
ra	*oriru*	< 2o ra
	kariru	< 4 ra

[10] Gilt nur für den Inlaut (vgl. § 31 d): *mochi(f)u* (S) >*mochiiru* (U); aber: *hiru* (S und U).

Beachte: Einsilbige sinojap. Nomina und jap. Qualitativa mit nasalem Auslaut, die mit dem Hilfsverb *su* (3sa, unter diesen Bedingungen >*zu*; vgl. § 125, Anm. 3) verbalisiert werden (*ron-zu, tsû-zu, omon-zu* usw.), können außer der entsprechenden U-Flexion (4sa: *ron-zuru* usw.), infolge fakultativen *i*-Umlauts der Endungssilbe auch nach U 1o abgewandelt werden (*ron-jiru, omon-jiru* usw.); siehe § 143, 2 a Anm.

130 8. Klasse — die untere zweistufige Verbalflexion (*shimonidan-katsuyô*) (Abk.: 2u)

Merkmale: Zweistufige Alternation (*u, e*) in vierzehn möglichen Reihen; Bildungsweise mit den silbischen Endungsmorphemen *-ru, -re, -yo*; Identität von Indefinit- und Konjunktionalform.

Reihe		a	ka	sa	ta	na	ha	ma	ya	ra	wa
Beispiel		*u* können	*uku* empfangen	*nosu* beladen	*sutsu* wegwerfen	*tazunu* besuchen	*oshi(f)u* lehren	*aratamu* ändern	*kiyu* erlöschen	*nagaru* fließen	*uu* pflanzen
Stammsilben		(*u*)	*u-*	*no-*	*su-*	*tazu-*	*oshi-*	*arata-*	*ki-*	*naga-*	*u-*
Endungssilben	mizen	*e*	*-ke*	*-se*	*-te*	*-ne*	-(*h*)*e*	*-me*	*-e*	*-re*	-(*w*)*e*
	renyô	*e*	*-ke*	*-se*	*-te*	*-ne*	-(*h*)*e*	*-me*	*-e*	*-re*	-(*w*)*e*
	shûshi	*u*	*-ku*	*-su*	*-tsu*	*-nu*	-(*f*)*u*	*-mu*	*-yu*	*-ru*	*-u*
	rentai	*uru*	*-kuru*	*-suru*	*-tsuru*	*-nuru*	-(*f*)*uru*	*-muru*	*-yuru*	*-ruru*	*-uru*
	izen	*ure*	*-kure*	*-sure*	*-tsure*	*-nure*	-(*f*)*ure*	*-mure*	*-yure*	*-rure*	*-ure*
	meirei	*eyo*	*-keyo*	*-seyo*	*-teyo*	*-neyo*	-(*h*)*eyo*	*-meyo*	*-eyo*	*-reyo*	-(*w*)*eyo*

Hinzu kommen die vier nigorierten Reihen: ga — *tsugu* berichten, za — *mazu* mischen, da — *i*(*d*)*zu* hinausgehen, ba — *nobu* erzählen.

Beachte: 1. Die Erscheinungen des kombinatorischen Lautwandels: a) in der *u*-Stufe treten in der *ta*- und *da*-Reihe als Varianten von *t* und *d ts* und (*d*)*z* auf (vgl. § 31 b); b) in der *ha*-Reihe tritt an die Stelle des intervokalischen *h* vor *e* und *u*, d. h. in sämtlichen Flexionsformen, die Nullvariante (vgl. § 31 d), doch wird in der historischen Orthographie der S die *ha-gyô*-Schreibung beibehalten; c) wie in der *ha*-Reihe tritt auch in der *wa*-Reihe die Nullvariante auf (vgl. § 31 e), doch wird die Schreibung *we* in S beibehalten.

2. Die *za*-Reihe ist nur durch ein Verb vertreten (*mazu* mischen), die *a*-Reihe durch zwei Verben (*u* können, erhalten, *kokorou* verstehen) und die *wa*-Reihe durch drei Verben (*uu* pflanzen, *uu* hungern, *suu* setzen, stellen, legen).

In der Umgangssprache werden sämtliche Verba der S 2u nach der unteren einstufigen Flexion abgewandelt (siehe unten).

131 9. Klasse — die untere einstufige Verbalflexion (*shimoichidan-katsuyô*) (Abk.: 1u)

Merkmale: Ohne Alternation (nur *e*-Stufe); eine mögliche Reihe; Identität von Stamm- und Endungssilbe; Bildungsweise mit den silbischen Endungsmorphemen *-ru*, *-re*, *-yo*; Identität von Indefinit- und Konjunktionalform einerseits, Final- und Attributivform andererseits.

Reihe	Beispiel	Stammsilbe	Endungssilben					
			mizen	renyô	shûshi	rentai	izen	meirei
ka	*keru* stoßen	(*ke*)	*ke*	*ke*	*keru*	*keru*	*kere*	*keyo*

Nach S 1u wird nur das Verb *keru* ‚stoßen' flektiert.

In der Umgangssprache entspricht der S 1u die formal identische untere einstufige Verbalflexion (5. Klasse, 1u). Wie in 1o tritt auch hier die dialektale Variante der *meireikei* auf: das Endungsmorphem *ro* neben *yo* (*eyo*/*ero*)[11]. Nach U 1u werden sämtliche Verba der S 2u abgewandelt. Das einzige Verb der S 1u (*keru*) wird in der U nach der fünfstufigen Flexion abgewandelt (nur in der Variante *kero* statt *kere* [*meireikei*] zeigt sich ein Relikt der 1u: *keyo*/*kero*; vgl. § 121, Anm. 3). Von den vierzehn möglichen Reihen der S 2u sind in U 1u nur zwölf übriggeblieben, da in der *e*-Stufe die *ya*- und *wa*-Reihe (ebenso wie die inlautende *ha*-Reihe) mit der *a*-Reihe auch orthographisch zusammengefallen sind (vgl. § 43, Regeln a, b): *u* (S 2u a) > *eru*[12] (U 1u a), *kiyu* (S 2u ya) > *kieru* (U 1u a), *suu* (S 2u wa) > *sueru* (U 1u a), *oshi(f)u* (S 2u ha) > *oshieru* (U 1u a)[13].

132 Eine Feststellung über die Zugehörigkeit eines Verbs zu einer der neun Flexionsklassen der Schriftsprache läßt sich an Hand der lexikalischen Finalform im allgemeinen nicht treffen. Es sind jedoch fast alle Verba auf die drei Flexionsklassen 4, 2o, 2u verteilt (die ca. 25 Verba der übrigen sechs Flexionsklassen lassen sich leicht merken). Die Zugehörigkeit zu einer dieser drei Klassen kann man eindeutig durch die Indefinitform (*mizenkei*) ermitteln, die in 4 auf *-a* auslautet, in 2o auf *-i* und in 2u auf *e*. Zu dieser Probe bedient man sich am besten des Verbalsuffixes *-zu* der Negation, das an die *mizenkei* angeschlossen wird: *tobazu* (*tobu* 4), *nobizu* (*nobu* 2o), *nobezu* (*nobu* 2u).

Gleichartiges gilt für die fünf Flexionsklassen der Umgangssprache. Der gesamte Verbalbestand (bis auf *suru*, *kuru*) verteilt sich auf die Klassen 5, 1o, 1u, deren charakteristische Form gleichlautend wie in S die *mizenkei* ist. Probe mit dem umgangssprachigen Verbalsuffix *-nai* der Negation: *tobanai* (*tobu* 5), *nobinai* (*nobiru* 1o), *nobenai* (*noberu* 1u).

---

[11] Beachte die unregelmäßige *meireikei* ohne Endungsmorphem von *kureru* geben: *kure*.

[12] *eru* hat in U die Flexionsvariante: *e*, *e*, *uru*, *uru*, *ure*, *eyo* in Anlehnung an S.

[13] Im Anlaut bleibt die Trennung von *a*- und *ha-gyô* natürlich erhalten: *u* (S 2u a) > *eru* (U 1u a), *fu* ‚vergehen' (S 2u ha) > *heru* (U 1u ha).

133 Zur Geschichte der japanischen Verbalflexion

133 Die neun verbalen Flexionsklassen der Schriftsprache bestehen seit der Heian-Zeit. In der vorangegangenen Nara-Zeit lagen die Verhältnisse insofern etwas anders, als die vierstufige Flexion stärker mit Verben besetzt war, von denen mehrere allmählich in die zweistufigen Flexionen überwechselten; z. B. *obu* (gürten), *iku* (leben), *momizu* (sich verfärben), *shinobu* (erdulden): 4→2o; *saku* (sich trennen), *osoru* (sich fürchten), *todomu* (anhalten), *taru* (herabhängen): 4→2u; andere wiederum wurden sowohl nach der vierstufigen als auch nach einer der zweistufigen abgewandelt; z. B. *yoku* (hindern) 4/2o, *tabu* (essen) 4/2u, *wasuru* (vergessen) 4/2u. Dieser Dezimierungsprozeß der vierstufig flektierten Verba hat sich in mäßigem Umfang auch im Mitteljapanischen fortgesetzt. Außerdem bestand die untere einstufige Flexion des Verbs *keru* in der Nara-Zeit noch nicht. Dies Verb ist im Altjapanischen nur in der Form *kuwu* 2u belegt. Erst in der Heian-Zeit lassen sich die gleichbedeutenden *koyu* 2u und *keru* 1u feststellen.

Diejenigen Prozesse, die zur Aufgabe der zweistufigen Flexionen der Schriftsprache und in ihrem Gefolge auch der unregelmäßigen vierstufigen Flexionen (4ra, 4na) führten, ereigneten sich im Mitteljapanischen der Kamakura-Zeit. Ausgelöst wurde die Systemverschiebung dadurch, daß die Attributivform, in der Heian-Zeit ohne Suffix hauptsächlich zur Determinierung von *taigen* oder in nominaler Funktion gebräuchlich, nunmehr auch in prädikativer Stellung statt der Finalform auftrat. In Korrelation zu den Postpositionen *zo, namu, ka, ya* war das bereits in der Heian-Zeit die Regel, doch im Laufe der Kamakura-Zeit verlor sich allgemein diese Bedingung für die Prädikatisierung der Attributivform. In der folgenden Muromachi-Zeit wurde die Attributivform in prädikativer Stellung endgültig grammatikalisiert. Damit war der formale Unterschied beider Formen in den zweistufigen, dreistufigen und der unregelmäßigen vierstufigen (4ra) aufgehoben: ebenso wie bei den einstufigen Verbalflexionen trat das Endungsmorphem *-ru* nun auch in der prädikativen Stellung auf. Da beide Formen in der vierstufigen Flexion ursprünglich schon identisch waren, hatte sich nunmehr das System in dieser Hinsicht horizontal ausgeglichen. Im Anschluß an diese Entwicklung setzte sich in den zweistufigen Verbalflexionen analog zu den einstufigen die typische Ablaut-Stufe *i* bzw. *e* in allen Formen durch, wodurch auch ein vertikaler Formenausgleich eintrat und die zweistufigen Verbalflexionen in den einstufigen aufgingen. Eine andere Entwicklung nahm später (zu Anfang der Edo-Zeit) die unregelmäßige vierstufige Flexion der *na*-Reihe (*shinu, inu*): hier wurden die Endungsmorpheme (*ru, re*) abgestoßen und dadurch eine Annäherung an die regelmäßige vierstufige Flexion bewirkt, die dann durch Analogiebildung der Konditionalform (*shinure* > *shine*) vollkommen wurde.

Zur gleichen Zeit, da die Veränderungen des Flexionssystems vor sich gingen, entwickelten sich innerhalb der vierstufigen Verbalflexion die Assimilationsformen (*ombinkei*) neben der regelmäßigen Konjunktionalform. Bedingung für ihr Entstehen war der Anschluß eines mit Dental anlautenden Suffixes, das mit der Konjunktionalform verbunden wird (*-tari, -te, -nari, -nu*). Frühe sporadische Beispiele für Assimilationsformen datieren bereits aus der 1. Hälfte der Heian-Zeit. Um die Wende zur Kamakura-Zeit gewinnen sie zusehends an Häufigkeit, und während der Muromachi-Zeit bürgern sie sich endgültig in der Umgangssprache ein. Dabei zeigen die Assimilationsformen der *ha*-Reihe einen wichtigen Dialektunterschied, der sich häufig in der Literatur widerspiegelt: im Kamigata-Gebiet (Kyôto) unterliegen sie dem *u-ombin* (*kaf(i)ta* > *kauta* > *kôta*), im Kantô-Gebiet (Tôkyô) dem *soku-ombin* (*kaf(i)ta* > *katta*). Somit ist die Entwicklung von dem neunklassigen Flexionssystem der Verba der Schriftsprache, das auf dem Sprachstadium der Heian-Zeit basiert, zu dem noch jetzt lebendigen fünfklassigen System der Umgangssprache schon an der Wende zum Neujapanischen abgeschlossen.

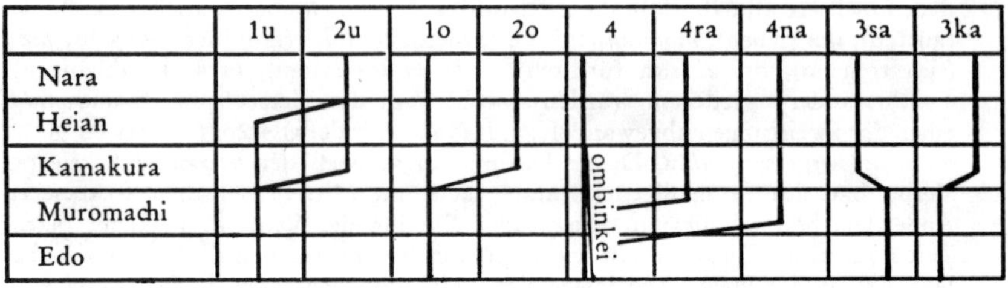

134 Endoaktive und exoaktive Verba (*jidôshi, tadôshi*)

Die japanischen Verba, die eine Tätigkeit oder einen Vorgang bezeichnen, können ihren Zusammenhang mit den Dingen oder Sachverhalten, über die sie eine Aussage treffen, grundsätzlich auf zweierlei Weise darstellen: entweder werden die Dinge oder Sachverhalte in das verbale Geschehen einbezogen, oder sie werden ihm gegenübergestellt; z. B. *ito kiru* (U: *ito-ga kireru*) der Faden zerreißt, *ito-wo kiru* den Faden zerreißen. Im ersten Falle handelt es sich um endoaktive Verba (*jidôshi*), im zweiten Falle um exoaktive Verba (*tadôshi*).

Die Unterscheidung von jidôshi und tadôshi wurde erstmals von Fujitani Nariakira (*Ayui-shô,* 1778) getroffen und weiter ausgearbeitet von Motoori Haruniwa (*Kotoba no kayoiji,* 1828). Seit der Einflußnahme der europäischen Grammatik wurde dies Gegensatzpaar innerhalb und außerhalb Japans begrifflich sehr oft mit den Intransitiva und Transitiva idg. Prägung gleichgesetzt. Dort ist die Unterscheidung jedoch an funktionelle Kriterien gebunden, die für das Japanische nicht regelmäßig zutreffen: so können mehrere *jidôshi,* insb. solche, die eine Fortbewegung bezeichnen, ein direktes Objekt bei sich haben; z. B. *kado-wo deru* (U) aus der Tür gehen; außerdem ist die Bildung eines persönlichen Passivs, die z. B. im Deutschen und Englischen als Merkmal eines transitiven Verbs gilt, im Japanischen auch bei manchen *jidôshi* möglich; z. B. *kodomo-ga naku* (U) das Kind weint, *haha-ga kodomo-ni nakareru* (U) etwa: der Mutter weint das Kind (indirektes Passiv, siehe § 162 b). — Y. Yamada hat die Substitution fremder grammatischer Begriffe vermieden, indem er die Wirkungsweise des betr. Gegensatzpaares als ‚unabhängig' (*tandoku-sayô*) oder ‚abhängig' (*kankei-sayô*) bestimmte (*Nihon-bumpôron,* 1908). Wir verwenden zur Abgrenzung gegen ‚intransitiv' und ‚transitiv' die Termini ‚endoaktiv' und ‚exoaktiv', die von P. M. Suski auf das japanische Verb angewendet worden sind (*Conjugation of Japanese verbs in the modern spoken Japanese,* 1942).

135 Die endoaktiven und exoaktiven Verba des Japanischen zeichnen sich durch eine auffallende morphologische Paarigkeit aus, die sich nach verschiedenen Typen ordnen läßt. Den Paaren sind die gleichen Stammsilben eigen. Der funktionelle Unterschied wird dadurch zum Ausdruck gebracht, daß entweder die Endungssilbe nach verschiedenen Flexionsklassen abgewandelt wird, daß verschiedene Endungssilben angefügt werden (gleichwertige Typen), oder daß die exoaktiven durch ein Endungsmorphem von den endoaktiven abgeleitet werden und umgekehrt (abgeleitete Typen). Neben diesem System kommen auch unpaarige Verba vor, die entweder nur endoaktiv oder nur exoaktiv oder in beiden Richtungen fungieren.

136 Paarige Verba[14]

1. endoaktiv — exoaktiv gleichwertig
   Typ a: verschiedene Flexionsklassen
   4 (5) — 2u (1u)

muku	sich wenden	*muku* (*mukeru*)	hinwenden
somuku	widerstreiten	*somuku* (*somukeru*)	wegwenden
tsuku	haften	*tsuku* (*tsukeru*)	anheften
tatsu	stehen	*tatsu* (*tateru*)	stellen
narabu	nebeneinander stehen	*narabu* (*naraberu*)	nebeneinander-stellen
yamu	enden	*yamu* (*yameru*)	einstellen
yurumu	locker werden	*yurumu* (*yurumeru*)	lockern

2u (1u) — 4 (5)

kaku (*kakeru*)	fehlen	*kaku*	entbehren
toku (*tokeru*)	sich auflösen	*toku*	auflösen
yaku (*yakeru*)	brennen	*yaku*	in Brand setzen
nugu (*nugeru*)	ausgezogen sein	*nugu*	ausziehen
oru (*oreru*)	brechen intr.	*oru*	brechen trans.
yaburu (*yabureru*)	zerreißen intr.	*yaburu*	zerreißen trans.
furu (*fureru*)	schwanken	*furu*	schwenken

Typ b: verschiedene Endungssilben

-ru 4 (5) — *-su* 4 (5)

nokoru	übrigbleiben	*nokosu*	übriglassen
kawaru	sich ändern	*kawasu*	austauschen
kaeru	zurückkehren	*kaesu*	zurückgeben
naru	werden	*nasu*	bilden
naoru	wiederhergestellt werden	*naosu*	wiederherstellen
taru (*tariru* 1o)	genügen	*tasu*	hinzufügen

[14] In Klammern stehen die U-Formen, soweit sie von S abweichen.

-ru 2u (1u) — *-su* 4 (5)			
taoru (*taoreru*)	umfallen	*taosu*	umwerfen
hanaru (*hanareru*)	sich trennen	*hanasu*	trennen
midaru (*midareru*)	in Verwirrung geraten	*midasu*	verwirren
nagaru (*nagareru*)	fließen	*nagasu*	fließen lassen
kakuru (*kakureru*)	sich verstecken	*kakusu*	verstecken
arawaru (*arawareru*)	erscheinen	*arawasu*	offenbaren
-yu 2u (1u) — *-su* 4 (5)			
kiyu (*kieru*)	verschwinden	*kesu*	auslöschen
koyu (*koeru*)	überschreiten	*kosu*	schicken
moyu (*moeru*)	brennen	*mosu* (*moyasu*)	anzünden

Beachte: Bei diesem Typ bezeichnet das Morphophonem *r* (*y*) der Endungssilbe die endoaktive Funktion, das *s* die exoaktive. Diese Morphophoneme spielen eine ähnliche Rolle bei den passivischen und faktitiven Verbalsuffixen, die ja eine sekundäre Intransivierung bzw. Transivierung zum Ausdruck bringen (siehe §§ 162, 165).

2. endoaktiv — primär, exoaktiv — abgeleitet
Typ c: Ableitung der exoaktiven Verba mittels *-su*

4 (5) — *-su* 4 (5)			
ugoku	sich bewegen	*ugokasu*	in Bewegung setzen
odoroku	erschreckt sein	*odorokasu*	erschrecken
waku	kochen intr.	*wakasu*	kochen trans.
a(f)u	zusammentreffen	*awasu*	zusammenbringen
mado(f)u	sich verirren	*madowasu*	irreführen
sumu	sich aufklären	*sumasu*	klar machen
koru	steif werden	*korasu*	steif machen
2o (1o) — *-su* 4 (5)			
iku (*ikiru*)	leben	*ikasu*	wiederbeleben
mitsu (*michiru*)	voll sein	*mitasu*	füllen
nobu (*nobiru*)	sich ausdehnen	*nobasu*	verlängern
koru (*koriru*)	eine Lehre bekommen	*korasu*	eine Lehre erteilen
otsu (*ochiru*)	fallen	*otosu*	verlieren
oru (*oriru*)	herabsteigen	*orosu*	herabnehmen
sugu (*sugiru*)	vorbeigehen	*sugosu*	verbringen
hiru 1o	trocken werden	*hosu*	trocken machen

2u (1u) — *-su* 4 (5)

aku (*akeru*)	Tag werden	*akasu*	Zeit verbringen
nuku (*nukeru*)	ausfallen	*nukasu*	auslassen
i(*d*)*zu* (*deru*)	hinausgehen	*idasu* (*dasu*)	hinausbringen
samu (*sameru*)	aufwachen	*samasu*	aufwecken
kuru (*kureru*)	dunkel werden	*kurasu*	Zeit verbringen
naru (*nareru*)	gewohnt sein	*narasu*	gewöhnen

2u (1u) — *-su* 4 (5)

tayu (*taeru*)	aufhören	*tayasu*	vernichten
tsuiyu (*tsuieru*)	zunichte werden	*tsuiyasu*	vergeuden
hiyu (*hieru*)	erkalten	*hiyasu*	abkühlen
hayu (*haeru*)	wachsen	*hayasu*	anbauen
fuyu (*fueru*)	zunehmen	*fuyasu*	vermehren

Beachte: Die Ableitung geht von der Indefinitform (*mizenkei*) der vierstufig flektierten endoaktiven Verba aus; daran wird das exoaktive Morphophonem *s* angeschlossen. Die Anschlußart an die *mizenkei* der vierstufigen Flexion (*-a*) wird auch dann beibehalten, wenn das endoaktive Verb nach einer zweistufigen Flexion abgewandelt wird, teils in Analogie, teils aber auch wegen des Vorhandenseins vierstufig flektierter Varianten im Altjapanischen (z. B. bei *iku, mitsu, aku*), was auf das Alter solcher Bildungsweisen schließen läßt[15]. Daß der *o*-Ablaut vor *s* in der Gruppe *otsu* — *otosu* in Analogie zu einer altertümlichen Variante der Indefinitform vierstufig flektierter Verben zu interpretieren ist, dürfte wahrscheinlich sein; vgl. *ko* (*mizenkei* von *ku* ‚kommen'), *omo*(*f*)*u* 4 — *omo*(*f*)*osu* 4 (altjap.), *uru*(*f*)*u* 4 (altjap.) — *uru*(*f*)*osu*, 4, *shiru* 4 — *shiroshimesu* 4 (altjap.).

3. endoaktiv — abgeleitet, exoaktiv — primär
Typ d: Ableitung der endoaktiven Verba mittels *-ru*

ru 4 (5) — 4 (5)

fusagaru	versperrt sein	*fusagu*	versperren
tsunagaru	verbunden sein	*tsunagu*	verbinden
tsukamaru	sich festhalten	*tsukamu*	greifen
tatamaru	gefaltet sein	*tatamu*	falten
sasaru	stecken bleiben	*sasu*	stechen
tsumoru	angehäuft sein	*tsumu*	anhäufen

[15] Wenn sich neben den zweistufig flektierten endoaktiven Verba dieses Typs auch exoaktive der Flexionsklasse 2u (1u) erhalten haben, so darf man mit Sicherheit annehmen, daß im Altjap. ursprünglich Paarigkeit nach Typ a bestand (*iku*4- *iku* 2u, *mitsu* 4- *mitsu* 2u, *aku* 4- *aku* 2u, *nobu* 4?- *nobu* 2u), woraus alte, vierstufig flektierte Formen hypothetisch erschlossen werden können.

-*ru* 4 (5) — 2u (1u)

akaru	hell werden	*aku* (*akeru*)	öffnen
tasukaru	mit dem Leben davonkommen	*tasuku* (*tasukeru*)	retten
agaru	hinaufsteigen	*agu* (*ageru*)	hochheben
ataru	treffen	*atsu* (*ateru*)	berühren
kasanaru	übereinanderliegen	*kasanu* (*kasaneru*)	übereinanderlegen
kawaru	sich ändern	*ka(f)u* (*kaeru*)	ändern
sadamaru	bestimmt sein	*sadamu* (*sadameru*)	bestimmen
hajimaru	beginnen intr.	*hajimu* (*hajimeru*)	beginnen trans.

Beachte: Hier geht die Ableitung von der Indefinitform der vierstufig flektierten exoaktiven Verba aus mit Anschluß des endoaktiven Morphophonems *r*. Für die Gruppe -*ru* 4 — 2u gilt sinngemäß das in der vorigen Anmerkung dargelegte. Die endoaktiven Ableitungen auf -*ru* haben größtenteils mediale Bedeutung, indem sie den Zustand bezeichnen, der durch die Tätigkeit hervorgerufen wird.

137 Unpaarige Verba

1. nur endoaktiv
   yuku 4 (5) gehen, *ku* 3ka (*kuru* 3ka) kommen, *saku* 4 (5) blühen, *shinu* 4na (5) sterben, *yasu* 2u (*yaseru* 1u) abmagern.
2. nur exoaktiv
   utsu 4 (5) schlagen, *kura(f)u* 4 (5) verzehren, *korosu* 4 (5) erschlagen, *kokoromu* 2o (*kokoromiru* 1o) prüfen, *homu* 2u (*homeru* 1u) loben, *keru* 1u (5) stoßen.
3. endoaktiv und exoaktiv
   fuku 4 (5) blasen, *masu* 4 (5) (sich) vermehren, *wara(f)u* 4 (5) (ver-) lachen, *oku* 4 (5) fallen (Tau), hinlegen, *haru* 4 (5) (sich) spannen, *hiraku* 4 (5) (sich) öffnen, **shô-zu* 3sa (*shô-zuru* 4sa, -*jiru* 1o) erzeugen, entstehen.

Beachte: Alle mit *su*/*zu* (*suru*/*zuru*/*jiru*) verbalisierten sinojapanischen Semanteme sind unpaarige Verba und je nach Sinngehalt und Kontext endoaktiv oder exoaktiv zu werten.

138 Honorative Verba (*keigo-dôshi*)

Ebenso wie im Bereich der Nomina und personalen Demonstrativa tritt auch bei den Verba eine honorative Differenzierung auf, wenn ein faktisches oder fiktives soziales Gefälle zwischen Sprecher und personalem Gegenstand der Rede bzw. Partner sprachlichen Ausdruck finden soll (vgl. §§ 61, 62, 68). Vorgänge im Tätigkeitsbereich des Sprechers, gleichwertiger oder untergebener Personen werden sozial höherstehenden oder achtenswerten Partnern gegenüber in einer bescheidenen Aussageweise dargestellt, wogegen die Darstellung von Vorgängen im Wirkungskreis solcher Partner oder ihrer Umgebung sowie auch anderer geachteter Personen eine respektvolle Aussageweise verlangen. Dies wird größtenteils durch Verbalsuffixe oder Hilfsverba bewirkt (siehe §§ 139, 167—168), doch gibt es außerdem bei einigen Häufigkeitsverben lexikalische Varianten honorativen Gehaltes:

		honorativ	
merkmallos		bescheiden (1. Pers.)	respektvoll (2. Pers.)
ori 4ra *iru* 1o	sich befinden	*haberi* 4ra *saburau* 4	*owasu* 4 *masu* 4 *mashimasu* 4 *imasu* 4 *imasukari* 4ra
su 4sa *okona(f)u* 4	tun, handeln	*itasu* 4 *tsukamatsuru* 4 *tsukômatsuru* 4	*nasaru* 4, 2u *asobasu* 4
i(f)u 4	sagen, sprechen	*môsu* 4 *kikoyu* 2u	*ôsu* 2u *notamau* 4
ku(f)u 4 *nomu* 4	essen trinken	*tabu* 4, 2u *itadaku* 4	*mesu* 4 *kikoshimesu* 4
kiku 4	hören	*uketamawaru* 4	*kikoshimesu* 4
yuku 4 *ku* 3 ka	gehen kommen	*mairu* 4 *makaru* 4 *agaru* 4 *mô(d)zu* 2u	(*kikoshi*)*mesu* 4
ata(f)u 2u	geben	*mairasu* 2u *tatematsuru* 4	*tamau* 4 *kudasaru* 2u
mora(f)u 4	erhalten	(*uke*)*tamawaru* 4 *itadaku* 4	
inu 2u	schlafen		*ôtonogomoru* 4 *oyoru* 4

Verschiedene von ihnen werden auch als honorative Hilfsverba gebraucht (siehe § 139).

Die honorativen Verba der Umgangssprache sind häufig mit denen der Schriftsprache identisch. Wie diese ganze Kategorie honorativer Aussageformen erreichten sie ihre stärkste Differenzierung in der Muromachi- und Edo-Zeit, sind aber seit der Meiji-Restauration in Rückbildung begriffen und spielen in der modernen Umgangssprache eine Rolle als Verba einer höflichen Sprechweise.

Hier die wichtigsten: *irassharu* (<*iraseraru*) 5 (*oide-nasaru, oide-ni-naru* 5) gehen, kommen, sich befinden (2. 3. Person); *mairu* 5, *agaru* 5 gehen, kommen (1. Person); *mieru* 1u kommen (2. 3. Person); *itasu* 5 tun, handeln (1. Person); *nasaru* 5, *asobasu* 5 (Frauensprache) tun, handeln (2. 3. Person); *môsu* 5, *môshiageru* 1u sagen, sprechen (1. Person); *ossharu* (<*ôseraru*) 5 sagen, sprechen (2. 3. Person); *uketamawaru* 5 hören (1. Person); *ukagau* 5 sich erkundigen (1. Person); *oboshimesu* 5 denken, meinen (2. Person); *itadaku* 5 empfangen, essen, trinken (1. Person); *ageru* 1u geben[16] (1. Person); *kudasaru* 5 geben (2. Person); *agaru* 5, *meshiagaru* 5 essen, trinken (2. Person).

Beachte: In S und U ist eine Reihe honorativer Verba sinojap. Bildungsweise gebräuchlich, z. B. *zon-zu* 3sa (*zon-jiru* 1o) denken, meinen (1. Person), *haiken-su* 3sa (*-suru* 4sa) betrachten, *haishaku-su* (*-suru*) entleihen, *haijû-su* (*-suru*) empfangen, *chôdai-su* (*-suru*) empfangen, essen, trinken (alle 1. Person), *goran-nasaru* 4 sehen (2. Person).

139 Hilfsverba (*hojo-dôshi*)

Neben den Verba mit vollem Bedeutungsgehalt (*hondôshi*) gibt es im Japanischen einige Verba, die außerdem oder ausschließlich mit abgeschwächtem Bedeutungsgehalt gebraucht werden. Syntaktisch sind sie dadurch gekennzeichnet, daß sie im Gegensatz zu den Vollverben nicht selbständig ein Prädikat bilden. Da sie nur als Teil eines verbalen Prädikats oder in Verbindung mit einem Prädikativum auftreten, ähneln sie den Verbalsuffixen (*jodôshi*), von denen sie sich allein dadurch unterscheiden, daß sie eine nicht enklitische Worteinheit darstellen. Wegen ihrer semantischen Abschwächung und ihrer Tendenz zur Konversion in die Klasse der Verbalsuffixe werden sie mit den Formalnomina (*keishiki-meishi*, vgl. § 53) auf eine Stufe gestellt und zuweilen auch Formalverba (*keishiki-dôshi*) genannt.

Semantisch lassen sie sich in folgende Gruppen unterteilen:

1. Hilfsverba der Existenzaussage
   a) honorativ undifferenziert: *ari* 4ra (da, vorhanden) sein, es gibt, *ori* 4ra (*iru* 1o) sich befinden;
   b) honorativ differenziert: respektvoll — *masu* 4, *imasu* 4, *mashimasu* 4, *owasu* 4; bescheiden — *haberi* 4ra, *sôrô* 4[17];
2. Hilfsverba der Aktionsaussage
   a) honorativ undifferenziert: *su* 4sa tun, machen;
   b) honorativ differenziert: respektvoll — *tama(f)u* 4, *tabu* 4 *tamawaru* 4; bescheiden — *tamau* 2u, *tsukamatsuru* 4, *tatematsuru* 4, *mairasu* 2u, *mōsu* 4.

Die Hilfsverba finden sich in folgenden Funktionen:

1. kopulativ nach einem nominalen Prädikativum unter Zwischenschaltung der prädikatsbezogenen Postposition *ni* oder der kontrahierten Suspensivform der Kopula *nari: nite* (bei honorativer Kennzeichnung der Aus-

---

[16] Die honorativ merkmallose Entsprechung ist *yaru* 5.

[17] *sôrô* < *sabura(f)u* ‚dienen'; außer der Finalform *sôrô* (=*saurafu*) sind nur noch die Indefinitform *sôrawa-* und die Konditionalform *sôra(h)e-* gebräuchlich.

sage mit Gebrauch der Hilfsverba der Gruppe 1b); z. B. *toki-wa aki-ni-namu-ari* zur Zeit ist es gerade Herbst, *kore-wa tôgokuhô-no sô-nite- sôrô* der hier ist ein Mönch aus den Ostlandprovinzen, *Kenreimon'in-wa tenka-no kokubo-nite-mashimasu* die K. ist die Landesmutter des Reiches;

2. kopulativ nach einem qualitativen oder verbalqualitativen Prädikativum (in der Konjunktionalform), bei letzterem unter Zwischenschaltung der prädikatsbezogenen Postposition *ni* (bei honorativer Kennzeichnung der Aussage mit Gebrauch der Hilfsverba der Gruppe 1b); z. B. *moto-yori kashikoshiu-owashimasu* von Grund auf ist er weise, *shintai sôken-ni-wa-arazu*[18] der Körper ist nicht gesund;
3. zum Abschluß eines verbalen Prädikats (Konjunktionalform) bei Zwischenschaltung einer modalen oder qualifizierenden Postposition; z. B. *more-ya-shitsuramu* es wird wohl durchgesickert sein, *kore-wa omoi-mo-sezu* daran denkt man gar nicht;
4. zur honorativen Kennzeichnung einer Aussage mittels der Hilfsverba der Gruppen 1b, 2b nach Vollverben in der Konjunktionalform; z. B. *kimi-to aogi-tatematsuru* (als) zu einem Fürsten schaue ich empor, *denka-mo rinji-shi-tamau* Seine Hoheit ist auch anwesend;
5. zur Bezeichnung des imperfektiven Aspekts oder des Perfektums (siehe §§ 172, 174) mittels der Hilfsverba der Gruppe 1a, nach der Konjunktionalform des Vollverbs mit oder ohne Einschaltung der konjunktionalen Postpositionen *te* oder *tsutsu* (bei Verwendung des letzteren ist das Prädikat stets imperfektiv); z. B. *onna-no kokoro-ni-mo omoi-ori* die Frau denkt es auch im Innern, *ware-wa ureetsutsu-aru-ni* während ich bekümmert bin ..., *mina aoki kinu-wo kite-ari* alle haben blaue Gewänder an;

5a) wie oben, jedoch mit zusätzlicher honorativer Kennzeichnung mittels der Gruppen 1b, 2b; z. B. *Takasago-no ura-ni tsukite-sôrô* in der Bucht von Takasago sind wir gelandet, *nijûnin-no hito-no noborite-habereba* weil zwanzig Leute hinaufgestiegen waren ..., *kano dainagon no onmusume monoshi-tamau-to kiki-tamaeshi* ich hörte, daß die Tochter jenes Oberkabinettsrates anwesend sei.

In der Umgangssprache stehen dafür die folgenden Hilfsverba: 1a) *aru* 5, *oru* 5, *iru* 1o; 1b) höflich: *gozaru* 5, *irassharu* 5; 2a) *suru* 4sa, *morau* 5 erhalten; 2b) höflich: *kudasaru* 5, *nasaru* 5[19], *asobasu* 5 tun, geben; bescheiden — *itasu* 5, *ageru* 1u, *môshiageru* 1u tun, geben, *itadaku* 5 erhalten. Beispiele: *ano hito-wa gakusha-de-aru* er ist Wissenschaftler, *ano kata-wa okusama-de-gozaimasu-ka* ist das Ihre Gattin? *yukkuri o-yomi-nasai* lesen Sie langsam, *chikajika mata o-tazune-itashimashô* ich werde Ihnen bald wieder einen Besuch abstatten, *kiki-wa shita-ga, mi-wa-shinai* gehört habe ich (es), doch ich sehe (es) nicht.

---

[18] *ni ... ari* ist die asyndetische Form der Kopula *nari* und semantisch ihr gleichzusetzen, tritt aber in Funktion, wenn qualifizierende oder modale Postpositionen zwischengeschaltet werden oder die Negation gebraucht wird (*ni arazu*); siehe § 140.

[19] *gozaru, irassharu, kudasaru, nasaru* elidieren das *r* der Endungssilbe vor *i* in der *renyôkei* (*gozai-, irasshai-* usw.), *kudasaru* und *nasaru* auch vor *e* in der *meireikei* mit Diphthongierung der zusammengerückten Vokale *ae* > *ai*: *kudasai, nasai* (Sonderfälle des *i-ombin*).

Beachte: Zu den Hilfsverba sind auch diejenigen zu rechnen, die Aspekt oder Aktionsart angeben: *shimau* 5 (perf. Aspekt); *hajimu* 1u (*hajimeru* 1u), *hajimaru* 4 (5), *dasu* (5), *kaku* 2u (*kakeru* 1u), *kakaru* 4 (5), *kuru* (U) (3ka) (ingressiv); *tsuzuku* 4 (5) / 2u (*tsuzukeru* 1u) (durativ, *kuru* [U] auch resultativ); *oku* 4 (5) / 2u (*okeru* 1u), *kiru* 4 (5) / 2u (*kireru* 1u), *agu* 2u (*ageru* 1u), *hatsu* 2u (*hateru* 1u), *hatasu* 4 (5), *tsuku* 2o (*tsukiru* 1o), *tsukusu* 4 (5) (terminativ); *miru* 1o (tentativ).

Sie folgen auf die Konjunktionalform des Vollverbs, wobei, insbesondere in U, vor manchen dieser Hilfsverba die konjunktionale Postposition *te* (*de*) eingeschaltet wird (beachte Assimilationsformen!); z. B. *kaki-hajimu* zu schreiben beginnen, *kaki-tsuzuku* weiterschreiben, *kaki-agu, kaki-tsukusu* fertigschreiben, *kaite-oku* (U) schriftlich niederlegen, *utte-kakaru* (U) aufeinander losschlagen, *tabete-miru* (U) zu essen versuchen, kosten, *tabete-shimau* (U) aufessen, ‚verputzen', *naki-dasu* losheulen, *wakatte-kuru* (U) zum Verständnis kommen, *miete-kuru* (U) sichtbar werden.

140 Die Kopula

Das Japanische besitzt eine Kopula, die stets dann in Funktion tritt, wenn ein unflektierbares Wort (*taigen*) als Prädikat erscheint: alsdann wird die Kopula dem *taigen* angeschlossen und so der im Japanischen obligatorische verbale Charakter des Prädikats gewahrt.

Die Kopula lautet in der Schriftsprache *nari*, seltener *tari*. Beide Formen werden wie *ari* (4ra) flektiert, haben aber neben der regelmäßigen Konjunktionalform (*renyôkei*) eine besondere Suspensivform (*chûshikei*). Die Imperativform (*meireikei*) wird nicht gebildet.

	mizen	renyô	chûshi	shûshi	rentai	izen
nari	*nara*	*nari*	*ni-shite, nite*	*nari*	*naru*	*nare*
tari	*tara*	*tari*	*to-shite, tote*	*tari*	*taru*	*tare*

Die Suspensivform weist aus, daß *nari* und *tari* ursprünglich Komposita aus *ni* + *ari* bzw. *to* + *ari* sind, wobei *ni* und *to* mit den gleichlautenden prädikatsbezogenen Postpositionen identifiziert werden[20]. *-shite* ist die Suspensivform des Hilfsverbs *su* (3sa), *nite* entweder die unmittelbare Verbindung von *ni* mit der konjunktionalen Postposition *te* oder die Kontraktionsform von *ni-shite*. *tote* ist analog zu *nite* entstanden, da die Kopula *tari* eine Neubildung der Heian-Zeit ist und erst in der Kamakura-Zeit häufiger in der Literatur auftaucht, während *nari* bereits in der Nara-Zeit vorkommt. Die Komposition von *nari* ist nicht stabil, denn es wird in der Negationsform sowie beim Auftreten von qualifizierenden Postpositionen beim Prädikativum in seine Komponenten zerlegt: *ni-arazu, ni-koso-are, ni-ya-aramu* usw.

nari wird an *taigen* und nominalisierte *yôgen* (Attributivform) ange-

[20] Es besteht allerdings die Annahme, daß das kopulative *ni* die Konjunktionalform einer urjap. Kopula *nu* ist, die bereits im Altjap. durch das Kompositum *ni-ari* ersetzt wurde. Vgl. G. B. Sansom, *An Historical Grammar of Japanese*, 2. Aufl. 1946; S. 207, 234.

schlossen, *tari* nur an *taigen*, und zwar vorzugsweise an sinojapanische. In den Positionen, in denen die Kopula *nari* und *tari* gleichermaßen stehen können, d. h. nach japanischen *taigen* (hauptsächlich Nomina), unterscheiden sie sich im wesentlichen nur stilistisch: *tari* stammt aus der Sphäre des *kambun*, wurde also ursprünglich bei der japanischen Lesung chinesisch geschriebener Texte verwendet; daher tritt es auch zumeist dort in Erscheinung, wo eine stilistische Beeinflussung durch das *kambun* oder eine ideelle Beeinflussung durch chinesisches Gedankengut vorliegt.

Beispiele: *nari* — *Ōyamato-wa kami-no kuni-nari* (Shôtôki) Großjapan ist ein Götterland; *yo-ni-wa kokoroenu koto ôki-nari* (Tsurezure) auf Erden sind der unverständlichen Dinge viele; *ane-naru hito* (Sarashina) ein Mensch, der die ältere Schwester ist (die ältere Schwester); *yuku kawa-no nagare-wa taezu-shite, shikamo moto-no mizu-ni-arazu* (Hôjôki) der Strom des fließenden Flusses reißt nicht ab, doch ist es nicht das ursprüngliche Wasser (d. h. bleibt es nicht ...); *kore-wa miyakogata-no mono-nite, kono ura hajimete ikken-no koto-nite-sôrô* (Yashima) ich bin ein Mann aus der Hauptstadt, und es ist das erstemal, daß ich einen Blick auf diese Bucht werfe (wrtl.: diese Bucht erstmals eines Blickes Sache ist es)[21]; *kakaru hito-no umago nareba-ni-ya, kono Shunkan-mo sô-naredomo, kokoro-mo takeku ogoreru hito-nite, yoshinaki muhon-ni-mo kumi-shikeru-ni-koso* [Ellipse von *are* am Satzende, siehe § 210] (Heike) vielleicht weil er der Enkel eines solchen Mannes war, war auch dieser Shunkan, obgleich er ein Mönch war, ein beherzter und hochmütiger Mann und schloß sich auch der üblen Revolte an, fürwahr; *kôbetsu-wa tennô-no tane-ni-shite, shimbetsu-wa jingi-no yotsugi-nari* (Standard S) die kaiserlichen Zweigfamilien sind Abkömmlinge des Kaisers, die göttlichen Zweigfamilien sind Nachfahren der Gottheiten.

tari — *kimi kimi-tari, shin shin-tari* (Rongo/Lun-yü) der Fürst ist Fürst, der Untertan Untertan; *kimi kimi-tarazu-to-iedomo, shin-motte shin-tarazumba arubekarazu* (Heike) selbst wenn ein Fürst kein (rechter) Fürst ist, so müssen doch die Untertanen (rechte) Untertanen sein (wrtl.: daß sie es nicht sind, darf nicht sein; Necessativ, siehe § 181); *Kôkyô-wa nanika-no gakusei-tari-tomo, kanarazu yomubeshi* (Standard S) was für ein Student es auch sei: das Hsiao-ching muß er unbedingt lesen.

Beachte: 1. In Einzelfällen wird *nari* auch im Sinne von *ni ari* ‚sich wo befinden' verwendet; z. B. *Fuji-no yama-wa kono kuni-nari* (Sarashina) der Fuji-Berg befindet sich in dieser Provinz; *Suruga-naru Utsu-no yama* (Ise) der Utsu-Berg, der sich in Suruga befindet.

2. Besonders in der nachklassischen Schriftsprache wird die Attributivform *naru* zuweilen in der Bedeutung von *to iu* ‚so genannt' verwendet, z. B. *Gankai-naru mono ariki* (Rongo/Lun-yü) es gab einen Mann namens Yen Hui.

3. Für die zweite Wortbildungskomponente der Kopula (*ari*) kann auch ein honoratives Hilfsverb der Befindlichkeit eintreten. In solchen

---

[21] *nite-sôrô* ist eine Höflichkeitsform der Kopula im Mitteljap.; vgl. § 139, Funktion 1.

Fällen werden keine Kontraktionsformen gebildet: *ni-haberi, ni-sôrô.* Statt *ni* tritt dabei auch *nite* auf: *nite-haberi, nite-sôrô.* Im späten Mitteljapanischen wird *nite* > *de*; daher die Form *de-gozaru.*

141 In der Umgangssprache gibt es für die Kopula *tari* keine Entsprechung. Hingegen haben sich aus der Kopula *nari* mehrere Typen entwickelt, die sich voneinander durch den Grad der Höflichkeit unterscheiden. Honorativ neutral sind *da* und *de-aru,* wobei *de-aru* formeller als *da* gewertet wird und im Schrifttum der Umgangssprache den Vorzug genießt, während *da* in der mündlichen Rede vorherrscht. Die höflichen Entsprechungen von *da* und *de-aru* sind *desu* und *de-arimasu.* An der Spitze der Höflichkeitsskala steht *de-gozaimasu,* eine sehr respektvolle Form, die dem Dialog vorbehalten ist und insbesondere von Frauen verwendet wird.

de-aru wird regelmäßig wie *aru* (5) flektiert; *de-arimasu* und *de-gozaimasu* werden nach dem Verbalsuffix *-masu* abgewandelt (siehe § 168). Unregelmäßigkeiten zeigen die Flexionsformen von *da* und *desu.*

	suiryô	renyô (ombin)	chûshi	shûshi	rentai	katei
da	*daro-*	*dat-*	*de*	*da*	(*na*)	*nara*
desu	*desho-*	*deshi-*	*de*	*desu*	*desu*	°

Die Dubitativformen kommen nur in Verbindung mit dem dubitativen Verbalsuffix *-u* vor: *darô, deshô* ‚wird wohl sein', die Konjunktionalform in Verbindung mit dem Verbalsuffix *-ta* sowie der Postposition *-tari*: *datta, deshita* ‚war', *dattari, deshitari* ‚ist teils . . .'. Die Attributivform von *da* erscheint nur vor den konjunktionalen Postpositionen *node, noni* oder vor dem assertorischen *no-da* (siehe § 189). Die Konditionalform dient allein oder in Verbindung mit *-ba* (*naraba*) zur Bildung von Konditionalsätzen.

Beispiele: *tsuki-wa shi-no sekai-da* (*de-aru*) der Mond ist eine tote Welt; *kore-wa Hamada-san-no mise-desu* (*de-arimasu*) das ist der Laden des Herrn Hamada; *anata-wa Nihonjin-de-gozaimasu-ka* sind Sie Japaner? *ashita o-tenki-nara(ba), sampo-ni demasu* wenn morgen schönes Wetter ist, mache ich einen Spaziergang; *kochira-wa bijutsukan-de, achira-wa hakubutsukan-desu* dies hier ist eine Kunstgalerie, das da ist ein Museum; *gaikoku-no shinamono-na-noni, nedan-wa yasui-desu* obgleich es ausländische Waren sind, ist der Preis niedrig.

Beachte: Die negative Form der Kopula kann nur von *de-aru, de-arimasu* und *de-gozaimasu* gebildet werden: *de-nai*[22], *de-arimasen, de-gozaimasen.* Häufig wird bei diesen Negationsformen die elative Postposition *wa* an *de* angeschlossen (*de-wa-nai* usw.), woraus in der mündlichen Rede die Kontraktionsform *ja* entsteht; z. B. *are-wa watakushi-no hon-de-nai* das da ist nicht mein Buch; *sore-wa kimi-no hon-ja-nai-ka* ist das nicht dein Buch?

Wie aus der Suspensivform *de* zu ersehen ist, sind *da* und *desu* Kontraktionsformen, deren erste Komponente *de* (<*nite*) bildet: *da*<*de-a*(*ru*) ist in der Muromachi-Zeit entstanden[23], *desu*<*de-*(*ari-*)*masu* oder *de-*(*gozai-*)*masu* eine

[22] *nai* ist das Negativum des Hilfsverbs *aru*; siehe § 187, Anm.
[23] Zur Geschichte der Flexion von *da* siehe § 157.

Neubildung der Edo-Zeit, die vermutlich auch in Edo aufkam. Vereinzelte *desu*-Formen sind allerdings schon in der Muromachi-Zeit nachweisbar. Es besteht deshalb auch die Möglichkeit, daß sich *desu* aus der damals noch gebräuchlichen höflichen Kopulaform *de-sôrô* (<*nite-sôrô*) entwickelt hat.

142 Verbale Wortbildung

Neben dem verbalen Grundwortschatz des Japanischen (*u, ku, ari, miru, iku, saku, asobu, tanomu* usw.) hat sich im Laufe der Sprachgeschichte durch Ableitung und Zusammensetzung das verbale Inventar ständig vergrößert. An derivativen Bildungen sind die Ableitungen von Nomina am stärksten vertreten, doch sind auch viele Qualitativa verbalisiert worden. Hinzu kommen noch einige Sekundärableitungen von Verbalstämmen. Die Verbalisierung von Adverbien ist auf lautsymbolische Semanteme beschränkt. Am produktivsten ist die Bildung von Verbalkomposita durch Juxtaposition zweier Verba.

143 Derivative Bildungen

1. Verba →Verba (Intensivbildungen)
a) Bildung mit dem Ableitungssuffix -*(f)u* 4 (Anschluß an die Indefinitform): *tatakau* kämpfen (*tataku* schlagen), *katarau* sich unterhalten (*kataru* erzählen), *samurau* dienen (*moru* schützen), *utsurou* sich verändern (*utsuru* sich verändern), *nagekau* jammern (*nageku* klagen);
b) Bildung mit dem Ableitungssuffix -*ra(f)u* 4: *toburau* sich nach dem Wohlergehen erkundigen (*to[f]u* fragen), *hajirau* verlegen sein (*ha[d]zu* sich schämen), *yasurau* sich ausruhen (*yasumu* sich ausruhen);
c) Bildung mit dem Ableitungssuffix -*tsura(f)u* (-*zurau*) 4: *kakazurau* in Beziehung stehen (*kakaru* betreffen), *shitsurau* bauen (*su* machen), *agetsurau* erörtern (*agu* hochheben).

2. Nomina →Verba
a) Bildung mit dem Ableitungssuffix -*gu* 2u/4 (-*geru* 1u): *kagu* riechen (Duft), *katagu* auf der Schulter tragen (Schulter), *matagu* Beine spreizen (Schenkelgabelung), *tsunagu* binden (Seil);
b) Bildung mit dem Ableitungssuffix -*mu* 4/2u (*meru* 1u): *haramu* 4 schwanger sein (Leib), *kubomu* 4 ausgehöhlt werden (Höhle), *kiwamu* 2u bis zum Äußersten gehen (Rand).

Beachte: Zu dem exoaktiven *kiwamu* 2u gehört das endoaktive *kiwamaru* 4 ‚endigen'; *kiwamaru* sowie das deverbative Nomen *kiwami* ‚Spitze' weisen auf ein altes, in der Literatur nicht belegtes *kiwamu* 4 ‚auf der Spitze sein' hin. Vgl. § 136, 2 Anm.

c) Bildung mit dem Ableitungssuffix -*(f)u* 4: *utau* singen (Lied), *irou* sich verschönern (Farbe), *agitou* nach Luft schnappen (Kiemen), *sakau* begrenzen (Abhang);

d) Bildung mit dem Ableitungssuffix *-na(f)u* 4: *tomonau* begleiten (Freund), *ninau* tragen (Last), *uranau* wahrsagen (Orakel), *tsuminau* bestrafen (Strafe), *akinau* handeln (Tausch, Handel);
e) Bildung mit dem Ableitungssuffix *-ha(f)u* 4: *ajiwau* kosten (Geschmack), *nigiwau* gedeihen (Reife, altjap.); vgl. *wazawai* (*renyôkei* von *wazawau* [nicht belegt]) Heimsuchung (Werk);
f) Bildung mit dem Ableitungssuffix *-ma(f)u* 2u (*-maeru* 1u): *wakimau* unterscheiden, richten (Scheidung), *kazumau* zählen (Zahl);
g) Bildung mit dem Ableitungssuffix *-meku* 4: *harumeku* frühlingshaft werden (Frühling), *iromeku* sich verfärben (Farbe), *imameku* zeitgemäß sein (jetzt);
h) Behandlung des Nomens wie ein Verb durch Transponierung des Auslauts in die *u*-Stufe (selten): *hitorigotsu* 4 Selbstgespräche führen (*hitorigoto* Monolog), *matsurigotsu* 4 regieren (*matsurigoto* Regierung), *tsui(d)zu* 2u ordnen (*tsuide* Ordnung);
i) Anfügung des Hilfsverbs *su* 3sa: *tsumi-su* bestrafen (Strafe), *uwasa-su* Klatsch reden (Gerede); *mikata-su* auf die eigene Seite ziehen (Anhänger, Freund), *arasoi-su* kämpfen (Kampf), *okuri-su* geleiten (Begleitung), *itomagoi-su* Abschied nehmen (Abschied)[24];

2a Sinojapanische Nomina → Verba

a) Anfügung des Hilfsverbs *su* 3sa: Nomina mit zwei Semantemen — *kandô-su* bewegen, *shippai-su* mißlingen, *anshin-su* beruhigen, *shuppatsu-su* abreisen, *kichô-su* aus dem Ausland zurückkehren; Nomina mit einem Semantem — *ai-su* lieben, *ri-su* nutzen, *kai-su* begreifen, *has-su* herauslassen, *shin-zu* glauben, *ô-zu* passen, *tsû-zu* durchgehen, verbinden.

Beachte: 1. Bei der Verbalisierung einsilbiger sinojap. Semanteme treten an der Kompositionsfuge Assimilationserscheinungen auf: a) Silbenschlußdental wird mit *su* assimiliert, z. B. *hatsu su* > *has-su*, b) Silbenschlußnasal bewirkt Verstimmhaftung des folgenden *su*, z. B. *shin su* > *shin-zu*, c) dieselbe Verstimmhaftung tritt auf, wenn das sinojap. Semantem im Chin. einen nasalen Auslaut hatte, der im Sinojap. durch einen Langvokal ersetzt wurde, z. B. *tsû* (< *t'ung*) *su* > *tsû-zu*, *ô* (< *ying*) *su* > *ô-zu*.

2. In U können die Typen *shin-zuru* und *tsû-zuru* auch in *shin-jiru* und *tsû-jiru* umgelautet werden. Flexion erfolgt dann nach Klasse 1o.

3. Die Verbalisierung von modernen Fremdwörtern, — meist handelt es sich um englische — wird wie bei den sinojap. Nomina vorgenommen, z. B. *riido-suru* führen (lead), *kôchi-suru* trainieren (coach), *panku-suru* eine Panne haben (puncture).

b) Bildung mit dem Ableitungssuffix *-buru* 5 (U): *mottai-buru* wichtig tun (Dünkel), *gakusha-buru* sich als Gelehrter aufspielen (Gelehrter).

---

[24] Verschiedentlich handelt es sich bei diesen Nomina um urspr. Verba (Konjunktionalform!), die mittels *su* reverbalisiert werden, z. B. *arasoi*, *okuri*, *-koi*.

Beachte: 1. Dies Ableitungssuffix wird auch bei neuen Fremdwörtern aus europäischen Sprachen angewandt, z. B. *interi-buru* den Intellektuellen spielen (intelli / gencija).

2. In derselben Bedeutung wie das Suffix *-buru* wird bei jap. Nomina vorzugsweise das Suffix *-bu* 2o (*-biru* 1o) verwendet, z. B. *hinabu* sich bäuerlich geben, *otonabu* (auch: *otonaburu*) den Erwachsenen spielen.

c) Behandlung des sinojap. Nomens wie ein japanisches Verb vierstufiger Flexion (selten): *sôzoku* sich kleiden (Kleidung), *saishiku* färben (*saishiki* Kolorit), *monda(f)u* diskutieren (*mondô* Dialog), *ryôru* Speisen zubereiten (*ryôri* Zubereitung von Speisen), *mokuromu* planen (*mokuromi* Plan).

Beachte: Im Neujapanischen der Umgangssprache gibt es eine gleichwertige Bildung von Europäismen; z. B. *haikara* Stutzer (high collar): *haikaru* sich europäisch stutzerhaft geben; vgl. auch Neologismen wie *saboru* sabotieren (*sabo / tage*); *daburu* verdoppeln (double).

3. Qualitativa → Verba

a) Bildung mit dem Ableitungssuffix *-mu* 2u (*-meru* 1*u*): *hiromu* verbreiten (breit), *takamu* emporheben (hoch), *kashikomu* Respekt empfinden (Ehrfurcht gebietend), *itamu* schmerzen (schmerzhaft), *akamu* erröten (rot);

b) Bildung mit dem Ableitungssuffix *-garu* 4: *hirogaru* sich ausbreiten (breit), *tsuyogaru* sich stark fühlen (stark), *kawaigaru* lieben (lieblich);

c) Bildung mit dem Ableitungssuffix *-ru* 4: *tsuyoru* stark werden (stark), *hayaru* hitzig sein (schnell), *akaru* rot werden (rot), *shiburu* stocken (zusammenziehend, herb);

d) Bildung mit dem Ableitungssuffix *-yagu* (*-ragu*), *-yaku* 4: *wakayagu* jung werden (jugendlich), *yawaragu* sanft werden (sanft), *taoyagu* zierlich werden (zierlich), *sumiyaku* in Eile sein (rasch);

e) Anfügung des Hilfsverbs *zu* 3sa mit Einschaltung des Morphems *n* (*-n-zu* < *mi su*): *omon-zu* wertschätzen (schwer), *karon-zu* geringschätzen (leicht), *uton-zu* hintansetzen (entfernt), *yasun-zu* zufrieden sein (ruhig).

Beachte: 1. Für diesen Typ gelten die gleichen Regeln wie bei der Verbalisierung einsilbiger sinojap. Semanteme mit nasalem Auslaut (siehe oben, 2a, Anm. 1 und 2).

2. Bei einigen Verbalisierungen dieser Art haben sich die Bildungselemente *mi su* in ihrer urspr. Form erhalten: *yomi-su*, loben (gut), *nami-su* geringachten (nicht), *sami-su* schmälern, verachten (*sashi* = *semashi* schmal); vgl. bei den sinojap. Nominalableitungen *kemi-su* prüfen (*ken*).

f) Anfügung des Hilfsverbs *su* 3sa an die Konjunktionalform des Qualitativums: *yoku-su* geschickt sein (gut), *mattô-su* vollenden (vollständig), *katajikenô-su* beehrt werden (dankbar), *takumashû-su* freien Spielraum lassen (kräftig).

Beachte: In der Mehrzahl der Fälle tritt bei dieser Bildungsweise *u-ombin* der Konjunktionalform der Qualitativa auf, z. B. *mattaku* > *mattau* > *mattô*; siehe § 148 c Anm.

4. Adverbia → Verba

Ableitung von Adverbia modi lautsymbolischer Art:

a) mit dem Suffix *-meku* 4: *sasameku* flüstern (*sasa* = Flüstergeräusch), *hishimeku* knirschen (*hishi* = schneidendes Geräusch), *umeku* stöhnen (*u* = Stöhnlaut);
b) mit dem Suffix *-tsuku* 4: *buratsuku* umherlungern (*burabura* schlotterig), *zawatsuku* rauschen (*zawazawa* rauschend), *gatatsuku* rütteln, schwanken (*gatagata* klappernd), *hyorotsuku* schwanken (*hyorohyoro* taumelnd);
c) mit dem Hilfsverb *su* 3sa: *furafura-su* schwanken (schwankend), *kurakura-su* schwarz vor den Augen werden (schwindelig), *hirahira-su* flattern (flatternd).

144 Kompositionelle Bildungen

1. Verb + Verb, Determinativkomposita, das erste Kompositionsglied steht in der Konjunktionalform:

omoi-nayamu 4 niedergeschlagen sein (denken + leiden), *tataki-korosu* 4 totprügeln (schlagen + töten), *yomi-otosu* 4 überlesen (lesen + verlieren), *mochi-hakobu* 4 transportieren (nehmen + befördern), *nomi-hosu* 4 ausleeren (trinken + trocken machen), *shinobi-yoru* 4 sich anschleichen (schleichen + sich nähern).

Mehrere Häufigkeitsverba (meist paarig endo- und exoaktiv) treten mit großer Regelmäßigkeit als zweites Kompositionsglied auf und verleihen dem ersten eine differenzierende Bestimmung: *agaru* 1 / *agu* 2u steigen / heben — *toriagu* aufnehmen (*toru* nehmen), *tachi-agaru* sich aufrichten (*tatsu* aufstehen); *au* 4 / *awasu* 4 zusammentreffen / -bringen — *hanashi-au* sich unterhalten (*hanasu* erzählen), *machi-awasu* aufeinander warten (*matsu* warten); *i(d)zu* 2u (*deru* 1u) / *idasu* 4 (*dasu* 5) hinausgehen / -tun — *tobi-deru* herausspringen (*tobu* fliegen), *kaki-dasu* auskratzen (*kaku* kratzen); *iru* 4 / *iru* 2u hineingehen / -tun — *omoi-iru* nachsinnen (*omou* denken), *oshi-iru* hineinschieben (*osu* schieben); *ka(f)u* 2u ändern — *kaki-kau* umschreiben (*kaku* schreiben); *kaesu* 4 zurückgeben — *yomi-kaesu* noch einmal lesen (*yomu* lesen); *kanu* 2u außerstande sein — *kiki-kanu* schwer zu hören sein (*kiku* hören); *komu* 4 gedrängt voll sein — *omoi-komu* von einem Gedanken erfüllt sein; *nuku* 4 herausziehen, durchbohren — *tsuki-nuku* durchstechen (*tsuku* stechen); *sugu* 2o überschreiten — *kui-sugu* zuviel essen (*ku[f]u* essen); *tatsu* 4 / *tatsu* 2u aufstehen / aufstellen — *tobi-tatsu* auffliegen, *yobi-tatsu* (2u) schreien (*yobu* rufen); *chiga(f)u* 4 abweichen — *kiki-chigau* sich verhören; *tsuku* 4 / *tsuku* 2u haften / befestigen — *tori-tsuku* sich festhalten, *mitsuku* (2u) finden (*miru* sehen).

Beachte: 1. Eine Reihe dieser verbalen Determinatoren bestimmt auch die Aktionsart: *agu, tsuzuku, oku* usw., vgl. § 139 Anm.

2. Es gibt Verba, die mitunter als erstes Kompositionsglied von Verbalkomposita vorkommen (Konjunktionalform), ohne daß ihre lexikalische Bedeutung in Erscheinung tritt. Sie fungieren lediglich zur semantischen Verstärkung des zweiten Kompositionsgliedes und sind eigentlich als Präfixe anzusprechen. Dazu gehören: *uchi-, buchi-* (=*uchi*), *tachi-, sashi-, kaki-, a(h)i-* selten auch *hiki-, oshi-*.

2. Nomen + Verb, Determinativkomposita:

nazuku 2u benennen (Name + befestigen), *yubi-sasu* 4 mit dem Finger zeigen (Finger + zeigen), *mono-gataru* 4 Geschichten erzählen (Sache + erzählen), *kokoro-gaku* 2u aufmerksam sein (Herz + anhängen), *mezamu* 2u Augen aufschlagen, aufwachen (Auge + erwachen).

3. Qualitativum + Verb, Determinativkomposita:

chika-zuku 4 sich nähern (nahe + ankommen), *tô-noku* 4 sich entfernen (fern + weggehen), *taka-naru* 4 brausen, toben (hoch + tönen), *naga-biku* 4 sich in die Länge ziehen (lang + ziehen).

QUALITATIVA (KEIYÔSHI)

145 Die japanischen Qualitativa bezeichnen Eigenschaften und Zustände. Semantisch lassen sie sich mit den Adjektiva indogermanischer Prägung vergleichen, doch unterscheiden sie sich von ihnen strukturell dadurch, daß sie einerseits keine Motionsfähigkeit (Bildung verschiedener Genusformen), keine Numerusunterschiede, keine Kasusflexion und keine Komparationsformen besitzen[1], andererseits aber funktionell verbalwertig flektiert werden und, alleinstehend oder mit Postpositionen oder Verbalsuffixen verbunden, selbständige Prädikate bilden können.

Die Bezeichnung *keiyôshi* für diese Wortkategorie taucht erst zu Anfang der Meiji-Zeit auf (M. Nakagane, *Ôyamato-gogaku-tebiki-sô*, 1871). Ältere Termini der Edo-Philologen lauteten *sama* (N. Fujitani), *arikata-no-kotoba* (A. Suzuki), *koemajiri-no-kotoba* (H. Togashi), *keijôgen* (N. Gonda). Unter europäischem Einfluß wurden die *keiyôshi* von den jap. Grammatikern der Meiji-Zeit meist als Adjektiva beschrieben, wobei man das Hauptaugenmerk auf ihre attributive Funktion richtete. Erst F. Ôtsuki (*Kô-Nihon-bunten,* 1897) wies nachdrücklich auf die Unterschiede der *keiyôshi* gegenüber den Adjektiva, etwa des Englischen, hin: ‚Es sind Wörter, die Zustände, Eigenschaften, Gemütsregungen usw. von

---

[1] Ein Vergleich wird mittels der Postpositionen *yori, hodo* dargestellt (vgl. §§ 106, 114). Die Bezeichnung des höchsten Grades kann durch vorgesetzte Adverbia wie *mottomo* höchst, **ichiban* erster, vorgenommen werden (*mottomo yoki* bester, *ichiban utsukushiki* schönster).

Wesen bzw. Dingen beschreiben (*keiyô-shite*); sie ähneln zwar in ihrer Bedeutung den Adjektiva der europäischen Grammatik, sind aber in Wortkörper und Gebrauchsweise ganz anders.‘ Da die Adjektiva z. B. des Englischen, Deutschen und Französischen hauptsächlich attributiv gebraucht werden, stehen sie vom japanischen Standpunkt aus den *rentaishi* (vgl. § 83) näher als den *keiyôshi*. Dem Terminus *keiyôshi* ([Eigenschaften usw.] beschreibende Wörter) liegen semantische Kriterien zugrunde. Deshalb wurde hier als entsprechende Bezeichnung ‚Qualitativa‘ gewählt.

146 Die Qualitativa werden als selbständige, flektierbare Wörter, die ein Prädikat bilden können, ebenso wie die Verba zu den *yôgen* gerechnet (vgl. § 117). Sie besitzen eine primäre und eine zusammengesetzte Flexion. Bei der primären Flexion werden in S zwei Klassen unterschieden, die in U zu einer Klasse zusammengefallen sind. Bei der zusammengesetzten Flexion gibt es in S und U nur eine Klasse. In allen Flexionsklassen der Qualitativa können sechs Flexionsformen, den verbalen entsprechend, gebildet werden (vgl. § 118); in U ist deren Zahl auf vier beschränkt, da hier die Imperativform nicht vorkommt, Final- und Attributivform identisch sind.

Anmerkung: Die primäre ‚Flexion‘ der U kann kaum mehr als Flexion angesprochen werden, da sie in ihrer Defektivität nur drei verschiedene Formen aufzuweisen hat (*-ku, -kere, -i*). In S gibt es derer noch vier (*-ku, -ki, -kere, -shi*), während sich im Altjap. fünf Formen nachweisen lassen (*-ka, -ku, -ki, -ke, -shi*), welche die Merkmale einer vokalisch alternierenden Endungsflexion noch am deutlichsten zeigen.

147 Trotz der weitgehenden Ähnlichkeit der Verba und Qualitativa rechtfertigt das Vorhandensein der folgenden Unterscheidungsmerkmale ihre Aufgliederung in zwei Wortkategorien: a) formal — die primäre Flexion der Qualitativa ist nicht wie die der Verba auf Vokalalternation des Auslautes sondern agglutinativ auf Verschiedenartigkeit der Endungsmorpheme aufgebaut; der Stamm der Qualitativa kann im Gegensatz zu dem der Verba selbständig gebraucht werden; b) funktionell — nicht alle Verbalsuffixe, die im Anschluß an Verba stehen, können mit Qualitativa verbunden werden; die Konjunktionalform der Qualitativa hat zusätzlich auch adverbiale Funktion[2] (wird in dieser Funktion auch Adverbialform [*fukushikei*] genannt); c) semantisch — Qualitativa können keine Tätigkeiten oder Vorgänge bezeichnen.

148 Die primären Flexionen

a) 1. Klasse — die *ku*-Flexion (*ku-katsuyô*)

Merkmal: Anfügung des Endungssuffixes unmittelbar an den Stamm.

[2] Das gilt zwar auch für einige verbale Konjunktionalformen, meist in Verbindung mit der Postposition *te*, z. B. *amari, hajimete kanete* (vgl. § 90 a), doch ist diese Bildungsweise im Gegensatz zur qualitativen durchweg unproduktiv und auf wenige Beispiele beschränkt.

Beispiel	Stamm-silben	Endungssuffix					
		mizen	renyô	shûshi	rentai	izen	meirei
takashi hoch	*taka-*	*-ku*	*-ku*	*-shi*	*-ki*	*-kere*	*-kare*

Beispiele: *hayashi* schnell, früh, *nagashi* lang, *mijikashi* kurz, *chikashi* nahe, *tôshi* fern, *hiroshi* breit, *semashi* schmal, *futoshi* dick, *hososhi* dünn, *fukashi* tief, *asashi* flach, *omoshi* schwer, *karoshi* leicht, *akarushi* hell, *kurashi* dunkel, *tsuyoshi* stark, *yowashi* weich, schwach, *yoshi* gut, *katashi* hart, *hikushi* niedrig, *shiroshi* weiß, *akashi* rot, *kuroshi* schwarz, *aoshi* grün, blau, *amashi* süß, *nigashi* bitter, *karashi* scharf, *shibushi* herb.

Beachte: 1. In der *mizen-*, *renyô-* und *rentaikei* gibt es seit der Heian-Zeit *ombin*-Varianten infolge Ausfalls des silbenanlautenden *k-*: *-u*, *-i*. Diese Formen sind in S unkorrekt. Auch ist die *u*-Form nur im Kamigata-Gebiet (Kyôto), nicht aber im Kantô-Gebiet (Tôkyô) gebräuchlich.

2. Die *izenkei -kere* ist eine Neubildung der Heian-Zeit und vermutlich auf eine ältere *izenkei -ke* zurückzuführen, der das Morphem *-re* angefügt wurde. Möglicherweise ist sie auch als Kontraktionsform von *-ke+are* (*izenkei* von *ari* 4ra) zu interpretieren.

3. Eine ursprüngliche Imperativform gibt es bei den Qualitativa nicht. Die *meireikei -kare* ist eine Sekundärbildung, entstanden aus der Kontraktion von *-ku+are* (*meireikei* von *ari*). Sie gehört eigentlich in die Klasse der zusammengesetzten Flexion, wird aber zur Ergänzung des Paradigmas der Primärflexion aufgeführt.

b) 2. Klasse — die *shiku*-Flexion (*shiku-katsuyô*)

Merkmale: Der Qualitativstamm endet auf die Silbe *-shi* (nigoriert: *-ji*), an welche das Endungssuffix angefügt wird. Die Finalform ist mit dem Stamm identisch.

Beispiel	Stamm-silben	Endungssuffix					
		mizen	renyô	shûshi	rentai	izen	meirei
kanashi traurig	*kanashi-*	*-ku*	*-ku*	o	*-ki*	*-kere*	*-kare*

Beispiele: *tadashi* aufrecht, *hageshi* heftig, *ureshi* fröhlich, *osoroshi* schrecklich, *otonashi* folgsam, *okashi* lächerlich, unterhaltsam, *utsukushi* schön, *yoroshi* gut, richtig, *mazushi* arm, *sabishi* einsam, *munashi* leer, *muzukashi* beschwerlich, *suzushi* kühl, *wabishi* trostlos, *ashi* schlecht, *hanahadashi* äußerst, *ayashi* seltsam, verdächtig, *iyashi* niedrig, verächtlich, *imiji* äußerst, ernst, außerordentlich, *susamaji* furchtbar, *onaji* derselbe, gleich.

Beachte: 1. In der jap. Schulgrammatik wird das Morphem *-shi* der Endung zugerechnet. Diese Analyse ist morphologisch nicht haltbar, da der in der

Wortbildung zur Komposition und Derivation verwendete Qualitativstamm das Morphem *shi* behält, z. B. *ashi-zama* Schlechtigkeit, *ureshige* frohes Aussehen, *kanashi-garu* traurig sein, *sabishi-sa* Einsamkeit. Komposita, in denen *shi* ausfällt, sind seltene Ausnahmen, z. B. *suzukaze* kühler (Herbst-) Wind.

2. Die beiden primären Flexionen der Qualitativa unterscheiden sich nur in der Finalform, die bei der *shiku-Flexion* endungslos ist. Diese Endungslosigkeit dürfte als Haplologie der zu erwartenden Form *shishi* aufzufassen sein, die gegen Ende der Heian-Zeit tatsächlich belegbar ist. Somit waren die beiden primären Flexionen in S zeitweilig identisch, wie sie es in U seit Ende des Mitteljap. allgemein sind.

c) Die primäre Flexion der Umgangssprache

Beispiele	Stammsilben	Endungssuffix			
		mizen	renyô	shûshi-rentai	katei
takai *kanashi*	*taka-* *kanashi-*	*-ku*	*-ku*	*-i*	*-kere*

Beachte: 1. Die Indefinitform tritt bei den Qualitativa der U nur in Verbindung mit dem Verbalsuffix der Negation (*-nai*) in Erscheinung: *yokunai* ‚ist nicht gut'.

2. Die Dubitativform der U wird nur in der zusammengesetzten Flexion gebildet; siehe § 149.

3. Der Zusammenfall von Final- und Attributivform verlief in derselben Weise wie bei den Verba, indem die Attributivform auch prädikative Funktionen übernahm (vgl. § 133). Dieser Vorgang macht sich schon um die Wende zur Kamakura-Zeit bemerkbar und wird in der Muromachi-Zeit konstant. Infolgedessen ging die alte Finalform der S verloren, wodurch der Unterschied der beiden primären Flexionen der S aufgehoben wurde, der allein auf der Finalform beruhte.

4. Die Final- und Attributivform *-i* ist durch Ausfall des Silbenanlautes *k* des Endungssuffixes entstanden (*i-ombin*). Die analoge Erscheinung tritt auch bei der Konjunktionalform auf (*u-ombin*), jedoch nicht im Kantô-Gebiet, weshalb sie in der Standard-Umgangssprache keinen generellen Eingang gefunden hat. Dort tritt sie nur beim prädikativen Qualitativum (Konjunktionalform) vor den Hilfsverba *gozaru* (honorativ)[3] und mitunter auch vor *suru* auf; z. B. *arigatô* (< *-taku*) *gozaimasu* ich danke, *mattô* (<*-taku*) *suru* vollenden, *o-hayô* (<*-yaku*) *gozaimasu* guten Morgen. — Die Assimilationsformen sind schon seit der Heian-Zeit nachweisbar. Seit der Muromachi-Zeit beherrschen sie die Umgangssprache.

5. Die Konditionalform tritt nur in Verbindung mit der konjunktionalen Postposition *ba* auf; z. B. *takakereba* ‚wenn es hoch ist'.

---

[3] *gozaru* ist hier funktionell mit der honorativen Kopula *de-gozaru* (*de-gozaimasu*) in der Stellung nach *taigen* identisch (vgl. § 141). Vor den übrigen Formen der Kopula steht die Finalform der Qualitativa: *samui-da, samui-desu* (es) ist kalt; aber: *samû-gozaimasu.*

149 Die zusammengesetzte Flexion (*kari-katsuyô*)

Die zusammengesetzte Flexion wird durch Anfügung des Hilfsverbs *ari* an die Konjunktionalform der primären Flexion gebildet: *-ku* + *ari* > *-kari*. So entsteht eine Hilfsflexion (*hojo-katsuyô*) verbalen Charakters, die in der Regel dann in Funktion tritt, wenn Qualitativa in prädikativer Stellung zur Modifizierung des Aussagegehaltes mit Postpositionen oder Verbalsuffixen verknüpft werden. Da die zusammengesetzte Flexion der Qualitativa mit der von *ari* (4ra) übereinstimmt, stehen die Qualitativa dieses Flexionstyps den verbalen Qualitativa (*keiyôdôshi*, siehe § 152) sehr nahe. Sie unterscheiden sich von letzteren nur dadurch, daß sie außerdem noch eine primäre, nicht verbale Flexion besitzen.

Beispiel	Stammsilbe	Endungssuffix					
		mizen	renyô	shûshi	rentai	izen	meirei
yoshi gut	*yo-*	*-kara*	*-kari*	(*-kari*)	*-karu*	*-kere*	*-kare*

Beachte: Die Finalform wird nur in seltenen Fällen, stilistisch bedingt, zusammengesetzt gebildet (*yokari*). Da sie keine Anschlußbasis bildet, sondern das Prädikat eines Hauptsatzes bezeichnet, steht in der Regel die charakteristische Finalform der primären Flexion: *yoshi*.

Die zusammengesetzte Flexion der U ist defektiv, da sie nur drei charakteristische Formen besitzt: die Indefinit-, Dubitativ- und die konjunktionale Assimilationsform.

Beispiel	Stammsilbe	Endungssuffix				
		mizen	suiryô	renyô-ombin	shûshi-rentai	katei
yoi	*yo-*	*-kara*	*-karo*	*-kat-*	(*i*)	*-kere*

Die Indefinitform (*mizenkei*) tritt nur in Verbindung mit dem Verbalsuffix der Negation (*-nai*) auf: *yokaranai* ‚ist nicht gut'; die Dubitativform (*suiryôkei*) nur in Verbindung mit dem Verbalsuffix *-u*: *yokarô* (<*-karou*) ‚wird wohl gut sein'. Die konjunktionale Assimilationsform (*renyô-ombinkei*) wird mit den dental anlautenden Suffixen *-te, -ta, -tara, -tari* verbunden (vgl. § 121): *yokatte* ‚gut seiend', ‚ist gut und ...', *yokatta* ‚war gut', *yokattara* ‚wenn es gut ist', *yokattari* ‚ist teils gut, teils'. Die Final- und Attributivform wird nur in der primären Flexion gebildet; die Konditionalform ist mit der der primären Flexion identisch.

150 Der Qualitativstamm

Im Gegensatz zum Verbalstamm kann der Qualitativstamm selbständig als Attribut, Adverb, Prädikat, Nomen oder Wortbildungselement fungieren.

a) attributiv (in Verbindung mit der relativischen Postp. *no*), z. B. *tô-no kuni* fernes Land (*tôshi*), *aka-no meshi* Reis mit roten Bohnen (*akashi*), *haya-no mikomi* vorschneller Schluß (*hayashi*);
b) adverbial (häufig mit Reduplikation), z. B. *ita naku* bitterlich weinen (*itashi*), *haya jûnen* bereits zehn Jahre (*hayashi*), *chikajika-to yoru* ganz nahe herangehen (*chikashi*), *hisabisa awazu* sich sehr lange nicht getroffen haben (*hisashi* lange), *hosoboso-to kurasu* kärglich leben (*hososhi*);
c) prädikativ (nur in Ausrufen als Kundgabe einer Gefühlsbewegung, U), z. B. *ô samu* oh, kalt ist es! (*samushi*), *â omoshiro* ach, wie interessant! (*omoshiroshi*), *atsu* au, heiß! (*atsushi*), *ô ita* aua! (*itashi*);
d) als Nomen, z. B. *aka* das Rot, *taka* die Menge, *maru* der Kreis (*marushi* rund), *su* Essig (*sushi sauer*);
e) als Wortbildungselement, z. B. *chikayoru* sich nähern, *wakate* junge Leute (*wakashi* jung), *mekura* Blinder, *samuke* Kälte, usw. (vgl. derivative und kompositionelle Bildungen bei Nomina und Verba, oben §§ 60, 144).

Beachte: Der selbständige Gebrauch von Qualitativstämmen ist auf wenige Beispiele beschränkt und unproduktiv.

151 Wortbildung der Qualitativa

Das verhältnismäßig geringe Inventar ursprünglicher Qualitativa wird durch suffigierende Ableitung aus anderen Wortkategorien oder durch Komposition mit determinierenden Gliedern bereichert.

A) Derivative Bildungen

1. Bildung mit dem Ableitungssuffix *shi* (+ Endungssuffix):
a) denominativ (meist Reduplikationsbildungen): *otonashi* folgsam (*otona* Erwachsener), *katawashi* krüpplig (*katawa* Krüppel), *hanabanashi* prächtig (Blüte), *namanamashi* roh, unreif (*nama* Rohzustand), *kotogotoshi* viel scheinend (Sache), *kiwagiwashi* auffallend (*kiwa* Rand), *memeshi* weibisch (*me* Weib);
b) deverbativ (Ableitung von der Indefinitform vierstufig flektierter Verben): *negawashi* wünschenswert (*negau* wünschen), *nozomashi* begehrenswert (*nozomu* begehren), *yukashi* liebenswert (*yuku* gehen), *nagekawashi* beklagenswert (*nagekau* klagen), *isogashi* emsig, beschäftigt (*isogu* eilen);
c) deadverbativ (teils Reduplikationsformen): *hanahadashi* äußerst (*hanahada* sehr), *imadashi* noch nicht so seiend (*imada* noch nicht), *utateshi* zuviel seiend (*utate* übermäßig), *ubeubeshi* plausibel (*ube* richtig), *kirakirashi* funkelnd (*kira* funkelnd [lautsymbolisch]).
2. Bildung mit dem Ableitungssuffix *ta* (+ Endungssuffix): *medetashi* glückverheißend (*mezu* zu wünschen, lieben), *kemutashi* rauchig (*kemu*[*-ri*] Rauch), *hiratashi* eben, einfach (*hira* Flachsein), *nemutashi* schläfrig (*nemu* zu schlummern)[4].

[4] Etymologisch nicht in diese Gruppe gehört *tsumetashi* ‚kalt', ein Kompositum aus *tsume-itashi* ‚an den Nägeln schmerzend'.

3. Bildung mit dem Ableitungssuffix *na* (+ Endungssuffix); Etymologien zum Teil nicht eindeutig: *sukunashi* wenig, *abunashi* gefährlich, *kitanashi* schmutzig, *okkanashi* fürchterlich, *katajikenashi* ehrfürchtig, dankbar, *osanashi* jung.
4. Bildung mit dem Ableitungssuffix *gamashi* (*gawashi*) (+ Endungssuffix): *okogamashi* einfältig (**oko* Tölpelhaftigkeit), *midarigawashi* liederlich (*midari* Verwirrung), *kagotogamashi* sich beklagend, mürrisch (*kagoto* Klage), *hedategamashi* abweisend (*hedate* Trennung).
5. Bildung mit dem Ableitungssuffix *rashi* (+ Endungssuffix): *otokorashi* mannhaft (Mann), *onnarashi* fraulich (Frau), *otonarashi* wie ein Erwachsener (Erwachsener), *gakuseirashi* schülerhaft (Schüler), *bakarashi* tölpelhaft (Dummkopf), *gunjinrashi* soldatenhaft (Soldat).

Spezielle Ableitungssuffixe der U sind -p/poi: *wasureppoi* vergeßlich, *kodomoppoi* kindisch, *mizuppoi* wässrig; -k/koi: *aburakkoi* fettig, *subekkoi* schlüpfrig, *yanikkoi* zerbrechlich.

B) Kompositionelle Bildungen

Hier handelt es sich bei den Qualitativa um exozentrische Komposita, deren erster Bestandteil ein Nomen oder Verb (Konjunktionalform) ist: *nadakashi* berühmt (Name + hoch), *kedakashi* edel (Geist + hoch), *tayasushi* einfach (Hand + leicht), *kokorobososhi* niedergeschlagen (Herz + dünn), *haragitanashi* niedrig gesinnt (Inneres + schmutzig), *monosugoshi* gräßlich (Ding + furchtbar), *nasakebukashi* gütig (Mitgefühl + tief), *chichikusai* (U) unerfahren, ‚grün' (Milch + übelriechend), *migurushi* (U: -shii) häßlich (sehen + schmerzlich), *nominikushi* ungenießbar (trinken + schwierig).

VERBALE QUALITATIVA (KEIYÔDÔSHI)

152 Die verbalen Qualitativa nehmen eine Zwischenstellung zwischen Verba und Qualitativa ein. Semantisch und funktionell gleichen sie den Qualitativa, mit denen sie auch diejenigen Merkmale gemeinsam haben, die sie von den Adjektiven des Englischen, Deutschen usw. unterscheiden (vgl. § 145). Morphologisch hingegen stehen sie den Verba sehr nahe, da ihre Flexion auf dem Hilfsverb *ari* basiert. Zwar besitzen auch die Qualitativa eine mit *ari* zusammengesetzte Flexion (*kari-katsuyô*, vgl. § 149), doch fungiert diese nur als sekundäres Hilfsmittel neben der allen Qualitativa eigenen primären *ku-* oder *shiku* Flexion. Die verbalen Qualitativa besitzen jedoch nur eine abgeleitete *nari-* oder *tari*-Flexion, deren Formen den unveränderlichen Qualitativstämmen relativ selbständig gegenüberstehen. Diese Stämme weisen Merkmale auf, die sie von denen der Qualitativa deutlich unterscheiden: zum überwiegenden Teil bestehen sie aus sinojapanischen, meist binominalen Semantemen (die *keiyôshi* haben nur rein japanische

Stämme!), zum geringeren Teil aus japanischen Semantemen qualitativen, selten nominalen oder adverbialen Charakters, von denen die qualitativen auf wenige Suffixtypen auslauten und im Gegensatz zu den echten Qualitativstämmen nie isoliert oder als Kompositionsglieder in Wortzusammensetzungen fungieren können.

Ebenso wie die Attributiva (*rentaishi*) sind auch die verbalen Qualitativa erst sehr spät von anderen Wortkategorien abgesondert worden, da beide Gruppen nur wenige typische Merkmale aufweisen, die ihnen allein eigen sind. Als erster räumte T. Ôya (*Gokaku-shinan*, 1880) den mit *-kari*, *-nari* und *-tari* flektierten Qualitativa eine Sonderstellung neben den übrigen Qualitativa ein. Y. Haga nannte diese Gruppe dann *keiyôdôshi* (*Chûtô-kyôka-Meiji-bunten*, 1904). Den Terminus selbst hatte bereits F. Ôtsuki in einem Anhang (*bekki*) zum *Kô-Nihon-bunten* (1897) verwendet, jedoch auf die Qualitativa allgemein bezogen, um ihren verbalen Charakter gegenüber den englischen Adjektiva zu betonen. Erst Y. Yoshizawa stellte 1932 in dem Artikel ‚*Iwayuru keiyôdôshi ni tsuite*' die Forderung auf, diese Qualitativgruppe als selbständige Wortkategorie zu behandeln (in: *Kokugo to kokubungaku*, II, 1). 1935 nahm Sh. Hashimoto dies Postulat auf mit der Einschränkung, daß die *kari*-Flexion als sekundäre Hilfsflexion der Qualitativa anzusprechen sei, weshalb nur die mit *-nari* und *-tari* flektierten verbalen Qualitativa als *keiyôdôshi* gelten können (*Kokugo no keiyôdôshi ni tsuite*, in: *Gengogaku-rombun-shû*, Festschrift für Fujioka Katsuji). Diese Anschauung hat sich dann weitgehend durchgesetzt und seit 1944 auch in der jap. Schulgrammatik Eingang gefunden. Dessen ungeachtet ist die Diskussion um den ganzheitlichen und selbständigen Charakter der *keiyôdôshi* noch nicht abgeschlossen, insbesondere für die Umgangssprache, wo die postpositionellen Züge einiger Formen andere Auffassungen nahelegen.

153 Die verbalen Qualitativa gehören wie die Qualitativa zu den *yôgen*, da sie selbständige, flektierbare Wörter sind, die ein Prädikat bilden können. Morphologisch sind in der Schriftsprache zwei Gruppen zu unterscheiden. Bei der ersten Gruppe wird das Endungssuffix *-nari* an den Stamm gehängt. Zu dieser Gruppe gehören die verbalen Qualitativa mit japanischem Stamm und bestimmte Typen mit sinojapanischem. Bei der zweiten Gruppe wird *-tari* an den Stamm gehängt, der hier stets sinojapanischer Herkunft ist. Beide Endungssuffixe werden nach der unregelmäßigen vierstufigen Flexion der *ra*-Reihe, d. h. wie *ari*, abgewandelt und bilden die üblichen sechs Flexionsformen (vgl. §§ 118, 122). In der Umgangssprache ist die *tari*-Flexion aufgegeben worden, und die *nari*-Flexion hat eine Reihe von Änderungen erfahren. Sie wird nach den beiden charakteristischsten Endungsmorphemen in der Umgangssprache *da/na*-Flexion genannt. In dieser Flexion werden nur fünf Formen gebildet, da wie bei den Qualitativa der Umgangssprache keine Imperativform gebräuchlich ist.

154 1. Klasse — die *nari*-Flexion (*nari-katsuyô*)

Merkmale: Abwandlung nach der verbalen Flexionsklasse 4ra; Vorhandensein einer adverbialen Nebenform *ni* neben der regelmäßigen Konjunktionalform.

Beispiel	Stamm-silben	Endungssuffix					
		mizen	renyô/fukushi	shûshi	rentai	izen	meirei
shizuka-nari ruhig	*shizuka-*	*-nara*	*-nari -ni*	*-nari*	*-naru*	*-nare*	*-nare*

Beispiele: *tashika-nari* sicher, *sadaka-nari* sicher, *akiraka-nari* hell, klar, *sayaka-nari* klar, *atataka-nari* warm, *oroka-nari* töricht, *tairaka-nari* eben, friedlich, *yutaka-nari* reich, *komaka-nari* winzig, fein, *hanayaka-nari* prächtig, *yawaraka-nari* sanft, *sumiyaka-nari* schnell, *haruka-nari* fern, *honoka-nari* matt, undeutlich, *ateyaka-nari* elegant, *nigiyaka-nari* lebhaft, blühend, *tsumabiraka-nari* klar, frisch; *kenage-nari* mutig, *aware-nari* erbärmlich, *sakari-nari* (>*sakannari* [*hatsu-ombin*]) blühend, *mare-nari* selten, *ube-nari* richtig, *arata-nari* neu; **benri-nari* bequem, **seikaku-nari* zuverlässig, **jûjun-nari* unterwürfig, **setsu-nari* heftig.

Beachte: 1. Das Endungssuffix *-nari* ist eine Kontraktionsform, zusammengesetzt aus der Postposition *ni* und dem Hilfsverb *ari*: *ni*+*ari*>*nari* (ist mit der Kopula *nari* identisch, vgl. § 140). Im Altjap. war noch im allgemeinen die analytische Form in Gebrauch, z. B. *akiraka-ni-ari* ‚ist hell'. Erst im Laufe der Heian-Zeit haben sich die Kontraktionsformen durchgesetzt.

2. Losgelöst vom Paradigma steht die Ausgangsform auf *-ni*, die beim adverbialen Gebrauch von verbalen Qualitativa verwendet und deshalb auch Adverbialform (*fukushikei*) genannt wird, z. B. *akiraka-ni teru* ‚hell scheinen'.

3. Als Suspensivform (*chûshikei*) wird statt des konjunktionalen *nari* in der Regel die Verbindung *ni-shite* verwendet (auch kontrahiert zu *ni-te*); *kyô-wa akiraka-ni-shite, atataka-nari* ‚heute ist es klar und warm'.

4. Als Variante neben der regelmäßigen Attributivform *-naru* wird mitunter die attributive Postposition *no* verwendet. Dies ist jedoch nur dann möglich, wenn der Stamm verbaler Qualitativa selbständig als Nomen oder Adverb fungieren kann; z. B. *karisome-no koto* geringfügige Sache, *sakari-no ko* blühendes Kind, **totsuzen-no raihô* plötzlicher Besuch.

5. Verbale Qualitativa mit sinojap. Stamm, die nach der *nari*-Flexion abgewandelt werden, sind größtenteils sekundäre Ableitungen von binominalen sinojap. Komposita, die auch selbständig als Nomina fungieren; z. B. **benri* Bequemlichkeit, **seikaku* Zuverlässigkeit, **jûjun* Folgsamkeit. Nicht zusammengesetzte sinojap. Semanteme, die als verbale Qualitativa gebraucht werden, folgen ebenfalls in der Regel der *nari*-Flexion, z. B. *setsu-nari* heftig (Heftigkeit), *kyû-nari* dringlich (Dringlichkeit), *gen-nari* streng (Strenge).

155 2. Klasse — die *tari*-Flexion (*tari-katsuyô*)

Merkmale: Abwandlung nach der verbalen Flexionsklasse 4ra; Vorhandensein einer adverbialen Nebenform *to* neben der regelmäßigen Konjunktionalform.

Beispiel	Stamm-silben	Endungssuffix					
		mizen	renyô/fukushi	shûshi	rentai	izen	meirei
genzen-tari gebieterisch	*genzen-*	*-tara*	*-tari -to*	*-tari*	*-taru*	*-tare*	*-tare*

Beispiele: ***danko-tari*** fest, ***hanzen-tari*** klar, deutlich, ***kakuzen-tari*** deutlich, ***dôdô-tari*** würdevoll, imposant, ***gôgô-tari*** lärmend, ***konkon-tari*** ernstlich, ***kakko-tari*** entschieden, ***junzen-tari*** lauter, rein, ***jijaku-(jijo-)tari*** gelassen, ***hatsuratsu-tari*** quicklebendig, ***chichi-tari*** langsam, träge.

Beachte: 1. Das Endungssuffix *-tari* ist eine Kontraktionsform wie *-nari*, nur daß hier die Postposition *to* den Ausgangspunkt bildet: *to+ari>tari* (ist mit der Kopula *tari* identisch; vgl. § 140). Die *tari*-Flexion der verbalen Qualitativa entstand später als die *nari*-Flexion. Erst im Laufe der Heian-Zeit fand das sinojap. Vokabular in S Eingang, und die von diesem Material abgeleiteten verbalen Qualitativa wurden anfangs vorwiegend mit asyndetischen Formen gebildet; z. B. *yôchô-to ari* ‚ist zurückhaltend'. Gegen Ende der Heian-Zeit häufen sich dann die synthetischen Formen *-tari*, besonders bei den jap. Leseglossen zum chinesisch abgefaßten Schrifttum (*kambun*).

2. Die Adverbialform der *tari*-flektierten verbalen Qualitativa lautet auf *to* aus, z. B. *hanzen-to etoku-su* deutlich begreifen.

3. Die Suspensivform lautet analog zur *nari*-Flexion *to-shite* (*to-te*); z. B. *jijaku-to-shite ugokazu* gelassen sein und sich nicht bewegen (unbeweglich dastehen).

4. Statt der Attributivform *-taru* tritt in seltenen Fällen die attributive Postposition *no* ein (vgl. § 154, Anm. 4); z. B. *dôdô-no jin* ein imposantes Feldlager.

5. Die Mehrzahl der sinojap. Stämme, die zu dieser Gruppe verbaler Qualitativa gehören, ist im Chinesischen adverbialer Natur, gekennzeichnet durch die adverbialbildenden Semanteme *-zen, -ko, -jaku* (seltener *-jo, -ni*) oder durch Reduplikation (*konkon, gôgô*).

156 Die umgangssprachige *da/na*-Flexion (*dana-katsuyô*) ist, abgesehen von der Adverbialform, mit der Flexion der Kopula *da* identisch (vgl. § 141). Sie besitzt weder eine Indefinit- noch eine Imperativform. Für die Konjunktionalform tritt die Assimilationsform ein, neben der eine Adverbial- und eine Suspensivform stehen. Alle sieben Formen sind verschieden.

Beispiel	Stamm-silben	Endungssuffix						
		suiryô	renyô-ombin/fukushi/chûshi			shûshi	rentai	katei
shizuka-da	*shizuka-*	*-daro-*	*-dat-*	*-ni*	*-de*	*-da*	*-na*	*-nara*

Die Dubitativform (*suiryôkei*) wird nur in Verbindung mit dem Verbalsuffix *-u* gebraucht: *shizuka-darô* (<*-darou*) ‚wird wohl ruhig sein'. Die assimilative Konjunktionalform (*renyô-ombinkei*) wird mit den dental anlautenden Suffixen *-ta, -tara, -tari* verbunden: *shizuka-datta* ‚war ruhig', *shizuka-dattara* ‚wenn es ruhig wäre', *shizuka-dattari* ‚ist teils ruhig, teils'. Die Suspensivform tritt auch in prädikativer Stellung am Schluß eines Einzelsatzes oder einer Satzverbindung auf, gefolgt von dem Hilfsverb *aru* (Negation: *nai*): *shizuka-de-aru* ‚ist ruhig', *shizuka-de-nai* ‚ist nicht ruhig'[1]. Die Konditionalform (*kateikei*) steht allein oder in Verbindung mit der konjunktionalen Postposition *ba* zur Bezeichnung von Konditionalsätzen: *shizuka-nara*(*-ba*) ‚wenn es ruhig ist'.

Beachte: 1. Das in S nach der *shiku-Flexion* abgewandelte Qualitativum *onaji* ‚derselbe' wird in U als verbales Qualitativum behandelt. Von der regelmäßigen *da/na*-Flexion weicht es nur in der Attributivform ab, die endungslos ist wie in S: *onaji koto* dieselbe Sache.

2. Die *tari*-Flexion verbaler Qualitativa ist in U aufgegeben worden, zumal es sich in dieser Gruppe fast ausschließlich um sinojap. Stammwörter handelt, die nur im schriftlichen Verkehr gebraucht werden. In der modernen Schriftsprache, die auf der Umgangssprache beruht, hat sich die Adverbialform *-to* (auch *-to-shite*) und die Attributivform *-taru* gehalten. Da die Attributivform (*danko-taru, kakuzen-taru* usw.) in der modernen Schriftsprache mit umgangssprachiger Grammatik morphologisch isoliert ist, werden die betr. Wortformen zuweilen auch als selbständige Attributiva (*rentaishi*) angesehen (vgl. § 83 ff.).

157 Zur Geschichte der da/na-Flexion

Der Abbau der schriftsprachigen *nari*-Formen beginnt in der Umgangssprache der Kamakura-Zeit. Bei der Attributivform *-naru* wurde damals bereits das Endungsmorphem *ru* abgestoßen. Die so entstandene Form auf *-na* (*shizuka-na*) rückte in der Muromachi-Zeit analog zur allgemeinen Funktionserweiterung der Attributivformen an die Stelle der prädikativen Finalform. Parallel dazu entwickelte sich die Suspensivform *-ni-shite, -ni-te* durch Kontraktion zu *-de*. Diese Form wurde dann in Verbindung mit dem Hilfsverb *aru* auch als prädikative Finalform verwendet, wobei ebenso wie im Falle *-naru* das Endungsmorphem *ru* fortfiel: *-de-a* ergab die dialektal differenzierten Kontraktionsformen *-ja* (Kamigata-Gebiet) und *-da* (Kantô-Gebiet), die das prädikative *-na* verdrängten und seit Ende der Muromachi-Zeit vorherrschen. Von den beiden Varianten setzte sich *-da* in der Standardsprache durch. So entstand die *da/na*-Flexion, der einzige Flexionstyp von umgangssprachigen *yôgen*, in dem Attributiv- und Finalform nicht identisch sind. Dubitativ- und assimilative Konjunktionalform sind von *-da* (*de-aru*) abgeleitet: *-de-ara*(*-mu* Fut.)>*-daro*(*-u*), *-de-ari*(*-tari* Perf.)>*-dat*(*-ta*). *-nara*, die alte Indefinitform der S, übernahm die Funktion der Konditionalform, seitdem zu Anfang des Neujapanischen die Opposition beider Formen bei der Bildung von konditionalen Prädikaten aufgehoben worden war. Während jedoch bei allen übrigen Flexionstypen die alte Konditionalform sich in dieser Funktion durchsetzte, verlief die Entwicklung hier in entgegengesetzter Richtung.

---

[1] *shizuka-da, shizuka-de-aru* sind semantisch gleichwertig doch stilistisch verschieden: *-de-aru* wird in einer formelleren, gehobenen Ausdrucksweise benutzt; vgl. § 141.

158 Zur Wortbildung verbaler Qualitativa

a) Die verbalen Qualitativa, insbesondere diejenigen des Flexionstyps *-nari*, ergänzen das nicht umfangreiche Inventar der eigentlichen Qualitativa. Der Stamm, soweit er sinojapanischer Herkunft oder mit japanischen Nomina und Adverbia identisch ist, kann auch selbständig in nominaler oder adverbialer Funktion verwendet werden.

b) Die japanischen Qualitativstämme dieser Wortkategorie kommen nicht alleinstehend vor. Sie sind durch die Stammsuffixe *-ka, -yaka, -raka* gekennzeichnet.

-ka: tashika, atataka, honoka, tairaka, haruka usw.
-yaka: sumiyaka, ateyaka, nigiyaka, hanayaka, sawayaka usw.
-raka: akiraka, tsumabiraka, yawaraka usw.

Beachte: In den Lexika wird dieser Typ nicht in der Finalform (*tashika-nari* / *-da*), sondern in der Stamm- oder Adverbialform aufgeführt (*tashika, tashika-ni*).

c) Einige verbale Qualitativa dieses Stammtyps können auch als reine Qualitativa nach der *ku*-Flexion abgewandelt werden; z. B. *komaka-nari — komakashi, atataka-nari — atatakashi, yawaraka-nari — yawarakashi, akiraka-nari — akarushi.*

Beachte: Im Altjap. lautete das Stammsuffix vieler dieser Qualitativa *-ke* statt *-ka*, und sie wurden als Qualitativa nach der *ku*-Flexion abgewandelt: *atatakeshi, akirakeshi, tairakeshi, harukeshi, shizukeshi* u. a. Manche von ihnen wurden bis in die Kamakura-Zeit so verwendet.

d) Sinojapanische Semanteme nominalen Sinngehaltes werden in der neueren und modernen Schrift- und Umgangssprache zuweilen auch mittels der sinojap. Attributivsuffixe *-teki* (chin. *ti*) und *-jô* (chin. *shang*) in Qualitativa umgewandelt: *seiji-teki* (*seiji-jô*) politisch, *keizai-teki* (*keizai-jô*) wirtschaftlich, *gakusha-teki* akademisch, *rôman-teki* romantisch, *rekishi-teki* (*rekishi-jô*) historisch usw. *-teki* weist dabei auf den Sachbezug hin, *-jô* auf den Sachbereich. Solche Qualitativbildungen werden vornehmlich attributiv gebraucht und direkt an sinojap. Nomina angeschlossen oder unter Zwischenschaltung von *no* (nach *-teki* häufiger *-naru*/*-taru*, U: *-na*): *rekishi-jô no jijitsu* historische Tatsache, *rekishi-teki shakaigaku* historische Soziologie, *rekishi-teki-naru eikyô* historischer Einfluß usw.

Die Adverbialform wird mit *-ni* gebildet (*rekishi-teki-ni, rekishi-jô-ni*), die prädikative Finalform mit *-nari* (U: *-de-aru*).

VERBALSUFFIXE (JODÔSHI)

159 Die japanischen Verbalsuffixe sind unselbständige, enklitische Semanteme, die agglutinierend an *yôgen* oder an Verbalsuffixe (anderer Funktion) angeschlossen werden. Sie sind in der Regel flektierbar: teils flektieren sie wie Verba, teils wie Qualitativa, doch besitzen wieder andere von ihnen Sonderformen mit Endungsmorphemen ungleichen Anlautes. Die Flektierbarkeit ist das formale Unterscheidungsmerkmal der Verbalsuffixe gegenüber den Postpositionen (*joshi*), mit denen sie den Status von abhängigen ‚Hilfswörtern' (*ji*) gemein haben (vgl. § 100). Hingegen sind ihre Funktionen anderer Natur, da sie den Aussagegehalt nicht grammatisch ordnen und präzisieren, sondern nach Art und Ort des Geschehens konkretisieren. Die Verbalsuffixe stellen Beziehungen her zwischen dem Aussagegehalt und der Stellung des Subjekts zum Geschehen (Passiv, Medium, Faktitiv), dem soziativen Verhältnis von Sprecher und Partner (Honorativ), den Stellenwerten im Zeitablauf (Tempora), den Vollzugsphasen im Zeitablauf (Aspekte), der Gefühls-, Willens- und Urteilsbeteiligung des Ich (Modi). Einige Verbalsuffixe können mehrere solcher Funktionen ausüben, wobei die Kontextbindung oder syntaktische Verknüpfung ausschlaggebend für die jeweilige Bedeutung ist. Da eine Aussage häufig in mehrfacher Beziehung konkretisiert werden soll, sind agglutinative Reihungen von Verbalsuffixen verschiedener Funktion nichts Seltenes, denn jedes Formenelement übt jeweils nur eine grammatische Funktion aus. Im Laufe der Sprachgeschichte sind mehrere Verbalsuffixe außer Gebrauch gekommen; wenig neue haben sich entwickelt, so daß die Schriftsprache auch in dieser Hinsicht ein reicheres Inventar aufzuweisen hat als die Umgangssprache, die in vielen Fällen zu einem Ersatz der synthetischen Bildungsweise (Verbalsuffixe) durch eine analytische Bildungsweise (Hilfsverba) tendiert.

Die Verbalsuffixe wurden in der älteren japanischen Grammatik ebenso wie die Postpositionen zu den *tenioha* gerechnet (vgl. § 101), doch machte bereits D. Toganoi auf die Bedeutungs- und Funktionsunterschiede zwischen den beiden Wortgruppen aufmerksam (*Teniha-abikizuna*, 1770). In der Klassifikation der Wortarten des N. Fujitani (*Ayui-shô*, 1778) werden die Hilfswörter als *ayui* zusammengefaßt (vgl. § 51), wobei von den fünf aufgestellten Untergruppen drei (*tomo, mi, tsura*) etwa das Gebiet der Verbalsuffixe umschließen. Einen weiteren Impuls erhielt das Studium der Verbalsuffixe durch N. Motoori's Untersuchungen über die Syntax der *tenioha* (*Kotoba-no-tamano'o*, 1785). Auch sein Sohn Haruniwa trug zur Erforschung der Verbalsuffixe bei, indem er speziell die Zusammenhänge zwischen endo- und exoaktiven Verben, Passiv und Faktitiv untersuchte und dabei die zugehörigen Verbalsuffixe behandelte (*Kotoba-no-kayoiji*, 1828. Doch erst H. Togashi isolierte die Verbalsuffixe als selbständige Wortkategorie und nannte sie ‚flektierbare abhängige Wörter' (*dôji*) (*Kotoba-no-tamahashi*, 1846). Die jetzt übliche Bezeichnung *jodôshi* stammt von F. Ôtsuki (*Kô-Nihon-bunten*, 1897) und ist eine Lehnübersetzung des englischen ‚auxiliary verb'[1]. Er definierte sie als ‚Wörter, die an Verba angefügt

[1] Die sachliche Entsprechung der ‚auxiliary verbs' bilden im Japanischen annähernd die *hojo-dôshi* (vgl. § 139). Die Verbalsuffixe (*jodôshi*) als Hilfsverba anzusprechen ist unrichtig und verwirrend.

werden, um den in der Flexion nicht ausgeschöpften Sinn zu ergänzen, und ihrerseits mannigfaltige Bedeutungen hinzuzusetzen'. Obgleich dieser Terminus weite Verbreitung gefunden hat und auch in der Schulgrammatik üblich ist, sind noch andere Bezeichnungen in Gebrauch, z. B. *dôji* ‚flektierbare abhängige Wörter' (Y. Yamada, Sh. Okazawa), *dôjoji* ‚flektierbare Hilfswörter' (D. Matsushita, T. Takahashi), *fukuji* (*fukujoshi*) ‚kompositionelle Hilfswörter' (Ts. Tsuruda), u. a.

Klassifizierung der Verbalsuffixe

160 Die Vielzahl der Verbalsuffixe läßt sich nach vier Gesichtspunkten gliedern: a) semantisch nach ihrem Bestimmungsgehalt, b) morphologisch nach ihrer Flexionsart, c) syntaktisch nach ihrer Agglutination an bestimmte Flexionsformen (Anschlußbasen) von *yôgen;* d) kombinatorisch nach ihrem Ort beim Zusammentreffen mehrerer Verbalsuffixe in einer Form.

a) Semantische Gliederung der Verbalsuffixe[2]

Gemeintes	Bezeichnetes	Bezeichnendes	
		Schriftsprache	Umgangssprache
Stellung des Subjekts im Geschehen	Passiv (*ukemi*)	*-ru/-raru*	*-reru/-rareru*
	Medium (Potentialis) (*jihatsu/kanô*)	*-ru/-raru*	*-reru/-rareru*
	Faktitiv (*shieki*)	*-su/-sasu* *-shimu*	*-seru/-saseru*
Soziatives Verhältnis zwischen Sprecher und Partner	Honorativ (*sonkei*)	*-ru/-raru* *-su/-sasu* *-shimu*	*-reru/-rareru* *-serareru/* *-saserareru* *-masu* (höfl.)
Stellenwert im Zeitablauf	Futurum (*mirai*)	*-mu/-n* *-nzu*	○
	Präteritum (*kako*)	*-ki* *-keri*	*-ta*
Vollzugsphasen im Zeitablauf	imperf. Asp. (*mikanryô*)	*-ri*	○
	perf. Asp. (*kanryô*)	*-tsu* *-nu*	(*-ta*)
	Perfektum (*genzai-kanryô*)	*-tari*	(*-ta*)

[2] Die Tabelle enthält nur die Verbalsuffixe der klassischen Schriftsprache und der Standard-Umgangssprache. Kompositionsformen mit spezifischem Sinn, Paraphrasierungen sowie die wichtigsten Sonderformen des Alt- und Mitteljapanischen werden bei der Einzelbeschreibung der Verbalsuffixe behandelt.

Gefühls-beteiligung des Ich	Dubitativ (*suiryô*)	*-mu/-n* *-ramu/-ran* *-kemu/-ken* *-meri* *-beshi* *-mashi*	*-u/-yô*
Willens-beteiligung des Ich	Intentionalis (*ishi*)	*-mu/-n* *-beshi* *-mashi* *-n-to-su/-nzu*	*-u/-yô*
	Optativ (*kibô*)	*-mahoshi* *-tashi*	*-tai*
	Necessativ (*tôzen*)	*-beshi* (*-mu/-n*) (*-nzu*)	o
	Imperativ (*meirei*)	*-beshi* (*-tashi*)	o
	Prohibitiv (*kinshi*)	(*-maji*) (*-ji*)	o
Urteils-beteiligung des Ich	Negation (*uchikeshi*)	*-zu* *-ji* *-maji*	*-nai* *-n/-nu* *-mai*
	Assertiv (*dantei*)	*-nari*	(*-no-da/-desu*)
	Komparativ (*hikyô*)	*-gotoshi*	(*-yô-da/-desu*)
	Präsumptiv (*suitei*)	*-rashi*	*-rashii* (*sô-da/-desu*)

b) Morphologische Gliederung der Verbalsuffixe
Schriftsprache

Flex.-Art	V.-Suffix	Flexionsformen mizen	renyô	shûshi	rentai	izen	meirei
verbal 2u	*-ru* *-raru* *-su* *-sasu* *-shimu* *-tsu*	*re* *rare* *se* *sase* *shime* *te*	*re* *rare* *se* *sase* *shime* *te*	*ru* *raru* *su* *sasu* *shimu* *tsu*	*ruru* *raruru* *suru* *sasuru* *shimuru* *tsuru*	*rure* *rarure* *sure* *sasure* *shimure* *tsure*	*reyo* *rareyo* *seyo* *saseyo* *shimeyo* (*teyo*)
verbal 4ra	*-ri* *-tari* *-keri* *-meri*	(*ra*) *tara* (*kera*) o	(*ri*) *tari* o (*meri*)	*ri* *tari* *keri* *meri*	*ru* *taru* *keru* *meru*	(*re*) *tare* *kere* *mere*	(*re*) (*tare*) o o
verbal 4	*-mu* *-kemu* *-ramu*	o o o	o o o	*mu* *kemu* *ramu*	*mu* *kemu* *ramu*	*me* *keme* *rame*	o o o
verbal 4na	*-nu*	*na*	*ni*	*nu*	*nuru*	*nure*	(*ne*)
qualitativ ku (kari)	*-tashi* *-beshi* *-gotoshi*	*taku* *takara* *beku* *bekara* *gotoku*	*taku* *takari* *beku* *bekari* *gotoku*	*tashi* *beshi* *gotoshi*	*taki* *takaru* *beki* *gotoki*	*takere* *bekere* o	o o o

qualitativ shiku (kari)	*-rashi*	°	°	*rashi*	*rashi*	°	°
	-maji	*majiku*	*majiku* *-kari*	*maji*	*majiki* *majikaru*	*majikere*	°
	-mahoshi	*-shiku* *-shikara*	*-shiku* *-shikari*	*-shi*	*-shiki* *-shikaru*	*-shikere*	°
Kopula 4ra	*-nari*	*nara*	*nari* *ni*	*nari*	*naru*	*nare*	°
Sonder-flexion	*-zu*	*zu* *zara*	*zu* *zari*	*zu*	*nu* *zaru*	*ne* *zare*	°
	-ki	(*se*)	°	*ki*	*shi*	*shika*	°
	-mashi	(*mase*)	°	*mashi*	*mashi*	*mashika*	°
unflektiert	*-ji*	°	°	*ji*	(*ji*)	(*ji*)	°

Beachte: Die mit ° bezeichneten Formen werden nicht gebildet. Die eingeklammerten Formen kommen in der Schriftsprache der Heian-Zeit selten vor, in der nachklassischen Schriftsprache gar nicht (allenfalls noch als Archaismen).

Umgangssprache

Flexions-art	V.-Suffix	Flexionsformen					
		mizen suiryô	renyô ombin	shûshi	rentai	katei	meirei
verbal 1u	*-reru*	*re*	*re*	*reru*	*reru*	*rere*	*rero* *reyo*
	-rareru	*rare*	*rare*	*rareru*	*rareru*	*rarere*	*rarero* *rareyo*
	-seru	*se*	*se*	*seru*	*seru*	*sere*	*sero* *seyo*
	-saseru	*sase*	*sase*	*saseru*	*saseru*	*sasere*	*sasero* *saseyo*
qualita-tiv ku (karu)	*-tai*	*takaro*	*taku* *takat*	*tai*	*tai*	*takere*	°
	-nai	*nakaro*	*naku* *nakat*	*nai*	*nai*	*nakere*	°
	-rashii	°	*rashiku* *rashikat*	*rashii*	*rashii*	*rashikere*	°
Kopula	*-da*	*daro*	*dat* *de*	*da*	(*na*)	*nara*	°
da/na	*-sô-da* *-yô-da*	*daro*	*dat* *de* *ni*	*da*	*na*	*nara*	°
Sonder-flexion	*-masu*	*mase* *masho*	*mashi*	*masu*	*masu*	*masure*	*mase* *mashi*
	-desu	*desho*	*deshi*	*desu*	(*desu*)	°	°
	-ta	*taro*	°	*ta*	*ta*	*tara*	°
	-n/-nu	°	*zu*	*n/nu*	*n/nu*	*ne*	°
un-flektiert	*-u*	°	°	*u*	(*u*)	°	°
	-yô	°	°	*yô*	(*yô*)	°	°
	-mai	°	°	*mai*	(*mai*)	°	°

Beachte: Die mit ° bezeichneten Formen werden nicht gebildet. Die eingeklammerten Formen kommen selten vor.

c) Syntaktische Gliederung der Verbalsuffixe

Anschlußbasis	Verbalsuffixe Schriftsprache	Umgangssprache	Bemerkungen
Indefinitform (mizenkei)	*-ru* *-raru* *-su* *-sasu* *-shimu* *-zu* *-ji* *-mu/-n* *-mahoshi* *-mashi*	*-reru* *-rareru* *-seru* *-saseru* *-nai* *-n/-nu* *-mai* *-yô*	*-ru* (*-reru*), *-su* (*-seru*) nur an Verba der Klasse 4 (5), 4ra, 4na, (4sa). *-raru* (*-rareru*), *-sasu* (*-saseru*) an die übrigen Verbalklassen. *-mai* an alle Verba außer Klasse (5).
Dubitativform (suiryôkei)		*-u*	Nur an Verba der Klasse (5).
Konjunktionalform (renyôkei)	*-ki* *-keri* *-kemu* *-nu* *-tsu* *-tari* (Perf.) *-tashi*	*-masu* *-sô-da* (Präsumptiv) *-ta* *-tai*	*-ta* bei Verba der Klasse (5) an die assimilative Konjunktionalform (ombinkei).
Finalform (shûshikei)	*-beshi* *-maji* *-rashi* *-ramu* *-meri* *-nari* (Hörensagen)	*-mai* *-rashii* *-sô-da* (Hörensagen)	S: außer an Verba der Klasse 4ra (dgl. *-nari*, *-tari*, *-kari* [Qualitativa, verbale Qu.]). *-mai* nur an Verba der Klasse (5).
Attributivform (rentaikei)	*-rashi* *-nari* (Assert.) *-gotoshi* *-beshi* *-maji* *-ramu* *-meri*	*-yô-da*	*-rashi*, *-beshi*, *-maji*, *-ramu*, *-meri* nur an Verba der Klasse 4ra (dgl. *-nari*, *-tari*, *-kari* [Qualitativa, verbale Qu.]). Beachte: rentaikei + (*ga* +) *gotoshi.*
Konditionalform (izenkei)	*-ri*		Nur an Verba der Klasse 4.
taigen	*-gotoshi*	*-yô-da*	Beachte: taigen + *no* + *gotoshi.*

d) Kombinatorische Gliederung der Verbalsuffixe
Agglutinationsschema für die klassische Schriftsprache (umseitig)

Beachte: 1. Eine Ausnutzung der gesamten Agglutinationsskala kommt in der Praxis nicht vor. Obiges Schema gibt nur die relativen Stellenwerte: z. B. können die Verbalsuffixe der Stufe 6 nicht vor denen der Stufe 5 stehen, die der Stufe 7 nicht vor denen der Stufe 4 usw.

2. Von mehreren Verbalsuffixen einer Agglutinationsstufe kann jeweils nur eins in einer Verbalform stehen.

Reihenfolge			Formbildungselemente
A			Verbum in der Stammform (Anschlußbasis)
B	1.	Verbalsuffixe	*-su/-sasu, -shimu*
	2.		*-ru/-raru*
	3.		*-beshi, -tashi, -mahoshi*
	4.		*-zu/-zaru*
	5.		*-tsu, -nu, -ri, -tari*
	6.		*-ki, -keri*
	7.		*-mu/-nzu, -kemu, -ramu, -meri, -mashi, -beshi* (Dubitativ), *-ji, -maji, -rashi, -gotoshi*
	8.		*-nari* (dgl. *nari* + 4, 5, 6, 7)
C			Postpositionen (konjunktionale oder modale)

DIE VERBALSUFFIXE UND DIE GRAMMATISCHEN KATEGORIEN DES VERBS

A. Die grammatischen Kategorien zur Bezeichnung der Stellung des Subjekts im Geschehen

161 Aktiv (*nôdô*)

Aktivische Geltung haben im Japanischen die exoaktiven und faktitiven Verba sowie die nicht abgeleiteten endoaktiven. Das Aktiv bleibt im Gegensatz zum Passiv unbezeichnet und bildet keine formal gekennzeichnete grammatische Kategorie.

162 Passiv (*ukemi, judô*)

-RU 2u (*-re/-re/-ru/-ruru/-rure/-reyo*); Anschluß an die Indefinitform (*mizenkei*) von Verba der Flexionsklassen 4, 4ra, 4na. — Im Altjap. war neben *-ru* das Passivsuffix *-yu* verbreitet (Flexion wie *-ru*, Anschluß an *mizenkei*); z. B. *itowayu* gehaßt werden, *korobayu* gescholten werden, *wasurayu* vergessen werden, *shirayu* gewußt werden, *miyu* gesehen werden, *kikoyu* gehört werden. Drei Verba und zwei erstarrte Attributiva dieses Bildungstyps sind lexikalisiert worden und haben sich bis ins Neujapanische gehalten: *miyu* (U: *mieru*) sichtbar werden, scheinen, *kikoyu* (U: *kikoeru*) zu Ohren kommen, bekannt sein, *oboyu* (U: *oboeru*) sich erinnern, begreifen (vgl. *omo[f]u* wissen — *omohoyu*>*omoyu*>*oboyu*), *iwayuru* sogenannt (*i[f]u* sagen, *iwayu*), *arayuru* sämtliche (*ari, arayu*).

-RARU 2u (*-rare/-rare/-raru/-raruru/-rarure/-rareyo*); Anschluß an die Indefinitform (*mizenkei*) von Verba der Flexionsklassen 3sa, 3ka, 2o, 2u, 1o, 1u. — *su* (3sa) bildet die regelmäßige Passivform *seraru*. Daneben hat sich jedoch seit der Muromachi-Zeit eine Kurzform *saru* entwickelt, die auch in S Eingang gefunden

hat, wenn *su* als Hilfsverb zur Verbalisierung sinojap. Nomina verwendet wird, z. B. *hyô-saru* (neben *hyô-seraru*) ‚kritisiert werden', *kaishaku-saru* (neben *kaishaku-seraru*) ‚kommentiert werden'.

Das Agens beim Passiv wird mit der prädikatsbezogenen Postposition *ni* bezeichnet, in der Standard-Schriftsprache auch mit *ni-oite* (belebtes Agens) oder *ni-yori* (unbelebtes Agens).

a) Konkretes, direktes Passiv (Subjekt belebtes Wesen, wird vom Geschehen direkt betroffen; Verb exoaktiv); z. B. *seito kyôshi-ni shikararu* [*shikaru* 4] der Schüler wird vom Lehrer gescholten; *Sukagawa-no eki-ni Tôkyû-to-iu hito-wo tazunete, shigonichi todomeraru* [*todomu* 2u] (*Hosomichi*) beim Ausspann von Sukagawa besuchte ich einen Mann namens Tôkyû und wurde einige Tage aufgehalten.

b) Konkretes, indirektes Passiv (Subjekt belebtes Wesen, wird vom Geschehen in Mitleidenschaft gezogen; Verb endo- oder exokativ); z. B. *ware hayaku oya-ni shinarete, minashigo-to naru* [*shinu* 4na, endo.] mir starben früh die Eltern, und ich wurde Waise; *tonari-no hito-ni mado-wo akerarete, ammin-wo ezu* [*aku* 2u, exo.] vom Nachbarn wurde (in meiner Anwesenheit) das Fenster geöffnet, und ich konnte nicht ruhig schlafen; *take-takaki hito-ni mae-ni orarete, miezu* [*ori* 4ra, endo.] vor mir befindet sich ein hochgewachsener Mann (wodurch ich behindert werde), und es ist nichts zu sehen.

Beachte: Das direkte Objekt exoaktiver Verba wird im Passiv wie im Aktiv konstruiert (*mado-wo aku, mado-wo akeraru*).

c) Abstraktes Passiv (Subjekt unbelebt, wird vom Geschehen direkt betroffen; Verb exoaktiv); z. B. *ata-no kaze fukite, mitsu aru fune-ni futatsu-wa sokonawarenu* [*sokonau* 4] (Utsubo) es wehten widrige Winde, und von drei Schiffen wurden zwei zerstört; *shitan-ni kakaretaru monogatari ari* [*kaku* 4] (Konjaku) es gibt eine Geschichte, die auf einen Papierrand geschrieben worden ist.

Beachte: Das Passiv mit einem unbelebten Ding als Subjekt ist im älteren Japanisch äußerst selten. Erst in S und U des Neujapanischen hat sich unter englischem Einfluß dieser Passivtyp durchgesetzt und ist im modernen Schrifttum weit verbreitet.

Umgangssprache

-RERU 1u (*-re/-re/-reru/-reru/-rere/-rero, reyo*)
-RARERU 1u (*-rare/-rare/-rareru/-rareru/-rarere/-rarero, -yo*) Anschluß wie in S.

Bezeichnung des Agens mit *ni* oder *kara*.

Beispiele: a-Passiv (vgl. S) — *hito-kara kare-kore iwareru* (*iu* 5) von den Leuten wird dies und das gesagt; *junsa-wa inu-ni ashi-wo kamitsukareta* [*-tsuku* 5] der Polizist wurde von einem Hund ins Bein gebissen.

b-Passiv (vgl. S) — *hito-ni korareru* [*kuru* 3ka endo.] von jemand besucht werden (lästiger Besuch); *chichi-ga kodomo-ni ôsawagi-wo sareta* [*suru* 4sa exo.] dem Vater wurde durch das Kind ein großer Lärm gemacht (d. h. der Vater wurde durch das Lärmen des Kindes belästigt).

c-Passiv (vgl. S) — *tachiki-ga kaminari-ni utareru* [*utsu* 5 ‚schlagen'] der stehende Baum wird vom Blitz getroffen; *kono rombun-wa kyonen happyô-sareta* [*suru* 4sa, Formbildung vgl. oben S] diese Abhandlung ist im Vorjahr veröffentlicht worden.

Beachte: Das Passiv vom Typ a wird in U häufig umschrieben, indem an die aktive Suspensivform des Hauptverbs (*renyôkei*+*te*) das hier als Hilfsverb fungierende *morau* 5 ‚empfangen' gehängt wird (Bedingung ist jedoch, daß die Handlung zugunsten des Subjekts geschieht); z. B. *hito-ni ike-bana-wo oshiete-morau* von jemand im Blumenstellen unterrichtet werden.

163 Medium (*jihatsu, chûsô*)

Das Medium steht im Japanischen formal und semantisch dem Passiv sehr nahe, indem es einen verbal bezeichneten Vorgang oder Zustand angibt, von dem das Subjekt betroffen wird, jedoch ohne Bewirkung eines Agens und gleichgültig ob durch eigene Intention oder nicht.

Medialformen können in der Regel nur von ursprünglich exoaktiven Verben gebildet werden (eine Ausnahme bilden Endoaktiva der emotionalen Sphäre, z. B. *naku* ‚weinen').

-*RU* 4 (abgeleitete Endoaktiva, lexikalisiert und unproduktiv) Anschluß an die Indefinitform.

-*RU* 2u, -*RARU* 2u Flexion und Anschlußart wie beim Passiv; eine Imperativform (*meireikei*) wird nicht gebildet.

Im Altjap. fungierte wie beim Passiv neben -*ru* 2u auch -*yu* 2u als mediales Verbalsuffix, z. B. *shinubayu* sich sehnen, *omohoyu* in Sehnsucht gedenken, *naka-yu* vor sich hinweinen, *wasurayu* vergessen. — Bei den altjap. Medialbildungen auf -*yu* handelt es sich ausnahmslos um Verba der emotionalen und intellektuellen Sphäre.

Beispiele: *momochidori saezuru haru-wa monogoto-ni aratamaredomo, ware-zo furiyuku* [*aratamu* 2u — *aratamaru* 4] (Kokin) im Frühling, da all die hundert Vögelein zwitschern, erneuert sich alles (gewinnt neues Leben); doch ich werde alt; *sate ikemeite kubomari, mizuzukeru tokoro ari* [*kubomu* 2u — *kubomaru* 4] (Tosa) nun gab es da einen Ort, der einem Teiche ähnlich ausgehöhlt und voll Wasser war; *hibashi hai-ni sasaru* [*sasu* 4 *sasaru* 4] die Feuerzange steckt in der Asche; *fude-wo toreba, mono-kakare, gakki-wo toreba, ne-wo tatemu-to omou* [*kaku* 4 — *kakaru* 2u] (Tsurezure) wenn ich den Pinsel ergreife, schreibe ich (so für mich) etwas hin; wenn ich ein Instrument ergreife, möchte ich Musik erklingen lassen; *tsukihi-no furu mama-ni augo-naki ne-nomi nakare-masarite ...* [*naku* 4 — *nakaru* 2u) (Utsubo) während die Zeit verging, weinte er nur immer mehr über die mangelnde Gelegenheit zusammenzukommen vor sich hin; *nao ume-no nioi-ni-zo, inishie-no koto-mo tachikaeri, koishiu omoi-ideraruru* [*i*(*d*)*zu* 2u — *ideraru* 2u] (Tsurezure) auch durch den Duft der Pflaumen (-blüten) erstehen wieder die Dinge von einst, und man erinnert sich sehnsüchtig.

Umgangssprache

-RU 5 (abgeleitete Endoaktiva, lexikalisiert und unproduktiv); Anschluß an die Indefinitform.

-RU 5 Anschluß an die Konditionalform (selten).

-RERU 1u Flexion und Anschlußart wie beim Passiv.

-RARERU 1u Flexion und Anschlußart wie beim Passiv.

Beispiele: *tenki-ga kawaru* [*kaeru* 1u — *kawaru* 5] das Wetter ändert sich; *inochi-dake-wa tasukaru* [*tasukeru* 1u — *tasukaru* 5] nur mit dem Leben davonkommen; *watakushi-ni-wa dôshite-mo sô omoeru* [*omou* 5 — *omoeru* 5] ich denke es mir jedenfalls so; *mukashi-no koto-ga shinobareru* [*shinobu* 5 — *shinobareru* 1u] sich an das Vergangene erinnern; *watakushi-ni-wa kare-no kichô-ga kichô-de-aru-dake-ni, sonna-ni matarenai-no-de-aru* [*matsu* 5 — *matareru* 1u] für mich ist seine Rückkehr nach Japan nichts als eine Rückkehr, und ich befinde mich nicht besonders in Erwartung; *sô-iu-koto-ga asa-yû-ni kangae-tsuzukerareru* [*tsuzukeru* 1u — *tsuzukerareru* 1u] über eine derartige Angelegenheit denke ich für mich von morgens bis abends ununterbrochen nach; *chichi-no koto-ga anjirarete-naranai* [*anjiru* 1o — *anjirareru* 1u] ich kann nicht umhin, mich wegen (der Angelegenheiten) des Vaters in Sorge zu befinden.

164 Die Entwicklung des Potentialis im Zusammenhang mit dem Medium.

Die Medialformen des Japanischen besitzen ein hohes Alter und sind seit dem Beginn der schriftlichen Überlieferung nachweisbar. Das charakteristische Morphophonem *r* (*a-r-u*) findet sich im Bildungssuffix der Endoaktiva (*-ru*) wieder und ist offenbar mit dem Hilfsverb *ari* in etymologischen Zusammenhang zu bringen, da die Endoaktiva und die in der Medialform sekundär in endoaktiven Status versetzten Exoaktiva die Befindlichkeit, den Zustand eines Subjekts bezeichnen[3] (das jap. Passiv ist vermutlich nur eine Bedeutungserweiterung des Mediums durch Nennung eines Agens, das die Befindlichkeit bewirkt). Dies alte Medium nahm im Laufe der Heian-Zeit zusätzlich die Bedeutung eines Potentialis an. Ursprüngliche Bedingungen für die Entwicklung dieser Funktion waren a) Medialform in der Negation, b) partielles Betroffensein des Subjekts (körperliche oder seelische Beeinträchtigung); z. B. *mono-wa sukoshi oboyuredomo, koshi-namu ugokarenu* [*ugoku* 4 — *ugokaru* 2u] (Taketori) von den Dingen nehme ich zwar etwas wahr, doch die Hüften sind nicht zu bewegen (kann ich nicht bewegen). — Daneben war die übliche Umschreibung des Potentialis mittels des Hilfsverbs *u* (2u) ‚können' in Gebrauch (in der Negation als *e-* [*renyôkei*] dem Hauptverb präfigierend vorangestellt), die der potentiellen Bedeutung stärkeren Ausdruck verlieh; z. B. *ano kuni-no hito-wo e-tatakawanu-nari, yumiya-shite irareji* [*iru* 2o — *iraru* 2u] (Taketori) die Leute jenes Reiches kann man wahrlich nicht bekämpfen; mit Pfeil und Bogen wird wohl nicht auf sie zu schießen sein (wird man nicht schießen können). — Diese Umschreibung des Potentialis war seit dem Altjap. auch in affirmativen Sätzen gängig, wobei das Hilfsverb *u* der Konjunktionalform des Hauptverbs nachgestellt wurde; z. B. *shimashiku-mo hitori ari-uru mono-ni-are-ya* (Manyô) bin ich etwa ein Wesen, das auch nur ein Weilchen allein sein kann? — Eine solche Konstruktionsweise blieb zwar bis in die Standard-Schriftsprache gebräuchlich (*tori-u* nehmen können, *kiki-u* hören können, *mi-u* sehen können usw.), doch gewann seit dem Mitteljapanischen der Kamakura-Zeit die alte Medialform auch in affirmativen Sätzen

[3] Beachte die ähnliche Funktion von *ari* zur Bildung des imperfektiven Aspekts und des Perfektums; siehe §§ 172, 174.

potentielle Bedeutung; z. B. *fuyu-wa ikanaru tokoro-ni-mo sumaru* [*sumu* 4 — *sumaru* 2u] (Tsurezure) im Winter kann man an jedem beliebigen Ort wohnen. — Unterstützt wurde das Vordringen des neuen Potentialis in der Umgangssprache durch die formale Konvergenz beider Ausdrucksweisen infolge der Prädikatisierung der Attributivform (vgl. § 133): *kiki-uru* — *kikaruru*, *iri-uru* — *iraruru*. So wurde der volksetymologischen Identifizierung des Auslautes der Medialform mit *uru* ‚können' Vorschub geleistet. In der modernen Umgangssprache ist die Verwendung der Medialform in potentieller Bedeutung allgemein verbreitet (‚können' im Sinne von ‚imstande sein' und ‚dürfen'); z. B. *dare-ni-demo tokareru mondai-da* [*toku* 5 — *tokareru* 1u] es ist eine Aufgabe, die ein jeder lösen kann; *shigoto-ga sundara nerareru* [*neru* 5 — *nerareru* 1u] wenn die Arbeit fertig ist, darf man schlafen[4].

In der Muromachi-Zeit traten bei Verben der vierstufigen Flexion neue Formen des Potentialis auf, die durch Kontraktion der analytischen Form *renyôkei+u* (>*uru*>*eru*) entstanden: *yomi-eru*>*yomeru* (1u), *kiki-eru*>*kikeru* (1u) usw. Sie wurden ursprünglich auch vorzugsweise in der Negation gebraucht und erlangten neben ihrer Hauptfunktion analog zum alten Medium sogar passivische und honorative Bedeutung; z. B. *kore-wo ‚naka' -to-wa yomenu-zo* (Shômono) dies (Schriftzeichen) kann man nicht ‚naka' lesen; *kono jo-wa chikagoro midaseta-zo* [*mi-dasu* 4] (Shômono) dies Vorwort ist kürzlich aufgefunden worden; *mina kô yome-sôrô-ga, Shiko-ga kono gi-wo kirôta-zo* (Shômono) alle belieben (es) so zu lesen, doch hat Shih Ku diese Sinngebung gemißbilligt. — In der Funktion des Potentialis haben sich diese Formen bei den Verba der vierstufigen Flexion durchgesetzt und den Bildungstyp *yomareru* weitgehend verdrängt (*kateikei+ru* 1u: *yomeru*); z. B. *shimbun-ga yomeru* die Zeitung lesen können; *saka-ga noboreru* den Abhang hinaufsteigen können; *kono sake-wa nomeru-ne*, den Sake kann man trinken, nicht. — Von manchen Verba dieser Klasse läßt sich eine solche Form allerdings nicht bilden (z. B. von *saku* blühen, *aru* da sein, *iru* nötig sein).

Beachte: In U gibt es neben den synthetischen Potentialformen (*ukerareru, yomeru* usw.) eine asyndetische Umschreibung, die in der mündlichen Rede den Vorzug genießt: Hauptverb (*rentai-shûshikei*)+*koto-ga-dekiru*, z. B. *yomu-koto-ga-dekiru* ‚das Schreiben ist möglich', schreiben können; *eigo-wo hanasu-koto-ga-dekiru* englisch sprechen können.

165 Faktitiv (*shieki*)

Der Faktitiv bezeichnet eine Handlung, die vom Subjekt veranlaßt oder zugelassen, aber von einem mit dem Subjekt nicht identischen Täter ausgeführt wird (Bezeichnung des Agens mit den Postp. *wo, wo-shite* oder *ni*, vgl. §§ 106, 107).

-SU 2u (*-se/-se/-su/-suru/-sure/-seyo*); Anschluß an die Indefinitform (*mizenkei*) von Verba der Flexionsklassen 4, 4ra, 4na.

[4] Beachte die Konstruktionsunterschiede: Medium potentialis — *tegami-ga yomareru* den Brief kann man lesen; direktes Passiv — *tegami-ga hito-ni yomareru* der Brief wird von jemand gelesen; indirektes Passiv — *watakushi-ga hito-ni tegami-wo yomareru* der Brief wird bei mir (zu meinem Mißfallen) von jemand gelesen.

-*SASU* 2u (*-sase/-sase/-sasu/-sasuru/-sasure/-saseyo*); Anschluß an die Indefinitform von Verba der Flexionsklassen 3sa, 3ka, 2o, 2u, 1o, 1u[5].

-*SHIMU* 2u (*-shime/-shime/-shimu/-shimuru/-shimure/-shimeyo*); Anschluß an die Indefinitform von Verba aller Flexionsklassen. Ausnahmen: An die Verba der Klasse 1o wird *-shimu* unter Zwischenschaltung der *mizenkei* von *-su* (2u) angefügt: *miseshimu, kiseshimu, niseshimu.* Dasselbe gilt für das Verb *u* (2u) ‚können' in der Standard-Schriftsprache: *eseshimu* (früher *eshimu*).

So wie das charakteristische Morphophonem *r* des Mediums (Passivs) im Zusammenhang mit dem Hilfsverb der Befindlichkeit *ari* steht, ist das charakteristische Morphophonem *s* des Faktitivs (*shimu* < *simu*!) vermutlich mit dem Hilfsverb der Aktionsaussage *su* ‚tun' gleichen Ursprungs. Dasselbe Morphophonem tritt auch in dem Ableitungssuffix *-su* der Exoaktiva auf. — Der Faktitiv wird sowohl von endoaktiven als auch von exoaktiven Verben gebildet, ausgenommen exoaktive Ableitungen auf *-su,* sofern sie faktitive Bedeutung haben (*ugokasu, mitasu, hiyasu* usw., vgl. § 136, 2).

Beachte: Die dem Faktitiv verwandten exoaktiven Ableitungen auf *-su* werden nach der vierstufigen Flexion abgewandelt, die echten Faktitiva auf *-su* nach der unteren zweistufigen Flexion. Es ist dieselbe morphologische Verschiedenheit wie bei dem endoaktiven *-ru* (4) und dem medialen bzw. passivischen *-ru* (2u).

Beispiele: *kyôshi seito-ni hon-wo yomasu* [*yomu* 4 — *yomasu* 2u] der Lehrer läßt den Schüler das Buch lesen; *me-no onna-ni azukete yashinawasu* [*yashina(f)u* 4 — *yashinawasu* 2u] (Taketori) er übergab (es) der Alten, seinem Weibe, und ließ (es von ihr) aufziehen; *seifu kokumin-ni kyôiku-wo ukesasu* [*uku* 2u — *ukesasu* 2u] die Regierung läßt dem Volk Erziehung angedeihen (wrtl.: läßt erhalten); *kaku ubai-nado-no mi-nite biku-wo hori-e ke-iresasuru, mizou-no akugyô-nari* [*iru* 2u — *iresasu* 2u] (Tsurezure) solcherweise im Stande einer Laienschwester zu sein und einen Mönch in einen Graben stoßen zu lassen, ist eine noch nicht dagewesene böse Tat; *en-no kiwa-e hiki-yosesase* ... [*yosu* 2u — *yosesasu* 2u] (Heike) er ließ ihn an den Rand der Veranda schleppen und ...; *kare-no gi-wa makoto-ni hito-wo-shite odorokashimuru mono ari* [*odoroku* 4 — *odorokashimu* 2u] seine Kunstfertigkeit ist wirklich etwas, das die Leute zum Staunen veranlaßt; *sono toki-ni choku arite, sannin-no ama-wo meshite, futari-wo inorashimu* [*inoru* 4 — *inorashimu* 2u] (Konjaku) um diese Zeit erging eine kaiserliche Verfügung, drei Nonnen aufzubieten und für die beiden beten zu lassen; *mi-wo yaburu-yori-mo, kokoro-wo itamashimuru-wa, hito-wo sokonau-koto nao hanahadashi* [*itamu* 4 — *itamashimu* 2u] (Tsurezure) schrecklicheren Schaden fügt es dem Menschen zu, wenn man ihm das Herz schmerzen läßt, als wenn man ihm den Körper verletzt.

Beachte: 1. *-shimu* war im Altjapanischen das bevorzugte Verbalsuffix des Faktitivs, wurde jedoch in der Heian-Zeit von *-su/-sasu* in den Hintergrund ge-

---

[5] In der Literatur findet man vereinzelt auch *-sasu*-Anschlüsse an Verba der Klasse 4, allerdings vermutlich nur euphonisch bedingt; z. B. *tatematsurasase-tamau* (Genji), *omowasase-tamau* (Heiji).

drängt. Erst um die Wende zur Kamakura-Zeit trat es wieder hervor und wurde hauptsächlich in der männlich bestimmten Literatur, besonders in der *Kambun*-Lesung, verwendet. Im nicht literarischen Schrifttum hat es seither die Vorrangstellung bis in die Gegenwart behauptet.

2. *-shimu* hat noch die Sonderfunktion, einen Zustand beschreibende Qualitativa und Verbalqualitativa in exoaktive Verba umzuformen; z. B. *yoshi* gut — *yokari* gut sein — *yokarashimu* gut machen, *benri-nari* bequem (sein) — *benri-narashimu* bequem machen, *sôkai-nari* frisch (sein) — *sôkai-narashimu* erquicken.

3. In den Kriegshistorien des Mitteljapanischen (*gunki-monogatari*) wurden die Verbalsuffixe *-su*/*-sasu* vorübergehend auch zur Bezeichnung des Passivs verwendet; z. B. *kerai ôku utase, uma-no hara irasete hiki-shirizoku* (Heike) viele Gefolgsleute wurden getötet, in die Pferdeleiber wurde geschossen, und sie zogen sich zurück.

Umgangssprache

-SERU 1u Anschlußart wie in S. Ausnahme: von *suru* (4sa) ‚tun' lautet der Faktitiv *saseru.*

-SASERU 1u

-SHIMERU 1u

Das Agens beim Faktitiv wird in U mit der Postposition *ni* bezeichnet, kann aber auch mit *wo* bezeichnet werden, wenn der Faktitiv von einem endoaktiven Verb gebildet worden ist.

Beispiele: *naze watakushi-ni sekinin-wo owaseru-no-desu* [*ou* 5 — *owaseru* 1u] weshalb läßt man mich die Verantwortung tragen? *haha-oya-ga kodomo-ni kimono-wo kisaseru* [*kiru* 1o — *kisaseru* 1u] die Mutter läßt das Kind das Kleid anziehen; *nôfu-ga uma-wo* (oder *ni*) *isogaseta* [*isogu* 5 endo. — *isogaseru* 1u] der Bauer ließ das Pferd schnell laufen; *kodomo-ga ane-wo* (oder *ni*) *warawaseta* [*warau* 5 endo. — *warawaseru* 1u] das Kind brachte die ältere Schwester zum Lachen.

Beachte: 1. Da in U die Tendenz besteht, das Agens bei endoaktiven Faktitiva mit der Postposition *wo* zu bezeichnen, werden diese Faktitiva im Sprachgefühl offenbar den Exoaktiva gleichgestellt; vgl. *kuruma-wo ugokasu* (5 exo.) einen Wagen in Bewegung setzen, *uma-wo isogaseru* (1u endo., Fakt.) ein Pferd schnell laufen lassen. Parallel dazu geht die Neigung, solche Faktitiva auch fünfstufig wie Exoaktiva zu flektieren: *uma-wo isogasu.*

2. Ebenso wie das abstrakte Passiv (unbelebtes Subjekt) erst im Neujap. hauptsächlich unter englischem Einfluß Verbreitung fand (vgl. § 162c), hat sich auch ein ‚abstrakter' Faktitiv (unbelebtes logisches Subjekt) erst in den letzten hundert Jahren durchsetzen können. In solchen Fällen wird in der Regel das faktitive Verbalsuffix *-shimu* (*-shimeru*) verwendet, das z. B. in U sonst kaum mehr gebräuchlich ist; z. B. *tochi-no kôtei-hifuku-wo meikaku-na shinzô-to-shite shutsugen-seshimeru* [*suru* 4sa — *seshimeru* 1u] die Höhenunterschiede des Bodens läßt (er) als deutliches Bild hervortreten.

166 Faktitive Verba können durch Agglutination des passivischen Verbalsuffixes *raru* (Anschluß an *mizenkei*) auch passivisch gebraucht werden, doch ist eine solche Ausdrucksweise dem Japanischen fremd und erst unter europäischem Einfluß in Erscheinung getreten.

S: -*SERARU* 2u
-*SASERARU* 2u
-*SHIMERARU* 2u

U: -*SERARERU* 1u
-*SASERARERU* 1u
-*SHIMERARERU* 1u

Die Formen -*seraru* (S) und -*serareru* (U) können zu -*saru* bzw. -*sareru* kontrahiert werden.

Beispiele: S — *byônin isha-ni kusuri-wo nomaseraru* (*nomasaru*) [*nomu* 4] der Kranke wird vom Arzt zum Trinken der Medizin veranlaßt; *benshi rinseki-no keikan-ni enzetsu-wo chûshi-saseraru* (-*sasaru*) [*su* 3sa] der Redner wird von dem anwesenden Polizisten veranlaßt, die Ansprache abzubrechen.

U — *kyaku-ga zasshi-wo yomaserareta* (*yomasareta*) [*yomu* 5] der Gast wurde zum Lesen der Zeitschrift veranlaßt; *minna-ga ikaserareta* (*ikasareta*) [*iku* 5] alle wurden zum Gehen veranlaßt.

B. Die grammatische Kategorie zur Bezeichnung des soziativen Verhältnisses zwischen Sprecher und Partner

167 Honorativ (*sonkei*)

-*RU* 2u	-*SU* 2u	
-*RARU* 2u	-*SASU* 2u	Flexion und Anschlußart wie oben.
	-*SHIMU* 2u	

Die Achtungsbezeugung gegenüber dem faktisch oder fiktiv sozial höherstehenden personalen Gegenstand der Aussage wird neben der Verwendung von Affixen, honorativen Nomen, Verben oder Hilfsverben (vgl. §§ 62, 68, 138, 139) vor allem durch die Agglutination der obigen Verbalsuffixe bezeichnet. Ursprünglich fungierten sie im Bereich des Mediums bzw. Faktitivs (vgl. §§ 163—165). Die Entwicklung der honorativen Funktion ist dadurch zu erklären, daß die mit Ehrerbietung behandelte Person nicht von sich aus oder zielgerichtet agierend, sondern die Aktion veranlassend bzw. im eigenen Interesse durchführend dargestellt wird. Da Honorativ und Potentialis etwa gleichzeitig aus dem Medium hervorgingen, ist auch die Hypothese nicht von der Hand zu weisen, daß die ursprünglich medialen Verbalsuffixe anfangs als Potentialis honorativ wirkten, indem sie allein die Fähigkeit der betr. Respektsperson zur Ausführung der Tätigkeit andeuteten.

Im Altjap. diente nur das faktitive -*su* als honoratives Verbalsuffix, das damals noch vierstufig flektiert wurde (Anschluß an die *mizenkei*) und größtenteils auf vierstufig flektierte Verba folgte; z. B. *teru* 4 (scheinen) — *terasu*, *asobu* 4 (Kurzweil haben) — *asobasu*, *shinubu* 4 (Sehnsucht empfinden) — *shinubasu*, *omo(f)u* 4 (denken) — *omohosu* (> *obosu*), *kiku* 4 (hören) — *kikosu*, *shiru* 4 (wissen) — *shirosu*[6]. Bei Verba der Flexionsklasse 1o trat Stammablaut ein: *kiru*

[6] Die drei letzten Verba zeigen einen altertümlichen *o*-Ablaut in der Indefinitform; vgl. auch *mizenkei* von *ku* ‚kommen‘: *ko*-. Vgl. § 136, 2 Anm.

(anziehen) — *kesu, miru* (sehen) — *mesu*; dgl. bei *nu* 2u (schlafen) — *nasu. mesu* wurde sogar Hilfsverb zur Verstärkung der honorativen Bedeutung bei *oboshimesu, kikoshi-mesu, shiroshi-mesu* (regieren). Abgesehen von den Komposita mit *mesu* war die honorative Bedeutung dieser ursprünglichen Faktitiva nur gering ausgeprägt. Einige wenige von ihnen wurden lexikalisiert und gingen in den Wortschatz der späteren Schriftsprache ein, z. B. *mesu, asobasu*[7], *kikoshimesu, oboshimesu.*

Der Gebrauch der zweistufig flektierten medialen und faktitiven Verbalsuffixe *-ru/-raru, su/-sasu, -shimu* in honorativer Bedeutung datiert erst seit der Heian-Zeit. Anfangs konnte jedes dieser Verbalsuffixe allein honorative Funktion ausüben, doch seit der Kamakura-Zeit kommen die ursprünglich faktitiven Verbalsuffixe fast nur noch in Verbindung mit den honorativen *-raru* (*-seraru, -saseraru, -shimeraru*) oder den honorativen Hilfsverba *tamau, owasu, owashimasu* usw. vor (*-se-tamau, -sase-tamau, -shime-tamau* usw.). Die Formen *-ru/-raru, -seraru/-saseraru* und *-shimeraru* haben sich in honorativer Funktion bis in die Standard-Schriftsprache der Neuzeit gehalten.

Beispiele: *Satsuma-no kami Tadanori-wa izuku-yori-ka kaeraretariken* [*kaeru* 4] (Heike) von irgendwoher war wohl Tadanori, Gouverneur von Satsuma, zurückgekehrt; *ide, mutsukashiki koto na-kikoerare-so* [*kikoyu* 2u] (Genji) nein, sagt ihr nicht (so) unangenehme Dinge! *tôgû yotsu-ni narase-tamau-ni, yuzuri-môsase-tamau* [*naru* 4, *môsu* 4] (Masukagami) als der Konprinz vier Jahre alt wurde, verzichtete er (der Kaiser) auf den Thron; *mikado sôzôshiku-ya oboshimeshikemu, tenjô-ni idesase-owashimashite* ... [*i(d)zu* 2u] (Ôkagami) Seine Majestät mochte wohl in gedrückter Stimmung gewesen sein; er ging zu den Gemächern der Höflinge ...; *mikado ôi-ni odorokase-tamaite, kan-zeshime kikoshimesu-koto kagiri nashi* [*odoroku* 4, *su* 3sa] (Utsubo) Seine Majestät war sehr verwundert; sein Anteilnehmen und Zuhören kannte keine Grenzen.

Umgangssprache

Die Verwendung der honorativen Verbalsuffixe *-reru/-rareru, -serareru/-saserareru und -shimerareru* ist in der gegenwärtigen Umgangssprache durchaus noch lebendig und findet sich insbesondere auch, traditionsgebunden, bei Bezugnahme auf Angehörige des japanischen Kaiserhauses oder auf die eigenen Eltern. Die -ru/ *-raru*-Suffixe (S) leben sodann in lexikalisierter Form in einigen honorativen Verben bzw. Hilfsverben in U fort: *nasaru*<*nasu, kudasaru*<*kudasu, tamawaru*<*tamau, uketamawaru*<*-tamau, irassharu*<*iraseraru*<*iru, ossharu*<*ôseraru*<*ôsu* (vgl. § 138). Als Äquivalente der Verbalsuffixe werden auch syntaktische Umschreibungen verwendet: Konjunktionalform des Verbs+*nasaru* oder Präfix *o-*+Konjunktionalform des Verbs+*ni-naru* oder Präfix *o-*+Konjunktionalform des Verbs + *desu;* z. B. *kaki-nasaru, o-kaki-ni-naru, o-kaki-desu* schreiben, *tazune-nasaru, o-tazune-ni-naru, o-tazune-desu* besuchen, *o-ide-ni-naru, o-ide-desu* gehen, kommen, anwesend sein. Bei verbalisierten sinojapanischen Semantemen wird statt *o- go-* präfigiert; z. B. *ryokô-nasaru, go-ryokô-ni-naru* reisen, *kenkyû-nasaru, go-kenkyû-ni-naru* studieren.

---

[7] *asobasu* wird auch in der Frauensprache als honoratives Hilfsverb statt *nasaru* gebraucht; vgl. § 138.

168 Unter die Kategorie des Honorativs ist auch das für die moderne Umgangssprache charakteristische Verbalsuffix *-masu* als Ausdruck einer höflichen Sprechweise (*teinei*) einzuordnen. Es bezieht sich nicht auf den personalen Gegenstand der Aussage, sondern auf den Gesprächspartner.

-MASU (Flexion unregelmäßig: mizen: *-mase*, suiryô: *-masho*, renyô: *-mashi*, shûshi-rentai: *-masu*, katei: *-masure*, meirei: *-mase*, *-mashi*); Anschluß an die Konjunktionalform (*renyôkei*).

Die Etymologie von *-masu* ist umstritten. Nach der einen Theorie (D. Matsushita) wird es auf das schon im Altjap. verbreitete honorative Verb der Befindlichkeit *masu* 4 (auch: *imasu*, *mashimasu*, *imasukari*, *owasu*) zurückgeführt; nach der anderen (K. Kindaichi) als Kontraktionsform der Muromachi-Zeit von *mairasu* 2u (Faktitiv von *mairu* 4) > *marasu* > *masu* erklärt.

Beispiele: *watakushi-wa kaerimashita* ich bin zurückgekommen; *kono shina-wa kinsei-hin-de-arimasu* diese Ware ist Konterbande; *sakana-wo tabemasen* Fisch esse ich nicht; *ikimashô-ne* gehen wir, was? *zehi irasshaimase* Sie müssen unbedingt kommen! *tegami-wo kakimashitara(-ba)*, *ikimashô* wenn ich den Brief geschrieben habe, will ich gehen.

Beachte: 1. Für die Negation wird nur das Verbalsuffix *-n* (Anschluß an die *mizenkei*) verwendet: *-masen;* siehe § 187.

2. Die Konditionalform kommt nur in Verbindung mit der konjunktionalen Postposition *-ba* zur Bildung von Konditionalsätzen vor (*-masureba*). Diese Form ist jedoch veraltet und wird heutzutage durch *-mashitara* ersetzt.

3. Die beiden Imperativformen kommen nur in Verbindung mit den honorativen Verben *kudasaru*, *nasaru*, *irassharu*, *ossharu* vor: *kudasaimase*, *nasaimase*, *irasshaimase* usw.; siehe § 184 Anm.

C. Die grammatischen Kategorien zur Bezeichnung des Stellenwertes im Zeitablauf

169 Präsens (*genzai*)

Das Präsens, ohne zusätzliche Aspektbestimmung, bleibt im Japanischen formal unbezeichnet. Alle Flexionsformen der Verba, auch die prädikativen Formen der Qualitativa und verbalen Qualitativa, haben alleinstehend oder in Verbindung mit Postpositionen präsentische Geltung. Dies formal merkmallose Präsens bezeichnet a) die Gegenwärtigkeit des Geschehens in der direkten Rede (aktuelles Präsens), b) die Vergegenwärtigung des Geschehens in der Schilderung (historisches Präsens) c) die regelmäßige Wiederholung des Geschehens (habituelles Präsens), d) eine an keine Zeitstufe gebundene Feststellung (extratemporales Präsens).

Beispiele: *Kaguyahime-no ie-ni-wa ‚tama-no eda tori-ni-namu makaru‘ -to iwasete kudari-tamau-ni ...* (Taketori) im Hause der Kaguyahime ließ er sagen: „Ich gehe also, den Edelsteinzweig zu holen“, und ging los (*makaru* ‚ich gehe‘ akt. Präs.); *kajitori-ra-no ‚kita-kaze ashi‘ -to ieba, fune idasazu* (Tosa) die Bootsmänner sagten: „Der Nordwind ist schlecht“, und fuhren nicht mit dem Schiff ab (*ashi* ‚ist schlecht' akt. Präs., *ieba* ‚[weil] sie sagten' hist. Präs., *idasazu* ‚fuhren nicht ab' hist. Präs.); *moshi yo shizuka-nareba, mado-no tsuki-ni mukashibito-wo shinobi, mashira-no koe-ni sode-wo uruosu* (Hôjôki) wenn die Nächte still sind, denke ich beim Mond vor dem Fenster an die einstigen Freunde, und beim Schrei der Affen netze ich den Ärmel (mit Tränen) (*shizuka-nareba* ‚wenn es still ist' habit. Präs., *shinobi* ‚denke sehnsuchtsvoll' habit. Präs., *uruosu* ‚ich netze' habit. Präs.); *neko-wa sannen-no on-wo sannichi-ni wasuru* (Sprichwort) eine Katze vergißt die Wohltaten dreier Jahre in drei Tagen (*wasuru* ‚vergißt' extratemp. Präs.).

In der Umgangssprache bezeichnet das formal merkmallose Präsens hauptsächlich die Außerzeitlichkeit (extratemp. Präs.); z. B. *Nihon-jin-wa hashi-de taberu* die Japaner essen mit Stäbchen; *ashida-wo arau-to, ame-ga furu* (Sprichwort) wenn man die Stöckelsandalen abwäscht, regnet es; *moji-wa hyôi-moji-to hyô'on-moji-to-no nishu-ni wakareru* die Schriftzeichen werden in die zwei Arten der sinnbezeichnenden Schriftzeichen und der lautbezeichnenden Schriftzeichen eingeteilt. — Auch die Bezeichnung des historischen Präsens findet sich in U nicht selten; z. B. *denwa-wo hanarete tokei-wo miru-to, mada goji-ni-wa nijikanbakari ma-ga aru* (Bankiku, Nov. von Hayashi Fumihiko) sie ließ das Telefon und schaute auf die Uhr: bis Fünf waren noch ungefähr zwei Stunden Zeit; *Yokichi-wa mizu-e te-wo irete-wa, dojô-no sawagu-no-wo mite sugu-ni koe-wo tatete warau* (Tsuchi, Roman v. Nagatsuka Takashi) wenn Yokichi die Hand ins Wasser steckte, sah er das Toben der Schmerlen und lachte sofort mit lauter Stimme. — In der Bedeutung des aktuellen Präsens kommt es dagegen nur selten vor; z. B. *hora, densha-ga kuru* sieh, da kommt die Straßenbahn! Das habituelle und das aktuelle Präsens wird in der Regel zusätzlich aspektiv bestimmt und durch die Formen des imperfektiven Aspektes präsentisch wiedergegeben.

Beachte: Die temporal merkmallosen Formen der Verba haben in U auch die Funktion der Zukunftsbezeichnung übernommen (siehe § 170).

170 Futurum (*mirai*)

Das Futurum ist im Japanischen aufs engste mit den modalen Kategorien des Dubitativs und Intentionalis verknüpft. Die grammatische Bezeichnung eines Zeitstellenwertes in der Zukunft impliziert für das japanische Sprachgefühl, insbesondere für das neuzeitliche, in den meisten Fällen das Bewußtsein von der Ungewißheit der Verwirklichung. Deshalb übernimmt das Futurum häufig die Funktion des Dubitativs (mutmaßende Gefühlsbeteiligung des Ich) oder des Intentionalis (die Verwirklichung anstrebende Willensbeteiligung des Ich) (siehe §§ 175, 177). In historischer Sicht zeigt sich diese Tendenz am deutlichsten bei dem Verbalsuffix *-mu*, das im Altjapanischen noch vorzugsweise rein futurisch fungiert, seit der Heian-Zeit (*mu* > *n*) nur mehr selten rein futurisch, und seit dem Neujapanischen (*n* > *u*) fast ausschließlich dubitativ oder intentional. Mit dieser Zukunftsvorstellung hängt es denn wohl auch zusammen, daß von den Bezeichnungen der aspektiven Differenzierung beim Futurum nur selten Gebrauch gemacht wird (siehe § 173).

-*MU* 4 (defektive Flexion: shûshi, rentai: -*mu*, izen: -*me*); Anschluß an die Indefinitform (*mizenkei*); die Form *mu* nahm in der Heian-Zeit den Lautwert *n* an und wird in der Standard-Schriftsprache in der Regel auch so geschrieben.

-*NZU* 3sa (defektive Flexion: shûshi: -*nzu*, rentai: -*nzuru*, izen: -*nzure*); Anschluß an die Indefinitform (*mizenkei*); *nzu* ist eine Kontraktionsform aus *mu-to-su* (Intentionalis, siehe § 177 d) > *ntosu* > *nzu*. Sie entstand in der Heian-Zeit und entwickelte sich in der Kamakura-Zeit lautlich weiter zu *uzu*. In der Standard-Schriftsprache kommt die Kontraktionsform nicht vor.

Beispiele: *okina-no aramu kagiri-wa, kaute-mo imasukarinamu-kashi* (Taketori) solange ich alter Mann dasein werde, werdet Ihr gewiß so leben (wrtl.: Euch befinden) (*ari* 4ra, *imasukari* 4ra, -*namu* ist zusätzlich aspektiv bestimmt [perf. Asp.]); *Kanehira-wa kono kataki fusegi-sôrawan* (Heike) Kanehira wird diesen Gegner abwehren (*sôrô* 4); *ima akikaze fukamu ori-ni-zo komuzuru* (Makura) jetzt zur Zeit, da der Herbstwind weht, wird er kommen (*fuku* 4, *ku* 3ka); *kano moto-no kuni-yori mukae-ni hitobito môde-konzu* (Taketori) aus jenem Ursprungsland werden Leute zum Empfang herbeikommen (*ku* 3ka); *wakôdo-tachi-wa nanigoto ii-owasôzuru-zo* (Tsutsumi) was werden denn die jungen Leute sagen? (*owasôzuru* < *owasanzuru*; *an* > *au* > *ô*).

Beachte: 1. Die modale Funktion des Verbalsuffixes -*mu* zeigt sich am deutlichsten in Verbindung mit temporalen oder aspektiven Verbalsuffixen (-*ramu*, -*taramu*, -*meri*, -*kemu*; siehe § 175). Nur in Verbindung mit den beiden Verbalsuffixen -*tsu* und -*nu* zur Bezeichnung des perfektiven Aspektes behielt es seine ursprüngliche futurische Bedeutung bei (-*temu*, -*namu*; siehe § 173).

2. -*nzu* (>*uzu*) war im späteren Mitteljapanischen die bevorzugte Form zur Bezeichnung des reinen Futurs. Die ursprünglich intentionale Funktion verblaßte daneben. Dies Verbalsuffix kam jedoch in der Edo-Zeit außer Gebrauch. In der Umgangssprache der Gegenwart ist es nur noch lautlich modifiziert als Dialektform im Tôkaidô- und Tôsandô-Gebiet anzutreffen; z. B. *ikâzu*, *ikazu* zu *iku* 5 ‚gehen'[8]. — In der Standard-Schriftsprache und der modernen Umgangssprache hat sich die unkontrahierte Form -*n-to-su* (-*u-to-suru*) und zwar zur Bezeichnung des Intentionalis gehalten (siehe §§ 177 d, 178 b).

In der Umgangssprache wird das in modaler Beziehung neutrale Futurum morphologisch nicht bezeichnet: die merkmallosen Präsensformen können auch futurische Geltung haben. Temporaladverbien oder der Kontext der Aussage enthalten den Hinweis auf die Zukunftsbedeutung; z. B. *boku-wa asu Kyôto-e yuku* ich gehe morgen nach Kyôto; *yûgata rokuji-goro ukagaimasu* abends gegen sechs Uhr werde ich zu Besuch kommen; *kanarazu mairimasu* ich werde bestimmt kommen.

Beachte: Das unbezeichnete Futurum ist im Altjap. und frühen Mitteljap. so gut wie unbekannt. Erst in der Muromachi-Zeit scheint es in der Umgangs-

[8] Eine solche Form ist bereits dialektal im Tosa-nikki belegt: *makarazu* ‚ich werde kommen' (*makaru* 4).

sprache Verbreitung gefunden zu haben. Es fungierte damals gleichbedeutend neben *-uzuru* (< *nzu*) *und -u* (< *n*)/*-yô* (< *en*). *-uzuru* kam im Neujapanischen außer Gebrauch, *-u*/*-yô* ging völlig in die modale Sphäre über (siehe § 176).

171 Präteritum (*kako*)

-KI (suppletive, defektive Flexion — mizen: *-se*[9], shûshi: *-ki*, rentai: *-shi*, izen: *-shika*); Anschluß an die Konjunktionalform (*renyôkei*). — Von *ku* (3ka) ‚kommen' werden nur folgende Formen gebildet: *kishi, kishika* (oder auch Anschluß an die *mizenkei*: *koshi, koshika*); von *su* (3sa) ‚tun': *shiki, seshi, seshika* (Anschluß an die *mizenkei*); es sind Formbildungen zur Vermeidung von Silbengleichheit (*kiki, shishi*).

-KERI 4ra (defektiv — mizen: (*-kera*)[10], renyô-shûshi: *-keri*, rentai: *-keru*, izen: *-kere*); Anschluß an die Konjunktionalform (*renyôkei*). — *keri* ist offenbar ein Kompositum aus *ki+ari*, besitzt aber keine feststellbare Aspektbedeutung, wie das beteiligte *ari* eigentlich erwarten läßt.

Die Verbalsuffixe *-ki* und *-keri* dienen zur Bezeichnung der Vergangenheit und sind aspektiv neutral. Ein Funktionsunterschied läßt sich nur für die klassische Schriftsprache erschließen: dort bezeichnet *-ki* in der Regel die Vergangenheit als Rückerinnerung an eigenes Erleben (memoratives Präteritum), — *-keri* hingegen die Vergangenheit als überliefertes Erinnerungsgut (episches Präteritum). In den schildernden Passagen der alten epischen Literatur ist *-keri* deshalb das charakteristischste Verbalsuffix. Allerdings ist es auch in der Lyrik anzutreffen, bezeichnet aber dann in den wenigsten Fällen einen Zeitstellenwert, sondern im allgemeinen den nachdrücklichen Abschluß einer Aussage (lyrische Emphase)[11].

Diese Definitionen gelten wie gesagt nur für die klassische Schriftsprache. Von der Kamakura-Zeit an scheint die Bewußtheit der Funktionsunterschiede zu schwinden. In der Umgangssprache der Muromachi-Zeit kommen dann beide Verbalsuffixe außer Gebrauch: *-ta* tritt an deren Stelle. In der Standardschriftsprache werden sie zuweilen noch verwendet, jedoch promiscue und ohne regelmäßige Abgrenzung gegen ursprünglich aspektiv bestimmte Verbalsuffixe.

---

[9] Die Indefinitform *-se* kommt nur zusammen mit der konjunktionalen Postposition *ba* vor: *-seba* (Prät., konditional). Diese Verbindung ist ein Erbteil des Altjapanischen und in der klassischen Schriftsprache selten (allenfalls noch in der Sprache der Poesie). Übrigens ist die Zugehörigkeit von *-se* zum Paradigma umstritten, da dem konditionalen *-seba* keine präteritale Bedeutung innewohnt (siehe Beispiel). — Auf Grund der im Altjap. überlieferten starren Verbindungen *-kemu, -kemashi* (Dubitativ prät.) und *-keba* (konditionales Prät.) läßt sich eine zweite Indefinitform *-ke* erschließen (nach Y. Yamada, *Narachô-bumpôshi*).

[10] Die Indefinitform kommt nur im Altjap. vor, und zwar in Verbindung mit dem Verbalsuffix der Negation (*-kerazu*), des Dubitativs (*-keramashi*) oder dem nominalisierenden Suffix *-ku* (*-keraku*).

[11] Vgl. auch *nari* (Kopula) in ähnlicher Sonderfunktion in der Lyrik (emphatischer Assertiv); siehe § 188 b.

Beispiele: *-ki* — *yo-no naka-ni taete sakura-no nakariseba, haru-no kokoro-wa nodokekaramashi* (Kokin) wenn es in der Welt überhaupt keine Kirschblüten gäbe, wäre das Herz im Frühling (immer) heiter[12] (*nakariseba* ist abgeleitet von *nashi,* dem negativen Äquivalent zu *ari; -seba* bezeichnet keinen Zeitstellenwert und ist nur aus formalen Gründen hier angeführt; siehe § 175 f); *shinishi ko kao yokariki* [*shinu* 4na, *yoku* + *ari* + *ki*] (Tosa) das verstorbene Kind hatte schöne Gesichtszüge; *miyako idete kimi-ni awamu-to koshi-mono-wo, koshi kai-mo naku, wakarenuru-kana* [*ku* 3ka] (Tosa) die Hauptstadt habe ich verlassen und bin gekommen, mit Euch zusammenzutreffen; doch daß ich kam, hat keinen Nutzen, da wir, ach, Abschied (jetzt) genommen haben; *miyako-woba kasumi-to tomo-ni tachishikado, aki-kaze-zo fuku, Shirakawa-no seki* [*tatsu* 4] (Goshûi) obgleich ich aus der Hauptstadt mit dem Frühlingsnebel aufgebrochen bin, weht wahrlich der Herbstwind (jetzt) an der Wegsperre von Shirakawa; *oni-no yô-naru mono ide-kite korosamu-to-shiki* [*su* 3sa, *-mu-to-shiki*: Intentionalis prät.] (Taketori) teufelsähnliche Wesen kamen hervor und wollten uns töten; *Echigo-no kuni Niigata-to-iu tokoro-no yûjo-narishi* [*nari;* rentaikei *-shi* in präd. Stellung, vgl. § 133] (Hosomichi) es waren Freudenmädchen aus einem Ort namens Niigata in der Provinz Echigo.

-keri — *ima-wa mukashi, migi-no kao-ni ôi-naru kobu aru okina arikeri* (Ujishûi) jetzt ist es schon lange her, da gab es einen alten Mann, der rechts auf dem Gesicht eine große Beule hatte; *Genji-wa Kojima-ni uchi-agarite, jimba-no iki-wo-zo yasumekeru* [*yasumu* 2u, *rentaikei* nach zo, vgl. § 113a] (Heike) die Minamoto ließen sich auf Kojima nieder und gönnten Mann und Roß Ruhe; *michi shireru hito-mo nakute, madoi yukikeri* (*Ise*) weil gar niemand da war, der den Weg kannte, verirrten sie sich; *mi-wataseba, yanagi sakura-wo koki-mazete, miyako-zo haru-no nishiki-narikeru* [rentaikei nach *zo*] (Kokin) ich blicke hinüber: Weide und Kirschblüte sind bunt durcheinander, und die Hauptstadt ist wahrlich ein Frühlingsbrokat.

Umgangssprache

-TA (*-DA*) (Flexion defektiv — mizen-katei: *-tara,* suiryô: *-taro,* shûshi-rentai: *-ta*); Anschluß an die Konjunktionalform (*renyôkei*), bei Verba der Klasse 5 (dgl. Qualitativa, verbale Qu.) an die assimilative Konjunktionalform (vgl. §§ 121, 149, 156).

Enstanden aus *-tari,* das ursprünglich das Perfektum bezeichnete (siehe § 174). In der Umgangssprache kann *-ta* auch Perfektum und perfektiven Aspekt bezeichnen (siehe §§ 173, 174), dient aber meist einfach zur Angabe eines Zeitstellenwertes in der Vergangenheit.

Beispiele: *kono kaidan-wa fukai eikyô-wo nokoshita* [*nokosu* 5] dies Gespräch hinterließ einen tiefen Eindruck; *kinô-wa omoshiroi zasshi-wo yomimashita* gestern las ich eine interessante Zeitschrift; *ame-ga futta toki-ni uchi-ni orimashita* [*furu* 5] in der Zeit, als es regnete, war ich zu Hause.

---

[12] D. h. ohne die traurige Gewißheit des bevorstehenden Blütenfalls.

Beachte: 1. Die Dubitativform *-taro* kommt nur in Verbindung mit dem Verbalsuffix *u* vor (> *tarô*) zur Bezeichnung des Dubitativs prät.

2. Die Konditionalform (urspr. Indefinitform) *-tara* hat keinen Zeitbezug mehr: sie bezeichnet alleinstehend oder (seltener) in Verbindung mit der konjunktionalen Postposition *ba* (*-taraba*) reale oder hypothetische Konditionalsätze (mitunter Temporalsätze)[13]; z. B. *kanega attara, kono hon-wo kaimashô* [*aru* 5] wenn ich Geld hätte, würde ich dies Buch kaufen; *ame-ga futtara, kaeru-koto-ga-dekimasen* [*furu* 5] wenn es regnet, kann ich nicht zurückkehren; *tegami-wo hiraite mitara, haha-kara-no tegami-de-atta* [*miru* 1o] als ich den Brief öffnete und schaute, da war es ein Brief von der Mutter.

3. Statt *-ta* wird mitunter (jetzt nur noch selten) in Erzählungen aus dem eigenen Erinnerungsschatz *-takke* (*-dakke*) zur Bezeichnung des Präteritums verwendet. Es ist eine Kontraktionsform aus *tarikeri* und dem alten memorativen Präteritum auf *-ki* gleichzusetzen; z. B. *attakke* es war einmal. — In der Verbindung mit *da* (Kopula) wird nur *-ke* agglutiniert: *dakke* (<*nite-arikeri*); z. B. *ano toki kono hitowa, chôdo sô-iu shisei-de, sô-iu ringo-wo muite kureta-n-dakke* (Meian, Roman v. Natsume Sôseki) damals hatte dieser Mensch (sie) in genau solcher Haltung einen solchen Apfel für mich geschält (*-n-dakke*: assertorisches *no-da*; siehe § 189).

D. Die grammatischen Kategorien zur Bezeichnung der Vollzugsphasen im Zeitablauf

172 Imperfektiver Aspekt (*mikanryô*)

Der imperfektive Aspekt dient im Japanischen zur Kennzeichnung von unvollendeten, in der Fortdauer befindlichen oder sich wiederholenden Handlungen und Vorgängen oder auch zur Kennzeichnung eines Zustandes. Er kann fakultativ am Verb bezeichnet werden. Voraussetzung ist, daß sich das Verb auf ein Geschehen bezieht, welches an sich an eine Fortdauer gebunden ist. Verba hingegen, die schon begriffsmäßig momentaner oder resultativer Natur sind, bilden keinen impf. Asp. Der imperfektive Aspekt wird hauptsächlich analytisch gebildet:

Konjunktionalform + (*te* oder [seltener] *tsutsu* +) Hilfsverb der Befindlichkeit (*ari, ori, iru; owasu, haberi* usw).

Die Hilfsverba werden direkt oder unter Zwischenschaltung der Postposition *-te* (*-tsutsu*) an die Konjunktionalform gehängt. Statt der honorativ undifferenzierten *ari, ori, iru* können die honorativ differenzierten *owasu, owashimasu, haberi* angeschlossen werden. Im Altjapanischen stand statt dessen *masu*, im Mitteljapanischen *sôrô*, später *gozaru*. Mittels Agglutination der Präteritalsuffixe (*-ki, -keri*) an das Hilfsverb kann der impf. Asp. ausdrücklich auf die Vergangenheit bezogen werden, wogegen der Bezug auf die

---

[13] Nur die mögliche Verbindung mit der Postposition *ba*, die den Charakter des flektierbaren Verbalsuffixes konserviert hat, spricht dagegen, *-tara* ebenso wie *-tari* (alte *renyôkei*) unter die Postpositionen einzureihen; vgl. § 112.

Zukunft (*-mu, -nzu*) stets modal gefärbt ist (Dubitativ und Intentionalis) und selten zur Anwendung kommt.

Beispiele: *nao ‚urewashi'-to omoitsutsu-nan-arikeru* (Ise) noch immer, ach, dachte er ‚wie traurig'; *kore-wo-mo aware-to-mo mite-iru-ni, taketori-no okina hashiri-irite iwaku* (Taketori) als sie auch das mit Rührung betrachtete, kam der alte Bambussammler hereingerannt und sagte; *mune hashiribi-ni kokoro yake-ori* (Kokin) in lodernden Flammen, die Brust aufrührend, brennt das Herz; *ware-mo ake-kure iri-owashite, yorozu-no o-koto-domo-wo oshie-kikoe-tamau* (Genji) auch er selbst ging morgens und abends hinein und unterwies sie in tausenderlei Dingen; *itaku omoi-wabite-nan-haberu* (Ise) ich bin wahrlich sehr betrübt; *ikade-ka shiri-mairase-sôrôbeki* (Heike) wie könnte ich das wissen? *midomo-mo sayô-ni zonjite-gozaru* (Kyôgen) auch Wir meinen so.

Beachte: In der Standard-Schriftsprache des Neujapanischen sind folgende analytische Bildungsweisen des impf. Asp. am verbreitetsten: a) Konjunktionalform + *ori*, z. B. *kaki-ori* schreiben (‚to be writing'), *shiri-ori* wissen, *mi-ori* sehen; b) Konjunktionalform + *tsutsu* + *ari*, z. B. *shi-tsutsu-ari* tun (‚to be doing'), *machi-tsutsu-ari* warten, *nagare-tsutsu-ari* fließen; c) nach sinojap. Semantemen Anschluß von **chû-nari* ‚inmitten sein', z. B. *benkyô-chû-nari* beim Studieren sein, *giron-chû-nari* beim Disputieren sein, *tsûyaku-chû-nari* beim Dolmetschen sein.

Neben der analytischen verfügt ein Teil der Verba über eine synthetische Bildungsweise:

-RI 4ra (*-ra/-ri/-ri/-ru/-re/-re*); Anschluß an die Konditionalform (*izenkei*), nur bei vierstufig flektierten Verba sowie bei *su* (3sa), hier allerdings Anschluß an die Indefinitform (*mizenkei*): *seri*.

-ri ist offenbar etymologisch mit *ari* identisch. Formen wie *yomeri* sind als Kontraktion von *yomi-ari* aufzufassen, also im wesentlichen dem analytischen Bildungstyp gleichzustellen. Diese Formen haben imperfektive Geltung unter denselben semantischen Bedingungen wie die analytischen. In Verbindung mit den Präteritalsuffixen *-ki, -keri* (*-riki, -rikeri*) werden sie ausdrücklich auf die Vergangenheit bezogen.

Beispiele: *onna-no shô-wa mina higameri* (Tsurezure) die ganze weibliche Natur ist ränkevoll; *haru-gasumi tateru-ya izuko* (Kokin) Frühlingsnebel, wo liegst (wörtl.: stehst) du? *ume-no hana, sore-to-mo miezu, hisakata-no amagiru yuki-no nabete furereba* (Kokin) Pflaumenblüten sind zwar da, doch sind sie nicht zu sehen, weil der Schnee vom umwölkten Himmelszelt überall herabfällt; *funako kajitori-wa funa-uta utaite, nani-to-mo omoerazu* (Tosa) die Matrosen und der Steuermann sangen ein Bootslied und machten sich keine Gedanken; *shisotsu-no yami-fuserikeru mina okinu* (Shôtôki) auch die Soldaten, die krank daniedergelegen hatten, erhoben sich alle.

Beachte: Das Verbalsuffix *-ri* in der Funktion des impf. Asp. oder des Perfektums kam in der Umgangssprache der Kamakura-Zeit außer Gebrauch. In der antiquierenden Standard-Schriftsprache hat es sich bis ins Neujapanische gehalten, doch meist in der Funktion des Präteritums und gleichwertig mit *tari*. In attributiver Stellung allerdings ist es häufig als Perfektum aufzufassen, soweit die Bedeutung des Verbs es zuläßt (siehe § 174).

In der Umgangssprache lebt nur die analytische Bildungsweise des impf. Asp. fort, und zwar lediglich in den Typen: Konjunktionalform + *te* (*de*)[14] + Hilfsverb *iru* (seltener *oru*), *irassharu* (honorativ); so in präsentischer Funktion, verbunden mit dem Präteritalsuffix *-ta* in präteritaler Funktion. Dabei wird je nach Bedarf das Verbalsuffix der höflichen Sprechweise *-masu* an das Hilfsverb agglutiniert, so daß folgende Formen gebildet werden (Beispiele: *oshieru* 1u lehren, *yomu* 5 lesen): *oshiete iru, oshiete oru, oshiete ita* (seltener *otta*), *oshiete imasu, oshiete orimasu, oshiete imashita, oshiete orimashita, oshiete irasshaimasu, oshiete irasshaimashita; yonde iru, yonde ita, yonde imasu* usw. — In der mündlichen Rede haben sich auch Kontraktionsformen gebildet: *te* (*de*) + *iru* > *-teru* (*-deru*), *te* (*de*) + *oru* > [dialektal] *-toru* (*-doru*); so auch in Verbindung mit *-masu*: *-temasu, -demasu*; z. B. *yonderu, oshietemashita.*

Beispiele: *fune-wa ugoite-iru* das Schiff bewegt sich; *ame-ga futte-ita* es regnete; *watakushi-wa eigo-wo oshiete-imasu* ich lehre Englisch; *tegami-wo kaite-ita tokini, Kichijirô-ni koraremashita* als ich gerade einen Brief schrieb, wurde ich von K. besucht; *uchi-de matte(-i)mashita* ich habe zu Hause gewartet; *otôsan-wa Nagoya-ni sunde irasshaimasu-ka* wohnt Ihr Vater in Nagoya?

173 Perfektiver Aspekt (*kanryô*)

Der perfektive Aspekt dient im Japanischen zur Kennzeichnung von Handlungen oder Vorgängen, die als vollendet, ein Ergebnis erreicht habend, betrachtet werden. Er wird in der Schriftsprache synthetisch durch Agglutination von Verbalsuffixen bezeichnet.

-NU 4na (*-na/-ni/-nu/-nuru/-nure/-ne*); Anschluß an die Konjunktionalform (*renyôkei*). Bei Verba der Klasse 4na (*inu, shinu*) wurde das Verbalsuffix bis in die Heian-Zeit nicht agglutiniert; nur aus der Kamakura-Zeit sind einige Beispiele der Verbindung mit *shinu* (*shininu*) überliefert.

-TSU 2u (*-te/-te*[15]*/-tsu/-tsuru/-tsure/-teyo*); Anschluß an die Konjunktionalform (*renyôkei*).

Beide Verbalsuffixe bezeichnen in der klassischen Schriftsprache gleichermaßen den perfektiven Aspekt. Schwierigkeiten bereitet jedoch ihre Funktionsabgrenzung.

Unter den japanischen Grammatikern ist die Ansicht am verbreitetsten, daß *-tsu* in der Regel an exoaktive Verba, *-nu* hingegen an endoaktive Verba angeschlossen wird. Eine andere, häufig diskutierte Hypothese (Y. Yamada, *Nihon-*

[14] Nach bestimmten Arten der assimilativen Konjunktionalform; vgl. § 121.

[15] Die konjunktionale Postposition *te* (vgl. § 109) dürfte etymologisch mit dieser Form identisch sein, hat sich aber funktionell und syntaktisch völlig vom Paradigma losgelöst.

bumpôron, 1908) besagt, daß *-tsu* bei der Darstellung des Geschehens in direkter Beschreibung *(chokushateki)* aus der Sicht des Subjektes verwendet wird, *-nu* jedoch bei der Darstellung des Geschehens in unbeteiligter Sicht (*bôkan-teki*) eines Berichtenden. Auch eine andere Hypothese (SH. MITSUYA, *Kôtô-Nihon-bumpô,* 1908), derzufolge *-tsu* bei aktiven, vorsätzlichen Handlungen (*dôsateki, koiteki*) verwendet wird, *-nu* hingegen bei statischen, unwillkürlichen Vorgängen (*jôtaiteki, shizenteki*), läßt sich am Material nicht durchgängig verifizieren[16]. Nicht besser klärend wirkt auch die von russischer Seite aufgestellte Regel (E. M. KOLPAKČI, *Očerki po istorii japonskogo jazyka,* 1956), daß *-nu* stets bei unbelebtem Subjekt, bei belebtem Subjekt häufig in Verbindung mit trans. Verba, selten mit intr. Verba verwendet wird, während *-tsu* nur bei belebtem Subjekt und meist in Verbindung mit trans. Verba, selten in Verbindung mit intr. Verba vorkommt[17].

‚*-tsu* nach Exoaktiva, *-nu* nach Endoaktiva' erweist sich als Faustregel noch immer am tragfähigsten, zumal sie für *-nu* in der klassischen Schriftsprache fast ausnahmslos zutrifft. Für das Verständnis der Funktionsunterschiede bei exoaktiven Verben leistet MITSUYA's Hypothese gute Dienste.

Die Verwendung der Verbalsuffixe *-tsu, -nu* zur Aspektbezeichnung entwickelte sich vermutlich erst im Altjapanischen der Nara-Zeit. Beide Suffixe dienten ursprünglich zur ausdrücklichen Konstatierung eines Tatbestandes oder Sachverhaltes (assertorisch). Diese Funktion üben sie alleinstehend zuweilen auch noch in der klassischen Schriftsprache aus. Häufiger gilt das, wenn ihnen Modalsuffixe folgen (*-tsubeshi, -nubeshi, -tekemu, -nikemu*)[18] oder wenn sie in der Befehlsform stehen (*-ne, -teyo*). In ihrer Hauptfunktion zur Bezeichnung des perf. Asp. sind *-tsu* und *-nu* in der Regel auf das Präteritum bezogen. Um auszudrücken, daß das Geschehen in der weiteren Vergangenheit zum Abschluß gekommen ist, können die Präteritalsuffixe *-ki* und *-keri* angefügt werden (*-teki, -tekeri, -niki, -nikeri*)[19]. Zur Bezeichnung des perf. Asp. futuri wird *-mu* angefügt (*-temu, -namu*).

Beispiele: *-tsu* — *kono nochi-mo zansô-suru mono araba, tôke-tsuitô-no inzen kudasaretsu-to oboyuru-zo* [*-tsu* hier assertorisch] (Heike) sollte es auch fürderhin Leute geben, welche den Kaiser verleumden, so gedenken Wir wahrlich, eine exkaiserliche Instruktion zur Verfolgung der betreffenden Familie gewißlich zu erlassen; ‚*yoki koto nari*'*-to uketsu* (Taketori) ‚das ist eine gute Sache' stimmte er zu; *hototogisu nakitsuru kata-wo nagamureba, tada ariake-no tsuki-zo nokoreru* (Senzai) als ich die Gegend betrachtete, wo der Kuckuck gerufen hatte, war wirklich nur der Mond der Morgendämmerung zurückgeblieben; *michi-no-be-ni shimizu nagaruru yanagikage, ‚shibashi'-tote-koso, tachi-domaritsure* (Saigyô) am Wegrand im Schatten

---

[16] Diese Hypothese wird im wesentlichen auch von M. YOKOYAMA wiederholt (*The Inflections of 8th-Century Japanese,* 1950, Language Dissertation Nr. 45).

[17] Die Zugrundelegung des noetischen Kategorienpaares belebt—unbelebt ist deshalb anfechtbar, weil es im grammatischen System des Japanischen (im Gegensatz zum Russischen) unbezeichnet bleibt.

[18] Assertorisch wirkt *-nu* auch in der Verbindung mit dem Verbalsuffix des Perfektums *-tari*: *-nitari.*

[19] Diese Verbindungen lassen sich in der Übersetzung häufig mit dem Plusquamperfekt wiedergeben. Das gilt allerdings nicht, wenn *-keri* emphatisch steht; vgl. § 171.

der Weide, wo das klare Wasser fließt, mit dem Gedanken, wahrlich, ‚ein Weilchen (nur)', bin ich stehengeblieben; ***kakute-wa, amari-ni migurushi-tote, sôzu-wa kotsujiki todome-tamaiteki*** (Ôkagami) also hatte der Bischof in der Meinung, daß es allzu garstig anzusehen sei, den Bettler zurückgehalten; ***kokorozuki-naki koto aramu ori-wa, nakanaka sono yoshi-wo-mo iitemu*** (Tsurezure) bei einer Gelegenheit, da es vielleicht etwas gibt, an dem man uninteressiert ist, wird man lieber auch diesen Umstand sagen.

-nu — ‚***kono tabi-no ikusa-ni-wa sôi-naku kachinu***'-***to oboyuru-zo*** [***-nu*** hier assertorisch] (Heike) ‚diesmal werde ich im Kampfe ohne Zweifel siegen', so dachte er wahrlich[20]; *kajitori mono-no-aware-mo shirade, onore-shi sake-wo kuraitsureba, hayaku inamu-tote, ‚shio michinu, kaze-mo fukinubeshi'-to sawageba, fune-ni norinan-to-su* (Tosa) weil der Steuermann, ohne jegliches Wissen um das Gerührtsein von den Dingen, für seine Person Sake getrunken hatte, rief er laut, in der Absicht, rasch loszufahren: ‚Es ist Flut (wörtl.: die Flut hat sich gefüllt), und der Wind wird wohl sicherlich wehen', weshalb wir das Schiff besteigen wollten (beachte: ***kurau*** exo., *mitsu, inu, noru* endo.; *norinan-to-su* = Intentionalis perf. Asp.); ***aki kinu-to, me-ni-wa sayaka-ni mienedomo, kaze-no oto-ni-zo odorokarenuru*** (Kokin) obgleich es mit den Augen nicht deutlich zu sehen ist, daß der Herbst gekommen ist, am Ton des Windes wurde ich es mit Schrecken gewahr; *tasogaredoki-mo suginureba, take-no amido-wo tojifusagi* (Heike) da auch die Zeit der Abenddämmerung vorübergegangen war, versperrten sie die Bambustür ...; ‚***toku-toku, ono-ono kogimodorine!***'-***tote nigenikeri*** (Ujishûi) mit den Worten ‚rasch, rasch, rudert alle zurück!' war er geflohen; ***haru-goto-ni hana-no sakari-wa arinamedo, aimimu koto-wa inochi-narikeri*** (Kokin) obgleich in jedem Frühling die Pracht der Blüten sein wird, liegt es doch gewiß am Leben, ob man dabeisein und sie sehen wird (beachte: *arinamedo* perf. Asp. fut., *mimu* Dubit. fut., *-keri* lyrisch emphatisch).

Die Verbalsuffixe des perf. Asp. hielten sich bis ins Mitteljapanische. ***-nu*** kam bereits gegen Ende der Kamakura-Zeit außer Gebrauch, *-tsu* findet sich noch mitunter in der Muromachi-Zeit in der prädikativen *rentaikei* (*-tsuru*) und in der Konditionalform (*-tsure*), allerdings mit sehr abgeschwächter aspektiver Bedeutung in präteritaler Funktion. Beide Suffixe werden auch mitunter als Präteritalsuffixe in der neueren Standard-Schriftsprache verwendet.

Beachte: Im Mitteljapanischen entwickelten beide Verbalsuffixe in der Finalform (*-tsu, **-nu***) eine Nebenfunktion: sie dienten zur alternativen Verbindung zweier Sätze im Anschluß an die verbalen Prädikate derselben. In dieser Funktion sind sie den Postpositionen *tsutsu* (S) und *tari* (U) gleichzustellen (vgl. §§ 112, 109), mithin also den konjunktionalen Postpositionen näherstehend als den Verbalsuffixen; z. B. *shiranami-no-ue-ni tadayoi, ukinu shizuminu yurarekereba* (Heike) als (der Fächer) auf den Wellen trieb, mal schwimmend, mal untertauchend hin und her schwankte ...; *okite mitsu, nete mitsu, kaya-no hirosa-kana* (Haiku der CHIYONI) schau' ich nun beim Aufstehn, oder schau' ich

[20] In diesem Satz bleibt der Zeitbezug völlig unbezeichnet.

beim Schlafengehn: welche Weite unter dem Moskitonetz (d. h. welche Öde, da ich allein bin).

In der Umgangssprache wird der perf. Asp. entweder synthetisch durch das Verbalsuffix *-ta* (höflich: *-mashita*) bezeichnet, das aber auch je nach Sinngehalt das Perfektum oder das aspektiv neutrale Präteritum bezeichnen kann (vgl. § 171), oder analytisch durch die Verbindung:

Konjunktionalform + *te* (*de*)[21] + *shimatta* (‚vollendet') (höflich: *shimaimashita*). *te* (*de*) + *shimatta* ergeben in der mündlichen Rede häufig die Kontraktionsformen *-chimatta* oder *-chatta*, *-jimatta* oder *-jatta*. Während *-ta* (<*tari*) in seiner Funktion mehrdeutig ist, ist die analytische Form eindeutig aspektiv, vollendet und auf die Vergangenheit bezogen.

Beispiele: *-ta* — *kisha-ga dassen-shita* der Zug ist entgleist; *haha-wa kaimono-ni ikimashita* Mutter ist einkaufen gegangen; *ano hon-wa mô kaimashita* das Buch da habe ich schon gekauft; *nyûgaku-shiken-ni rakudai-shimashita* ich bin in der Aufnahmeprüfung durchgefallen; *kyô-wa daiku-ga kimashita* heute ist der Zimmermann gekommen; *tsuki-ga deta* der Mond ist aufgegangen.

-te-shimatta — *sensô-ga owatte-shimatta* der Krieg ist zu Ende; *mô shôsetsu-wo yonde-shimaimashita* den Roman habe ich schon ausgelesen; *kodomo-ga kudamono-wo nokorazu tabete-shimatta* das Kind hat das Obst restlos aufgegessen; *hageshii shindô-ni, kono ie-mo, tachimachi kabe-wa kuzure, yanegawara-wa taitei ochite-shimatta* durch die heftige Erschütterung waren auch in diesem Haus sofort die Wände eingestürzt und die Dachziegel größtenteils herabgefallen; *dokotonaku yodonde-ita kûki-wa, hageshii ikioi-de fukitsuketa kaze-ni fukitobasarete shimatta-no-de-aru* (Kyûryû, Nov. v. Noma Hiroshi) die irgendwie muffige Luft war durch den Wind, der mit ungestümer Gewalt hineingeblasen hatte, fortgeweht worden (*yodonde-ita* = Perfektum von *yodomu* ‚stocken'; siehe § 174).

Beachte: In Bildungsweise und Bedeutung steht die analytische Form des perf. Asp. den Bezeichnungen der terminativen Aktionsart sehr nahe (vgl. § 139 Anm.), nur daß letztere noch eine zusätzliche Charakterisierung der abgeschlossenen Handlung beinhalten; z. B. *yomi-kiru* zu lesen aufhören, *yonde-oku* auslesen (und sich merken).

174 Perfektum (*genzai-kanryô*)

Das Perfektum bezeichnet einen Zustand oder Vorgang, der durch das Ergebnis eines abgeschlossenen Geschehens hervorgerufen worden ist. Das Perfektum ist im Japanischen als grammatische Kategorie vorhanden und wird entweder synthetisch oder analytisch gebildet.

a) synthetische Bildungsweise:

-TARI 4ra (*-tara*/*-tari*/*-tari*/*-taru*/*-tare*/*-tare*); Anschluß an die Konjunktionalform (*renyôkei*).

-RI 4ra (*-ra*/*-ri*/*-ri*/*-ru*/*-re*/*-re*); Anschluß an die Konditionalform (*izenkei*), nur bei vierstufig flektierten Verba sowie bei *su* (3sa): *seri* (*mizenkei*! vgl. § 172).

---

[21] Nach bestimmten Arten der assimilativen Konjunktionalform; vgl. § 121.

b) analytische Bildungsweise:

Konjunktionalform + (*te* +) Hilfsverb der Befindlichkeit (*ari, ori, iru; owasu, haberi* usw.)[22]; es stehen *ori, iru* in der Regel nach Endoaktiva, *ari* nach Exoaktiva.

-tari ist bereits formal eindeutig als Perfektbezeichnung bestimmt, da es eine Kontraktion aus der Konjunktionalform *te* des Verbalsuffixes *tsu* (perf. Asp., vgl. § 173) und dem Hilfsverb *ari* (statische Befindlichkeit) darstellt: *-te* + *ari* > *-tari*. Anders verhält es sich mit dem Verbalsuffix *-ri* und den analytischen Formen *-te-ari, -te-haberi* usw. Sie gelten nur dann als Bezeichnung des Perfektums, wenn die Verba, von denen solche Formen gebildet werden, ein momentanes oder resultatives Geschehen beinhalten. Bei Verben anderen Sinngehaltes bezeichnen dieselben Formen den impf. Asp. (vgl. § 172). Durch Agglutination der präteritalen Verbalsuffixe *-ki, -keri* an Perfektbildungen wird der resultative Zustand auf die Vergangenheit bezogen. Ein futurischer Bezug des Perfektums ist in der Schriftsprache nicht möglich: *-taramu, -ramu, -te-aramu* sind Dubitativformen des Perfektums bzw. impf. Asp.

Beispiele: *-tari* — *nao Ôminato-ni tomareri; kôshi mono, sake okosetari* (Tosa) wir verweilen noch immer in Ô.; der buddhistische Lehrmeister hat Sachen (Eßwaren) und Sake geschickt; *kono tabi kugyô-no ie jûroku yaketari* (Hôjôki) diesmal waren sechzehn Häuser von Großwürdenträgern abgebrannt; *sono ko, umago-made-wa, haburenitaredo, nao namamekashi* (Tsurezure) sogar deren Kinder und Enkel sind, selbst wenn sie heruntergekommen sind, noch immer vornehm (zu *-nitaredo* vgl. § 173, Fußnote 18); *harukaze-ni hito-momi futa-momi momarete umi-e satto chittarikeri* [<*chiritarikeri*] (Heike) vom Frühlingswind ein- zweimal herumgewirbelt, war er (der Fächer) plötzlich ins Meer entglitten; *Tameyoshi ika-no bushi, ono-ono katametaru mommon-yori hase-idekeri* (Hôgen) Tameyoshi und die Krieger unter ihm kamen alle aus den befestigten Toren hervorgesprengt.

-ri — *Kasuga-no-wa, kyô-wa na-yaki-so! wakakusa-no tsuma-mo komoreri, ware-mo komoreri* (Kokin) das Gefilde von Kasuga brenne heut nicht ab![23] mein Weib, wie junges Gras (so zart), hat sich dort verborgen, und auch ich hab' mich dort verborgen; *mono-no kokoro-wo shirerishi-yori konokata, yosoji amari-no haruaki-wo okureru-aida-ni . . .* (Hôjôki) seitdem ich das Herz der Dinge erkannt hatte, in der Zeit, da ich mehr als vierzig Jahre verbrachte . . . (*shirerishi* Perf. prät., *okureru* impf. Asp.); *hi sude-ni waga ie-ni utsureri* (Ujishûi) das Feuer ist bereits auf mein Haus übergesprungen; *mi-ashi-wa kake-sonjite, waraji mina chi-ni somareri* (Taiheiki) seine Füße waren verletzt, und die Strohsandalen waren alle von Blut gefärbt.

-te-ari, (-te)-ori, -te-haberi usw. — *kurodori-to-iu tori, iwa-no-ue-ni atsumari-ori* (Tosa) Schwarzenten genannte Vögel hatten sich auf den Klippen zusammengeschart; *mina aoki kinu-wo kite-ari* (Konjaku) alle haben blaue Gewänder an; *nijûnin-no hito-no noborite-habereba, arete yori-môdekozu* (Taketori) weil zwanzig Leute hinaufgestiegen waren, waren (die Vö-

[22] Im Mitteljap. auch die honorativen Hilfsverba *sôrô, gozaru*, vgl. § 139.

[23] Das Abbrennen des dürren Grases vom Vorjahr im Frühling.

gel) wild und kamen nicht näher; *Ikeda-no yado-yori Asagao-ga mairite-sôrô* (Yuga) aus der Herberge von Ikeda ist Asagao gekommen.

Beachte: *-ri* wird seit der Muromachi-Zeit nicht mehr verwendet (vgl. § 172). *-tari* verliert in der Umgangssprache der Kamakura-Zeit bereits sporadisch das Endungsmorphem *-ru* der Attributivform[24]. Das so entstehende *-ta,* in prädikativer und attributiver Funktion gebraucht, büßt gleichzeitig die ausschließliche Bedeutung des Perfektums ein und dient vornehmlich zur aspektiv neutralen Bezeichnung des Präteritums. Die aspektive Geltung der *-ta*-Formen ist von der Muromachi-Zeit an nicht mehr formal, sondern semantisch bestimmt durch die Bedeutung des Verbs oder durch den Kontext, so wie es in der modernen Umgangssprache die Regel ist.

Ebenso wie *-ri* hat sich auch *-tari* in der Standard-Schriftsprache gehalten, jedoch unter dem Einfluß des umgangssprachigen *-ta* in der Regel als Bezeichnung des Präteritums. Die Bezeichnung des Perfekts wird in der Standard-Schriftsprache von den analytischen Formen ausgeübt: Konjunktionalform + *ari* oder *ori* (letzteres nur in Verbindung mit Verba motionis in direktional-resultativer Bedeutung; z. B. *nobori-ori* ist hinaufgestiegen (ist oben), *tôchaku-shi-ori* ist angekommen)[25]. Im wesentlichen entsprechen diese Formen funktionell den umgangssprachigen Verbindungen *-te-aru, -te-iru* (s. u.).

In der Umgangssprache kann *-ta* (höflich: *-mashita*) neben dem Präteritum und impf. Asp. (vgl. §§ 171, 172) auch das Perfektum bezeichnen, je nach Bedeutungsgehalt der Verba (den Funktionsbereichen von *-te-aru* und *-te-iru* entsprechend); z. B. *haru-ga kita* der Frühling ist da (ist gekommen), *hana-ga saita* die Blumen sind erblüht; *kabe-ni kaketa chizu,* die Landkarte, die an der Wand hängt (an die Wand gehängt ist).

Speziell zur Bezeichnung des Perfektums dienen die analytischen Bildungen: Konjunktionalform + *te* (*de*)[26] + *aru, iru* (selten *oru*) (Temporal-, Modal- und Höflichkeitsformen des Hilfsverbs: *atta, ita, arô, iyô, arimasu, imasu, -mashita, -mashô, irassharu, irasshaimasu*).

Hierbei ist der Gebrauch der Hilfsverba *aru* oder *iru* funktionell fest umrissen: *aru* wird verwendet, wenn der Zustand nach Abschluß einer objektbezogenen Handlung bezeichnet werden soll, steht also nach exoaktiven Verba; z. B. *tsukue-no-ue-ni shomotsu-ga oite-aru* auf dem Tisch liegen Bücher (*shomotsu-wo tsukue-no-ue-ni oku* Bücher auf den Tisch legen); *dôro-ni chirigami-ga sutete-aru* auf der Landstraße liegt weggeworfen ein Papiertaschentuch (*chirigami-wo suteru* ein Papiertaschentuch wegwerfen); *kinô-wa shûjitsu hata-ga tatete-atta* gestern war den ganzen Tag die Fahne aufgerichtet (*hata-wo tateru* eine Fahne aufstellen). — *iru* wird verwendet, wenn das vom Ausgangspunkt her betrachtete Ergebnis einer zielgerichteten Bewegung oder eines Augenblicksgeschehens, jeweils mit belebtem Subjekt, dargestellt werden soll; steht also nach

[24] Vgl. die Parallelentwicklung zur *da/na*-Flexion der verbalen Qualitativa (§ 157). Eine Zwischenstufe bildete möglicherweise die Verbindung des bereits prädikativen *-taru* mit dem assertorisch nachgestellten *nari,* die zu Kontraktionsformen führte: *-taru* + *nari* > *-tannari* > *tanari.*

[25] Bei Verba anderer Bedeutung bezeichnet diese Verbindung den impf. Asp.; vgl. § 172.

[26] Nach bestimmten Arten der assimilativen Konjunktionalform; vgl. § 121.

direktionalen Verba motionis oder nach momentanen Verba (in der Regel Endoaktiva); z. B. *tsûshin'in-wa mô itte-ita* der Reporter ist schon weg (gegangen), *tonari-no hito-ga kite-imasu* der Nachbar ist da (gekommen); *ano hito-wa shinde-imasu* er ist tot (gestorben); *seito-tachi-ga yama-ni nobotte-ita* die Schüler waren auf dem Berg (auf den Berg gestiegen).

Beachte: Um über diesen Rahmen hinaus den Zustand nach Abschluß einer Tätigkeit zu bezeichnen (bei Verba durativen Sinngehaltes), muß das Hilfsverb *iru* an die mit *-te* erweiterte analytische Form des perf. Asp. gefügt werden; z. B. *yonde shimatte-iru* ausgelesen haben; *kare-ga tazunete-kita-toki-wa, sude-ni tegami-wo kaite-shimatte-ita* als er zu Besuch kam, hatte ich den Brief bereits fertiggeschrieben.

E. Die grammatischen Kategorien zur Bezeichnung der Gefühlsbeteiligung des Ich[27]

175 Dubitativ (*suiryô*)

Der Dubitativ bezeichnet ein Geschehen, dessen faktische Verwirklichung vom Träger der Aussage vermutet oder bezweifelt wird, bezeichnet aber auch einen Vorgang oder Zustand, über dessen Beschaffenheit der Träger der Aussage im unklaren ist. In der japanischen Schriftsprache wird der Dubitativ synthetisch durch Verbalsuffixe zum Ausdruck gebracht, die sich voneinander hauptsächlich durch ihre Zuordnung zu den verschiedenen Zeitstufen unterscheiden: *-mu/-n, -ramu/-ran, -kemu/-ken, -meri, -beshi, -mashi.*

a) *-MU* 4 (defektive Flexion — shûshi, rentai: *-mu*, izen: *-me*); Anschluß an die Indefinitform (*mizenkei*); die Form *-mu* nahm in der Heian-Zeit den Lautwert *n* an und wird in der Standard-Schriftsprache in der Regel auch so geschrieben.

Das einfache Verbalsuffix *-mu* bezeichnet eine auf die Zukunft oder Gegenwart bezogene Mutmaßung oder Ungewißheit[28].

Beispiele: *waga yado-no ike-no fuji-nami sakinikeri; yama-hototogisu itsu-ka ki-nakamu* (Kokin) am Teich in meinem Garten sind die Glyzinien, wie Wellen (vom Wind bewegt), ach, erblüht; wann wird wohl der Bergkuckuck kommen und rufen? *hana-no ki-ni arazaramedomo, sakinikeri* (Kokin) obgleich es doch wohl kein Baum mit Blüten ist, ist es, ach, erblüht (*arazaramedomo* negativer Dubit., siehe § 186 a); *tsubo-naru mi-kusuri tatematsure! kitanaki tokoro-no mono kikoshimeshitareba, mi-kokochi ashikaramu-mono-zo* (Taketori) nehmt die im Topf befindliche Medizin! weil Ihr Dinge eines unsauberen Ortes gegessen habt, wird wohl auch Euer Befinden schlecht sein, fürwahr; *Shônagon-yo, Kôro-hô-no yuki-wa ika-naramu* (Makura) He Shônagon, wie wird wohl der Schnee auf dem Hsiung-lu-feng sein?

[27] Vgl. hierzu den Abschnitt über modale Postpositionen, §§ 115—116.

[28] Zur temporal-modalen Mehrdeutigkeit von -mu vgl. oben § 170.

Beachte: Zuweilen wird die dubitative Funktion von *-mu* stark abgeschwächt, und das Verbalsuffix dient nur als Stilmittel zur Vermeidung der kategorischen Aussageweise. Das gilt insbesondere häufig für die determinierende Attributivform.

b) *-RAMU* 4 (Flexion wie *-mu*: *-ramu, -rame*); Anschluß an die Finalform (*shûshikei*), bei Verba der Flexionsklasse 4 ra (dgl. Qualitativa und verbale Qu. der *-kari, -nari, -tari*-Flexion) Anschluß an die Attributivform (*rentaikei*)[29]. *-ramu* besitzt seit der Heian-Zeit die Nebenform *-ran*; vgl. *mu*>*n*. Das Verbalsuffix *-ramu* ist vermutlich aus der Dubitativform des Hilfsverbs *ari* entstanden: *aramu*.

Das Verbalsuffix *-ramu* (*-ran*) bezeichnet eine nur auf die Gegenwart bezogene Mutmaßung oder Ungewißheit, sei es daß der Tatbestand oder Sachverhalt nicht im Wahrnehmungsbereich des Betreffenden liegt (im Gegensatz zu *-rashi,* siehe § 192), sei es daß die Zusammenhänge undurchsichtig sind.

Beispiele: *waka-susuki-nite te-wo kiru-kiru tsundaru na-wo oya-ya mahoruran, shûtome-ya kuuran* [*tsundaru* < *tsumitaru*] (Tosa) das Gemüse, das ich gepflückt habe, wobei ich mir am jungen Riedgras die Hand schnitt, ob wohl die Eltern sich daran delektieren? ob wohl die Schwiegermutter es ißt? *Shiratsuyu-no iro-wa hitotsu-wo, ika-ni-shite aki-no konoha-wo chiji-ni somuramu* (Kokin) die Farbe des klaren Taus ist eine; wie aber färbt er wohl das Herbstlaub auf tausenderlei Art? *koma nabete, iza mi-ni yukamu! furusato-wa yuki-to-nomi-koso hana-wa chirurame* [izenkei *-rame* in Korrelation zu *koso*, vgl. § 113a] (Kokin) die Pferde aneinandergereiht, auf, laßt uns zur (Blüten-)Schau reiten! in der alten Hauptstadt werden wohl ganz wie Schnee die Blüten fallen; *hatsu-kari-no nakite wataru-to hito shirurame-ya* (Kokin) daß ich weinend vorübergehe, wie die ersten Wildgänse (schreiend vorüberfliegen), ob wohl die Geliebte es weiß? *tsuru-wa . . . naku koe, kumoi-made kikoyuran* (Makura) die schreiende Stimme des Kranichs ist vielleicht bis in die Wolken zu hören.

c) *-KEMU* 4 (Flexion wie *-mu*: *-kemu, -keme*)[30]; Anschluß an die Konjunktionalform (*renyôkei*); *-kemu* besitzt seit der Heian-Zeit die Nebenform *-ken*; vgl. *-mu*>*n*. *-kemu* ist eine Zusammensetzung aus einer alten Indefinitform des präteritalen *-ki* mit dem dubitativen *-mu*: *-ke*+*mu*>*kemu.*

Das Verbalsuffix *-kemu*/*-ken* bezeichnet eine nur auf die Vergangenheit bezogene Mutmaßung oder Ungewißheit, und zwar in Bezug auf die Wirklichkeit oder die Zusammenhänge eines Tatbestandes bzw. Sachverhaltes.

Beispiele: *henge-no mono-nite haberikemu mi-to-mo shirazu* (Taketori) daß ich einen Körper hätte, der vielleicht ein Geisterwesen war, weiß ich nicht; *okina-wa miko-ni môsu-yô: ‚ika-naru tokoro-ni-ka kono ki-wa sabu-*

[29] Bei Verba der Flexionsklasse 1o wurde *-ramu* im Altjap. an die Konjunktionalform (=Stammform) gehängt: *miru* — *miramu.*

[30] Für das Altjap. läßt sich noch eine Indefinitform *-kema* erschließen, die nur mit dem nominalisierenden Suffix *-ku* in Erscheinung tritt: *-kemaku.*

raikemu [*saburau* hier honorativ statt *ari*] (Taketori) der Alte sprach zu dem Prinzen: ‚An was für einem Orte war dieser Baum?‘ *au-made-no katami-tote-koso todomekeme* (Kokin) gewiß wohl als Erinnerungsstück bis zum Wiedersehen wird sie es dagelassen haben; *kusushi-no moto-ni sashi-irite, mukai-itarikemu arisama, sa-koso kotoyô-narikeme* (Tsurezure) die Art, wie er bei dem Arzt eingetreten sein und ihm gegenübergestanden haben mag, wird wahrlich seltsam gewesen sein; *kore-ra-wo yoshinashi-to-ya omowareken* (Heike) all das mögen sie vielleicht für zwecklos gehalten haben.

d) *-MERI* 4ra (Flexion defektiv: mizen, meirei nicht belegt; renyô-shûshi: *-meri*, rentai: *-meru*, izen: *-mere*); Anschluß an die Finalform (*shûshikei*), bei Verba der Klasse 4ra (dgl. Qualitativa und verbale Qu.) Anschluß an die Attributivform (*rentaikei*), in der Regel mit Assimilation des Endungsmorphems *-ru*: *aru+meri>ammeri* (graphisch: *anmeri*)*>ameri*. *-meri* ist nur in Texten der Heian- und Kamakura-Zeit belegt und offenbar eine Kontraktionsform aus dem dubitativen *-mu* und dem Hilfsverb *ari*: *-mu* + *ari* > *-meri*.

Das Verbalsuffix *-meri* bezeichnet eine leichte Ungewißheit in Bezug auf einen gegenwärtigen Vorgang oder Zustand, mitunter auch in Bezug auf eine außerzeitliche Feststellung. Dabei ist häufig eine tatsächliche Ungewißheit gar nicht gegeben, und *-meri* dient nur als periphrastisches Stilmittel zur Vermeidung einer kategorischen Aussageform (vgl. auch *-mu*, § 175 a, Anm.). *-meri* kann mit dem Präteritalsuffix *-ki* verbunden werden und bezieht sich dann auf die Vergangenheit.

Beispiele: *Tatsutagawa momiji midarete nagarumeri* (Kokin) auf dem Tatsuta-Fluß strömt durcheinanderwirbelnd das Herbstlaub dahin; *eitaru hito-zo suginishi usa-wo omoi-idete nakumeru* (Tsurezure) gerade ein betrunkener Mensch erinnert sich vergangenen Kummers und weint; *kono yo-ni umarete-wa, negawashikarubeki koto-koso ôkamere* (Tsurezure) wenn wir in dieser Welt geboren sind, sind die Dinge, die wir zu wünschen haben, zahlreich, wie es wahrlich scheint; *naishi-no moto-e-wa tokidoki makarumeriki* (Ôkagami) in die Amtsstelle für interne Aufwartung schien sie des öfteren zu gehen.

e) *-BESHI* ku/kari (*-beku, -bekara/ -beku, -bekari/ -beshi/ -beki, -bekaru/ -bekere/* meirei fehlt); Anschlußart wie *-meri*. *-bekaru* erscheint fast nur in assimilativer Form vor *-nari* und *-meri*: *-beka(n)nari, -beka(n)meri*. *renyô-* und *rentaikei* haben bereits in der Heian-Zeit Assimilationsformen entwickelt: *beku>beu* (*u-ombin*)[31], *beki>bei* (*i-ombin*), die aber in der Standard-Schriftsprache ungebräuchlich sind.

Das Verbalsuffix *-beshi* ist mehrdeutig: es kann den Dubitativ, Necessativ, Imperativ oder Intentionalis bezeichnen (siehe §§ 177 b, 181 a, 183). Die jeweilige Bedeutung ist vom Kontext abhängig, insbesondere von der Person des Subjekts (1., 2. oder 3. Person). In der Funktion des Dubitativs bezeichnet *-beshi* die im Bereich des Möglichen oder Wahrscheinlichen liegende Tatsäch-

---

[31] Entwickelte sich in der Kamakura-Zeit weiter zu *-byô*.

lichkeit eines Tatbestandes oder Sachverhaltes. Mithin bezeichnet *-beshi* hier einen dubitativ eingeschränkten Potentialis. In der Negationsform (*-bekarazu*) ist die dubitative Einschränkung zumeist hinfällig. Das dubitative *-beshi* ist in der Regel an ein Subjekt in der 3. Person gebunden.

Beispiele: *kanjaku-ni jaku-suru-mo sawari-narubeshi* (Hôjôki) auch das Haften an Ruhe und Abgeschlossenheit ist vielleicht ein Hindernis (d. h. als frommer Buddhist die Erleuchtung zu erlangen); *ika-naran iwaki-no hazama-nite-mo sugosan-koto yasukarubeshi* (Heike) an gefährlichen Engstellen gleich welcher Art vorbeizukommen dürfte leicht sein; *moto-no sumika-ni kaerite-zo, sara-ni kanashiki koto-wa ôkarubeki* [rentaikei *-beki* in Korrelation zu *zo*] (Tsurezure) in die alte Wohnung zurückgekehrt, dürfte es wiederum der traurigen Dinge viele geben; *kuruma-yori ochinubeu madoi-tamau* (Genji) sie war so verwirrt, daß sie hätte vom Wagen fallen können; *kai nakabei koto* (Genji) eine Sache, die keinen Zweck haben dürfte (*nakabei* < *nakarubeki*); *hane nakereba, sora-e-mo agarubekarazu* (Hôjôki) weil sie keine Flügel hatten, konnten sie sich auch nicht in den Himmel erheben; *rôshô futei-no sakai-nareba, toshi-no wakaki-wo tanomubekarazu* (Heike) weil zwischen Alter und Jugend die Grenze unbestimmt ist, kann man sich nicht auf das Jungsein an Jahren verlassen.

Beachte: 1. Im Altjap. wurde die Stammsilbe *-be* mit der in diesem Sprachstadium prädikativen Postposition *-mi* (konjunktional in kausaler Funktion) verbunden: *-bemi*. Diese Verbindung hat sich bis in die Sprache der Heian-Zeit gehalten, allerdings vorzugsweise in der Sprache der Poesie; z. B. *Saoyama-no hahaso-no momiji chirinubemi* (Kokin) weil das Herbstlaub der Eichen am Saoyama, wie es scheint, abgefallen ist.

2. In der Mitte der Heian-Zeit (10. Jh.) wird statt des prädikativen *-beshi* in der Poesie eine assertorische Langform, *-bera-nari*, verwendet (assertorisches *-nari*, siehe § 188). Sie findet sich nur in prädikativer Stellung am Satzende und stets in der Funktion des Dubitativs; z. B. *kaze-wa kokoro-ni makasubera-nari* (Kokin) der Wind läßt, wie es scheint, seinem Herzen freien Lauf.

3. Damals war auch eine von *-beshi* abgeleitete, speziell auf das Futurum bezogene Dubitativform *-bekemu* (= *-bekaramu*) in Gebrauch.

f) *-MASHI* (Sonderflexion, defektiv — mizen: *-mase*, shûshi-rentai: *-mashi*, izen: *-mashika*); Anschluß an die Indefinitform (*mizenkei*); *-mase* erscheint nur in Verbindung mit der konjunktionalen Postposition *ba* (*-maseba*)[32] (altjap. und Poesie der Heian-Zeit). *-mashi* ist wurzelverwandt mit *-mu* (*-ma* alte *mizenkei* von *-mu*) und flexionsverwandt mit *-ki*.

Das Verbalsuffix *-mashi* ist mehrdeutig: es kann den Dubitativ, Optativ und Intentionalis bezeichnen (siehe §§ 177 c, 179 a Anm.). In der Funktion des Dubitativs weist es auf fiktive Tatbestände oder Sachverhalte in hypothetischen Konditional- und Konsekutivsätzen hin. Satzgefüge dieser Art haben folgende Rahmenformen: . . . *-mashikaba*, . . . *-mashi*; . . . *-maseba*, . . . *-mashi*; . . . *-seba* (*se* = *mizenkei* von *-ki*), . . . *-mashi*; . . . *-ba*, . . . *-mashi*.

[32] Statt dessen wurde schon in der Heian-Zeit *-mashikaba* gebraucht.

Beispiele: *itsuwari-no naki yo nariseba, ika-bakari hito-no koto-no-ha ureshikaramashi* (Kokin) wäre es eine Welt, in der es keine Lügen gibt, wie so schön wären dann Eure Worte; *toshi kurenu-to-bakari-koso-wa kikamashika, waga mi-no-ue-ni tsumorazariseba* [izenkei *-mashika* in Korrelation zu *koso*] (Kinkai) ‚das Jahr ist zu Ende gegangen' — nur eben das hätte ich gehört, wenn es sich nicht auf mein Leben gehäuft hätte[33] (beachte die Inversion des Satzgefüges); *mishi hito-no matsu-no chitose-ni mimashikaba, tôku kanashiki wakare semashi-ya* (Tosa) hätte ich sie, die ich (einst) sah, gesehen wie die tausend Jahre des Kiefernbaumes, wäre dann die weite und traurige Trennung gewesen?

Die aufgeführten Verbalsuffixe des Dubitativs sind mit Ausnahme von *-mu* in der Sprachentwicklung des Mittelalters untergegangen. *-mashi* war bereits in der Heian-Zeit ein archaisches Element in der Sprache der Poesie; das kurzlebige *-meri* findet man allenfalls noch in der historiographischen Literatur der Kamakura-Zeit (Kagami-Literatur); auch *-kemu/-ken* kommt in der Kamakura-Zeit außer Gebrauch. Am produktivsten erweisen sich *-beshi* (*beshi*>*beshii*, *beki*>*bei*, *beku*>*byô*) und *ramu* (>*ran*>*rau*>*rô*), die noch in der Muromachi-Zeit durchaus lebendig sind. — In der sachlich gehaltenen Standard-Schriftsprache ist der Dubitativ weitgehend abgebaut worden: von den aufgeführten Verbalsuffixen blieb nur *-beshi* kontextbedingt in dubitativer Funktion in Gebrauch.

176 Umgangssprache

-U (unflektiert, nur shûshi-rentai); Anschluß an die Dubitativform von Verba der fünfstufigen Flexion (*-o*+*u*>*ô*); dgl. an Qualitativa und verbale Qu., *-masu* (*-mashô*), *desu* (*deshô*), *da* (*darô*).

-YÔ (unflektiert, nur shûshi-rentai); Anschluß an die Indefinit- (Dubitativ-)Form der Verba aller übrigen Flexionsklassen.

-u und *-yô* haben sich durch Lautwandel aus *-mu* entwickelt: *mu*>*n*>*u*; *-emu*>*-en*>*-yô* (Verallgemeinerung der Bildungsweise beim Flexionstyp 1u mit nicht konsonantischem Anlaut der Endungssilbe; z. B. *oshiu*: *oshiemu*>*oshien*>*oshieu*>*oshieyô*). Das Verbalsuffix *-u/-yô* hat als Erbteil von *-mu* die dubitative und die intentionale Funktion übernommen. Für die Bedeutung des dubitativen *-u/-yô* gilt das oben über das dubitative *-mu* (S) Gesagte.

Beispiele: *kikô-wa atsuku-narô* das Wetter wird wohl warm werden; *mukai-ni mieru yama-wa Tatsugadake-de-arô* der Berg, der gegenüber zu sehen ist, dürfte die Drachenspitze sein; *ikimashô-ka* ob ich (wir) gehe(n)? *dôshite kaki-wo tabeyô-ka* ob wir wohl Austern essen sollen?

Beachte: 1. Obige Formen können wegen ihrer Mehrdeutigkeit nur durch den Kontext als Bezeichnung des Dubitativs festgestellt werden. Eindeutig dubitativ hingegen ist die analytische Konstruktionsweise: Finalform des Prädikats+Dubitativ der Kopula (*darô*, höflich *deshô*, *de-arimashô*); z. B. *kuru-darô* wird wohl kommen, *wasurete-iru-darô* wird wohl vergessen haben, *taberu-deshô* wird wohl essen, *kotaeru-deshô*

---

[33] D. h. ich hätte nicht weiter darauf geachtet, wäre ich nicht selbst damit ein Jahr älter geworden.

wird wohl antworten, *yasui deshô* wird wohl billig sein; ebenso auch im Anschluß an den Stamm von verbalen Qualitativa oder nach *taigen;* z. B. *shizuka-darô* wird wohl ruhig sein, *akiraka-darô* wird wohl hell sein, *kuruma-darô* wird wohl ein Wagen sein.

2. Nach Sätzen mit verbalem Prädikat wird der Dubitativ häufig durch eine abschließende idiomatische Wendung paraphrasiert: *ka-mo shirenai* (*shiremasen*) ‚ob ... kann man nicht wissen', vielleicht, möglicherweise; z. B. *kare-wa kaki-wo taberu-ka-mo shirenai* vielleicht ißt er Austern. In der Frauensprache steht statt dieser Wendung häufig abgekürzt *ka shira,* z. B. *mô ue-e agatte-kita-ka shira* vielleicht sind sie schon nach oben gekommen.

F. Die grammatischen Kategorien zur Bezeichnung der Willensbeteiligung des Ich[34]

177 Intentionalis (*ishi*)

Der Intentionalis bezeichnet die Absicht des Subjekts, eine Handlung auszuführen. Der Intentionalis kann in der japanischen Schriftsprache auf synthetische oder analytische Weise gebildet werden, und zwar entweder mit Hilfe der Verbalsuffixe *-mu, -beshi, -mashi,* oder mittels der syntaktischen Elemente *-mu(-n)-to-su,* auch in kontrahierter Form als *-nzu.* Die Verbalsuffixe, die den Intentionalis bezeichnen können, sind durchweg mehrdeutig und in ihrer intentionalen Funktion vom Kontext abhängig. Insbesondere ist darauf zu achten, daß sie nur dann den Intentionalis bezeichnen, wenn Sprecher und Satzsubjekt identisch sind (1. Person). Nur die analytische Bildungsweise hat allein intentionale Geltung und ist nicht von der grammatischen Person des Subjekts abhängig.

a) *-MU* 4 (zu Flexion und Anschlußart vgl. Fut., Dubit.).

Beispiele: *chirinu-tomo, ka-wo-dani nokose, ume-no hana; koishiki toki-no omoide-ni semu* (Kokin) wenn ihr auch abgefallen seid, laßt wenigstens den Duft zurück, ihr Pflaumenblüten! ich möchte ihn zur Erinnerung machen in der Zeit, da ich mich nach Euch sehne; *tomare-kakumare môsamu* (Taketori) ich will es auf alle Fälle berichten; *sari-nagara ya hitotsu ite-koso hara-wo kirame* (Hôgen) dennoch will ich (ihm) mit einem Pfeilschuß wahrlich den Bauch aufschlitzen; *kono tabi-no michi-no shirube-ni okuri-tatematsuramu* (Izayoi) ich möchte Euch als Wegweiser für die diesmalige Reiseroute begleiten.

b) *-BESHI* ku/kari (zu Flexion und Anschlußart vgl. Dubit.).

In intentionaler Bedeutung ist *-beshi* nur in der prädikativen Finalform (*shûshikei*) gebräuchlich. Semantisch unterscheidet es sich von *-mu* durch eine größere Nachdrücklichkeit.

Beispiele: *ware-wa Ise-no Isuzu-no kajô-ni itarubeshi* (Shôtôki) ich bin gewillt, zum Oberlauf des Isuzu-Flusses in Ise zu gelangen; *kozei-ni haberu-*

---

[34] Vgl. hierzu den Abschnitt über modale Postpositionen, §§ 115—116.

tomo, Ieyasu-mo gunsei-wo hikiite, kanarazu ippô-no senjin-wo ukurubeshi (Hankampu) zwar ist es eine kleine Heeresmacht, doch führt auch Ieyasu seine Streitkräfte ins Feld, und ich bin auf alle Fälle gewillt, von mir aus eine Vorhut zu bilden.

c) *-MASHI* (zu Flexion und Anschlußart vgl. Dubit.).

Das intentionale *-mashi* wird verhältnismäßig häufig in Fragesätzen verwendet, um die Unentschiedenheit einer Absicht auszudrücken.

Beispiele: *tama-no eda-wo te orade tada-ni kaerazaramashi* (Taketori) ohne den Edelsteinzweig mit eigener Hand gebrochen zu haben, hätte ich gewißlich nicht zurückkehren wollen; *kore-ni nani-wo kakamashi* (Makura) was soll ich darauf schreiben? *shi-ya semashi, sezu-ya aramashi-to omou-koto-wa, ôyô-wa senu-wa yoki-nari* (Tsurezure) etwas, bei dem man denkt, soll ich es tun oder soll ich es nicht tun, da ist es im allgemeinen besser, es nicht zu tun; *to-ya semashi, kô-ya semashi* (Hôgen) soll ich es so machen oder soll ich es so machen?

d) *-MU/-N-TO-SU* (Das Verbalsuffix des modalen Futurs *-mu/-n* wird mittels der Postposition *to* mit dem Hilfsverb *su* 3sa verbunden); Anschluß an die Indefinitform.

-mu/-n -to-su bezeichnet die Absicht oder unmittelbare Bereitschaft zu einer Handlung und ist an keine grammatische Person gebunden: *yukamu (yukan)-to-su* zu gehen beabsichtigen, sich anschicken zu gehen; *koemu(koen)-to-su* zu überqueren beabsichtigen, sich anschicken zu überqueren, *iwamu(iwan)-to-su* zu sprechen beabsichtigen, sich anschicken zu sprechen. Diese Form des Intentionalis ist aus dem Altjapanischen überliefert, in der klassischen und der Standard-Schriftsprache ebenso geläufig wie in der modernen Umgangssprache (> *u-to-suru*). — Um die Absicht stärker hervorzukehren, kann statt des Hilfsverbs *su* das Vollverb *omou* 4 ‚denken' stehen (honorativ: *obosu*), in der Suspensivform auch zu *tote* (< *to omoite*) verkürzt: *-mu(-n)-to-omou, -mu(-n)-tote* ‚zu tun gedenken'.

Beispiele: *kaze fukamu-to-su* (Kojiki) der Wind schickt sich an zu wehen; *kakareba, kono hitobito, uchi-ni kaerite, mono-wo omoi, inori-wo shi, gan-wo tate, omoi-yamemu-to-suredomo, yamubeku-mo-arazu* (Taketori) also kehrten diese Männer nach Haus zurück, hatten sehnsuchtsvolle Gedanken, machten Gebete, taten Gelübde, doch obgleich sie beabsichtigten, aufzuhören sich zu sehnen, konnten sie nicht aufhören (beachte: *-beku-mo-arazu* nachdrücklich für *-bekarazu*, Potentialis, vgl. *-beshi* Dubit.); *somosomo ikayô-naru kokorozashi aramu hito-ni-ka awamu-to-obosu* (Taketori) mit einem Manne welcher Gesinnung gedenkt Ihr Euch eigentlich zu verbinden? *Yoshinaka-wa uchijini-sen-to-omou* (Heike) ich, Yoshinaka, gedenke im Kampfe zu sterben; *otoko-mo su-to-iu nikki-to-iu mono-wo, onna-mo shite kokoromimu-tote suru-nari* (Tosa) ein Ding, das man Tagebuch nennt, und von dem es heißt, daß ein Mann es macht, will ich als Frau zu machen versuchen, fürwahr.

e) *-NZU* 3sa (<*mu-to-su*; Flexion defektiv, vgl. unter Fut.); Anschlußart wie *-mu*. Mitteljapanisch.

Bedeutungsidentisch mit dem unkontrahierten intentionalen *-mu-to-su;* kommt aber im Gegensatz zu letzterem auch in rein futurischer Funktion vor (vgl. § 170). Da *-nzu* hauptsächlich zur Bezeichnung des Futurs im Mitteljapanischen angewendet wurde, findet es sich nur selten in der ursprünglichen intentionalen Funktion.

Beispiel: *tatoi senki-mo are, manki-mo are, ippô-wa i-harawanzuru-nari* (Hôgen) selbst wenn es tausend oder zehntausend Berittene sind, wir wollen sie gewiß alle durch Pfeilschüsse vertreiben.

178 In der modernen Umgangssprache sind nur zwei Formen des Intentionalis gebräuchlich:

a) *-u/-yô,* das aber nur in Bezug auf die 1. Person intentionale Bedeutung haben kann; z. B. *ikô* laßt uns gehen, *bungakushi-wo benkyô-shiyô* ich will fleißig die Literaturgeschichte studieren; *komban-wa shasetsu-wo yomimashô* heute abend will ich den Leitartikel lesen.

b) *-u-to-suru* (*-omou*), das an keine grammatische Person gebunden ist; z. B. *jitensha-de ikô-to-shita* er wollte mit dem Fahrrad fahren; *kare-wa sono keikaku-wo yameyô-to-shimashita* er war im Begriff, diesen Plan aufzugeben; *futari-wa eki-de aô-to-omotta* [*au* 5] die beiden gedachten, sich auf dem Bahnhof zu treffen.

Beachte: 1. *-u-to-suru* tritt stets in Funktion, wenn eine Handlung, die man auszuführen im Begriffe ist, durch ein unerwartetes Geschehen verzögert oder vereitelt wird; z. B. *kare-wa hashi-wo tori-ageyô-to-shite, futo, sakki idobata-de mita aru bara-no tsubomi-no-koto-wo omoi-dashita* (Yameru bara, Erzählung v. Satô Haruo) er war gerade im Begriff, die Eßstäbchen aufzunehmen, als er sich plötzlich der Rosenknospen erinnerte, die er vorhin am Brunnenrand gesehen hatte.

2. Der Intentionalis kann mittels des Nomens *tsumori* ‚Absicht' umschrieben werden: Finalform + *tsumori* + Kopula; z. B. *watakushi-wa ima-no ie-wo utsuru-tsumori-desu* ich habe die Absicht umzuziehen; *mise-wo uru-tsumori-wa arimasen* es besteht keine Absicht, den Laden zu verkaufen.

179 Optativ (*kibô*)

Der Optativ bezeichnet einen realisierbaren Wunsch des Sprechers bzw. Subjektes. Er wird in der Schriftsprache mit den Verbalsuffixen *-mahoshi,* (*-mashi*) und *-tashi* bezeichnet. Während die in ähnlicher Funktion stehenden desiderativen Postpositionen exklamatorischer Art (vgl. § 115 e) in der Regel nur auf den Sprecher bezogen werden können, sind die Verbalsuffixe des Optativs an keine grammatische Person gebunden und ohne exklamatorische Nebenbedeutung.

a) *-MAHOSHI* shiku/kari (*-mahoshiku, -mahoshikara/ -mahoshiku, -mahoshikari/ -mahoshi/ -mahoshiki, -mahoshikaru/ -mahoshikere/* meireikei fehlt); Anschluß an die Indefinitform. Die Konjunktionalform erscheint unter dem Einfluß des *ombin* auch als *mahoshiu.*

Beispiele: *yo-no naka-ni ôkaru hito-wo-dani, sukoshi-mo katachi-yoshi-to kikite-wa, mimahoshiu-suru hito-domo narikereba, Kaguyahime-wo mi-mahoshiu-shite, mono-wo kuwazu omoi-tsutsu, kano ie-e yukite* ... (Taketori) da es Männer waren, die selbst eine von den vielen Frauen auf der Welt sehen wollten, wenn sie hörten, daß sie ein wenig nur schön von Gestalt sei, gingen sie in dem Wunsch, Kaguyahime zu sehen, zu jenem Haus, ohne etwas zu essen und voller Sehnsucht; *sukoshi-no koto-ni-mo, sendachi-wa arama-hoshiki koto-nari* (Tsurezure) selbst bei einer geringfügigen Sache ist ein Führer etwas, was man zu haben wünscht; *mi-ni yukamahoshikeredo, sara-ni michi-mo oboezu* (Ujishûi) obgleich (er) gern gehen wollte, es zu sehen, kannte er den Weg nicht im geringsten; *iwa-ni koke-mushite sabitaru tokoro-nari-kereba, sumamahoshiku-zo oboshimesu* (Heike) da es ein einsamer Ort mit moosbewachsenen Felsen war, wünschte sie dort zu wohnen.

Beachte: 1. Das Verbalsuffix *-mahoshi* ist nur in der Sprache der Heian- und Kamakura-Zeit produktiv. In der Standard-Schriftsprache ist es nicht mehr gebräuchlich. *-mahoshi* ist eine Weiterentwicklung der Optativbezeichnung des Altjapanischen *-maku-hori-su,* wobei *maku* eine Verbindung der *mizenkei* des Verbalsuffixes *-mu* mit dem nominalisierenden Suffix *-ku* ist, *hori-su* die alte Form des später kontrahierten *hossu* ‚wünschen' (U: *hossuru*), die auf das altjap. Verb *horu* ‚wünschen' zurückgeht. *-mahoshi* wiederum war der Ausgangspunkt für die verbale Neubildung *hoshigaru* und das formale Qualitativum *hoshii,* die beide noch in der modernen Umgangssprache in der Bedeutung ‚wünschen', ‚begehren' lebendig sind.

2. Das im Zusammenhang mit dem Dubitativ und Intentionalis behandelte Verbalsuffix *-mashi* konnte im Altjap. auch direkt für den Wunschmodus eintreten, jedoch in der affektiv abgewandelten Bedeutung des exklamatorischen Desiderativs und in der Regel in Verbindung mit den Postpositionen *mono-wo* oder *wo* (so auch noch in Einzelfällen in der Poesie der Heian-Zeit); z. B. *kimi-ga muta yuka-mashi mono-wo* (Manyô) ach mit dir möchte ich gern gehen! *same-zaramashi-wo* (Kokin) ach wäre ich doch nicht aufgewacht! — Alle Funktionen von *-mashi* sind miteinander eng verwandt und liegen im Bereich der Gefühlskundgabe.

b) *-TASHI* ku/kari (*-taku, -takara/ -taku, -takari/ -tashi/ -taki, takaru/ -takere/* meireikei fehlt); Anschluß an die Konjunktionalform. Die Konjunktionalform erscheint unter dem Einfluß des ombin auch als *-tau>tô.*

Das Verbalsuffix *-tashi* wird hauptsächlich in der Prosa, selten in der Poesie verwendet.

Beispiele: *ie-ni aritaki ki-wa matsu, sakura* (Tsurezure) die Bäume, die ich zu Hause haben möchte, sind Kiefer und Kirsche; *onajiu shinuru-tomo, teki-ni ôte* (*<aute*)*-koso shinitakere, akusho-ni ochite-wa shinitakarazu* (Heike)

wenn ich auch ebenso sterbe, so möchte ich wahrlich im Treffen mit dem Feinde sterben; doch möchte ich nicht sterben, wenn ich in ein verrufenes Haus geraten bin; *ima ikkyoku aware-naru koto-wo kikitashi* (Sundai) jetzt möchte ich ein gefühlvolles Stück hören.

Beachte: *-tashi* ist zwar schon im Altjap. belegt (nur die Formen *-tashi, -taki*), wird aber offenbar erst in der Kamakura-Zeit allgemein gebräuchlich. In der Standard-Schriftsprache ist es das einzige Verbalsuffix des Optativs. *-tashi* hat sich in U unter den Bedingungen des *ombin* zu *-tai* entwickelt (s. u.). Im späten Mitteljap. hat sich *-tai* mit dem verbalen Wortbildungssuffix *-garu* zu einem neuen Verbalsuffix des Optativs *-tagaru* verbunden, das ebenfalls bis in die moderne Umgangssprache produktiv geblieben ist.

180 Umgangssprache

-TAI ku/kari (*-takaro/-taku, -takat-/-tai/-tai/-takere/* meireikei fehlt); Anschluß an die Konjunktionalform. Beachte, daß vor *-tai* nie die Assimilationsformen verwendet werden.

In höflicher Ausdrucksweise wird die Kopula *desu* der Optativform nachgestellt. Das Objekt in einem Satz mit optativem Prädikat wird durch *wo* oder *ga* bezeichnet. Der mit *-tai* gebildete Optativ ist in der Regel auf die 1. Person bezogen.

Beispiele: *shimbun-wo* (*-ga*) *yomitai* (*-desu*) ich möchte die Zeitung lesen; *sake-wo* (*-ga*) *nomitakatta* (*nomitakatta-no-desu*) ich wollte gern Sake trinken; *eiga-wo mi-ni ikitakunai* ich möchte nicht ins Kino gehen.

Die Verbindungen *-tai-to-omou, -tai-tsumori-desu* (selten) haben mehr intentionale Bedeutung (wie *-u-to-omou*, vgl. § 178 b); z. B. *natsuyasumi-ni-naru-to, ryokô-wo shitai-to-omoimasu* in den Sommerferien möchte ich gern eine Reise machen; *piano-wo kaitai-tsumori-desu* ich beabsichtige, ein Klavier zu kaufen.

-TAGARU (5) wird als Optativsuffix verwendet, wenn der Wunsch einer anderen Person (2., 3. Person) bezeichnet werden soll; z. B. *kodomo-wa mono-wo oboetagaru* Kinder sind wißbegierig; *anata-wa hito-no iu-koto-wo kikitagarimasen* Sie möchten nicht darauf hören, was andere sagen; *kono kotori-wa detagatte-bakari-imashita* dieser kleine Vogel wollte nichts anderes als fort.

Beachte: Wenn sich der Wunsch nicht auf eine Tätigkeit, sondern auf einen Gegenstand richtet, wird das formal wie ein Qualitativum behandelte *hoshii* (höflich: *hoshii-desu*) verwendet. Dabei wird der gewünschte Gegenstand mit der Postposition *ga* bezeichnet; z. B. *watakushi-wa shashinki-ga hoshii-desu* ich möchte gern einen Fotoapparat haben; *dochira-ga hoshii-desu-ka* was von beiden möchtest du haben?

181 Necessativ (*tôzen*)

Der Necessativ charakterisiert einen Tatbestand oder Sachverhalt als notwendig oder angebracht. In der Schriftsprache wird er mit dem Verbalsuffix *-beshi* bezeichnet. Seltener dienen dazu *-mu* oder *-nzu*, die in dieser Funktion mit der elativen Postposition *koso* in Korrelation stehen, *-mu* auch zuweilen in Verbindung mit dem Verbalsuffix *-nu* (*-namu*); doch ist bei den Konstruktionen mit *-mu* und *-nzu* die Feststellung der Notwendigkeit abgeschwächt zu einer Empfehlung, daß etwas angebracht sei.

a) *-BESHI* ku/kari (zu Flexion und Anschlußart vgl. § 175 e).
Beispiele: *shini-tamaubeki yô-ya aru* (Taketori) ist es etwa so, daß Du sterben mußt? *sareba dôjin-wa tôku jitsugetsu-wo oshimubekarazu, tada imano ichinen munashiku-suru-koto-wo oshimubeshi* (Tsurezure) deshalb darf ein Mann, der auf die Lehre bedacht ist, nicht vage um Tage und Monate (d. h. das Vergehen der Zeit) klagen; nur über das leere Vertun des einen gegenwärtigen 'Bewußtseinsaugenblicks muß er klagen; *sareba yokozama-no shini-wo sen-koto-wa arubekarazu* (Masukagami) deshalb darf es nicht sein, daß er eines unnatürlichen Todes stirbt.

b) *-MU* (*koso . . . -me, -namu*); Anschlußart vgl. § 170.
Beispiele: *zonji-no mune araba, ikutabi-mo sômon-ni-koso oyobame* (Heike) wenn man etwas im Sinne hat, sollte man es, wie oft auch immer, Uns zu Bericht geben; *ko-to-iu mono nakute arinamu* (Tsurezure) man sollte keine Kinder haben.

c) *-NZU* (*koso . . . -nzure*); Anschlußart vgl. § 170.
Beispiele: *teki sude-ni yose-kitaru-ni, hôbô-no tewake-wo-koso serarenzure* (Hôgen) da der Feind bereits anrückt, müßtet ihr die Kräfte überall teilen; *nochi-no kyôyô-wo-koso yoku-sesase-tamawanzure* (Hôgen) die Seelenopfer nach dem Tode müßtet Ihr gut herrichten (wörtl.: machen).

In der Standard-Schriftsprache ist in der Funktion des Necessativs *-beshi* gebräuchlich; z. B. *seifu-wa kokumin-no jiyû-wo hoshô-subeshi* die Regierung muß die Freiheit des Volkes garantieren. — Darüber hinaus kann hier der Necessativ durch eine doppelte Verneinung verstärkt werden: *-zarubekarazu* ‚nicht . . . darf nicht', muß unbedingt, *-zaru-wo-ezu* ‚nicht . . . kann nicht', muß unbedingt; z. B. *meirei-wa jureisha-no nimmu-wo meikaku-ni shimesazarubekarazu* ein Befehl muß deutlich die Pflichten des Befehlsempfängers aufzeigen; *keizai-jijô-ga-tame-ni kenyaku-sezaru-wo-ezu* wegen der Wirtschaftslage müssen wir sparsam sein.

182 In der Umgangssprache wird der Necessativ durch Umschreibungen mit doppelter Verneinung zum Ausdruck gebracht: Indefinitform + *nakutewa* (*-nakereba*) + *naranai* (*narimasen*) oder nachdrücklicher: *ikenai* (*ikemasen*) ‚wenn nicht . . . geht es nicht', muß; z. B. *toranakutewa naranai* (*narimasen*), *toranakereba naranai* (*narimasen*), *toranakutewa ikenai* (*ikemasen*), *toranakereba ikenai* (*ikemasen*) ‚nehmen müssen'. — Bei den entsprechenden Negationsformen (‚nicht dürfen') wird statt des negativen Konditionalis im Vorderglied (*-nakutewa*) der positive Konditionalis verwendet ([assimilative] Konjunktionalform + *tewa* [*dewa*]) *tottewa naranai* (*ikenai*) ‚wenn man nimmt, geht es nicht', nicht nehmen dürfen.

Eine gemilderte Form des Necessativs wird mit (*hô*) *ga ii/yoi/yoroshii* (*desu*) umschrieben: ‚es wäre gut (besser)' und entspricht der Konstruktion ‚*koso ... -me*/*-nzure*' in der klassischen Schriftsprache; z. B. *kodomo-wa nai hô-ga ii* (*desu*) man sollte keine Kinder haben; *môshideru-ga yoroshii* man sollte Meldung erstatten.

Ein dubitatives Moment wird dem Necessativ durch die Umschreibung mit *-hazu-desu* ‚müßte eigentlich' beigefügt (Anschluß an die Finalform); z. B. *kaeru-hazu-desu* (er) müßte eigentlich zurückkommen.

183 Imperativ (*meirei*)

Die Bezeichnung des Imperativs erfolgt mit einer Flexionsform der Verba, der Imperativform (*meireikei*). Bei den Verba der vierstufigen Flexionsklassen (4, 4ra, 4na) endet sie auf *-e* (*kike* höre! *tore* nimm! *shine* stirb! usw.); bei allen übrigen wird die exklamatorische Postposition *yo* angefügt (*se-yo* tue! *mi-yo* sieh! *ide-yo* geh hinaus! usw.), zur formalen Abgrenzung gegenüber den gleichlautenden Indefinit- und Konjunktionalformen bei den zwei- und einstufigen Verbalflexionen. Dies ist die standardisierte Regel. In der klassischen Schriftsprache findet man aber *-yo* mitunter auch im Anschluß an vierstufig flektierte Verba (*tamae-yo* gib!), daneben auch in Einzelfällen die Postposition *ya* (*ko-ya* komm!), und schon im Altjap. die Postposition *ro* (*tsuke-ro* befestige!), die in der Standard-Umgangssprache der Gegenwart vorherrscht (Einfluß des Kantô-Dialektes).

Die Imperativform ist der Ausdruck eines direkten, kategorischen Befehls. Ohne Modifizierung blieb und bleibt ihr Gebrauch auf den Umgang mit Untergebenen oder Vertrauten beschränkt. Da die Aussageformen des Japanischen von dem soziativen Verhältnis zwischen Sprecher und Partner mitbestimmt werden, widerstrebt insbesondere der kategorische Befehl dem auf Ehrerbietung, Bescheidenheit und Höflichkeit bedachten Sprecher. Der Imperativ wird deshalb in allen betreffenden Fällen gemildert, a) durch Bildung mittels honorativer Verba oder Verbformen: *kikoshimesae* (altjap.) höret! *nasare* (*asobase*) tuen Sie! *kudasare* geben Sie! b) durch Verwendung honorativer Hilfsverba in der Imperativform: *tamae* (*tamau*), *tabe* (*tabu*), *tamaware* (*tamawaru*), *mase* (*masu*), *sôrae* (*sôrô*); c) durch indirekte Umschreibung in der Form einer Aufforderung mittels der Verbalsuffixe *-beshi* und *-tashi:*

-BESHI ku/kari (Flexion und Anschlußart vgl. § 175 e); zur Bezeichnung des Imperativs nur in der Finalform gebräuchlich; steht dem Necessativ sehr nahe (vgl. § 181 a).

Beispiele: *ima kogane gojû-ryô tamawarubeshi* (Taketori) Ihr habt mir jetzt fünfzig Dukaten Gold zu geben; *hon'i-no gotoki kiyoki shini-wo subeshi* (Masukagami) nach rechter Gesinnung (eines Kriegers) sollt ihr eines reinen Todes sterben; *te-wo awase, kokoro-ni nenjite tôrubeshi* (Meishoki) die Hände zusammengelegt, mit einem stillen Gebet, hat man hindurchzugehen.

-TASHI ku/kari (Flexion und Anschlußart vgl. § 179 b); folgt auf Honorativ-

formen zur Bezeichnung einer Aufforderung, eines Ersuchens; typische mildernde Umschreibung des Imperativs in der Standard-Schriftsprache.

Beispiele: *shomotsu-wo hensô-seraretashi* schicken Sie bitte die Bücher zurück (wörtl. etwa: ich hätte die Bitte, daß Sie ...); *seishuku-ni shôkô-seraretashi* bitte leise auf- und absteigen! *go-anshin kudasaretaku-sôrô* (sôrôbun) seien Sie bitte unbesorgt.

184 In der Umgangssprache gibt es neben der kategorischen Befehlsform eine Reihe mildernder Paraphrasierungen, die mittels der Imperativform honorativer Hilfsverba gebildet werden: *kudasai* (<*kudasare, kudasaru* ‚geben')[35], *nasai* (<*nasare, nasaru* ‚tun'), *asobase* (<*asobasu* ‚tun'). Diese Hilfsverbformen werden an die Konjunktionalform des Hauptverbs gefügt, dem oft das honorative Präfix *o-* vorgesetzt wird. Dies Präfix fehlt stets, wenn die (assimilative) Konjunktionalform des Hauptverbs mit der Postposition *-te* (*de*) verlängert wird (Suspensivform). Somit ergeben sich folgende Typen (Beispiel *yomu* 5 lesen): *yonde-kudasai, o-yomi-kudasai, yomi-nasai, o-yomi-nasai, o-yomi-asobase. kudasai* wird in der Regel angewendet, wenn die betr. Handlung zugunsten des Sprechers geschehen soll, *nasai* in den übrigen Fällen. Die gebräuchlichsten Typen sind *yonde-kudasai* und *o-yomi-nasai*; statt des ersteren wird das höflichere *o-yomi-kudasai* selten gebraucht, ebenso auch *yomi-nasai* statt *o-yomi-nasai* (weniger höflich wegen des fehlenden *o-*). Die Bildungen mit *asobase* bleiben auf die Frauensprache beschränkt.

Beachte: 1. Mitunter werden die Imperativbildungen auf den Reduktionstyp *o-yomi* gekürzt.

2. Die höfliche Ausdrucksweise bei der Aufforderung kann durch Nachstellung der Imperativform des Verbalsuffixes der Höflichkeit *-masu* gesteigert werden: *yonde-kudasaimase, o-yomi-kudasaimase.* Diese Erweiterung ist bei Aufforderung in der Öffentlichkeit sowie in der Redeweise der Frauen (dann auch *-mashi* statt *-mase*) anzutreffen, jedoch gegenwärtig in Rückbildung begriffen.

3. Eine andere Steigerungsmöglichkeit der höflichen Aufforderung besteht in der Verbindung von *nasaru* und *kudasaru* in der Form *nasatte-kudasai*: *o-yomi-nasatte-kudasai.*

4. Begrenzt im Anwendungsbereich sind weniger höfliche Umschreibungen des Imperativs: dabei wird *kudasai* durch das semantisch gleichwertige *kure* (*kureru* ‚geben') oder *tamae* (*tamau* ‚geben') ersetzt: *yonde-kure* gegenüber Untergebenen, *yomi-tamae* gegenüber Freunden und Vertrauten (auch in der Schülersprache).

5. Eine vulgäre Form der Aufforderung, deren Aussagegehalt dem Imperativ sehr nahesteht, kann mittels der Postposition *na* im Anschluß an die Konjunktionalform (*renyôkei*) gebildet werden (vgl. § 116 d; nicht zu verwechseln mit dem prohibitiven *na* im Anschluß an die Finalform; siehe § 185); z. B. *hayaku iki-na* geh rasch!

Es besteht also gerade beim Imperativ eine lange Reihe von Gradationsmöglichkeiten der Aussageweise hinsichtlich der Höflichkeit: *yome, yonde-kure, yomi-tamae, o-yomi, yonde-kudasai, o-yomi-kudasai, yonde-kudasaimase, yomi-nasai, o-yomi-nasai, o-yomi-nasatte-kudasai, o-yomi-asobase, o-yomi-nasaimase.*

---

[35] *kudasai* fungiert auch als selbständige Imperativform zu *kudasaru* ‚geben'; z. B. *nani-ka kudasai* geben Sie mir (bitte) etwas!

185 Prohibitiv (*kinshi*)

Die Bezeichnung eines Verbotes steht in der japanischen Schriftsprache in keiner morphologischen Beziehung zum Imperativ (Ausnahme unter ‚Beachte'): der Prohibitiv wird mittels Postpositionen gebildet, und zwar in den Typen *yuku-na, na-yuki-so* geh nicht! (vgl. § 115 b). Dabei ist es auffallend, daß der Typ *yuku-na* vom Altjapanischen bis in die gegenwärtige Umgangssprache konstant geblieben ist.

Obige Prohibitivformen entbehren der höflichen Milderung. Deshalb gibt es auch hier eine Reihe von Paraphrasierungen. Dazu dienen in der klassischen Schriftsprache, selten allerdings, die Verbalsuffixe *-maji* und *-ji*, die im allgemeinen den negativen Dubitativ oder Intentionalis bezeichnen (Flexion und Anschlußart siehe § 186 b, c).

Beispiele: *yumeyume okotarumajiki-zo* [rentaikei *-majiki* in Korrelation zu *zo*] keinesfalls darf man nachlässig sein; *sore-ni-mo uchi-toke-tamaumaji* (Heike) auch darin dürft Ihr nicht unvorsichtig sein; *waza-to kesôdachitemo motenasaji* (Genji) verhaltet Euch nicht so, daß Ihr ausdrücklich eine Zuneigung zeigt.

Häufiger wird der Prohibitiv durch die Negationsform von *-beshi* umschrieben: *-bekarazu* (ist dem negativen Necessativ gleichzusetzen; vgl. § 181 a). Dies Verbalsuffix, das dem imperativischen *-beshi* gegenübersteht (vgl. § 183), wird in der Standard-Schriftsprache hauptsächlich zur Bezeichnung des Prohibitivs verwendet.

Beispiele: *kisoku-ni ihan-subekarazu* den Vorschriften darf man sich nicht widersetzen; *shi-no on-wo wasurubekarazu* die Wohltaten des Lehrers darf (man) nicht vergessen; *ware ika-ni-mo narinan nochi, butsuji, kyôyô-wo-mo subekarazu, dôtô-wo-mo tatsubekarazu* (Heike) nachdem ich gestorben sein werde, soll man mir keine Seelenmessen und Seelenopfer bringen, soll man mir auch keine Gedenkhalle errichten.

Beachte: Die einzige Prohibitivbezeichnung, die sich aus einer Imperativform entwickelt hat, ist *nakare,* die Imperativform zu *nashi,* dem Negativum von *ari* (siehe § 186 a Anm.). Anfangs wurde sie nur bei der Lesung von Kambun-Texten als Äquivalent des chin. prohibitiven *wu* verwendet, später auch unabhängig vom Chinesischen zur Bezeichnung eines kategorischen Verbots (Anschluß an die Attributivform oder an *taigen,* meist an das Formalnomen *koto*); z. B. *ayamataba, sunawachi aratamuru-ni habakaru-nakare* (Rongo / Lun-yü) wer gefehlt hat, scheue sich nicht, sich zu bessern! *oi-kitarite, hajimete michi-wo gyôzen-to matsu-koto-nakare* (Tsurezure) warte nicht bis du alt bist, um das erste Mal den Weg der (buddh.) Lehre zu beschreiten! *nanji nusumu-nakare* du sollst nicht stehlen!

In der Umgangssprache wird die kategorische Form des Prohibitivs wie in S mittels der Postposition *na* gebildet: *yomu-na* lies nicht! Doch gibt es eine Reihe von gemilderten Formen des negativen Imperativs, die dem unhöflichen, direkten Verbot vorgezogen werden: a) Anschluß der prohibitiven Postposition *na* an die Hilfsverba *kudasaru* oder *nasaru* — *yonde-kudasaru-na, o-yomi-kudasaru-na;* b) Anschluß von *kudasai* an die negative Suspensivform (siehe § 187 Anm.) — *yomanaide-kudasai*; c) Anschluß von *shite-kudasai* (*shi-nasai*) an die Negationsform unter Zwischenschaltung von *yô-ni* ‚in der Art', ‚wie wenn' — *yomanai-yô-ni-shite-kudasai* (*-shi-nasai*); d) Umschreibung mittels *ikenai* (*ikemasen*) oder *naranai* (*narimasen*) ‚nicht dürfen' im Anschluß an die Konjunktionalform unter Zwischenschaltung von *tewa* (*dewa*) oder im Anschluß an die Finalform unter Zwischenschaltung von *nara, to, koto wa* — *yondewa ikenai* (*naranai*), *yomu-nara ikenai* (*naranai*), *yomu-to ikenai* (*naranai*), *yomu-koto-wa ikenai* (*naranai*); e) Umschreibung mittels *hazu-de-wa-nai* ‚dürfte eigentlich nicht' — *yomu-hazu-de-wa-nai*; f) Umschreibung mittels *hô-ga-ii/yoi* (*desu*) ‚es wäre gut/besser' oder *mo ii/yoi* (*desu*) ‚auch gut' im Anschluß an die Negationsform bzw. negative Suspensivform — *yomanai-hô-ga-ii/yoi* (*desu*); *yomanakute-mo-ii/yoi* (*desu*).

Die Umschreibungstypen d, e, f entsprechen dem Necessativ und seinen Modifizierungen (vgl. § 182).

G. Die grammatischen Kategorien zur Bezeichnung der Urteilsbeteiligung des Ich

186 Negation (*uchikeshi, hitei*)

Während die Affirmation im Japanischen formal merkmallos ist, wird die Negation durch Verbalsuffixe bezeichnet. In der Schriftsprache dient dazu das Verbalsuffix *-zu* (erweitert: *-zari*), außerdem speziell für den negativen Dubitativ und Intentionalis die Verbalsuffixe *-ji* und *-maji*.

a) *-ZU* Primärflexion suppletiv, Sekundärflexion *-zari* 4ra (*-zu, zara/-zu, -zari/-zu/-nu, -zaru/-ne, -zare,* meireikei fehlt[36]); Anschluß an die Indefinitform (*mizenkei*).

Die Primärflexion wird angewendet, wenn die Negationsformen durch keine weiteren Verbalsuffixe (temporale oder modale) verlängert werden. Diese Negationsformen stehen allein, können aber auch eine Verbindung mit konjunktionalen Postpositionen eingehen: *-zu-ba* (> *zumba* seit Ende der Heian-Zeit; auch *-zaraba*), *-zu-te/-zu-shite* (> *de* seit Anfang der Heian-Zeit)[37], *-neba, -nedo* (auch *-zareba, -zaredo*). Die Formen der Sekundärflexion hingegen dienen als Anschlußbasen für weitere Verbalsuffixe (*-zaramu, -zariki, -zarubeshi* usw.), häufig auch als Attribute oder nominalisierte Verba. Sie setzen sich zusammen aus dem Negationssuffix *-zu* und dem Hilfsverb *ari* (vgl. *-kari, -nari, -tari*). Im Altjapanischen der Nara-Zeit noch meist unkontrahiert gebraucht (*-zu-ari*), wurde die Kontraktionsform *-zari* in der Heian-Zeit stabil und blieb neben den Primärformen bis in die Standard-Schriftsprache lebendig.

Beispiele: *-zu* — *shizai-wo tori-izuru-ni oyobazu* (Hôjôki) das Hab und Gut hinauszubringen schaffen (sie) nicht; *kare kore, shiru shiranu, okuri-su* (Tosa) diese und jene, Bekannte und Unbekannte, geben das Geleit (zu ergänzen: *shiru hito, shiranu hito* Leute, die ich kenne und die ich nicht kenne); *kuni-no-tame kimi-no-tame-ni yamu-koto-wo-ezu-shite nasubeki-koto ôshi* (Tsurezure) zahlreich sind die Dinge, die man für das Reich und für den Fürsten unausbleiblich verrichten muß (wörtl.: ohne daß man ein Aufhören

[36] Dafür steht der Prohibitiv, vgl. § 185.

[37] Die erstarrte Kontraktionsform *de* gilt als konjunktionale Postposition (vgl. § 109), ist aber funktionell als negative Suspensivform aufzufassen.

erlangt; *u* 2u ‚erlangen'); *kimi-narade tare-ni-ka misemu, ume-no hana* (Kokin) wenn Ihr es nicht seid, wem soll ich sie zeigen, die Pflaumenblüten? *danji manabazumba, sunawachi yamu* (nach RAI SANYÔ) wenn ein Knabe nicht lernt, bleibt er stehen; *hito-no kokoro sunao-naraneba, itsuwari naki-ni-shimo-arazu* (Tsurezure) weil des Menschen Herz nicht lauter ist, ist es keineswegs so, daß es keine Lügen gäbe (gibt es selbstverständlich Lügen).

-zari — *kono miyako-wa hito-no ie mada sadamarazarikeru-toki-ni* ... (Ise) in der Zeit, als in dieser Hauptstadt die Häuser der Leute noch nicht festgelegt waren ...; *hito mina shô-wo tanoshimazaru-wa, shi-wo osorezaru-yue-nari* (Tsurezure) der Grund, daß alle Menschen sich nicht des Lebens erfreuen, ist, daß sie den Tod nicht fürchten; *yume-to shiriseba, samezaramashi-wo* (Kokin) hätt' ich gewußt, daß es ein Traum ist, hätt' ich, ach, nicht aufwachen wollen (*mashi-wo* Intentionalis, vgl. § 179a Anm.).

Beachte: 1. *-zu* fungiert als Indefinit-, Konjunktional- und Finalform seit der Heian-Zeit. Im Altjap. sind jedoch noch Spuren einer Indefinitform *-na* und einer Konjunktionalform *-ni* vorhanden: *naranaku-ni* ‚trotz des Nichtvorhandenseins' (Nominalbildungssuffix *-ku* nach der *mizenkei*), *shirani* ‚nicht wissend' (Konjunktionalform von *shirazu*). Nur wenige Beispiele sind überliefert, so daß diese Formen bereits in der Nara-Zeit veraltet gewesen sein dürften. Immerhin läßt sich noch das Paradigma eines archaischen Negativsuffixes mit nasalem Anlaut und vierstufiger Flexion erschließen: *-na/-ni/-nu/-nu/-ne.*

2. Wurzelverwandt mit dem nasal anlautenden Verbalsuffix der Negation ist *nashi* ‚nicht vorhanden sein', ‚abwesend sein' (auch euphemistisch für ‚tot sein'), das negative Äquivalent zu *ari* ‚vorhanden sein'. *nashi* wird wie ein Qualitativum nach der ku-Flexion abgewandelt (vgl. § 148 a), ist aber nur formal dieser Wortkategorie gleichzustellen (*keishiki-keiyôshi* formales Qu.), funktionell jedoch den Verba oder Hilfsverba ebenbürtig; z. B. *ushi-kuruma-wo yô-to-suru hito nashi* (Hôjôki) es gibt (gab) keinen Menschen, der einen Ochsenkarren verwendet hätte; *kado sashite, ‚nashi' to kotaete, awazaramashi-wo* (Kokin) die Tür hätt' ich verschlossen, ‚bin nicht da' hätt' ich geantwortet, und hätt' ihm, ach, nicht begegnen wollen. — Die Imperativform *nakare* steht isoliert und dient als eine der Bezeichnungen des Prohibitivs (vgl. § 185 Anm.).

3. Die doppelte Verneinung bezeichnet im Japanischen eine nachdrückliche Bejahung; vgl. *itsuwari naki-ni-shimo-arazu* es ist keineswegs so, daß es keine Lügen gäbe = es gibt selbstverständlich Lügen; *hitotsu-to-shite yaburezaru-wa nashi* (Hôjôki) daß auch nur eines nicht zerstört gewesen wäre gab es nicht = alle waren ohne Ausnahme zerstört; dgl. *-zarubekarazu* ‚nicht ... darf nicht' = muß unbedingt (vgl. Necessativ, § 181).

b) *-JI* unflektierbar; tritt nur in der Funktion der Final- und Attributivform (selten) auf[38]. Anschluß an die Indefinitform (*mizenkei*).

[38] Wenn *-ji* in Korrelation zu *koso* steht, wofür es in der Poesie einige Beispiele gibt, läßt es sich, formalistisch betrachtet, auch als Konditionalform interpretieren; z. B. *kaze-ni-koso shirareji* (Shinzoku-Kokin) wird wahrlich nicht vom Winde erkannt werden wollen.

Das Verbalsuffix *-ji* ist das negative Äquivalent von *-mu* und bezeichnet den Dubitativ und Intentionalis in der Negation (*suiryô no uchikeshi, ishi no uchikeshi*). In dubitativem Sinne kann es aufgefaßt werden, wenn es sich auf die Gegenwart, Zukunft oder Außerzeitlichkeit bezieht (‚wird wohl nicht so sein'), im intentionalen Sinne nur, wenn es sich auf die Zukunft bezieht (‚beabsichtigt nicht', ‚will nicht'). *-ji* ist nur bis in die Heian-Zeit in der Sprache lebendig, in der Kamakura-Zeit noch als Archaismus in der Schriftsprache zu finden, in der Standard-Schriftsprache jedoch ungebräuchlich.

Beispiele: Dubitativ — *‚makoto-zo e-shiraji'-nado notamau* [präfigiertes *e* als Renyôkei von *u* ‚können' beim neg. Potentialis, vgl. § 164] (Makura) ‚ich werde es wohl wirklich nicht wissen können', so sagte er; *hôshi-bakari uraya-mashikaranu mono-wa araji* (Tsurezure) es dürfte wohl keinen Menschen geben, der annähernd so wie ein Mönch nicht beneidenswert ist (d. h. jeder ist beneidenswerter als ein Mönch); *go-sôden ukeru-koto-ni-wa haberaji-naredomo* (Tsurezure) obgleich Eure Überlieferung wohl gewiß nichts Unsicheres sein wird ... Intentionalis — *ie-no atari-dani ima-wa tôraji* (Taketori) nicht einmal in der Nähe des Hauses will ich jetzt mehr vorbeigehen; *hayaku iiteshi-koto-wa wasureji* (Kokin) die Worte, die du früher gesagt hast, will ich nicht vergessen; *fukaku-no namida idekereba, iro-no mieji-to isogi-idenikeri* (Soga) weil unbedachte Tränen hervortraten, eilte (er) hinaus, damit das Gesicht nicht zu sehen sei.

c) *-MAJI* shiku/kari (defektiv: *-majiku/ -majiku, -majikari/ -maji/ -majiki, -majikaru/-majikere*/meireikei fehlt) Anschluß an die Finalform (*shûshikei*), bei Verben der Flexionsklasse 4ra, dgl. bei Qualitativa (*-kari*-Flexion) und verbalen Qualitativa Anschluß an die Attributivform (*rentaikei*). Die mit *-ari* erweiterten Formen dienen als Anschlußbasis für Verbalsuffixe. *ombin*-Formen sind bereits in der Heian-Zeit nachweisbar: *majiku>majiu, majiki>majii.*

Das Verbalsuffix *-maji* ist das negative Äquivalent von *-beshi* und bezeichnet entsprechend den Dubitativ und Potentialis sowie den Intentionalis und Necessativ in der Negation; außerdem den Prohibitiv. *-maji* kommt auch noch vereinzelt in der Standard-Schriftsprache vor, dann aber zumeist nur in der Bedeutung des negativen Dubitativs.

Beispiele: Dubitativ — *fuyugare-no keshiki-koso aki-ni-wa osa-osa otorumajikere* (Tsurezure) wahrlich, das Bild winterlicher Kahlheit dürfte dem Herbst nicht sehr viel nachstehen (d. h. kaum weniger reizvoll sein); *sono hito-naraba kurushikarumaji; akete ire-môse* (Heike) wenn es dieser Mensch ist, wird es wohl nicht lästig sein; öffnet und laßt ihn eintreten!

Potentialis — *tawayasuku hito yori-kumajiki ie-wo tsukurite* (Taketori) ... baute ein Haus, dem sich Fremde nicht leicht würden nähern können; *tsui-ni-wa nogaremajiki michi-nari* (Heike) das ist ein Weg, auf dem man ganz gewiß nicht wird entrinnen können.

Beachte: Als negativer Potentialis wird *-maji* häufig durch ein dem Hauptverb voranstehendes *e-* (renyôkei von *u* ‚können') gekennzeichnet: *e-ideowashimasumaji* (Taketori) sie wird nicht hinausgehen können; *e-zo arumajiki-ya* (Utsubo) wird es wohl nicht geben können.

Intentionalis — *nao tsukômatsurumajiki-koto-wo mairite môsamu* (Taketori) daß Ihr noch immer nicht (bei Hofe) dienen wollt, will ich gehen und berichten; *nani-tote Giô-wa to-mo kô-mo henji-woba môsanu-zo? mairumajiki-ka? mairumajikuba, sono yô-wo môse* (Heike) warum gibt denn Giô überhaupt keine Antwort? will sie etwa nicht kommen? wenn sie nicht kommen will, so nenne sie die Gründe dafür!

Necessativ — *hito-wa tada mujô-no mi-ni semarinuru-koto-wo kokoro-ni hishi-to kakete, tsuka-no ma-mo wasurumajiki-nari* (Tsurezure) der Mensch halte es nur fest im Herzen, daß die Unbeständigkeit sein Selbst eingezwängt hat, und er darf es auch keinen Augenblick vergessen; *kyô-no kenzan-wa arumajikaritsuredomo* (Heike) obgleich die heutige Begegnung nicht hätte sein dürfen (*-tsuredomo* perf. Asp., konzessiv).

Beachte: 1. Im Altjap. lautet dies Verbalsuffix häufiger *-mashiji*. Es ist in dieser Final- sowie in der Attributivform *-mashijiki* überliefert und wurde zur Bezeichnung des negativen Dubitativs verwendet; z. B. *kimi-ga kokoro-wa wasurayumashiji* (Manyô) Euer (freundliches) Herz wird mir wohl unvergeßlich sein.

2. *-maji* ist vermutlich eine Komposition aus *ma* (alte *mizenkei* von *-mu*, vgl. *mashi, mahoshi*) und *ji* (s. o.). Während *-ji* im Mitteljapanischen unproduktiv wurde, hat sich *-maji* in der lautlichen Entwicklung zu *-mai* bis in die moderne Umgangssprache gehalten. Dies ist wohl auch der Grund, warum *-maji* noch in der Standard-Schriftsprache gebräuchlich ist.

187 In der Umgangssprache wird die Negation durch die Verbalsuffixe *-nai* oder *-n*(*-nu*) bezeichnet. Speziell für den negativen Dubitativ und Intentionalis steht auch das Verbalsuffix *-mai* (<*maji*) zur Verfügung.

	mizen-suiryô	renyô-ombin	shûshi	rentai	katei
-nai	*-nakaro-*	*-naku/-nakat-*	*-nai*	*-nai*	*-nakere*
-n(*-nu*)	○	(*-zu*)	*-n*(*-nu*)	*-n*(*-nu*)	(*-ne*)
-mai	○	○	*-mai*	*-mai*	○

Das Verbalsuffix *-nai* wird an die Indefinitform (*mizenkei*) von Verba und Qualitativa angeschlossen (*toranai, yokunai*) und an die Suspensivform (*chûshikei*) von verbalen Qualitativa (*shizuka-de-nai*). Das Verbalsuffix *-n* (*-nu*) wird an die Indefinitform von Verben und Verbalsuffixen angeschlossen (*sen, -masen*). Das Verbalsuffix *-mai* folgt auf die Finalform fünfstufig flektierter Verben (*torumai*) und auf die Indefinitform der Verben aller übrigen Flexionsklassen (*sugimai, ukemai*).

Beachte: 1. Die Suspensivform von *-nai* lautet *-naide* oder *-nakute*; von *-nu* lautet sie *-zu-ni*. Die Standardform ist *-nakute*.

2. Die Negationsform von *suru* (4sa) ‚machen' lautet *shinai* oder *sen* (in der mündlichen Rede ungebräuchlich).

3. Die Negationsform von *aru* ‚vorhanden sein' wird nicht gebildet. Dafür tritt das selbständige *nai* ein, das ebenso wie das Verbalsuffix

-nai als Qualitativum flektiert wird (*ku/kari*-Flexion, s. o.), jedoch als Hilfsverb (*hojo-dôshi*) fungiert; z. B. *empitsu-ga aru* Bleistifte sind da, *empitsu-ga nai* Bleistifte sind nicht da.

4. *kuru* (3ka) und *suru* (4sa) stehen in der Regel vor *-mai* in der Indefinitform: *komai, shimai*; doch kommen auch folgende Formen vor: *kimai, kumai, kurumai; semai, sumai, surumai.*

Während in der Standard-Umgangssprache *-nai* für die Negationsform aller Verben verwendet wird, ist der Gebrauch von *-n* in der Regel auf die Verbindung mit dem Verbalsuffix der höflichen Aussageform *-masu* beschränkt: *-masenu*>*-masen*. Der Unterschied zwischen *-nu* und *-nai* ist dialektaler Natur: *-nu* ist das im Gebiet des traditionsgebundenen Kyôto gebräuchliche Negationssuffix, während *-nai* den Sprachgebrauch von Tôkyô wiedergibt und damit in die Standard-Umgangssprache einging. *-nu* kommt zwar noch im Schrifttum vor, wirkt aber antiquierend. Auch der Gebrauch von *-mai* wird auf den schriftlichen Ausdruck zurückgedrängt und in der mündlichen Rede analytisch durch *-nai* in Verbindung mit dem Dubitativ der Kopula ersetzt (*-nai-darô, -nai-deshô* usw.).

Von *-nai* können in der Standardsprache Temporal-, Modal- und Satzanschlußformen gebildet werden (*toranakarô, toranakatta, toranakattarô, toranakereba* usw.). Bei *-masen* hingegen müssen sie analytisch mittels der nachgestellten Kopula umschrieben werden (*torimasen-deshita, ~ deshô, ~ deshitara*[*ba*] usw.).

Beispiele: *-nai* — *hi-ga teranai* die Sonne scheint nicht; *kore-wa yokunai koto-desu* das ist eine nicht gute Sache; *shashin-wo misenakatta* (er) hat das Foto nicht gezeigt; *biiru-wa nomanakute-mo ii-desu* ich brauche kein Bier zu trinken (wörtl.: wenn ich nicht trinke, ist es auch gut); *benkyô-shinakereba naranai* man muß lernen (wörtl.: wenn nicht ..., geht es nicht); *tomodachi-no kaeri-wo matanakattarô* die Rückkehr des Freundes wird er wohl nicht abgewartet haben.

-n — *watakushi-ni-wa ongaku-wa sukoshi-mo wakarimasen* ich verstehe nichts von Musik; *watakushi-wa ensoku-ni ikimasen-deshô*(*-to omoimasu*) ich werde wohl keinen Spaziergang machen; *anata-wa neko-wo motte-imasen-deshitaka* hatten Sie nicht eine Katze? *benkyô-seneba naranu* (= *shinakereba naranai*) man muß lernen.

-mai — *ame-wa furumai* es wird wohl nicht regnen; *kyô-wa gakkô-e ikumai* heute werde (ich) nicht in die Schule gehen; *kono mura-ni-wa honya-ga arimasumai* in diesem Dorf wird es wohl keinen Buchladen geben; *ikô-ka ikumai-ka* wollen wir gehen oder wollen wir nicht gehen?

Beachte: Die Verbalsuffixe *-nai* und *-nu* haben bereits im Mitteljapanischen prädikative Geltung bekommen, als die Attributivform die prädikative Funktion der älteren Finalform übernommen hatte. *-nu* ist die alte Attributivform von *-zu*, *-nai* die unter dem Einfluß des *i-ombin* aus *naki* entstandene Attributivform von *nashi*. Während die Präteritalform zu *-nai -nakatta* lautet, besitzt *-nu* eine unregelmäßige Präteritalform *-nanda*. Sie ist ebenso wie *-nu* noch heute im alten Zentralgebiet von Kyôto gebräuchlich. Den Standardformen *-nakatta, -nakattarô, -nakattara, -nakattari* der Tôkyôter Hochsprache stehen mithin die Dialektformen *-nanda, -nandarô, -nandara, -nandari* von Kyôto gegenüber. Diese Formen werden in Kyôto auch direkt an das Verbalsuffix *-masu* angeschlossen (*-masenanda* usw.), während in der Standardsprache die analytischen Formen *-masen-deshita* usw. gebildet werden.

188 Assertiv (*dantei*)

Es ist eine Eigenart des Japanischen, Aussagen mit voller Prädikation einem zusätzlichen Urteilsakt zu unterziehen und sie als mit den Gegebenheiten übereinstimmend, auf den Einzelfall zutreffend zu charakterisieren, wenn eine solche Kennzeichnung aus stilistischen oder inhaltlichen Gründen geboten erscheint. Das sprachliche Zeichen für diese assertorische Bestimmung ist ein dem Prädikat nachgestelltes *nari* (U: *no-da*), das je nach Bedarf temporale und modale Verbalsuffixe oder Postpositionen des Satzanschlusses annehmen kann. Die Bezeichnung des Assertivs — um dieser modalen Kategorie einen Namen zu geben — ist somit eine Nebenfunktion der Kopula, der sich in solchen Fällen ein ganzer Satz gleichsam als Prädikativum unterordnet. Das assertorische *nari* bzw. *no-da* hat dann, mehr oder weniger abgeschwächt, die Bedeutung: ‚es ist (tatsächlich) so, daß'.

Das schriftsprachige *nari* wird an die Attributiv- oder die Finalform des Prädikats angeschlossen.

a) Bei Verwendung der Attributivform ist die assertorische Hervorhebung weniger stark und es erübrigt sich bei der Übersetzung in den meisten Fällen, diese Form zu berücksichtigen, zumal im Deutschen eine entsprechende grammatische Kategorie fehlt und der Verzicht auf eine Umschreibung keine Sinnentstellung bewirkt.

Beispiele: *hinezumi-no kawa-to-iu-naru mono kaite okose-yo* (Taketori) das Ding, das Balg der Feuerratte heißt, kauft und schafft herbei! *onna-no koe-nite izuko-yori iri-kitsuru-to-tou-naritsuru-wa* ... (Murasaki) was da mit Frauenstimme gefragt hatte: ‚von wo ist er hereingekommen' ...; *gosôden ukeru-koto-ni-wa haberaji-naredomo* (Tsurezure) obgleich Eure Überlieferung gewiß nichts Unsicheres sein wird ...; *muhon-no yakara-ni kumi-shitekeru-nari* (Heike) mit Rebellen hat er gemeinsame Sache gemacht; *kono yo-ni aru-naraba, mata-mo-ya ukime-wo minzuramu* (Heike) wenn man auf dieser Welt ist, wird man wohl immer wieder bittere Erfahrungen machen.

Beachte: Die ziemlich häufig vorkommenden Verbindungen von *aru* (*-taru, -naru, -zaru, -karu*) mit dem assertorischen *nari* haben schon seit Ende der Heian-Zeit zu Assimilationsformen geführt, die in der Kamakura-Zeit die Regel sind: *aru+nari>annari>anari*; z. B. *kotaezannari* (Sarashina) antwortet nicht, *nogaretannare* (Heike) ist geflüchtet, *kinitanari* (Konjaku) [sie] sind gekommen.

b) Verstärkt wird die assertorische Funktion von *nari*, wenn es an die Finalform des Prädikats angeschlossen wird. Diese syntaktische Verbindung wird vorzugsweise in der Poesie verwendet, um die Aussage mit einem zusätzlichen ‚so ist es fürwahr' abzuschließen (*eitan* ‚Ausruf').

Beispiele: *mina hito-wa hana-no koromo-ni narinu-nari* (Kokin) alle Menschen sind fürwahr zu Blütenkleidern geworden (d. h. haben sich in frühlingshafte Gewänder gekleidet); *aki-kaze-ni hatsu-kari-ga ne-zo kikoyunaru* (Kokin) im Herbstwind ist der Schrei der ersten Wildgans zu hören, fürwahr; *aki-no no-ni hito matsu-mushi-no koe-su-nari* (Kokin) im herbstlichen Feld zirpen fürwahr die Grillen, die (wie es heißt) auf den Menschen warten.

c) *nari* im Anschluß an die Finalform kann aber auch bedeuten, daß die Feststellung der Übereinstimmung mit den Gegebenheiten nicht auf eigenem, sondern auf fremdem Urteil beruht (*dembun* ‚Hörensagen'), so daß der Assertiv in solchen Fällen etwa mit dem Ausdruck ‚so heißt es (tatsächlich)' wiedergegeben werden könnte. In diesem Sinne ist die Verbindung *shûshikei* + *nari* hauptsächlich in der Prosa aufzufassen. *nari* ist hier mit *to-iu* gleichzusetzen, eine Eigenart, die *nari* auch in kopulativer Funktion mitunter aufweist (vgl. § 140 Anm.).

Beispiele: *kono mochi-ni-namu, tsuki-no miyako-yori, Kaguyahime-no mukae-ni môde-ku-naru* (Taketori) diesen Vollmond eben werden sie aus der Stadt im Monde zum Abholen der Kaguyahime herbeikommen (so heißt es); *otoko-mo su-naru nikki-to-iu mono-wo onna-mo shite kokoromimutote suru-nari* (Tosa) ein Ding, das man Tagebuch nennt, und (von dem es heißt), daß ein Mann es macht, will ich als Frau zu machen versuchen, fürwahr[39]; *mata kikeba, jijû-no dainagon-no ommusume-no nakunaritamainunari* (Sarashina) wie ich auch gehört habe, ist die Tochter des Oberkabinettsrates, des kaiserlichen Kammerherrn, verstorben (so heißt es).

Beachte: Die Verbindung *shûshikei*+*nari* ist in beiden Bedeutungen des Assertivs nur bis in die Kamakura-Zeit produktiv geblieben. Sie ist auch nicht in der Standard-Schriftsprache anzutreffen.

189 In der Umgangssprache wird der Assertiv durch die Verbindung *no*+Kopula bezeichnet: *no-da, no-de-aru, no-desu, no-de-arimasu.* Die in der mündlichen Rede gebräuchlichen *no-da* und *no-desu* werden dabei in der Regel zu *-n-da, -n-desu* verkürzt. Das Vorhandensein der attributiven Postposition *no,* die den vorangehenden Satz sozusagen als Prädikativum der ‚Kopula' unterordnet, weist darauf hin, daß die Verbindungen *no-da* usw. auf den alten attributiven Anschluß der Assertivform (*rentaikei*+*nari*) zurückgehen[40]. In U ist die hervorhebende Bedeutung des Assertivs ziemlich abgeschwächt und semantisch keinesfalls der alten schriftsprachigen Verbindung *shûshikei*+*nari* gleichzusetzen. Auch entspricht dem finalen Anschluß in der Bedeutung ‚so heißt es' in U keine eigene Form: hier müssen Umschreibungen vorgenommen werden wie *to-iu-koto-da, sô-da,* u. ä.

Beispiele: *o-kane-ga taranai-n-desu* das Geld reicht nicht; *kono gendaigo-yaku-ni-yotte, watakushi-wa hajimete kono shôsetsu-no honshi-wo shiru-koto-ga-dekita-no-de-aru* durch diese Übersetzungen in die moderne Sprache konnte ich erstmals den Hauptinhalt dieser Romane begreifen; *shindan-wo uketa-no-de-arimasu* ich habe mich (ärztlich) untersuchen lassen; *sono sai-ni-wa musume-wa ‚amanjite haha-no-tame-ni gisei-ni naru'-to kotaete-iru-no-da* unter diesen

---

[39] Beachte den Bedeutungsunterschied: *su-nari* (*shûshikei*) ‚es heißt tatsächlich, daß', *suru-nari* (*rentaikei*) ‚es ist tatsächlich so, daß'. Die Bedeutung von *su-nari* wird durch die Textvariante *su-to-iu* bestätigt; vgl. Intentionalis, § 177 d.

[40] Einen deutlichen Beweis dafür liefert der Anschluß an *da*-Formen (Kopula, verbale Qu.), wo noch die besondere Attributivform *na* in U erhalten ist; z. B. *kono yô-na seikatsu-wa jitsu-ni aware-na-no-desu* solch ein Leben ist wirklich erbärmlich.

Umständen antwortete die Tochter: ‚ich opfere mich gern für die Mutter'; *hon-wo kaki-ageru-koto-ga shôrei-sareta-no-deshita* das Fertigschreiben des Buches wurde gefördert; *honto-ni mane-shiteru-n-ja-nai-n-da-yo, otôsan* (< *mane-shite-iru-no-de-wa-nai-no-da*) ich mache dir wirklich nichts vor, Vater.

Beachte: 1. Bei der Frage, gekennzeichnet durch die interrogative Postposition *ka*, wird beim Assertiv die Kopula in der Regel fortgelassen und nur *no* verwendet; z. B. *omae-wa sore-de watakushi-to ima-made-no koto-ga sumu-to omotte-iru-no-ka* glaubst du denn, daß dadurch bis jetzt die Sache mit mir zu Ende ist?

2. Nicht assertorisch zu werten sind die Formen der Kopula bei direktem Anschluß an ein Prädikat zu dessen temporaler oder modaler Bestimmung, insbesondere Verbindungen des Typs *-masen-deshita*, *-deshô* usw. Fließend sind die Übergänge bei einem Prädikat qualitativer Art, wo Formen wie *takai-desu* und *takai-no-desu* (‚ist hoch') gleichwertig nebeneinanderstehen. In all diesen Fällen ist eine Erweiterung der Formen mit *no-da* usw. nicht möglich.

190 Komparativ (*hikyô*)

Der Komparativ ist eine modale Kategorie des Japanischen, die eine auf Vergleich beruhende Ähnlichkeit von Sachverhalten bezeichnet. Zum Ausdruck des Komparativs dient in der Schriftsprache das Suffix *gotoshi*, das sowohl in der klassischen als auch in der Standard-Schriftsprache produktiv ist.

GOTOSHI ku (Primärflexion der Qualitativa, defektiv: *gotoku/ gotoku/ gotoshi/ gotoki;* izen- und meireikei fehlen); Anschluß an die Attributivform von *yôgen* unter Zwischenschaltung der Postposition *ga*, oder an *taigen* unter Zwischenschaltung der Postposition *no*. Der direkte Anschluß an die Attributivform von *yôgen* ist ebenfalls möglich (auch in der Standard-S als syntaktische Variante gebräuchlich).

Bis in die Heian-Zeit bezeichnete *gotoshi* nur eine Ähnlichkeit in vergleichender Gegenüberstellung (Beispiele 1). Seit der Kamakura-Zeit wird es außerdem zur Bezeichnung eines Beispiels ähnlicher Art herangezogen (Beispiele 2). In der Standard-Schriftsprache kann es darüberhinaus auch die Gleichartigkeit ausdrücken (Beispiele 3) oder sogar eine Ungewißheit (Beispiele 4).

Beispiele: 1. *tatoeba, e-ni kakeru onna-wo mite, itazura-ni kokoro-wo ugokasu-ga-gotoshi* (Kokin, Jo) wenn man es vergleicht, so ist es der unnützen Herzenswallung beim Anblick einer auf einem Bild gemalten Frau ähnlich (wrtl.: eine ... Frau sehend, unnütz das Herz bewegen, dem ähnlich ist es); *fuki-madou kaze-ni, tokaku utsuri-yuku hodo-ni, ôgi-wo hirogetaru-ga-gotoku, suehiro-ni narinu* (Hôjôki) in dem Maße, wie es (das Feuer) bei dem hin und her wehenden Wind nach allen Seiten hinüberwechselte, wurde es an der Front (wrtl.: Wipfel) breit, als ob man einen Klappfächer ausgebreitet hätte. — 2. *kaku-no-gotoki tomogara nakanaka tokaku iu-ni oyobazu-tote tsuihô-serarekeri* (Gempei) bei Gesellen solcher Art geht es überhaupt nicht so weit, daß man (ihnen) dies oder das sagt, so meinte er (*tote*) und jagte sie fort; *Ôjôyôshû-gotoki-no* (statt: *no-gotoki*) *shômotsu-wo iretari* (Hôjôki) Exzerpte wie das Ô. hatte ich hineingetan. — 3. *hatashite kimi-no gen-no-gotoku-ba, yo-wa moku-suru-koto kanawazu* wenn es am Ende so ist, wie der Herr sagt, kann ich nicht schweigen; *ôse-no-gotoku* wie Sie sagen; *jôjutsu-no-gotoku* wie oben erwähnt. — 4. *jiken-wa meikyû-ni iritaru-ga-gotoshi* der Vorfall hat sich wohl (anscheinend) labyrinthisch verwirrt; *higai-wa karukarazaru-ga-gotoshi* der Schaden ist wohl (anscheinend) nicht geringfügig[41].

Beachte: 1. Im Altjapanischen, vereinzelt auch noch in der Heian-Zeit (antiquierend), konnte der bloße Stamm *goto* gebraucht werden. Dies ist offenbar die ursprüngliche, nominalwertige Form, die auch die attributiven Anschlüsse verständlich macht; z. B. *mushi-wa waga-goto mono-ya* (Kokin) die Zikaden sind Wesen wohl, mir ähnlich; *umi-wa kagami-no omote-no-goto-narinureba* (Tosa) weil das Meer der Oberfläche eines Spiegels ähnlich war.

2. An die Stelle einer erweiterten Sekundärflexion von *gotoshi* (*-kari*-Flexion) tritt die Verbindung der Konjunktionalform mit der Kopula: *gotoku-nari*. Zu beachten sind insbesondere die davon gebildete Adverbialform *gotoku-ni* und die Suspensivform *gotoku-ni-(shi)te*. Die Konditionalform *gotoku-nare* kann die Lücke des Paradigmas von *gotoshi* füllen.

191 In der Umgangssprache muß die modale Kategorie des Komparativs analytisch umschrieben werden, da *gotoshi* bereits in der Umgangssprache der Muromachi-Zeit außer Gebrauch kam. Dazu dient die Verbindung *-yô-da* ‚ist in der Art wie', wobei *da* (bzw. *desu*, Kopula) regelmäßig als Kopula flektiert wird (vgl. § 141). — *yô* wird an die Attributivform (*rentaikei*) von *yôgen* und Verbalsuffixen angeschlossen. Der Anschluß von *taigen* erfolgt unter Zwischenschaltung der attributiven Postposition *no*. Diese Anschlußarten weisen auf den ursprünglich nominalen Charakter von **yô* hin (‚Art und Weise'). *-yô-da* stimmt mit dem gesamten Funktionsbereich von *gotoshi* überein.

Beispiele: *sono otoko-wa shônin-no-yô-datta* dieser Mann war einem Kaufmann ähnlich; *kimi-no-yô-na benkyôka-wa gakusei-no mohan-da* ein fleißiger Arbeiter wie du ist das Muster eines Schülers; *Beikoku-de-wa mô yuki-ga futta-yô-da* in Amerika hat es wohl (anscheinend) schon geschneit; *kachô-no imôto-wa e-ni kaita-yô-na musume-desu* die jüngere Schwester des Chefs ist ein Mädchen, wie auf einem Bild gemalt; *rampu-wo taosanai-yô-ni ki-wo tsuke-nasai* geben Sie acht, damit Sie die Lampe nicht umwerfen.

192 Präsumptiv (*suitei*)

Der Präsumptiv ist eine modale Kategorie des Japanischen, die die Folge-

[41] In dem früher beim Militär gebrauchten Stil der Standard-Schriftsprache hatte *gotoshi* zusätzlich noch die Bedeutung ‚um zu', ‚daß', ‚damit' übernommen; z. B. *hikôjô-shunin-wa gozen-rokuji-yori hikô-wo kaishi-shi-uru-gotoku jumbi-subeshi* der Flugplatzkommandeur hat Vorsorge zu treffen, daß man ab sechs Uhr früh mit dem Fliegen beginnen kann. Vgl. A. A. Cholodovič, *Sintaksis japonskogo vojennogo jazyka*, 1937.

rung von einem wahrgenommenen Sachverhalt A auf das wahrscheinliche Vorhandensein eines Sachverhaltes B bezeichnet. In der Schriftsprache dient dazu das Verbalsuffix *-rashi,* das allerdings in der Standard-Schriftsprache selten Verwendung findet.

-RASHI unflektierbar (im Altjap. ist neben *-rashi* noch die Attributivform *-rashiki* vertreten); Anschluß an die Finalform (*shûshikei*); bei Verben und Verbalsuffixen der Flexionsklasse 4ra sowie bei Qualitativa und verbalen Qualitativa Anschluß an die Attributivform (*rentaikei*); in diesen Fällen sind Kontraktionsformen des Typs *-karurashi>karashi, kerurashi>kerashi* möglich.

Das Verbalsuffix *-rashi* ist am besten mit Ausdrücken wie ‚allem Anschein nach', ‚offenbar' wiederzugeben.

Beispiele: *kono kawa-ni momijiba nagaru; oku-yama-no yuki-ke-no mizu-zo ima masarurashi* (Kokin) auf diesem Fluß strömt das verfärbte Laub dahin; das Wasser der Schneeschmelze in den abgelegenen Bergen schwillt offenbar jetzt an; *aki-no yo-wa tsuyu-koso koto-ni samukarashi, kusa-mura-goto-ni mushi-no wabureba* [*-karashi <karurashi*] (Kokin) wahrlich, in einer Herbstnacht ist der Tau offenbar besonders kalt, weil überall im dichten Gras die Grillen klagen (klagend zirpen); *enjin-no oto kikoyu, hikôki kitarurashi* (Standard S) ein Motorengeräusch ist zu hören: es scheint ein Flugzeug zu kommen.

Beachte: Im Neujapanischen, S und U, sind von *-rashi* auch vollflektierte Formen nach dem Flexionstyp *shiku* der Qualitativa gebräuchlich. Sie treten aber nur in Funktion, wenn *-rashi* als Wortbildungselement im Anschluß an *taigen* steht, also nicht mehr als modales Verbalsuffix zu werten ist, sondern als, übrigens sehr produktiver, Qualitativbildner mit der Bedeutung ‚gleichartig' (-haft); vgl. § 151, A 5.

193 In der Umgangssprache kann der Präsumptiv ebenfalls mit *rashii* bezeichnet werden (Flexion wie Qualitativa, Anschluß an Finalform), doch ist diese Art nur noch wenig produktiv und wird durch die analytische Umschreibung *-sô-da* verdrängt. *-sô-da* bedeutet: ‚es hat den Anschein', ‚es hat das Aussehen'. *da* (auch *desu* usw.) ist Kopula und wird als solche flektiert. *-sô* wird an die Konjunktionalform angeschlossen.

Beispiele: *-rashii — ano hito-wa mainichi yama-ni yukurashii* der Mann geht anscheinend jeden Tag in die Berge; *ame-ga fururashii* anscheinend regnet es; *dare-ka genkan-ni kitarashii* es scheint jemand in die Vorhalle gekommen zu sein; *kare-mo shitte-irurashiku omowareru* er weiß es anscheinend auch; *keikan-wa mô sugu kaerurashikatta* allem Anschein nach war der Polizist bald zurückgekehrt.

-sô-da — kare-wa kane-ga ari-sô-da er scheint reich zu sein; *kare-ga tazunete ki-sô-na mono-da* er will anscheinend zu Besuch kommen (wörtl.: er ist ein Mensch, der das Aussehen hat, als ob . . .); *ame-ga furi-sô-datta* es sah nach Regen aus.

Beachte: 1. Bei Qualitativa, verbalen Qualitativa und *-tai* wird *-sô* an die Stelle der flektierbaren Endung gesetzt; bei dem Qualitativum *yoi* und dem Verbalsuffix *-nai* (Negation) unter Zwischenschaltung des Morphems *sa* (*yo-sa-sô, na-sa-sô*); z. B. *kono shôsetsu-wa omoshiro-sô-desu* dies Buch scheint interessant zu sein; *ano eiga-wa yo-sa-sô-desu* der Film da scheint gut zu sein; *genki-no na-sa-sô-na seito-desu* er ist ein Schüler, der keine Energie zu haben scheint.

2. Da *-sô-da* außer der Folgerung auf das Vorhandensein eines Sachverhaltes auch die Folgerung auf den zu erwartenden Eintritt eines Sachverhaltes bezeichnen kann, ist es in vielen Fällen auch mit ‚im Begriff sein', ‚nahe daran sein' zu übersetzen; z. B. *kare-wa mô shini-sô-da* er ist dem Tode nahe; *kodomo-wa naki-dashi-sô-na kao-wo shita* das Kind machte ein Gesicht, als ob es weinen wollte. Vgl. *ame-ga fururashi* es scheint zu regnen, *ame-ga furi-sô-da* es scheint regnen zu wollen.

3. Wenn *-sô-da* statt an die Konjunktionalform an die Finalform angeschlossen wird, bedeutet es, daß die Folgerung auf das Vorhandensein eines Sachverhaltes aus einem fremden Urteil gezogen wird. In solchen Fällen ist es im Sinne von ‚es soll so sein, daß', ‚man sagt', ‚wie ich höre' aufzufassen; z. B. *kare-wa Amerika-e yuku-sô-da* man sagt, daß er nach Amerika gehe; *Rondon-de-wa ame-ga yoku furu-sô-da* in London soll es oft regnen; *zuibun kirei-da-sô-desu* es soll ganz schön sein.

V SATZLEHRE

DIE STRUKTURELEMENTE DES SATZES (SATZGLIEDER)

194 Die Strukturelemente des Satzes sind die kleinsten sinntragenden syntaktischen Einheiten, die sich durch formale oder positionelle Kennzeichen als Bestimmungsglieder des Satzganzen ausweisen. Diese Strukturelemente sind im Japanischen nicht mit dem Einzelwort (*tango*) zu identifizieren, da dies durchaus nicht syntaktisch gekennzeichnet zu sein braucht.

Die Strukturelemente des Satzes werden Syntagmen (*bunsetsu* ‚Satzglieder') genannt. Ihre sprachliche Realität zeigt sich in der Standard-Umgangssprache an folgenden prosodischen und phonetischen Momenten: 1) jedes Syntagma wird in einer einzigen kontinuierlichen Sprechbewegung artikuliert; 2) der syntagmatischen Artikulationseinheit entspricht ein ebenso kontinuierlicher Intonationsbogen (vgl. § 33); 3) die Fugen zwischen den syntagmatischen Sprechabschnitten können durch Pausen markiert werden; 4) der nasale stimmhafte Guttural (*ŋ*) kann keine Anlautstellung im Syntagma einnehmen; 5) Konsonanten können keine Auslautstellung im Syntagma einnehmen.

Jedes Syntagma besteht aus einem selbständigen Wort, das der Wortkategorie entsprechend mit Verbalsuffixen oder (und) Postpositionen syntaktisch erweitert sein kann. Ein Syntagma kann nur ein einziges selbständiges Wort enthalten (auch in kompositioneller oder reduplizierter Form oder mit Affixen versehen) aber mehrere Postpositionen oder (und) Verbalsuffixe. Am Anfang des Syntagmas steht immer das selbständige Wort.

195 Einfache Syntagmen

Einfache Syntagmen bestehen nur aus einem selbständigen Wort. Selbständige Wörter aller Kategorien können Syntagmen bilden.

Beispiele zur Satzlehre aus der Umgangssprache werden mit U gekennzeichnet; Beispiele aus der Schriftsprache bleiben unbezeichnet.

Zu den syntaktischen Anschlußformen im einzelnen ist auf das Kapitel ‚Postpositionen' in Teil IV zu verweisen.

An Werken in europäischen Sprachen zur japanischen Syntax seien empfohlen: N. I. Konrad, *Sintaksis japonskogo nacional'nogo literaturnogo jazyka*, Moskau 1937 (behandelt die Syntax der moderen, auf der Umgangssprache basierenden Schriftsprache;) A. A. Cholodovič, *Sintaksis japonskogo vojennogo jazyka*, Moskau 1937 (behandelt die Syntax der Standard-Schriftsprache an Hand von Beispielmaterial aus dem zeitgenössischen Militärschrifttum); E. M. Kolpakči, *Iz istorii japonskogo složnogo predloženija* (= Sovetskoje vostokovedenije VI, 1949); N. I. Fel'dman, O *real'nom i fiktivnom sklonenii predloženij v sovremennom japonskom jazyke* (= UZIV, IV, 1952) (behandelt die Satzgefüge der Umgangssprache; einige Beispiele wurden dieser Arbeit entnommen); B. Bloch, *Studies in Colloquial Japanese II Syntax* (=Language, Bd. 22,3 [1946]) (strukturalistische Methode); E. H. Jorden, *The Syntax of*

a) *yôgen* (Verba, Qualitativa, verbale Qu.); alle Formen mit Ausnahme der Indefinitform (*mizenkei*), die nicht ohne Verbalsuffix stehen kann; z. B. *yama* / *takashi* der Berg ist hoch; *ame* / *haizen-to* / *furinu* es regnete stark; *tori* / *tobu* der Vogel fliegt; *genki-wo* / *dase* (U) fasse Mut! *nami-ga* / *shizuka-nara* / *fune-wo* / *dasô* (U) wenn die Wellen ruhig sind, wird das Schiff auslaufen.
b) *taigen* (Nomina, Demonstrativa, Numeralia); z. B. *ame* / *furu* es regnet; *nanji* / *hayaku* / *yuke* du, geh schnell! *ringo-wo* / *futatsu* / *kudasai* (U) geben Sie mir bitte zwei Äpfel!
c) Adverbia (*fukushi*); z. B. *ito* / *shizuka-nari* es ist sehr still; *nanji* / *hayaku* / *yuke* du, geh schnell! *motto* / *hayaku-shite* / *kudasai* (U) schneller, bitte!
d) Attributiva (*rentaishi*); z. B. *kakaru* / *tokoro-ni* / *itareri* an einem solchen Orte kam er an; *taishita* / *mono-ni* / *naru* (U) eine große Sache werden.
e) Konjunktionen (*setsuzokushi*); z. B. *sake-wo* / *nomeba* / *sunawachi* / *you* wenn man Sake trinkt, wird man betrunken; *Kyôto* / *oyobi* / *Nara-wa* / *Nihon-no* / *kyûto-de-aru* (U) Kyôto und Nara sind alte Städte Japans.
f) Interjektionen (*kandôshi*); z. B. *ana* / *tanoshi* oh, wie lustig! *aa* / *omoshirokatta* (U) oh, wie interessant!

196 Erweiterte Syntagmen

Erweiterte Syntagmen bestehen aus einem selbständigen und einem oder mehreren unselbständigen Wörtern. Syntagmatisch abhängig zu werten sind außer den in fester Agglutination angeschlossenen Verbalsuffixen und den in loser Agglutination angeschlossenen Postpositionen auch die Formalnomina (in postpositioneller Funktion) und die Kopula *nari* und *tari* bzw. *da* und *desu* (U). Sie alle folgen enklitisch den Vollwörtern und können nicht selbst Syntagmen bilden.

a) *yôgen* mit Enklitika; z. B. *nanji* / *waga* / *aidoku-suru* / *sho-wo* / *shireri-ya* kennst du das Buch, das ich am liebsten lese? *tsuyoki-wo* / *kujiki* / *yowaki-wo* / *tasuku* das Starke beugen und das Schwache stützen; *gojin-wa* / *seijitsu-no* / *hito-tarazarubekarazu* wir müssen redliche Menschen sein; *tomo-ni* / *miyako-ni* / *noboramu-to-koso* wir werden gemeinsam in die Hauptstadt gehen, so, wahrlich (dachte er); *sugitaru-wa* / *oyobazaru-ga-gotoshi* zu weit ist ebenso wie nicht erreicht; *zuibun* / *kirei-da-sô-desu* (U) es soll ganz schön sein; *ippo-mo* / *shirizokô-to-wa* / *shimasen-deshita* (U) er machte keine Anstalten, auch nur einen Schritt zurückzuweichen; *sonna* / *koto-wa* / *suru-hazu-ga* / *nai* (U) so etwas kann er eigentlich nicht tun.
b) *taigen* mit Enklitika; z. B. *tare-ka* / *jison-no* / *sei-wo* / *yû-sezaramu* wer besitzt wohl nicht die Natur der Selbstachtung? *kyô-wa* / *miyako-*

Modern Colloquial Japanese (=Language Dissertation No. 52, 1955) (strukturalistische Methode; Fortführung und Erweiterung der Arbeit von Bloch).

nomi-zo / *omoi-yararuru* heute hat man Sehnsucht nach der Hauptstadt allein; *ichô-ni-wa* / *sono* / *tagui* / *nashi* an anderen Höfen gibt es derartiges nicht; *watakushi-dake-ni-wa* / *oshiete-kudasai* (U) unterrichtet wenigstens mich.

c) Adverbia mit Enklitika; z. B. *shibaraku-no* / *wakare-wo* / *oshimu* eine zeitweilige Trennung bedauern; *tachimachi-ni* /*moe-ochita* (U) im Nu brannte es nieder; *sukoshi-demo* / *kane-ga* / *aru-naraba* (U) wenn er auch nur ein wenig Geld hat ...

d) Attributiva mit Enklitika (selten); z. B. *kono-ne* / *hon-ga* / *sore-na-n-da-yo* (U) dies Buch, nicht wahr, das ist es.

e) Konjunktionen mit Enklitika (selten); z. B. *sore-ni-ne* / *sensei-mo* / *go-shusseki-ni natta-yo* (U) überdies waren ja auch Sie anwesend.

f) Interjektionen mit Enklitika; z. B. *ide-ya* / *ito* / *mezurashi* oh, das ist ganz neu! *sâ-sa* / *hayaku* / *shi-na-yo* (U) los, mach schnell!

197 Syntagmatische Verbindungen

Wenn mehrere Syntagmen innerhalb eines Satzes zum selben Satzteil gehören, besitzen sie unter sich eine strukturell engere Bindung als zu den Syntagmen anderer Satzteile. Aneinandergereihte Syntagmen dieser Art sind als syntagmatische Verbindungen (*rembunsetsu*) aufzufassen. Sie treten bei prädikativen oder prädikatsbezogenen Satzteilen auf.

a) Syntagmatische Verbindungen in der Funktion eines Prädikates; z. B. *zô-wa* // *hana* / *nagashi* der Elefant hat einen langen Rüssel; *kono* / *ura* // *hajimete* // *ikken-no* / *koto-nite* / *sôrô* es ist das erste Mal, daß ich einen Blick auf diese Bucht werfe; *atarashii* / *kimono-wo* // *kau-koto-ga* / *dekimasen-deshita* (U) ich konnte kein neues Gewand kaufen.

b) Syntagmatische Verbindungen in der Funktion eines Subjekts; z. B. *haha-to* / *musume-to* // *kawa-nite* / *sentaku-su* Mutter und Tochter waschen im Fluß; *waga* / *shireru* / *hito-wa* // *miyako-wo* / *idenikeri* die Leute, die ich kenne, hatten die Hauptstadt verlassen; *kiyoku* / *shiroi* / *nagare-wa* // *shizuka-ni* / *unette-iru* (U) der klare, helle Strom schlängelt sich ruhig dahin.

c) Syntagmatische Verbindungen in der Funktion eines Objekts; z. B. *ware-ra-wa* // *chichi-no* / *kaeru-wo* // *materi* wir warteten auf die Rückkehr des Vaters; *zô-no* / *hana-no nagai-no-ni-wa* // *dare-mo* / *odoroita* (U) über die Länge des Elefantenrüssels wunderte sich ein jeder.

d) Syntagmatische Verbindungen in der Funktion einer adverbialen Bestimmung; z. B. *kare-wa* // *jinseki-mitô-no* / *banchi-e* // *tabidateri* er reiste in eine Wildnis, die noch keines Menschen Fuß erreicht hatte; *dôzo* // *go-enryo* / *naku* // *osshatte-kudasai* (U) bitte, sprechen Sie ganz offen.

198 Satzschließende Syntagmen

Ein Satz besteht in der Regel aus mehreren Syntagmen, von denen das Syntagma am Satzende (*kireru-bunsetsu*) gegenüber den Syntagmen im Satzinnern (*tsuzuku-bunsetsu*) in der formalen Variabilität beschränkt ist. Satzschließende Syntagmen sind den folgenden formalen Einschränkungen unterworfen:

a) Sie müssen ein flektierbares Wort (*yôgen*) enthalten, das mit Verbalsuffixen verbunden sein kann.

Ausnahmen bilden solche Sätze, die eine Kundgabe- oder Auslösefunktion haben, mithin nicht der sprachlichen Darstellungsebene angehören (auch in der Form von ‚Einwortsätzen'): hier kann das satzschließende Syntagma auch nur aus unflektierbaren Wörtern (meist *taigen*), mit oder ohne (modale) Postpositionen, bestehen; z. B. *shiritaru* / *hito-mo-gana* ach (gäbe es doch) einen Menschen, der es versteht! *mukashi-nagara-no* / *sakurabana-kana* die Kirschblüten, ach, (sind) wie früher! *kashira* / *migi* Augen rechts! *kaji* Feuer!

b) Das *yôgen* bzw. Verbalsuffix muß in der Finalform (*shûshikei*) oder der Imperativform (*meireikei*) stehen; *utsukushiki* / *hana* / *saku* schöne Blumen blühen; *ame* / *haizen-to* / *furinu* es hat stark geregnet; *tsuki* / *akiraka-ni-shite* / *hoshi* / *mare-nari* der Mond ist hell, und die Sterne sind selten; *nanji* / *hayaku* / *yuke* du, geh schnell! *koko-e* / *koi* (U) komm hierher!

Ausnahmen bilden in S *yôgen* bzw. Verbalsuffixe in der Attributiv- (*rentaikei*) oder Konditionalform (*izenkei*), die in postpositioneller Korrelation stehen (siehe § 220).

c) Postpositionen am Ende eines satzschließenden Syntagmas können nur modal sein (vgl. § 115); z. B. *nanji* / *waga* / *aidoku-suru* / *sho-wo* / *shireri-ya* kennst du das Buch, das ich am liebsten lese? *taemu-to* / *omouna* glaube nicht, daß wir uns trennen werden! *haya* / *ie-kashi* sag (es) schnell, los! *minna-de* / *yama-ni* / *ikô-yo* (U) laßt uns alle in die Berge gehen!

Beachte: Wenn in einem Aussage- oder Fragesatz kein satzschließendes Syntagma am Satzende steht, liegt entweder Ellipse oder Inversion des satzschließenden Syntagmas vor; siehe §§ 209—210.

DIE FUNKTIONSELEMENTE DES SATZES (SATZTEILE)

199 Die Syntagmen fungieren einzeln oder verbunden als Satzteile im Satzganzen. Die Satzteile als Funktionselemente des Satzes sind im Japanischen Prädikat (*jutsugo*), Subjekt (*shugo*), Objekt (*kakugo*), adverbiale Bestimmung (*renyô-shûshokugo*) und adnominale Bestimmung (*rentaishûshokugo*). Das wesentlichste Satzglied des Japanischen ist das Prädikat, da es die vergleichsweise meisten Aussagebestimmungen in sich enthalten kann. Demgegenüber ist das Subjekt im japanischen Satz von geringer Bedeutung, zumal es häufig unbezeichnet bleibt und dann nur aus dem Prädikat oder Kontext erschlossen werden kann. Objekt und adverbiale Bestimmung beziehen sich ebenso wie das Subjekt direkt auf das Prädikat, während die adnominalen Bestimmungen jedem der vorgenannten Satzteile attributiv untergeordnet werden können. Die einzelnen Satzteile können bezüglich der Wortkategorien folgende Gestalt haben:

200 Prädikat

a) *yôgen* (Verba, Qualitativa, verbale Qu.) einzeln oder in Verbindung mit Hilfsverba, Verbalsuffixen und (oder) Postpositionen; z. B. *hana* / *saku;* *yama* / *takashi;* *hoshi* / *mare-nari;* *ame* / *haizen-to* / *furinu;* *michi* / *tôkarazu* der Weg ist nicht weit; *tsuki* / *akiraka-naru-ka* ist der Mond hell? *ito* / *komayaka-ni* // *arisama-wo* / *towase-tamau* er fragt sehr genau nach den Umständen; *ikade-ka* / *shiri-mairase-sôrôbeki* wie könnte ich das wissen? *sakki* / *kane-ga* / *narima-shita-ne* (U) vorhin haben die Glocken geläutet, nicht wahr; *yo-no* / *naka-wo* // *omoi-shiritarikeri* das Treiben der Welt habe ich gründlich erkannt; *shibaraku* / *matte-kudasai* (U) warten Sie ein Weilchen! *koko-ni* / *sunde-irasshaimasu-ka* (U) wohnen Sie hier?

b) *taigen* (Nomina, Demonstrativa, Numeralia) in Verbindung mit der Kopula (Prädikativum+Kopula); z. B. *kimi-wa* / *kimi-tari* // *shin-wa* / *shin-tari* der Fürst ist Fürst, der Untertan ist Untertan; *Nihon-wa* / *shimaguni-nari* Japan ist ein Inselland; *kore-wa* / *yotsu-nari* das sind vier; *koko-ni* / *sumu* / *mono-wa* // *ware-nari* ich bin es, der hier wohnt; *kare-wa* / *akindo-ni-arazu* er ist kein Kaufmann; *kore-wa* / *shishû-da* (U) das ist eine Anthologie; *tei'in-wa* / *gojûnin-desu* (U) festes Personal sind fünfzig Leute; *kujira-wa* / *uo-de-nai* (U) der Wal ist kein Fisch.

Beachte: 1. Zwischen Prädikativum und Kopula ist der Einschub einer qualifizierenden Postposition möglich; z. B. *sanzun-bakari-nari* (es) sind ungefähr drei Zoll; *omoi-wazurau-nomi-nari* (es) ist nur ein Sorgen (*omoi-wazurau*=nominalisiertes yôgen, rentaikei).

2. Der einfachen Kopula sind die honorativen Formen der Kopula syntaktisch gleichzusetzen; z. B. *go-sôden* / *ukeru-koto-ni-wa* / *haberaji* Eure Überlieferung wird wohl gewiß nichts Unsicheres sein; *kore-wa* / *sôzu-Gyôkei-nite-sôrô* ich bin der Bischof Gyôkei; *kore-wa* / *gakkô-de-gozaimasu* (U) das ist die Schule.

c) *taigen* in Verbindung mit modalen Postpositionen (Ellipse der Kopula!); z. B. *kare-wa* / *tare-zo* wer ist das? *kumo-ka* / *yama-ka* ist es eine Wolke? ist es ein Berg? *ware-koso-wa* / *Kantô-no* / *aramusha-yo* ich bin, fürwahr, ein wilder Krieger aus den Ostprovinzen; *are-wa* / *nisemono-sa* (U) das ist eine Fälschung, natürlich.

201 Die Verbindung mehrerer koordinierter Prädikate in einem Satz geschieht auf folgende Weise (a, b gelten auch entsprechend für verbalwertige adnominale Bestimmungen):

a) Gebrauch der voranstehenden Prädikate in der Suspensivform; z. B. *inshu-no / gai-wa // osorubeku / tsutsushimubeshi* die Schäden des Alkoholgenusses muß man fürchten und meiden; *den'en-no / fûzoku-wa // shitsuboku-ni-shite / gôken-nari* die Sitten auf dem Lande sind schlicht und kraftvoll; *koe-ga / takakute / hogaraka-da* (U) die Stimme ist laut und hell; *kare-ga / gaka-de / shijin-datta* (U) er war Maler und Dichter.

b) Setzung additiver Konjunktionen (das voranstehende Prädikat in der Konjunktional- oder Suspensivform); z. B. *chô-wa / tobi / katsu / maeri* der Schmetterling flog und tanzte; *kono /shina-wa // yasuku / katsu / kenrô-nari* diese Ware ist preiswert und solid; *wareware-wa // tsukare / katsu / ueta* (U) wir waren erschöpft und hungrig.

c) asyndetisch, in (negativen) Aufforderungssätzen und in Fragesätzen; z. B. *kare-wa / kimben-nari-ya / taida-nari-ya* ist er arbeitsam oder lässig? *itazura-ni / nageku-nakare / kanashimu-nakare* klage nicht und gräme dich nicht nutzlos! *ikô-ka / ikumai-ka* (U) wollen wir gehen oder wollen wir nicht gehen? *tanin-no / ketten-wo // iu-na / hanasu-na* (U) sprich und erzähle nicht von den Fehlern anderer Leute!

202 Subjekt

a) *taigen* (nur S); z. B. *hana / saku* die Blume blüht; *ame / furu* der Regen fällt; *ware / omou // yue-ni / ware / ari* cogito, ergo sum; *tsuki / akiraka-ni / teru* der Mond scheint hell.

b) *taigen* mit Postpositionen[1] (prädikatsbezogene *no, ga* [U], qualifizierende *wa, mo, koso* [S], *zo* [S], *dani, sae, nomi* usw.); z. B. *akikaze- no / fuku* der Herbstwind weht; *hana-ga / saku* (U) die Blume blüht; *Nihon-wa / shimaguni-nari* Japan ist ein Inselland; *boku-wa / gakusei-da* (U) ich bin ein Schüler; *ware-mo / hito-nari* auch ich bin ein Mensch; *tori-dani / nakazu* nicht einmal ein Vogel singt; *kodomo-made / okashigaru* sogar die Kinder finden es komisch.

c) nominalisierte *yôgen* (Attributivform), einzeln oder in Verbindung mit Verbalsuffixen (nur S), häufig als Prädikat eines Subjektsatzes; z. B. *mashite // ame-nado-no / furu // ito / wabishi* vielmehr ist es sehr trostlos, daß der Regen fällt; *ha-no / aoyaka-naru // kokochi / yoshi* daß die Blätter saftig grün sind, stimmt froh.

d) nominalisierte *yôgen* (wie unter c) mit Postpositionen (prädikatsbezogene *no, ga* [U], qualifizierende *wa, mo* usw.); in U werden regelmäßig die (quasi-) nominalen Postpositionen *no, koto* (seltener *mono, tokoro*) den eigentlichen Postpositionen vorangestellt (in S vereinzelt), häufig als Prädikat eines Subjektsatzes); z. B. *iu-wa / yasuku // okonau-wa / katashi* Reden ist leicht, Handeln ist schwer; *iwanu-wa / iu-ni / masaru* das Nichtreden ist dem Reden überlegen; *kurenai-naru-wa / tokenkanari* die rote ist eine Azalee; *utatta-no-wa / dare-desu-ka* (U) wer ist es, der gesungen hat? *chiisai-no-made / issho-ni / itta* (U) selbst die

[1] Vgl. unter ‚Postpositionen' §§ 106, 113.

Kleinen gingen mit; *oshieru-koto-wa / nakaba / manabu-koto-desu* (U) das Lehren ist das halbe Lernen.

203 Die Verbindung mehrerer koordinierter Subjekte in einem Satz geschieht asyndetisch oder mittels koordinativer Postpositionen oder Konjunktionen (gilt auch entsprechend für nominalwertige Objekte, adv. und adn. Bestimmungen); z. B. *matsu / take / ume-wa / / nenjû-gyôji-ni / shiyô-saru* Kiefer, Bambus und Pflaumenbaum finden in den jahreszeitlichen Festen Verwendung; *Torusutoi / Dosutoiefusuki / oyobi / Gorukii-wa / /Rokoku-no / bungô-nari* Tolstoj, Dostojevskij und Gorkij sind die großen Schriftsteller Rußlands; *haha-to / musume-to / / kawa-nite / sentaku-su* Mutter und Tochter waschen im Fluß; *shiru / shiranu / / okuri-su* Bekannte und Unbekannte geben das Geleit; *tomeru-mo / mazushiki-mo / / ichidô-ni / kai-shite / / kan-wo / tsukuseri* Arm und Reich versammelte sich in einer Halle und vergnügte sich ausgiebig; *Shina-ni-wa / / sekitan-ya / tetsu-ya / shio-nado-ga / / hôfu-desu* (U) in China ist Steinkohle, Eisen und Salz reichlich vorhanden.

Beachte: Wenn das Prädikat durch einen Prädikatssatz ausgedrückt wird, wird das Subjekt mit der elativen Postposition *wa* verbunden. Ein Subjekt dieser Art wird zur Abgrenzung gegen das Subjekt des Prädikatsatzes als Hauptsubjekt (*sôshu*) bezeichnet; z. B. *zô-wa / / hana / nagashi* der Elefant hat einen langen Rüssel; *Nihon-wa / / kikô / onwa-nari* in Japan ist das Klima mild; *kore-wa / / watakushi-no / katta-no-desu* (U) das habe ich gekauft.

204 Objekt

Es besteht aus *taigen* oder nominalisierten *yôgen* (und Verbalsuffixen) in Verbindung mit prädikatsbezogenen Postpositionen;

a) als direktes Objekt mit der Postposition *wo*; z. B. *otôto / mon-wo / hiraku* der Bruder öffnet das Tor; *seito / ji-wo / kaku* der Schüler schreibt Schriftzeichen; *ware-wa / warau-wo / yorokobu* ich erfreue mich am Lachen; *watakushi-wa / shimbun-wo / yomimashita* (U) ich habe die Zeitung gelesen; *kimi-ga / takai-no-wo / kau-no-ka* (U) kaufst du das teure?

b) als Objekt beim Faktitiv auch mit der erweiterten Postposition *wo-shite*[2]; z. B. *ko / chichi-wo-shite / warawasu* das Kind macht den Vater lachen; *ware-wo-shite / kore-wo / miseshime-yo* laßt mich das sehen!

c) als emphatisch betontes Objekt mit der Postposition *wa* oder *woba*; z. B. *ware / sake-wa / nomazu* Sake trinke ich nicht; *kimi-no / ôsegoto-woba / / ikaga / somukubeki* wie könnte ich mich Eurer Weisung widersetzen?

d) als indirektes Objekt mit der Postposition *ni* oder *to*[3]; z. B. *shi-ni / michi-wo / tou* den Meister nach der Lehre fragen; *ko-ga / chichi-ni /*

---

[2] Vgl. im einzelnen § 107.

[3] Vgl. im einzelnen § 106.

nite-iru (U) das Kind gleicht dem Vater; *hana-wo* / *yuki-to* / *miru* Blüten für Schnee ansehen; *mamoru-no-wa* / *semeru-no-ni* / *kanawanai* (U) das Verteidigen kommt dem Angreifen nicht gleich.

Beachte: Die japanischen Grammatiker behandeln größtenteils das Objekt nicht als selbständiges Funktionselement des Satzes, sondern stellen es zu den adverbialen Bestimmungen, da es ebenso wie diese prädikatsbezogen ist und sich strukturell nicht von ihnen unterscheidet; vgl. *ie-wo deru* (U) aus dem Hause gehen; *sora-wo tobu* am Himmel fliegen; *kuni-wo hanareru* (U) sich von der Heimat trennen.

205 Adverbiale Bestimmung

a) Adverbia; z. B. *isasaka-mo* / *kanchi-sezariki* (er) war nicht im geringsten beteiligt; *soko-e-wa* // *tama-ni* / *shika* / *yukanai* (U) dorthin gehe ich nur selten.

b) Adverbialformen der Qualitativa und verbalen Qu. (den Adverbia gleichzusetzen); z. B. *yama-no* / *ue-wa* // *hidoku* / *samushi* auf dem Berge ist es furchtbar kalt; *nanji-mo* / *nagaku* / *ware-wo* / *wasureji* auch du wirst mich nie vergessen; *yo-wa* / *shizuka-ni* / *fukenu* die Nacht war still vorgerückt; *futari-wa* / *hageshiku* / *giron-shita* (U) die beiden diskutierten heftig.

c) *taigen* (als adv. Best. der Zeit und des Maßes); z. B. *waga* / *sode* / *kyô* / *kawaku* meine Ärmel sind heute trocken; *mukashi* / *otoko* / *arikeri* vor Zeiten gab es einen Mann; *Meiji* / *nijûgonen* / *jûichigatsu* // *kekkon-seri* sie heirateten im 11. Monat des 25. Jahres Meiji; *chichi-wa* / *yûbe* / *kaerimashita* (U) der Vater kehrte am Abend zurück; *ie-wo* / *ikken* / *kau* = *ie-wo* / *hitotsu* / *kau* ein Haus kaufen; *budôshu-wo* / *hitokuchi* / *nonda* (U) (er) trank einen Schluck Wein.

d) *taigen* oder nominalisierte *yôgen* mit prädikatsbezogenen oder qualifizierenden Postpositionen (*ni, to, e, yori, made, wa, mo* usw.); z. B. *Kiyomizu-e* / *maire* pilgere zum Kiyomizu (-Tempel)! *saru* / *toki-yori-namu* // *yobai-to-wa* / *iikeru* seit besagter Zeit eben spricht man vom nächtlichen Einschleichen (bei der Geliebten); *kare-wa* / *shi-ni* / *takumi-nari* er ist im Dichten geschickt; *taoru-made* / *tatakau* bis zum Umfallen kämpfen; *saru-mo* / *ki-kara* / *ochiru* (U) auch ein Affe fällt vom Baum; *watakushi-wa* / *kyô-wa* / *kesseki-suru* (U) ich fehle heute; *byôin-wa* / *koko-ni-wa* / *arimasen* (U) das Krankenhaus befindet sich hier nicht.

e) *yôgen* (und Verbalsuffixe) mit konjunktionalen Postpositionen (modale, kausale, konditionale, konzessive adv. Best.); z. B. *tatoeba* // *komaki* / *ito-ni* // *nitari* vergleichsweise sah es einem dünnen Faden ähnlich; *kare-wa* / *isogite* / *yukikeri* er ging eilends fort; *kare-wa* / *you-to* / *utai-dasu* (U) er beginnt zu singen, wenn er betrunken ist; *kimi-mo* / *mita-noni* / *wasureta-no-ka* (U) hast auch du es vergessen, obgleich (du es) gesehen hast? *otôto-wa* / *naki-nagara* /*nemutta* (U) der jüngere Bruder schlief weinend ein.

Beachte: Adverbiale Bestimmungen des Maßes (vgl. unter c) können gleichbedeutend als adnominale Bestimmungen konstruiert werden: *ie-wo ikken kau* = *ikken-no ie-wo kau; budôshu-wo hitokuchi nonda* = *hitokuchi-no budôshu-wo nonda.*

206 Adnominale Bestimmung

a) Attributiva (können nur als adn. Best. fungieren); z. B. *arayuru / konnan-ni // uchi-katsu* alle Schwierigkeiten überwinden; *kakaru / tokoro-ni // itareri* an einem solchen Orte langte er an; *dono / yama-e // noborô-ka* (U) welchen Berg wollen wir besteigen? *chiisana / sumire-ga // saite-iru* (U) die kleinen Veilchen blühen.

b) *taigen* mit attributiven Postpositionen; z. B. *futatsu-no / kaki* zwei Kaki-Bäume; *tare-ga / kutsu* wessen Schuhe? *nowaki-no / ashita-koso // okashikere* ein Morgen nach dem Herbststurm ist sehenswert; *Fuji-no / yama-wa // marugiri-no / katachi-wo // naseri* der Fuji-Berg bildet die Gestalt eines Rundbohrers.

c) Adverbia; z. B. *haruka / maekata* ferne Vergangenheit; *kanari / oku* ziemlich abgelegen; *motto / nochi* (U) noch später; *wazuka / sannen* (U) knappe drei Jahre; *tada / sannin-nari* nur drei Leute sind es; *tada / hitori / tsuki-wo / nagamete / owashikeri* nur er allein betrachtete den Mond.

d) Adverbia mit der attributiven Postposition *no*; z. B. *yohodo-no / aida* ein beträchtlicher Zeitraum; *shibaraku-no / shimbô* lange Geduld; *moppara-no / uwasa* (U) reines Gerede; *tamatama-no / menkai-ga // machidôshii* (U) ich warte ungeduldig auf eine gelegentliche Zusammenkunft.

e) adverbiale Bestimmungen vom Typ d mit der attributiven Postposition *no;* z. B. *kore-dake-no / konnan* nur diese Schwierigkeit; *miyako-e-no / michi* der Weg in die Hauptstadt; *sanri-bakari-no / kyori* eine Entfernung von zirka drei Meilen; *tomodachi-kara-no / tegami* (U) ein Brief vom Freunde.

f) adverbiale Bestimmungen vom Typ d und e (*yôgen!*) mit der attributiven Postposition *no; z. B. taoru-made-no / tatakai* ein Kampf bis zum Umfallen; *katamuku-made-no / tsuki-wo // miru* den Mond, bis er hinabsinkt, sehen; *okite-kara-no / shigoto* (U) die Arbeit nach dem Aufstehen; *aruki-nagara-no / hanashi* (U) die Unterhaltung während des Gehens.

g) *yôgen* (und Verbalsuffixe) in der Attributivform; z. B. *fuku / kaze // suzushi* der wehende Wind ist kühl; *tsumetaki / kaze / fuki-wataru* ein eisiger Wind weht herüber; *kenage-naru / shônen-nariki* er war ein tüchtiger Junge; *yomubeki / nikki* ein lesenswertes Tagebuch; *aretaru / no-koso // sabishikere* ein verwildertes Feld ist trostlos; *takai / yama* (U) ein hoher Berg; *shizuka-na / ban* (U) ein stiller Abend; *nakanai / mushi* (U) die Grillen, die nicht zirpen; *omoshiro-katta / ryokô* (U) eine Reise, die interessant war; *yabureta / bôshi-wo // kabutte-iru* (U) (er) hat einen zerschlissenen Hut auf.

DIE STELLUNG DER FUNKTIONSELEMENTE IM SATZ

207 Die Anordnung der Satzteile ist im Japanischen konstant und unabhängig von der Satzform (Hauptsatz, Nebensatz) und von der Satzart (Aussagesatz, Fragesatz usw.). Die Reihenfolge der Satzteile wird von der Grundregel bestimmt, daß jedes determinierende Element dem determinierten vorangeht (progressive Determination). Die habituelle Reihenfolge der Satzteile ist Subjekt—Objekt—Prädikat, z. B. *seito / ji-wo / kaku* der Schüler schreibt Schriftzeichen. — Das Prädikat steht am Satzende und ist im Hauptsatz mit dem satzschließenden Syntagma identisch, dessen Strukturmerkmale auf das Prädikat zutreffen (vgl. § 198). Das Subjekt steht in der Regel am Satzanfang. Das direkte Objekt steht dem Prädikat näher als das indirekte Objekt, z. B. *haha / ko-ni / kashi-wo / atau* die Mutter gibt dem Kind Süßigkeiten. — Modale adverbiale Bestimmungen stehen unmittelbar vor dem Prädikat oder dem Wort, welches sie näher bestimmen, z. B. *yo / ito / fukenu* die Nacht ist sehr vorgeschritten, *tabibito / / ito / aware-naru / otoko-ni / / aikeri* der Wanderer traf einen ganz (sehr) erbärmlichen Mann. — Temporale adverbiale Bestimmungen stehen vor dem Prädikat und dessen modalen Bestimmungen; bei Vorhandensein eines direkten Objekts stehen sie in der Regel davor, z. B. *nanji / nochi / kuyamubeshi* du wirst es danach gewiß bereuen; *tôan / ima / wazuka-ni / nareri* die Examensarbeit ist jetzt mit knapper Not fertiggeworden, *ware / kinô / Ueno-kôen-wo / mitari* ich habe gestern den Ueno-Park gesehen. — Lokale adverbiale Bestimmungen stehen vor den temporalen und modalen und vor dem Objekt, z. B. *kodomo / niwa-nite / tanoshiku / asoberi* die Kinder spielten fröhlich im Garten; *musume / kami-ni / hana-wo / takumi-ni / kakeri* das Mädchen zeichnete geschickt eine Blume auf das Papier. — Die adnominalen Bestimmungen stehen unmittelbar vor dem determinierten Nomen, z. B. *waga / ani-wa / / Beikoku-no / ninchi-yori / / saikin-no / shashin-wo / / yokoseri* mein Bruder schickte das neueste Foto von (aus seinem) Berufsort in Amerika.

Beachte: Ein Nomen kann durch mehrere adnominale Bestimmungen determiniert werden, und es ist eine Eigenart des Japanischen, daß solche Determinationsglieder lange Reihen bilden können, ohne als stilistisch unbeholfen zu gelten. Die Determinationsglieder sind entweder koordiniert und jedes auf den determinierten Satzteil bezogen, oder sie sind subordiniert, so daß das vorangehende jeweils das folgende bestimmt.

Koordinative Determination: *Sôsei / Maboku-to-iu / kano / nihiki-no / Yoritomo-no / aiba-wa / / shôsô-naru / fudai-no / rôdô / Sasaki / Kajiwara-no / futari-ni / / ataeraretari* jene beiden Sôsei und Maboku genannten Lieblingspferde Yoritomo's gab er zwei jungen, wackeren Gefolgsleuten der Erbvasallenschaft, Sasaki und Kajiwara.

Subordinative Determination: *furusato-no / Yoshino-no / miya-no / haru-no / yo-no / tsuki* der Mond in einer Frühlingsnacht im heimatlichen Yoshino-Palast (vgl. § 104, *no*, Anm.).

208 Hervorhebungsstellung im Satz

Die Hervorhebungsstellungen im japanischen Satz sind Satzanfang und Satzende. Am Satzende steht regelmäßig das Prädikat; als Hervorhebungsstellung für andere Satzteile kommt es nur in den seltenen Fällen der Inversion in Betracht (siehe § 209). Hingegen ist der Satzanfang nicht konstant dem Subjekt vorbehalten, — zumal die Subjektnennung in japanischen Sätzen häufig unterbleibt, — und wird als Hervorhebungsstellung für Objekt und adverbiale Bestimmungen benutzt. Dabei handelt es sich um direktes oder indirektes Objekt, adverbiale Bestimmungen des Ortes und der Zeit. Die betreffenden Satzteile werden in der Hervorhebungsstellung meist mit der elativen Postposition *wa* verbunden.

a) Objekt in Hervorhebungsstellung: *seihai-woba*[4] / *ten-ni* / *makasemu* Sieg und Niederlage will ich dem Himmel überlassen; *tsukue-wa* / *ki-nite* / *tsukuru* Tische baut man aus Holz; *oya-ni-wa* / *musuko* / *nizariki* den Eltern ähnelte der Sohn nicht; *sono* / *hanashi-wa* // *boku-mo* / *kiita* (U) dies Gespräch habe ich auch gehört; *watakushi-ni-wa* // *kono* / *hi-ga* // *wasurerarenai* (U) für mich ist dieser Tag unvergeßlich.
b) Adverbiale Bestimmung in Hervorhebungsstellung: *ima-wa* / *wagami-wo* / *nani-ni* / *tatoemu* (Kokin) womit wohl wird man jetzt mich vergleichen? *jûgonichi-wa* // *mochigayu-no* / *sekku* / *mairu* (Makura) am 15. Tag (des 1. Mon.) begeht man das Fest der Vollmond-Reiskuchen; *natsu-wa* // *ano* / *hito-ga* / *kaette* / *kuru* (U) im Sommer kehrt er zurück; *Beikoku-wa* // *yama-ni* / *yuki* / *imada* / *kiezu* in Amerika ist der Schnee auf den Bergen noch nicht geschmolzen.

Beachte: In der Hervorhebungsstellung am Satzanfang stehen regelmäßig isolierte Satzteile (*dokuritsugo*), die zur Gefühlskundgabe, Aufmerksamkeitsgewinnung und Meinungsäußerung dienen, vornehmlich in Aufforderungs- und Ausrufesätzen; z. B. *Satô-san* // *dôzo* / *kochira-e* (U) Herr Satô, bitte hierher! *oi* // *koko-e* / *kite-wa* / *ikenai-yo* (U) nein, hierher darfst du nicht kommen! *hai* // *shôchi-shimashita* (U) ja, ich bin einverstanden; *â* // *omoshiroi* (U) ach wie interessant!

209 Inversion (*tôchi*)

Neben der habituellen Reihenfolge der Funktionselemente im Satz (*seichi*, vgl. § 207) kennt auch das Japanische die Inversion (*tôchi*). Ausgelöst wird die Inversion durch das Bestreben, einem bestimmten Satzteil stärkeren Nachdruck zu verleihen oder einen stilistischen Effekt zu erzielen. Der Nachdruck liegt dann zumeist bei denjenigen Satzteilen, die durch Inversion in eine Hervorhebungsstellung am Satzanfang oder am Satzende kommen.

a) Inversion von Subjekt und Prädikat: *dai-naru-kana* / *Kôshi* groß ist er, ach, Konfuzius! *tomare-yo* / *chôchô* bleibt doch, ihr Schmetterlinge! *ima-*

---

[4] *woba* (<*wo-wa*<*wo ha*) ist nur in der klassischen S produktiv. An dessen Stelle tritt das einfache elative wa.

ya / sakuramu / / yamabuki-no / hana ob ihr jetzt wohl blüht, ihr Goldnesselblüten? *kirei-na / e-da-nee / / kore-wa* (U) ein schönes Bild ist es, nicht wahr, dies hier.

b) Inversion von Objekt und Prädikat: *mamore / sokoku-wo* verteidige es, das Land der Väter! *goran-nasai / / ano / kirei-na / tsuki-wo* (U) schauen Sie, den schönen Mond dort!

c) Inversion von adv. Best. und Prädikat: *nagaku-wa / sumaji / / chiri-no / yo-ni* lange werden wir wohl nicht weilen in der Welt des Staubes; *iwae / / morobito / morotomo-ni* betet ihr alle, alle zusammen! *haru-wa / kinikeri / / no-ni / yama-ni* der Frühling ist gekommen, auf die Felder, in die Berge.

d) Inversion von Subjekt und Objekt: *shi-wo-mo / shinkô-wa / seifuku- suru* auch den Tod besiegt der Glaube; *kuppuku-wo / kokumin-wa / hossuru-ka* die Unterwerfung, will sie das Volk? *sore-wo / anata / dô / nasaimasu* (U) wie machen Sie das?

e) Inversion von Subjekt und adv. Best.: *kumo-no / izuko-ni / / tsuki / yadoruramu* wo in den Wolken hat wohl der Mond sein Heim? *take-ni / mukashi-wa / mono-wo / shirushitariki* auf Bambus hat man in alten Zeiten Dinge geschrieben; *sukoburu / yukai-ni / / ware-wa / ichinen-wo / kuraseri* äußerst vergnüglich verbrachte ich das ganze Jahr.

Beachte: Ungewöhnlich ist die Inversion von Subjekt und Prädikativum, wobei das Subjekt in die Kompositionsfuge der Kopula gesetzt wird; z. B. *yuyushiki / mono-nite / Y o s h i t o m o / arikeri* ein schrecklicher Mann war Yoshitomo; *kô-iu/setsu-de / kano / hito-wa / atta* (U) jener Mann hatte so eine Theorie.

210 Ellipse (*shôryaku*)

Die Auslassung von Satzteilen ist im Japanischen verhältnismäßig häufig zu beobachten. Sie resultiert aus dem Bedürfnis, die stetige Wiederholung derselben oder gleichwertiger Wörter zu vermeiden (wenn das Verstehen im Zusammenhang ihre ausdrückliche Nennung erübrigt), oder aber stereotype syntaktische und phraseologische Formeln nur andeutungsweise zu geben. Die Ellipse ist hauptsächlich der mündlichen Rede vorbehalten, findet sich aber auch als Stilmittel im Schrifttum. In erster Linie werden Prädikat und Subjekt davon betroffen, seltener andere Satzteile.

a) Ellipse des Prädikats: *ware-wa / yukamu / / kimi-wa?* Ich werde gehen; und Ihr? (*yukazu-ya* geht Ihr etwa nicht); *shujô-wa / izuko-ni / owashimasu-zo / / Kuroto-no / gosho-ni* ‚wo befindet sich Seine Majestät?‘ — ‚im Palast von Kuroto‘ (*owashimasu* befindet er sich); *kuchi-wa / / wazawai-no / mon* der Mund (ist) das Tor der Übel (*nari*); *senri-no / michi-mo / / ippo-yori* auch ein Weg von tausend Meilen (beginnt) mit dem ersten Schritt (*hajimaru*); *kore-wa / o-migoto-de* (U) das (ist) ausgezeichnet (*gozaimasu*);

b) Ellipse des Subjekts: *Meiji / nijûsannen / / kyôiku-ni / kan-suru / chokugo-wo / / kudashi-tamaeri* im 23. Jahre Meiji erließ (Seine Majestät) das

Edikt bezüglich der Erziehung (*tennô*); *ashita* / *mata* / *kimi-to* / *aô* (U) morgen treffe (ich mich) wieder mit dir (*boku-wa*); *itsu* / *shuppatsu-suru-no-desu-ka* (U) wann fährst (du) ab (*kimi*); *ashita* / / *sanjô-itashimasu* (U) morgen spreche (ich bei Ihnen) vor (*watakushi-wa* / *o-taku-e*).

c) Ellipse von Subjekt und Prädikat: *ari-sura* / *chochiku-wo* / *shiru* / / *iwan-ya* / *hito-ni-oite-wo-ya* selbst die Ameisen kennen eine Vorratshaltung; ganz zu schweigen, daß für die Menschen (*chochiku-wa hitsuyô-nari* eine Vorratshaltung notwendig ist); *dochira-e* (U) wohin (gehst du)? (*kimi-wa . . . ikimasu-ka*).

d) Ellipse des Objekts: *chûnagon-mo* / *hôshi-ni* / *nari-tamainu* / / *Korenari-no* / *ben-mo* / / *nari-tamainu* der Mittlere Kabinettsrat wurde Mönch; der Staatsverwaltungsdirektor Korenari wurde auch (Mönch) (*hôshi-ni*); *sake* / *araba* / / *nomamu* wenn Sake da wäre, würde (ich ihn) trinken (*ware sore-wo*); *myônichi* / / *o-kaeshi* / *itashimasu* (U) morgen gebe ich (es) zurück (*kore-wo*).

Beachte: 1. Nicht selten ist die Ellipse von Verba dicendi nach einem Ausspruch oder Zitat; z. B. ‚*Niigata-shi-wa hobo yaki-tsukusaretari*'*-to-zo* ‚die Stadt Niigata wurde fast restlos verbrannt' so (sagt man) (*hito iu*); vgl. auch *tote* statt *to iite, to omoite*.

2. Die mit den Postpositionen *ka, ya, zo, namu, koso* in Korrelation stehenden Verbalformen (insbes. *nari*) werden mitunter weggelassen; z. B. *kakaru byô-mo aru-koto-ni-koso* eine solche Krankheit gibt es eben auch (*-ni-koso-are*=*nari* emphatisch).

3. Viele verkürzte Ausrufesätze der Umgangssprache sind durch Ellipse zu erklären; z. B. *o-hayô* guten Morgen! (<*kyô-wa o-hayô-gozaimasu* heute ist es früh); *o-medetô gratuliere!* (<*sore-wa o-mede-tô-gozaimasu* das ist glückbringend); *o-daiji-ni* bleiben Sie gesund! gute Besserung! (<*shintai-wo o-daiji-ni-nasai* geben Sie auf Ihren Körper acht); *sayô-nara* auf Wiedersehen! guten Tag! (<*sayô-naraba, o-wakare môsan* wenn es so ist, möchte ich mich verabschieden).

DIE SATZFORMEN

211 Das Einteilungsmerkmal der Satzformen ist die Subjekt-Prädikat-Beziehung. Je nachdem, ob die Subjekt-Prädikat-Beziehung in einer Mitteilungseinheit einmal oder mehrfach vorhanden ist, unterscheidet man einfache und zusammengesetzte Sätze. Bei mehrfachem Vorhandensein der Subjekt-Prädikat-Beziehung können diese Relationsgruppen einander nebengeordnet oder untergeordnet sein. Im Falle der Nebenordnung (Parataxe) handelt es sich um eine Satzverbindung, im Falle der Unterordnung (Hypotaxe) um ein Satzgefüge.

212 Der einfache Satz (*tambun*)

a) Der einfache Satz besteht in seiner zweigliedrigen Grundform aus Subjekt und Prädikat: *hana* / *saku* die Blume blüht; *tori* / *tobu* der Vogel fliegt;

yo / nagashi die Nacht ist lang. — Er kann mehrere koordinativ verbundene Subjekte oder Prädikate enthalten: *ame-to / tsuchi-to / / wakaru* Himmel und Erde sind geschieden; *hashira-wa / / maruku / nagashi* der Pfahl ist rund und lang. — Auch Bestimmungen von Subjekt und Objekt ändern an der zweigliedrigen Grundform nichts: *kono / kaji-wa / / Ôtsu-no / hito-nari* dieser Schmied ist ein Mann aus Ôtsu; *hon-wo / yomu-koto-wa / / taisetsu-na / koto-da* (U) das Bücherlesen ist eine wichtige Sache.

b) Der erweiterte einfache Satz ist mehrgliedrig. Er enthält außer Subjekt und Prädikat ein oder mehrere Objekte: *ware / shinago-wo / manabu* ich lerne Chinesisch; *aruji-wa / tabibito-ni / / yoki / mono-wo / / ataetari* der Wirt hat dem Reisenden gute Sachen gegeben; *chichi / ko-wo-shite / yôfuku-wo / kiseshimu* der Vater läßt den Sohn europäische Kleidung tragen. — Adverbiale Bestimmungen bewirken ebenfalls eine Satzerweiterung: *yo-wa / shizukani / fukenu* die Nacht war still vorgerückt; *kare / yoku / tsutome / / yoku / asobu* er arbeitet gut und feiert gut; *hana / naki / eda-ni-mo / / uguisu / nakeri* auch auf dem Zweig ohne Blüten schlug eine Nachtigall; *utsukushiki / hana / / mado-no / shita-ni / / yasashiku / sakeri* eine schöne Blume blüht lieblich unterhalb des Fensters.

Erweiterte einfache Sätze können infolge des Umfangs oder der Vielzahl der Bestimmungsgruppen im Japanischen eine außerordentliche Länge erreichen; z. B. *ware / / sakunen / Shina-ni / asobite / / fûzoku / ninjô-wo / kansatsu-shi / / kano / taikan / shinshô / aruŵa / seinen-ni / / majiwaritari* im vergangenen Jahr reiste ich in China umher, beobachtete die Sitten und Gebräuche und hatte mit dortigen hohen Beamten, reichen Kaufleuten und auch mit der Jugend (freundschaftlichen) Umgang; *yoku / benkyô-suru / hito-wa / / shôrai / kanarazu / nanigoto-wo-ka / yo-ni / nokosubeshi* ein Mensch, der tüchtig arbeitet, wird bestimmt zukünftig der Welt etwas hinterlassen; *tôkai-no / sora-ni / / nenjû / yuki-wo / itadaite / sobie-tatte-iru / Fujisan-wa / / mukashi-kara / / Nihon-ichi-no / meizan-to-shite / / Nihonjin-ni-mo / gaikokujin-ni-mo / / shôsan-sarete-iru* (U) der Fuji-Berg, der das ganze Jahr über mit Schnee bedeckt in den Himmel am Ostmeer emporragt, wird seit alters her als der berühmteste Berg ganz Japans sowohl von den Japanern als auch von den Ausländern gerühmt.

c) Ein besonderer Typ des japanischen einfachen Satzes ist die Satzgleichung, in der das Subjekt (durch die elative Postp. *wa* abgegrenzt) einem Prädikatsnomen gegenübergestellt wird und eine Form der Kopula den Satz abschließt. Dieser Typ ist besonders in der Standard-Schriftsprache sehr beliebt und wird oft durch umfangreiche Bestimmungsgruppen beim Subjekt und Prädikatsnomen stark in die Länge gezogen: *Kôshi-wa / / Shina-no / seijin-nari* Konfuzius ist ein chinesischer Weiser; *Tôkyô-wa / / mottomo / rekishi-ni / tomeru / chi-nari* Tôkyô ist ein an Geschichte äußerst reiches Gebiet; *Ajiya-no / tôbu / / Taiheiyô-no / seihokubu-ni / arite / / shihô-ni / keizoku-suru / tokoro / naku / / hitori / yôchû-ni / kitsuritsu-shi / / en'en-toshite / minami-yori / kita-ni / nobi / / yûryû-no / katachi / aru / mono-wa / / waga / Dai-Nihon-koku-nari* das Gebilde (*mono* ‚Ding'), das sich im Ostteil Asiens und im Nordwestteil des Pazifik befindet, das nach den vier Seiten keinen Ort hat, der sich anschließt, das allein inmitten des Ozeans aufragt, das sich schlängelnd von Süden nach Norden erstreckt und das die Gestalt eines schwimmenden Drachens hat, — ist unser großes, japanisches Land.

213 Die Satzverbindung (*jûbun*)

Die Satzverbindung enthält zwei oder mehr nebengeordnete Teilsätze (*tairitsusetsu, heiritsusetsu*), die jeweils ein eigenes Subjekt und Prädikat besitzen. Der letzte Teilsatz der Verbindung ist formal mit einem einfachen Satz (*tambun*, vgl. § 212) identisch und endet auf ein satzschließendes Syntagma (*kireru-bunsetsu*, vgl. § 198). Die vorderen Teilsätze der Verbindung enden hingegen stets auf ein nicht satzschließendes Syntagma (*tsuzuku-bunsetsu*): es handelt sich hier durchweg um Prädikate in der Konjunktionalform (*renyôkei*). Während die verbalen Prädikate dieser Art in der Regel die reine Konjunktionalform aufweisen, nehmen die qualitativen Prädikate häufig, Verbalqualitativa und kopulative Prädikate stets, die Suspensivform an (*renyôkei* + konjunktionale Postp. *-te*). Diese Prädikate der Vordersätze in der Konjunktional- bzw. Suspensivform sind weder temporal und aspektiv noch modal bestimmt. Erst das Schlußprädikat der Satzverbindung enthält, wenn nötig, diese Merkmale, die dann regressiv auch für die Prädikate der Vordersätze gelten.

Beispiele: *hana / saki // tori / utau* die Blumen blühen, (und) die Vögel singen; *yama / takaku // tani / fukashi* die Berge sind hoch, (und) die Täler sind tief; *yanagi-wa / midori-nishite // hana-wa / kurenai-nari* die Weide ist grün, (und) die Blüten sind rot; *kore-wa / miyakogata-no / mono-nite // kono / ura /hajimete / ikken-no / koto-nite / sôrô* ich bin ein Mann aus der Hauptstadt, und es ist das erstemal, daß ich einen Blick auf diese Bucht werfe; *haru / sugite // natsu / kitari* der Frühling ist vergangen, (und) der Sommer ist gekommen; *Heishi-wa / Dannoura-ni / horobi // Hôjôshi-wa / Kamakura-ni / owareri* die Taira-Sippe ging in Dannoura zugrunde, die Hôjô-Sippe endete in Kamakura.

214 In der Umgangssprache ist dieselbe Verknüpfungsweise von Vorder- und Nachsatz einer Satzverbindung üblich; z. B. *ame-mo / yami // kaze-mo / osamatta* der Regen hörte auf, und der Wind legte sich; *chichi-wa / seijika-de // ani-wa / jitsugyôka-desu* der Vater ist Politiker, und der ältere Bruder ist Geschäftsmann.

Wenn das Prädikat des Vordersatzes verbal, qualitativ oder verbalqualitativ ist, gibt es daneben zwei andere Verknüpfungsarten (bei verbalen Qu. nur a!): a) Finalform (*shûshikei*) mit nachfolgender konjunktionaler Postposition *shi*; in Korrelation dazu wird den Subjekten der Teilsätze meist die elative Postposition *mo* angeschlossen; z. B. *ame-mo / yamu-shi // kaze-mo / osamatta* der Regen hörte auf, und der Wind legte sich; *hana-mo / utsukushii-shi // ha-mo / mezurashii* die Blüten sind schön, und die Blätter bizarr; *tsuki-mo / akiraka-da-shi // yo-mo / nagai* der Mond ist hell, und die Nacht ist lang; b) Konditionalform (*kateikei*) mit nachfolgender konjunktionaler Postposition *ba*; in Korrelation dazu wird den Subjekten der Teilsätze stets die elative Postposition *mo* angeschlossen; z. B. *chichi-mo / waraeba // ani-mo / warau* der Vater lacht, und der ältere Bruder lacht; *umi-mo / omoshirokereba // yama-mo / mata / omoshiroi* das Meer ist interessant, und das Gebirge ist auch interessant.

Besteht das Prädikat des Vordersatzes aus Prädikatsnomen und Kopula, so kann die Kopula elidiert werden; z. B. *otokonoko-wa / futari // onnanoko-wa / hitori-da* Jungen sind zwei, und Mädchen sind eins (es sind zwei Jungen und ein Mädchen); *kaisha-wo / sakan-ni-shita-no-mo / kare // tsubushita-no-mo / kare-da* er ist es, der die Gesellschaft zur Blüte gebracht hat; er ist es auch, der (sie) bankrott gemacht hat.

215 Das Satzgefüge (*fukubun*)

Das Satzgefüge ist eine Verbindung zweier oder mehrerer Teilsätze (*setsu*), von denen einer den übergeordneten Hauptsatz bildet, während die anderen als untergeordnete Nebensätze stehen. Bei den Satzgefügen des Japanischen sind in Abhängigkeit von Stellung und Funktion der Nebensätze (*jûzoku-setsu*) zwei Grundtypen zu unterscheiden. Der eine Grundtyp der Satzgefüge ist durch Nebensätze gekennzeichnet, die einen Satzteil des Hauptsatzes vertreten und ihm einverleibt sind (geschachtelte Satzgefüge). Die eingeschobenen Nebensätze können ihrer Funktion nach Prädikat-, Subjekt-, Objekt- oder Adverbialsätze sein. Auch die Attributivsätze, die keine stellvertretende sondern eine ergänzende Funktion haben, ordnen wir hier ein. Der andere Grundtyp der Satzgefüge zeichnet sich durch Nebensätze aus, die dem Hauptsatz nicht als Erweiterungsgruppe einverleibt, sondern als Erläuterungsgruppe vorangestellt oder (bei Inversion) nachgestellt werden (gekoppelte Satzgefüge). Die angeschlossenen Nebensätze können je nach dem logischen Verhältnis, in dem sie zum Hauptsatz stehen, hypothetische, konditionale, kausale, konzessive, adversative oder temporale Nebensätze sein.

216 Geschachtelte Satzgefüge (*yûzokubun*)

a) Nebensatz = Prädikatsatz (*jutsugosetsu*); Subjekt des Hauptsatzes wird durch das elative *wa* bezeichnet; z. B. *Nihonjin-wa // môhatsu / kuroshi* die Japaner haben schwarze Haare; *ano / otoko-wa // fudan-no / kokorogake-ga / rippa-da* (U) jener Mann ist wegen seiner ständigen Vorsicht zu loben (wrtl.: jener Mann — die ständige Vorsicht ist lobenswert).

Vertritt der Prädikatsatz das Prädikativum vor der Kopula oder vor (*-ga*)*-gotoshi*, so nimmt sein Prädikat die Attributivform an und sein Subjekt wird durch eine attributive Postposition (*no, ga*) bezeichnet. In der Umgangssprache folgt zur Kenntlichmachung des attributiven Prädikats *no* oder *koto*; z. B. *kono / uta-wa // Hitomaro-ga / yomikeru / nari* dies Lied hat Hitomaro gedichtet (wrtl.: dies Lied — H. hat gedichtet — ist es); *fûzoku-no / ashiki-ni / omomuku / sama // mizu-no / shita-ni / tsuku-ga-gotoshi* der Zustand, daß die Sitten sich zum Bösen wenden, ist dem Wasser, daß es nach unten zieht, zu vergleichen (wrtl.: ... das Wasser schließt sich nach unten an, — dem ähnlich ist es)[5]; *kore-wa // watakushi-no / katta-no-desu* (U) das habe ich gekauft (wrtl.: dies — ich habe gekauft — ist es); *kono / setsu-wa //*

[5] Der Vorderteil dieses Satzes (*fûzoku-no ashiki-ni omomuku*) ist ein Attributivsatz; siehe § 216 e.

osoraku / kare-ga / tonae-hajimeta-no-de-arô (U) diese Theorie hat er vermutlich erstmals aufgestellt.

Beachte: Wenn es sich um Satzgleichungen (vgl. § 212 c) mit eingeschobenem Prädikatsatz handelt, darf die satzschließende Kopula nicht modal als assertiv interpretiert werden; vgl. § 188.

b) Nebensatz = Subjektsatz (*shugosetsu*); das Subjekt des Subjektsatzes wird durch eine attributive Postposition bezeichnet (*no, ga*), das Prädikat nimmt die Attributivform an, in U durch nachgestelltes *no* oder *koto* verdeutlicht; der Subjektsatz wird durch eine nachfolgende elative Postposition (*wa, zo, mo* usw.) als Subjekt des Hauptsatzes gekennzeichnet (in U kann auch einfaches *ga* in dieser Funktion stehen); z. B. *tada // nami-no / shiroki-zo // miyuru* nur zu sehen ist, daß die Wellen weiß sind; *yunde-ni / kuroku / sashi-idetaru-wa // Inubô-zaki-nari* was linkerhand schwarz aufragt, ist Kap Inubô; *tsukihi-no / suguru-wa // hakku-no / geki-wo / suguru-ga-gotoshi* die Zeit vergeht (so schnell) wie das weiße Pferd über einen Abgrund setzt[6] (Satzgefüge aus Subjekt- und Prädikatsatz); *kimi-ga / sô / itta-no-ga / ikenai* (U) du hättest das nicht sagen dürfen (wrtl.: daß du so gesprochen hast, darf nicht sein); *fudan / otonashii / Saitô-no / okotta-no-mo // mottomo-na / koto-da* (U) daß der stets sanfte Saitô auch ärgerlich wurde, ist eine berechtigte Sache; *tôitsu-undô-no / jumbi-ga / kiwamete / fusoku-shite-ita-kota-wa // saisho-kara / akiraka-de-atta* (U) daß die Vorbereitungen der Einheitsbewegung äußerst ungenügend waren, war von Anfang an deutlich.

c) Nebensatz = Objektsatz (*kakugosetsu*); Modifikationen wie beim Subjektsatz, nur daß eine nachgestellte prädikatsbezogene Postposition (*wo, ni, to*) den Satz als Objekt kennzeichnet (*wo* kann durch qualifizierende Postp. wie *wa, mo, zo, dani* usw. ersetzt werden; *ni, to* können damit verlängert werden); z. B. *yo-wa / hajimete // sono koto-no / shin-naru-wo // shireri* ich erkannte erstmals, daß seine Worte redlich sind; *tenten-to-shite / gyoka-no / ugoku-wa // hoshi-no / furu-ni // nitari* wie sich die Feuer der Fischer hie und da aufblitzend (*tenten-to-shite*) bewegten, glichen sie dem Fallen von Sternen (Subjektsatz: ... *ugoku-wa;* Objektsatz: *hoshi-no furu-ni*); *watakushi-domo-wa // koinu-ga / fuzakete-iru-no-wo // mitsuketa* (U) wir sahen, daß der kleine Hund umhersprang (wrtl.: der kleine Hund sprang umher, — das entdeckten wir); *zô-no / hana-no / nagai-no-ni-wa // dare-mo / odoroita* (U) daß der Elefantenrüssel (so) lang war, darüber (*-ni-wa*) wunderte sich jeder.

Ein Sondertyp der Objektsätze ist der Zitatsatz. Das Japanische kennt keine Sätze mit indirekter Rede und auch keine abhängigen Fragesätze. Jeder Ausspruch wird in der Form der direkten Rede als Zitatsatz gegeben und unterscheidet sich syntaktisch nicht von den üblichen Satzformen. In der Regel steht der Zitatsatz an der Stelle des Objekts zwischen Subjekt und Prädikat, das von einem Verb des Sagens oder Denkens gebildet wird. Das Subjekt wird häufig mit

---

[6] Nach einem Gleichnis aus Chuang-tzu.

wa bezeichnet, kann aber auch elliptisch ganz fortgelassen werden. Der Zitatsatz wird mit der prädikatsbezogenen Postposition *to* an das Prädikat angeschlossen; z. B. *utanushi-wa* / / *mata* / *makarazu-to* / *iite* / *tachinu* der Verfasser des Gedichtes sagte: ‚ich werde wiederkommen', und brach auf; *kono* / *onna* / / *kaku* / *notamau-wa* / *tare-zo-to* / *tou* diese Frau fragte: ‚wer ist es, der so spricht?' *kotowaza-ni* / / *benkyô-wa* / *kôfuku-no* / *haha-nari-to* / *ieri* im Sprichwort heißt es: ‚Fleiß ist die Mutter des Glücks'; *oji-wa* / / *sore-wa* / *suteki-da-to* / *itta* (U) der Onkel sagte: ‚das ist famos'; *sono* / *sai-ni-wa* / / *musume-wa* / / *amanjite* / *haha-no* / *tame-ni* / *gisei-ni naru-to* / / *kotaete-iru-no-da* (U) unter diesen Umständen antwortete die Tochter: ‚ich opfere mich gern für die Mutter'.

Insbesondere bei längeren Zitatsätzen kommt es vor, daß das Prädikat des Hauptsatzes invertierend vorangestellt wird, entweder in der altertümlichen nominalisierten Form auf *-ku*: *iwaku, notamawaku, omowaku*, oder in der Attributivform verbunden mit **yô* (‚Art und Weise'): *iu-yô, môsu-yô, omou-yô, omoeru-yô* usw. Die Voranstellung in der bloßen Finalform (*iu, tou, omou* usw.) ist sehr selten. Der Zitatsatz wird bei Inversion des Hauptprädikats in der Regel mit *to* abgeschlossen, doch kann das Prädikat dahinter am Satzschluß wieder aufgenommen werden; z. B. *kotowaza-ni* / *iwaku* / / *wazawai-wa* / *kuchi-yori* / *ide* / / *yamai-wa* / *kuchi-yori* / *iru-to* im Sprichwort heißt es: Unglück kommt aus dem Mund, Krankheit tritt durch den Mund ein; *okina* / *miko-ni* / *môsu-yô* / / *ika-naru* / *tokoro-ni-ka* / *kono* / *eda-wa* / *saburaikemu . . . -to* / *môsu* der Alte sprach zu dem Prinzen: ‚an welchem Ort war wohl der Zweig . . .', so sprach er; *Kaguyahime-no* / *iwaku* / / *nanjô* / *saru* / *koto-ka* / *shi-haberamu-to* / *ieba* Kaguyahime sagte: ‚wie soll ich so etwas machen?' und als sie das sagte . . .

Beachte: 1 Steht *nado* nach einem vorzeitig abgebrochenen Zitatsatz, wird *to* in S regelmäßig elidiert; vgl. § 113 b.

2. Steht der Zitatsatz als Subjektsatz, was bei Satzgleichungen definitorischer Art der Fall sein kann, wird *to* häufig elidiert; z. B. *hana* / *sakeri-wa* / / *tambun-nari* ‚die Blumen blühen' ist ein einfacher Satz.

d) Nebensatz = Adverbialsatz (*renyô-shûshokusetsu*). Die Bildung von Adverbialsätzen ist in der Regel nur bei Vorhandensein eines qualitativen Prädikates (auch den formal qualitativen *nashi, gotoshi*) möglich, das dann in der Adverbialform dem Prädikat des Hauptsatzes vorangestellt wird. Das Subjekt des Adverbialsatzes steht ohne Bezeichnung durch Postpositionen direkt vor dem qualitativen Prädikat. Nur vor *-gotoku* hat der Nebensatz ein verbales Prädikat (Attributivform) und ein mit *no* bezeichnetes Subjekt; z. B. *kimi-wa* / / *yonen* / *naku* / / *bunshô-wo* / *kisô-shi* / *oraretari* der Herr hatte den Aufsatz mit Konzentration entworfen (*yonen naku* = Abschweifung ist nicht da); *kojin-no* / *tsutomeshi* / *gotoku* / / *waremo* / *tsutomemu* so wie die Alten sich befleißigten, will auch ich mich befleißigen; *sensei-wa* / / *ori* / *ashiku* / / *go-fuzai-deshita* (U) Sie waren zu einer ungünstigen Zeit abwesend (*ori ashiku* die Zeit ist schlecht); *watakushi-mo* / / *kimochi* / *yoku* / / *kiite-ita* (U) auch ich hörte wohlgelaunt zu (*kimochi yoku* die Stimmung ist gut).

Beachte: Adverbiale Nebensätze vom Typ *yonen naku, kokochi yoku* usw. sind im syntaktischen System der modernen Umgangssprache nicht mehr als

Sätze, sondern als idiomatische Wendungen in der Funktion von adv. Best. anzusprechen: *ori-ashiku* zu ungünstiger Zeit, *kokochi-yoku* wohlgelaunt, *kokorobosoku* niedergeschlagen, *go-enryô-naku* zwanglos, *kokoro-oki-naku* rückhaltlos u. a. m.

Ein Sondertyp adverbialer Nebensätze sind Vergleichssätze, gekennzeichnet durch nachgestelltes *yori* oder *yori-mo*. Das Subjekt solcher Nebensätze wird durch *no* gekennzeichnet, das Prädikat steht in der Attributivform; z. B. *kono / jigyô-wa // ôku-no / hito-no / omoeru-yori-mo // haruka-ni / mutsukashi* dies Unternehmen ist bei weitem schwieriger, als viele Leute denken; *kono / jigyô-wa // hito-no / sôzô-shite-iru-yori / muzukashii* (U) dies Unternehmen ist schwieriger, als die Leute sich vorstellen.

e) Nebensatz = Attributivsatz (*rentai-shûshokusetsu*). Attributivsätze fungieren als Bestimmungsgruppen zu *taigen* und entsprechen unseren Relativsätzen. Ihr Prädikat hat stets die Attributivform, und ihr Subjekt wird durch *no* (selten *ga*) gekennzeichnet, kann aber auch ohne Postposition sein, wenn der Attributivsatz nur aus Subjekt und Prädikat besteht; z. B. *kaze-no / fuku / hi-wa // samushi* ein Tag, an dem der Wind weht, ist kalt; *tôzai-no / ichi-wa // hito / atsumaru / tokoro-nari* die Märkte im Osten und Westen sind Plätze, wo die Leute zusammenkommen; *yo-ga / kinô / mitaru / hon-wa // kore-naru-ka* das Buch, das ich gestern gesehen habe, ist es dies? *hana-no / saku / haru-ga / kita* (U) der Frühling, wenn die Blumen blühen, ist da; *mongamae-no / rippa-na / ie-ga / mieru* (U) ein Haus ist zu sehen, an dem der Torbau prächtig ist; *watakushi-tachi-wa // kareki-ga / tokorodokoro-ni / taorete-iru / yamaji-wo / arukimashita* (U) wir gingen einen Bergweg entlang, an dem hie und da dürre Bäume umgefallen waren.

217 Gekoppelte Satzgefüge (*gôbun*)

Der Nebensatz eines gekoppelten Satzgefüges, der in der Regel dem Hauptsatz voransteht, ist durch die Form des Prädikats gekennzeichnet, das stets mit einer konjunktionalen Postposition verbunden ist[7].

Beispiele: *myônichi / tenki-dani / yokuba // kadode-sen* wenn morgen das Wetter gut ist, werde ich ausgehen (konditionaler Nebensatz); *itsuwari-no / naki / yo / nariseba // ika-bakari / hito-no / koto-no-ha / ureshikaramashi* wäre es eine Welt, in der es keine Lügen gibt, wie so schön wären dann Eure Worte (hypothetischer Nebensatz mit eingeschachteltem Attributivsatz); *tenki / yokereba // ware / yuku* weil das Wetter schön ist, gehe ich (kausaler Nebensatz); *haru-ga / kishikado // kaze / nao / samushi* obgleich der Frühling gekommen ist, ist der Wind noch kalt (konzessiver Nebensatz); *hi / kurekakaru-ni // yadoru / ie-mo / nashi* der Tag geht zur Neige, doch kein einziges Haus zur Einkehr ist da (adversativer Nebensatz). — *uso-to / omou-nara // issho-ni / koi* (U) wenn du es für eine Lüge hältst, komm mit! (konditionaler Nebensatz); *hayaku / kite / kureru-to / ii-ne* (U) es wäre ja gut, wenn du rasch kämst (hypothetischer Nebensatz); *ame-ga / futtakara / uchi-ni / ita* (U) weil es regnete, war ich zu Haus (kausaler Nebensatz);

[7] Zu Einzelheiten über das Abhängigkeitsverhältnis zwischen Haupt- und Nebensatz gekoppelter Satzgefüge vgl. unter ‚konjunktionale Postpositionen' § 109.

ame-ga / futte-mo / / dekakeyô (U) obgleich es regnet, will ich gehen (konzessiver Nebensatz); *ô-sawagi-wo / kiite-kara / / isoide / kaerimashita* (U) nachdem ich den Spektakel gehört hatte, kehrte ich eilends zurück (temporaler Nebensatz).

Beachte: 1. Außer der habituellen Satzfolge Nebensatz—Hauptsatz kommt im gekoppelten Satzgefüge gelegentlich auch Inversion der Satzfolge vor (besonders als Stilmittel in der Dichtung); z. B. *yamazato-wa / fuyuzo / sabishisa / masarikeru / / hitome-mo / kusa-mo / karenu-to / omoeba* (Kokin) das Einsamsein im Bergdorf hat, ach, im Winter zugenommen, denn traurig denke ich daran, daß ich getrennt bin von der Menschen Blick und daß die Gräser verdorrt sind (Inversion eines kausalen Nebensatzes); *kimi-ga / yo-wa / / kagiri-mo / araji / / Nagahama-no / masago-no / kazu-wa / yomi-tsukusu-tomo* (Kokin) Eure Regierungszeit wird wohl keine Grenzen haben, und würde man selbst die Zahl der Sandkörner vom Langen Strand restlos auslesen (Inversion eines hypothetischen konzessiven Nebensatzes); *mairimasuyo / / ame-ga / futte-mo* (U) ich gehe, wenn es auch regnet (Inversion eines konzessiven Nebensatzes).

2. Verbalformen mit angefügten konjunktionalen Postpositionen, die in keiner Subjekt-Prädikat-Beziehung stehen, sind als adv. Best. innerhalb eines Satzes aufzufassen (vgl. § 205 e); z. B. *kare-wa / isogite / yukikeri* er ging eilends fort; *kare-wa / you-to / utai-dasu* (U) er beginnt zu singen, wenn er betrunken ist. — Ist jedoch Ellipse eines zugehörigen Subjektes, das mit dem des Hauptsatzes nicht übereinstimmt, aus dem Kontext ersichtlich, muß eine solche Verbform als Prädikat eines verkürzten Nebensatzes in einem gekoppelten Satzgefüge angesehen werden; z. B. *isogitaredomo / chûto-ni / hi / kurenu* obgleich (ich mich) beeilt hatte, ging unterwegs die Sonne unter.

DIE SATZARTEN

218 Die traditionelle Unterscheidung von vier Satzarten ist auch bei japanischen Grammatikern verbreitet und in der Schulgrammatik allgemein üblich: Aussagesatz (*heijobun*), Fragesatz (*gimonbun*), Befehlssatz (*meireibun*) und Ausrufesatz (*kandôbun*). In ihrer syntaktischen Struktur weisen diese Satzarten im Japanischen keine grundlegenden Verschiedenheiten auf. Die Stellung der Funktionselemente im Satz ist nicht von der Satzart abhängig. Das deutlichste Kriterium für die Feststellung der Satzart ist die Form des satzschließenden Syntagmas, d. h. des Prädikates.

a) Aussagesätze (*heijobun*); sie enden in der Regel auf ein Prädikat in der Finalform. Eine Ausnahme bilden in der Schriftsprache Korrelationsformen zu den qualifizierenden Postpositionen *zo, namu* (Attributivform) und *koso* (Konditionalform). Das Prädikat kann mit Verbalsuffixen zur Bezeichnung von Tempus, Aspekt, Modus oder Genus verbi verbunden sein, hat aber keine Postpositionen nach sich (Hauptsatz!)

Beispiele: *kenkô-wa kôfuku-no haha-nari* Gesundheit ist die Mutter des Glücks; *kujira-wa uo-ni-arazu* der Wal ist kein Fisch; *kare-wa sakujitsu kikoku-seri* er ist gestern in die Heimat zurückgekehrt; *dotô-no hibiki enrai-no-gotoshi* das Rauschen der Brandung ist fernem Donner ähnlich; *furusato-wa yuki-to-nomi-koso hana-wa chirurame* in der alten Hauptstadt werden wohl ganz wie Schnee die Blüten fallen; *haru-ga kita* (U) der Frühling ist da; *asu-wa hareru-darô* (U) morgen wird es wohl aufklaren.

b) Fragesätze (*gimonbun*) sind meist durch eine interrogative Postposition am Satzende gekennzeichnet: *ka* (S, U), *ya* (S); auch kann das interjektionale *zo* (S) am Satzende eine nachdrückliche Frage bezeichnen. In den übrigen Fällen steht das Prädikat in der Attributivform am Satzende (korrelativ zu den interrogativen Postpositionen *ka, ya* im Satzinnern, S), die in der Umgangssprache mit der Finalform identisch ist. Bei materialen Fragen steht im Satzinnern ein Fragewort (*tare* wer, *nani* was, *ika* wie, *itsu* wann usw.), doch enthält der Fragesatz zudem eine der interrogativen Postp., die aber mitunter elliptisch fortgelassen wird.

Beispiele: *eiko-wa yume-ka maboroshi-ka* die Wechselfälle des Lebens, sind sie ein Traum, sind sie ein Trugbild? *ko-wa nanigoto-naru-zo* was ist denn das? *so-wa shin-nari-ya* ist das glaubwürdig? *nan-no osoruru-koto-ya aru* gibt es etwas, das du fürchtest? *kimi-wa doko-ni-ka yukitaru* wo ist der Herr hingegangen? *tare-wo togamubeki (ka)* wen soll man rügen? *hito tare-ka fubo nakaramu* wer von den Menschen hätte nicht Vater und Mutter? (rhet. Frage); *mô kaerimashô-ka* (U) wollen wir schon zurückkehren?

Beachte: 1. Rhetorische Fragen können in S auch auf *yawa* oder *kawa* ausgehen (vgl. § 115 a); z. B. *kawaru-wa hito-no kokoro-nomi-kawa* ist es etwa nur das Herz des Menschen, was sich ändert? (Ellipse der Kopula: *-ni-nomi-naru-kawa).*

2. Das Vorhandensein von Fragewörtern ist kein sicheres Indiz für einen Fragesatz (vgl. § 115 Anm. [ka]); z. B. *itsu-ka hitotabi-wa yukimimu* irgendwann einmal will ich gehen und sehen; *dare-demo shitteiru* (U) ein jeder weiß es.

3. In U gibt es auch Fragesätze ohne formale Bezeichnung, die allein durch die Satzintonation als solche kenntlich werden; z. B. *Tarô-san-wa mô kaette-shimatta?* ist Tarô schon zurückgekehrt?

4. In der Frauen- und Kindersprache kann auch die Postposition *no* am Satzende eine Frage bezeichnen; z. B. *koko-e konakatta-no* ist (sie) nicht hierher gekommen?

c) Befehlssätze (*meireibun*) enden gewöhnlich auf eine Imperativform, in S auch mitunter auf *-beshi* oder *-tashi* (vgl. § 183). In negativen Befehlssätzen (Verbot) kann das Satzende durch die Postposition *na* (S auch *na . . . so*) oder die Verbform *nakare* (S) gekennzeichnet sein, doch gibt es insbesondere hier eine Reihe mildernder Umschreibungen (vgl. § 185). Das Subjekt wird im Befehlssatz meist nicht benannt.

Beispiele: *yoku manabi, yoku asobe* lerne gut und vergnüge dich gut! *chûtai susume* Kompanie Marsch! *kijitsu-made-ni teishutsu-subeshi* bis zum Stichtag hat man es einzureichen! *sumiyaka-ni jôshin-seraretashi* erstatten Sie bitte umgehend Bericht! *shimpai-shi-tamau-na* Sorget Euch nicht! *na-yuki-so* geh nicht! *inshu-kitsuen-ni fukeru-nakare* gib dich nicht dem Weintrinken und Tabakrauchen hin! *kisoku-ni ihan-subekarazu* den Vorschriften darf man sich nicht widersetzen; *hayaku shiro* (U) mach schnell! *bôshi-wo o-nugi-nasai* (U) nehmen Sie bitte den Hut ab! *kesshite yudan-suru-na* (U) sei auf keinen Fall unvorsichtig! *kono tegami-wo yomanaide-kudasai* (U) lesen Sie bitte nicht diesen Brief!

d) Ausrufesätze (*kandôbun*) sind in der Schriftsprache gewöhnlich an den satzschließenden interjektionalen oder desiderativen Postpositionen (vgl. § 115 c—d), zuweilen auch an Interjektionen zu erkennen. In der Umgangssprache können interjektionale Postpositionen fortfallen, wofür die Interjektionen am Satzanfang ein stärkeres Gewicht haben. Auch können in U die Stämme der Qualitativa als exklamatorische Prädikate fungieren.

Beispiele: *aware-naru hito-no mitsuru-kana* einen erbärmlichen Menschen habe ich gesehen, ach! *ana, tôto-no keshiki-ya* ach, welch erhabene Erscheinung! *naku oto kanashi-mo* oh, wie traurig ist der Klang des Rufes! *hana-no iro-wa utsurinikeri-na* ach, vergilbt sind die Farben der Blüten! *yo-no naka-wa tsune-ni-mogamona* ach, wäre doch das Leben hienieden von Dauer! *aware, kotoshi-no aki-mo inumeri* oh weh, auch der Herbst dieses Jahres geht dahin! *watakushi-wa shiranai-koto-yo* (U) das weiß ich doch nicht! *subarashii keshiki-da-naa* (U) ein herrlicher Anblick, wirklich! *abunai-zo* (U) Achtung, gefährlich! *aa, jitsu-ni yukai* (U) ach, das ist wirklich köstlich! *ô samu* (U) oh, wie kalt! *atsu* (U) au, heiß!

Beachte: 1. Ausrufesätze sind auch im Japanischen manchmal Einwortsätze; z. B. *kaji* Feuer! *komatta* fatal! *shimatta* Donnerwetter!

2. Ausrufesätze sind häufig elliptische Bildungen, z. B. *o-hayô* guten Morgen! *sayô-nara* auf Wiedersehen usw.; vgl. § 210 Anm.

SYNTAKTISCHE KORRELATIONEN

219 Syntaktische Korrelationen, d. h. regelmäßige formale Wechselbeziehungen zwischen bestimmten Elementen eines Satzes, haben im Japanischen ihren festen Platz. Die uns geläufigste Form der grammatischen Korrelation, nämlich die Entsprechung zusammengehöriger Satzteile in Genus, Numerus, Kasus oder Person (Kongruenz), kennt das Japanische nicht, da ihm diese grammatischen Kategorien fehlen. Statt dessen haben zwei andere Korrelationstypen Geltung, bei denen fest umrissene Wortgruppen bestimmte Modifikationen des Prädikats auslösen: die postpositionelle und die adverbiale Korrelation.

220 Postpositionelle Korrelation (*kakari-musubi*)

Sie äußert sich darin, daß das Vorhandensein bestimmter Postpositionen im einfachen bzw. Hauptsatz die Flexionsform des Prädikats verändert. Die interrogativen Postpositionen *ka* und *ya* sowie die elativen *zo* und *namu* lösen die Attributivform aus, die elative Postposition *koso* die Konditionalform. Die Stellung der Postpositionen (im Satzinnern oder nach dem Prädikat) ist für die Korrelation irrelevant[8].

Dieser Korrelationstyp ist nur in der klassischen Schriftsprache produktiv. Er zeigt sich zwar bereits im Altjapanischen der Nara-Zeit, erreicht aber erst in der Heian-Zeit die volle formelhafte Strenge. Doch schon in der Kamakura-Zeit scheint die Korrelationsregel wieder ihre Geltung zu verlieren, wie zahlreiche Nichtbeachtungen bezeugen. Gegen Ende des Mitteljapanischen ist sie in der Umgangssprache gar nicht mehr, in der Schriftsprache nur noch vereinzelt zu finden (bei strenger Orientierung auf die klassische Form), zumal der formale Unterschied zwischen Final- und Attributivform aufgehoben war und *koso* analog zu den übrigen Postpositionen behandelt wurde.

In der japanischen grammatischen Terminologie werden die betreffenden Postpositionen *kakari* genannt, die affizierten Flexionsformen des Verbs *musubi*, weshalb dieser Korrelationstyp als *kakari-musubi* bezeichnet wird. Diese Termini stammen von N. Motoori.

Beispiele: *ka* (+ *rentaikei*) — *yo-no naka-wa nani-ka tsune-naru* was in der irdischen Welt ist beständig? *nanji-wa nani-wo-ka ieru omoeru* was sagst du, denkst du? *sate ika-ni tsukômatsurumajiki-ka* nun, warum sollte er nicht Dienst tun?

ya (+ *rentaikei*) — *haru-ya toki, hana-ya osoki* ist der Frühling (zu) schnell (da)? sind die Blüten (zu) spät (da)? *izure-no okata-mo, ware hito-ni otoramu-to omoitaru-yawa aru* welche von den Hofdamen es auch sein mag, gibt es etwa eine, die glaubte, ich stehe jemandem nach? (*ya-wa* = rhet. Frage); *Shirakawa-no seki ika-ni koetsuru-ya* wie habt Ihr denn die Wegsperre von Shirakawa überquert?

zo (+ *rentaikei*) — *tada ariake-no tsuki-zo nokoreru* nur eben der Mond der Morgendämmerung ist zurückgeblieben; *onnagokoro-zo kawari-yasuki* die Gefühle der Frauen sind wahrlich leicht veränderlich; *ko-wa nanigoto-naru-zo* was ist denn das?

namu (+ *rentaikei*) — *kaze-namu hageshiki* wahrlich, der Wind ist stürmisch; *Kakinomoto-no Hitomaro-namu uta-no hijiri narikeru K.* war der Dichterweise; fürwahr; *tatsu-no kubi-no tama-wo e-torazarishikaba-namu, tono-e-mo e-mairazarishi* eben weil wir das Kleinod vom Hals des Drachens nicht erlangen konnten, konnten wir auch nicht zu Euch kommen.

koso (+ *izenkei*) — *aki-no ashita-koso kiyokere* gerade ein Herbstmorgen ist klar; *nami-yori idete, nami-ni-koso ire* aus den Wellen kommt er hervor, und in die Wellen, wahrlich, taucht er unter; *tomo-ni miyako-ni noboramu-to-koso omoishika* ‚wir werden gemeinsam zur Hauptstadt gehen', so, wahrlich, dachte er.

---

[8] Das satzschließende *ya* hat allerdings nur vereinzelt die Attributivform vor sich; Genaueres vgl. § 115 a.

Beachte: 1. Wenn *ka* und *ya* als interjektionale Postpositionen fungieren, tritt in der Regel keine korrelative Veränderung des Prädikats auf: es folgt dann die übliche Finalform; z. B. *yamabuki-no horoboro chiru-ka, taki-no oto* oh wie die Blüten der Goldnesseln flatternd abfallen, beim Rauschen des Wasserfalls; *koko-ni-oite-ka yo-mo-mata madoeri* hier, ach, hatte auch ich geirrt; *kimi-no koto-ya yoshi* deine Worte, ach, sind gut.

2. Abweichungen und Nichtbeachtung der Korrelationsregeln finden sich auch vereinzelt in der Literatur der Heian-Zeit. Verhältnismäßig häufig ist die Verbindung von *koso* mit der Attributivform anzutreffen, eine Verbindung, die in der Nara-Zeit noch ziemlich verbreitet war; z. B. *shigure-to tomo-ni furite-koso koshi* (Gosen) zusammen mit dem Sprühregen kam (es) gefallen.

3. Das korrelative Prädikat zu den *kakari*-Postpositionen kann elliptisch fortgelassen werden (vgl. § 210 Anm.), wenn es sich um ein Verb des Sagens, Denkens oder um die Kopula handelt.; z. B. *shôsubeki koto-ni-koso* (*are*) es ist fürwahr etwas Lobenswertes; *na-wo kôsei-ni nokoshitari-to-zo* (*iu*) den Namen hat (er) der Nachwelt hinterlassen, so, wahrlich (heißt es); *ume-no hana mite, kaku-namu* (*yomikeru*) so eben (dichtete er), als er die Pflaumenblüten sah; *eiko-wa yume* (*naru*)-*ka, maboroshi* (*naru*)-*ka* die Wechselfälle des Lebens, sind sie ein Traum, sind sie ein Trugbild?

221 Adverbiale Korrelation (*fukushi-no koô*)

Dieser Korrelationstyp betrifft die meisten Adverbia praedicationis (vgl. § 89e), die mit bestimmten modalen Verbalsuffixen in Wechselbeziehung stehen; doch sind die betreffenden Korrelationen nicht bei allen dieser Adverbien obligatorisch. Stärker ausgeprägt ist dieser Typ in der formenreicheren Schriftsprache, ist aber auch in der Umgangssprache verbreitet. Semantisch lassen sich insgesamt sieben Gruppen unterscheiden:

1. Adv. Korrelation der Verneinung; *imada* (U: *mada*) noch (nicht), *sarasara, sara-ni* (S, U) durchaus (nicht), *tsuyu, taete* (S, U) überhaupt (nicht), *masaka* (S, U) gewiß (nicht), *yomo, yomo-ya* sicherlich (nicht) [+ neg. Fut.!], *osaosa* unbedingt (nicht), *kanarazu-shimo* (S, U) (nicht) unbedingt, *kesshite* (U) auf keinen Fall, *roku-ni* (U) (nicht) ordentlich; *ikkô* (U) (nicht) im geringsten, gar (nicht). — Ihnen folgt eine Negationsform des Prädikats.

   Beispiele: *yôi osaosa okotari nashi* die Vorbereitungen dulden keine Nachlässigkeit (wrtl.: bei den Vorbereitungen gibt es unbedingt keine Nachlässigkeit); *kanarazu-shimo hantai-suru mono-ni-arazu* er ist nicht unbedingt jemand, der sich widersetzt; *yo-no naka-ni taete sakura-no nakariseba* wenn es auf der Welt überhaupt keine Kirschblüten gäbe ...; *kesshite itashimasen* (U) ich mache es auf keinen Fall; *kono-goro sake-wa ikkô nomimasen* (U) ich trinke in letzter Zeit überhaupt keinen Sake.

Beachte: Formal gehört in diese Gruppe auch die qualifizierende Postposition *shika*+Neg. (U) ‚nur'; z. B. *hitori-shika inai* nur einer ist da.

2. Adv. Korrelation des Wunsches; *negawaku-wa* ich wünschte, daß, *nanitozo, dôzo* (U), *dôka* (U) bitte. — Ihnen folgt eine gemilderte Umschreibung der Befehlsform oder eine Intentional- oder Optativform des Prädikats.

   Beispiele: *negawaku-wa hana-no shita-nite haru shinan* ich wünschte, ich würde unter Blüten im Frühling sterben; *nanitozo go-rairin-nashikudasaretaku-sôrô* bitte beehren Sie mich mit Ihrem werten Besuch; *dôka oide-kudasai* (U) kommen Sie bitte! *dôzo gomen-kudasai* (U) verzeihen Sie bitte.

3. Adv. Korrelation der Vermutung; *sazo* (S, U) gewiß, *ôkata* (S, U) vermutlich, *osoraku(-wa)* (S, U) möglicherweise, *kedashi* (S, U), *tabun* (U) wahrscheinlich. — Ihnen folgt eine Dubitativform des Prädikats.

   Beispiele: *ôkata kare-mo hantai-sumaji* vermutlich wird auch er keinen Widerstand leisten; *osoraku-wa myônen-mo-mata dôyô-naran* möglicherweise wird es auch im nächsten Jahr das Gleiche sein; *izure-mo, izure-mo sazo ariken* gewiß wird jeder, auch jeder dagewesen sein; *tabun dame deshô* (U) wahrscheinlich ist es vergebens; *sazo o-komari-deshô* (U) Sie werden gewiß in Verlegenheit sein.

4. Adv. Korrelation der Notwendigkeit; *masa-ni* wirklich, *subekaraku* notwendigerweise, *yoroshiku* richtigerweise (es wäre ratsam, daß). — Ihnen folgt eine Necessativform des Prädikats.

   Beispiele: *masa-ni shika arubeshi* wirklich so muß es sein; *subekaraku okonaubeshi* man muß es notwendigerweise tun; *yoroshiku chôjô-ni-wa jûjun-narubeshi* richtigerweise muß man den Vorgesetzten Folge leisten.

5. Adv. Korrelation des Verbots; *yume, yumeyume* nie und nimmer, *kesshite* (U) keinesfalls. — Ihnen folgt eine Prohibitivform des Prädikats.

   Beispiele: *yume utagau-nakare* seid nie und nimmer mißtrauisch! *yumeyume hito-ni katarubekarazu* nie und nimmer darf man es anderen erzählen! *kesshite okotaru-na* (U) vernachlässige es keinesfalls!

6. Adv. Korrelation des Vergleiches; *atakamo* gleichsam, *sanagara* gerade wie, *marude* (U), *chôdo* (U) genau wie. — Ihnen folgt eine Komparativform des Prädikats.

   Beispiele: *atakamo hyakurai-no ichiji-ni otsuru-ga-gotoshi* es ist ganz so, als wären gleichzeitig hundert Donnerschläge gefallen (gleichsam ... ähnlich); *chigi-no hotori-wo tobu hato-no sanagara suzume-no-gotoku miyu* die Taube, die in die Nähe des Kreuzbalkens am Dachfirst fliegt, sieht gerade so wie ein Sperling aus; *marude yuki-no-yô-da* (U) es sieht genau wie Schnee aus; *chôdo tori-no tobu-yô-da* (U) es ist genau so, als ob ein Vogel fliegt.

7. Adv. Korrelation der rhetorischen Frage; *ani, izukunzo* ist es denn möglich, daß, kann etwa; *ikade* wie, *dôshite* (U) wie, warum eigentlich. — Ihnen folgt eine Dubitativform des Prädikats in Verbindung mit einer interrogativen Postposition.

   Beispiele: *ikade-ka kare-ni otoran-ya* wie sollte ich ihm unterlegen sein? *ware ani rô-wo oshiman-ya* könnte ich etwa die Mühe scheuen? *izukunzo waga kokorozashi-wo shiran-ya* ist es denn möglich, daß er meine Absichten kennt? *dôshite sonna koto-wo boku-ga yôkyû-surudarô-ka* (U) warum eigentlich sollte ich so etwas beanspruchen?

Beachte: 1. Die Korrelation zwischen Fragewörtern und interrogativen Postpositionen in materialen Fragesätzen ist diesem Korrelationstyp eng verwandt; doch sind die Fragewörter nur teilweise adverbialer Natur (*ika-ni* wie, *ikura* wieviel, *itsu* wann, *dôshite* wie, warum); zum anderen Teil sind es Nomina oder Demonstrativa (*tare* wer, *nani* was, *dore/dono* welcher, *donna* was für ein, *dochira* welcher von beiden, *doko* wo [*do*-=U]).

2. Zu diesem Korrelationstyp können auch die Wechselbeziehungen zwischen den konjunktionswertigen Adverbia und konjunktionalen Postpositionen gerechnet werden, die den Rahmen vieler Konditional- bzw. Konzessivsätze bilden: *moshi* falls, *tatoe/tatoi, yoshi* selbst wenn, *iyashikumo* vorausgesetzt, daß, *man'ichi* wenn etwa; z. B. *moshi kare-ni-shite yaku-wo yaburaba, yo-wa zekkô-sen* wenn er bei ihm den Vertrag verletzt, werde ich die Beziehungen abbrechen; *tatoe ji-wo tsukushite susumuru-tomo, kare-wa kaerumaji* selbst wenn du ihm mit allen guten Worten zuredest (wörtl.: die Worte erschöpfend), wird er wohl nicht zurückkehren.

TEXTQUELLEN

Zur Chronologie der Beispielsätze aus der Literatur

Gempei — *Gempei-seisuiki* 源平盛衰記
48 Kap.; Verfasser unbekannt; vermutlich Mitte 13. Jahrh. — Kriegshistorie; schildert die Kämpfe zwischen den beiden Adelsgeschlechtern der Taira und Minamoto in der 2. Hälfte des 12. Jahrh.; zeigt Abhängigkeit vom *Heike-monogatari.*

Genji — *Genji-monogatari* 源氏物語
54 Kap.; verfaßt von der Hofdame Murasaki no Shikibu, 1001 bis 1010. — Der klassische höfische Roman Japans; schildert die Liebesabenteuer des Prinzen Genji und seines angeblichen Sohnes Kaoru auf dem Hintergrund eines breiten Sittengemäldes des höfischen Lebens der Heian-Zeit.

Gosen — *Gosen-wakashû* 後撰和歌集
20 Kap.; Kompilatoren: Fujiwara no Shitagô, Kiyowara no Motosuke, Fujiwara no Yoshinobu, Ki no Tokibumi, Sakanoe no Mochiki; 951. — 2. amtliche Gedichtsammlung (*chokusenshû*).

Goshûi — *Goshûi-wakashû* 後拾遺和歌集
20 Kap.; kompiliert von Fujiwara no Michitoshi, 1086. — 4. amtliche Gedichtsammlung.

Gukanshô — *Gukanshô* 愚管抄
7 Kap.; verfaßt von dem Abt Jien (Jichin), um 1220. — Privates Geschichtswerk, das die historischen Ereignisse und deren Triebkräfte von den Anfängen (Jimmu-tennô) bis 1220 in buddhistischer Sicht behandelt.

Hankampu — *Hankampu* 藩翰譜
13 Kap.; verfaßt von Arai Hakuseki, 1701. — Geschichte der Daimyô-Geschlechter in der Anfangszeit des Tokugawa-Shôgunates, 1600—1680.

Heiji — *Heiji-monogatari* 平治物語
3 Kap.; Verfasserschaft unsicher; genannt werden Hamuro no Tokinaga, Nakahara no Moroyana, Genyu Shôjô; Anfang 13. Jahrh. — Kriegshistorie; schildert die Rebellion gegen Taira no Kiyomori in der Heiji-Ära (1159—1160).

Heike — *Heike-monogatari* 平家物語
12 Kap.; Verfasser unbekannt; Entstehungszeit vermutlich Mitte 13. Jahrh., vor dem *Gempei-seisuiki.* — Die bedeutendste der Kriegs-

historien; schildert die Macht des Taira-Geschlechtes in der 2. Hälfte des 12. Jahrh. und den Untergang des Geschlechtes im Kampf gegen die Minamoto.

Hôgen — *Hôgen-monogatari* 保元物語
3 Kap.; Verfasserschaft unsicher, wahrscheinlich von derselben Hand wie das *Heiji-monogatari;* Anfang 13. Jahrh. — Kriegshistorie; schildert die Wirren der Hôgen-Ära (1156): Thronfolgestreit und Parteinahme der Taira und Minamoto.

Hôjôki — *Hôjôki* 方丈記
1 Kap.; verfaßt von Kamo no Chômei, 1212. — Bericht von fünf Heimsuchungen der Bevölkerung am Ende des 12. Jahrh. als Begründung für die Weltflucht und das anschließend geschilderte Klausnerleben des Verfassers; durchzogen vom buddhistischen Gedanken der Vergänglichkeit alles Irdischen.

Hosomichi — *Oku no hosomichi* 奥の細道
1 Kap.; verfaßt von Matsuo Bashô, 1689. — Reisetagebuch im *haibun*-Stil über eine Wanderung durch Nordjapan.

Ise — *Ise-monogatari* 伊勢物語
1 Kap.; Verfasser unbekannt; enthält viele Gedichte des Ariwara no Narihira, weshalb ihm oft die Verfasserschaft zugeschrieben wird; vermutlich Anfang 10. Jahrh. — Sammlung von 125 Kurzgeschichten, die jeweils den Rahmen für ein oder mehrere Gedichte abgeben (*uta-monogatari*), und Episoden, meist galanter Art, aus dem Leben des Höflings Ariwara no Narihira.

Izayoi — *Izayoi-nikki* 十六夜日記
1 Kap.; verfaßt von der Nonne Abutsu (Witwe des Fujiwara no Tame'ie), um 1280. — Tagebuch einer Reise von Kyôto nach Kamakura, die Abutsu 1277 wegen eines Erbstreites der Söhne des Tame'ie unternahm.

Kinkai — *Kinkai-wakashû* 金槐和歌集
1 Kap.; verfaßt von Minamoto no Sanetomo, 1213. — Private Gedichtsammlung des Sanetomo, des letzten Shôgun der Minamoto, der als *waka*-Dichter einen bedeutenden Ruf genoß.

Kojiki — *Kojiki* 古事記
3 Kap.; verfaßt von Ô no Yasumaro, 712. — Ältestes überliefertes Geschichtswerk Japans; enthält die Mythologie sowie genealogische und frühgeschichtliche Angaben bis um das Jahr 600; in japanischer Sprache.

Kokin — *Kokin-wakashû* 古今和歌集
20 Kap.; Kompilatoren: Ki no Tsurayuki, Ki no Tomonori, Ôshi-

KÔCHI NO MITSUNE, MIBU NO TADAMINE; 905—922. — 1. amtliche Gedichtsammlung (*chokusenshû*); setzt die Tradition des *Manyôshû* fort.

Konjaku *Konjaku-monogatari* 今昔物語
31 Kap.; vermutlich verfaßt von MINAMOTO NO TAKAKUNI, jedoch mit zahlreichen späteren Zusätzen; 11.—12. Jahrh. — Sammlung von japanischen und chinesischen Fabeln und Sagen sowie buddhistischen Legenden.

Kyôgen *Kyôgen* 狂言
Mittelalterliche Farcen, die hauptsächlich als Intermedien zwischen den Nô-Spielen aufgeführt wurden; Ende der Muromachi-Zeit, 16. Jahrh.

Masukagami *Masukagami* 增鏡
17 Kap.; Verfasserschaft unsicher, vermutlich von NIJÔ YOSHIMOTO; 2. Hälfte des 13. Jahrh. — Geschichtswerk; schildert die Ereignisse von 1180 bis 1333.

Manyô *Manyôshû* 萬葉集
20 Kap.; von privater Hand kompiliert, wahrscheinlich unter maßgeblicher Beteiligung des ÔTOMO NO YAKAMOCHI; bald nach 760. — Älteste Gedichtsammlung Japans; in der Mehrzahl stammen die Gedichte aus dem Zeitraum von 645 bis 760.

Meishoki *Tôkaidô-meishoki* 東海道名所記
6 Kap.; verfaßt von ASAI RYÔI, 1658. — Beschreibung der großen Verbindungsstraße Tôkaidô zwischen Kyôto und Edo (Tôkyô).

Murasaki *Murasaki-Shikibu-nikki* 紫式部日記
2 Kap.; Tagebuchaufzeichnungen der MURASAKI NO SHIKIBU, Verfasserin des Genji-monogatari, aus den Jahren 1008 und 1009, zur Zeit ihres Dienstes am Hofe.

Nihongi *Nihon-shoki* 日本書紀
30 Kap.; verfaßt vom Prinzen TONERI und von Ô NO YASUMARO, 720. — Erste der sechs offiziellen Reichsgeschichten (*Rikkokushi*); behandelt die Mythologie und die Frühgeschichte bis 697; im Gegensatz zum *Kojiki* chinesisch abgefaßt (*kambun*).

Ochikubo *Ochikubo-monogatari* 落窪物語
4 Kap.; Verfasser unbekannt, wird dem MINAMOTO NO SHITAGÔ zugeschrieben; 2. Hälfte des 10. Jahrh. — Stiefkindgeschichte; schildert die Leiden eines jungen Mädchens unter der bösen Stiefmutter, bis es das Glück an der Seite eines hohen Adligen findet.

Ôkagami — *Ôkagami* 大鏡
3, 6, 8 Kap. (verschiedene Überlieferungen); Verfasserschaft unsicher, wird meist dem FUJIWARA NO TAMENARI zugeschrieben; vermutlich Ende 11. Jahrh. — Geschichtswerk; schildert die Ereignisse von 850 bis 1025.

Sagoromo — *Sagoromo-monogatari* 狭衣物語
4 Kap.; Verfasserschaft unsicher, wird der Tochter der Murasaki no Shikibu, DAINI SAMMI, zugeschrieben; Mitte 11. Jahrh. — höfischer Roman; Nachahmung des *Genji-monogatari.*

Saigyô — *Saigyô-hôshi* 西行法師
Wanderpriester und bedeutender *waka*-Dichter (1118—1190). Das Sankashû ist eine Sammlung seiner Gedichte.

Sarashina — *Sarashina-nikki* 更級日記
1 Kap.; verfaßt von der Tochter des SUGAWARA NO TAKASUE; um 1060. — Tagebuch der Verfasserin aus der Zeit von 1021 bis 1058.

Senzai — *Senzai-wakashû* 千載和歌集
20 Kap.; kompiliert von FUJIWARA NO TOSHINARI, 1187. — 7. amtliche Gedichtsammlung (*chokusenshû*).

Shinkokin — *Shinkokin-wakashû* 新古今和歌集
20 Kap.; kompiliert von MINAMOTO NO MICHITOMO, FUJIWARA NO ARI'IE, FUJIWARA NO SADA'IE, FUJIWARA NO IETAKA, FUJIWARA NO MASATSUNE, 1205. — 8. amtliche Gedichtsammlung.

Shinzoku — *Shinzoku-kokin-wakashû* 新續古今和歌集
20 Kap.; kompiliert von ASUKAI MASAYO, 1438. — 21. und letzte amtliche Gedichtsammlung.

Shômono — *Shômono* 抄物
Von Mönchen oder Gelehrten angefertigte Exzerpte mit japanischer Übersetzung und Kommentar aus chinesischen und buddhistischen Schriften; vorwiegend spätes Mitteljapanisch, 16. Jahrh.

Shôtôki — *Jinnô-shôtôki* 神皇正統記
6 Kap.; verfaßt von KITABATAKE CHIKAFUSA, 1340. — Geschichtswerk; behandelt die japanische Geschichte bis 1339, mit der Tendenz, die Rechtmäßigkeit der damaligen Süddynastie nachzuweisen.

Soga — *Soga-monogatari* 曾我物語
12 Kap.; Verfasser unbekannt; vermutlich Ende 15. Jahrh. — Heldengeschichte; schildert die Blutrache der Brüder Soga (Sukenari und Tokimune) an dem Mörder ihres Vaters, 1193.

Sundai — *Sundai-zatsuwa* 駿臺雜話
5 Kap.; verfaßt von MURO KYÛSÔ, 1732. — Skizzensammlung zum Thema der Fünf Grundtugenden.

Taiheiki — *Taiheiki* 太平記
40 Kap.; Verfasser unbekannt, wird häufig dem Mönch KOJIMA vom Enryakuji zugeschrieben; Ende 14. Jahrh. — Kriegshistorie; schildert die bewegte Regierungszeit der Kaiser Go-Daigo und Go-Murakami (1318—1368) mit der Spaltung des Kaiserhauses in eine Süd- und Norddynastie.

Taketori — *Taketori-monogatari* 竹取物語
2 Kap.; Verfasser unbekannt; vermutlich um die Wende vom 9. zum 10. Jahrh. — Älteste überlieferte, in zeitgenössischer Umgangssprache abgefaßte Erzählung; das Märchen von der Mondprinzessin Kaguyahime, die in das Haus eines alten Bambussammlers kommt, hochgestellte Freier durch unlösbare Aufgaben und selbst den Kaiser abweist und schließlich wieder zum Monde entschwebt.

Tsurezure — *Tsurezuregusa* 徒然草
2 Kap.; mit 244 Abschn.; verfaßt von YOSHIDA KENKÔ; ca. 1335. — Skizzensammlung; enthält Geschichten, Anekdoten und Aphorismen zu den mannigfaltigsten Situationen des menschlichen Lebens.

Ujishûi — *Ujishûi-monogatari* 宇治拾遺物語
15 Kap.; Verfasser unbekannt; um 1215. — Geschichtensammlung in der Art des *Konjaku-monogatari,* aus dem fast die Hälfte der Geschichten stammt; stilistisch überragt es das Vorbild.

Utsubo — *Utsubo-monogatari* 宇津保物語
20 Kap.; Verfasser unbekannt; wird mitunter dem MINAMOTO NO SHITAGÔ oder dem FUJIWARA NO TAMETOKI zugeschrieben; 2. Hälfte des 10. Jahrh. — Höfische Erzählungen; Vorläufer des *Genji-monogatari.*

Yamato — *Yamato-monogatari* 大和物語
2 Kap.; Verfasser unbekannt; vermutlich um 950. — Sammlung von Liebesgeschichten, in Form und Inhalt dem *Ise-monogatari* nachgebildet.

Yashima — *Yashima* 八島
Nô-Spiel; wird dem SEAMI MOTOKIYO zugeschrieben; Anfang 15. Jahrh.

Yuya — *Yuya* 熊野
Nô-Spiel; verfaßt von SEAMI MOTOKIYO; Anfang 15. Jahrh.

GRAMMATISCHE TERMINI

asobi-kotoba	遊びことば	Lautgebärde der Verlegenheit beim Stokken des Redeflusses, Flickwort.
atamadaka-kei	頭高型	fallende Form der beweglichen Betonungsart.
ateji	當て字	‚angepaßte Zeichen'; chin. Schriftzeichen, die nach ihrem Lautwert gelesen ein japanisches Wort ergeben.
baisûshi	倍數詞	Multiplikativa.
basho-daimeishi	場所代名詞	lokale Demonstrativa (ortsbezogene Pronomina).
basho-fukushi	場所副詞	Adverbia loci.
bubun-sûshi	部分數詞	Bruchzahlwörter.
bunsetsu	文節	Satzglied, Syntagma.
bunsetsugo	文節語	Komposita, die durch Lexikalisierung einer syntagmatischen Verbindung entstehen.
chinjutsu-fukushi	陳述副詞	Adverbia praedicationis.
chokuon	直音	‚gerade Laute'; Antonym zu *yô'on;* konsonantischer Silbenanlaut ohne Palatalisation oder Labialisierung, der mit einem Silbenzeichen wiedergegeben wird.
chô'on	長音	‚lange Laute'; Silbe mit Langvokal.
chûshikei	中止形	Suspensivform.
chûshô	中稱	auf den Partner bezogen (Demonstrativum).
chûsô	中相	Medium.
daimeishi	代名詞	Demonstrativa (Pronomina).
dakuon	濁音	‚getrübte Laute'; stimmhafte Konsonanten, die ein stimmloses Oppositionsglied haben.
dan	段	‚Stufe'; horizontale Reihe in der Fünfzig-Laute-Tafel.
dantei	断定	Assertiv (modale Kategorie).
dôji	動辭	Verbalsuffixe (‚flektierbare abhängige Wörter').
dokuritsugo	獨立語	isolierte Satzteile (Wörter).

dôshi	動詞	Verba.
enshô	遠稱	auf Außenstehende bezogen (Demonstrativum).
fukubun	複文	Satzgefüge.
fukugôgo	複合語	Kompositum.
fukuji	複辭	Verbalsuffixe (‚kompositionelle Hilfswörter').
fuku-joshi	副助詞	adverbiale Postpositionen.
fukushi	副詞	Adverbia.
fukushikei	副詞形	Adverbialform.
fukutaishi	副體詞	adnominale Wörter (*rentaishi*)
furigana	振りがな	‚hinzugefügte kana'; Silbenschriftzeichen, die als Lesehilfe neben chin. Wortschriftzeichen gesetzt werden.
futeishô	不定稱	auf keine bestimmte Person bezogen (indefinites Demonstrativum).
futei-sûshi	不定數詞	indefinite Numeralia.
futsûgo	普通語	Verkehrssprache.
futsû-meishi	普通名詞	Nomina appellativa.
fuzokugo	付屬語	abhängiges Wort.
gairaigo	外來語	Lehnwort, Fremdwort.
gendai-kanazukai	現代かなづかい	moderne Silbenschrift-Orthographie.
gentei-joshi	限定助詞	modifizierende Postpositionen.
genzai	現在	Präsens.
genzai-kanryô	現在完了	Perfektum.
gimonbun	疑問文	Fragesatz.
gimon-joshi	疑問助詞	interrogative Postpositionen.
gôbun	合文	gekoppelte Satzgefüge.
godan-katsuyô	五段活用	fünfstufige Flexion.
gojun	語順	Wortfolge.
gojûon-zu	五十音圖	‚Fünfzig-Laute-Tafel'; Ordnungsschema der japanischen Silbenschrift.
go'on	呉音	sinojap. Lesung der ältesten chin. Wortentlehnungen, ‚Wu-Lautung'.

gô-yô'on	合拗音	‚angefügter gebrochener Laut'; vgl. *kai-yô'on*; das zweite Silbenzeichen.
gyakuseigo	逆成語	abgeleitetes Wort (konversive Bildung).
gyakusetsuteki-setsuzokushi	逆接的接續詞	adversative Konjunktionen.
gyô	行	‚Reihe'; vertikale Reihe in der Fünfzig-Laute-Tafel.
gyôsho	行書	Kurrentform der chin. Schriftzeichen.
haku	拍	More.
handakuon	半濁音	‚halbgetrübter Laut'; stimmloser bilabialer Klusil p.
handakuten	半濁點	‚Halbtrübungspunkt'; diakritisches Zeichen für den bilabialen stimmlosen Klusil p (ha-Reihe).
hanshô-daimeishi	反照代名詞	reflexive Demonstrativa (Reflexivpronomina).
haseigo	派生語	abgeleitetes Wort (derivative Bildung).
hatsu-ombin	撥音便	‚Lauterleichterungen mit Nasal'; Assimilationserscheinung.
Hebonshiki-rômaji	ヘボン式ローマ字	Latein-Umschrift nach dem Hepburn-System.
heiban-shiki	平板式	ebene Betonungsart.
heijobun	平叙文	Aussagesatz.
heiretsuteki-setsuzokushi	並列的接續詞	koordinative Konjunktionen.
heiritsu-joshi	並立助詞	koordinative Postpositionen.
heiritsusetsu	並立節	nebengeordnete Teilsätze.
hentaigana	變體假名	Varianten von Silbenschriftzeichen der kursiven Form (*hiragana*).
hentai-kambun	變體漢文	ausschließlich mit chin. Wortschriftzeichen geschriebener Text, bei dem die Zeichen teils dem Lautwert, teils dem Sinngehalt entsprechend gelesen werden.
hikyô	比況	Komparativ (modale Kategorie).
hiragana	平假名	kursive Silbenschriftzeichen.
hitei	否定	Negation.
hôgaku-daimeishi	方角代名詞	direktionale Demonstrativa (Pronomina).

hojo-dôshi	補助動詞	Hilfsverba.
hojo-katsuyô	補助活用	Hilfsflexion.
hondôshi	本動詞	Vollverba.
honraigo	本來語	Grundwort (im Ggs. zum Fremdwort).
hyôjun-bungo	標準文語	Standard-Schriftsprache.
hyôjungo	標準語	Standardsprache.
hyôjunshiki-rômaji	標準式ローマ字	Standardform der Latein-Umschrift (Hepburn-System).
hyô'onteki-kanazukai	表音的假名遣	phonetische Silbenschrift-Orthographie.
ishi	意志	Absicht, Intentionalis.
itaigana	異體假名	Varianten von Silbenschriftzeichen der eckigen Form (*katakana*).
izenkei	已然形	Konditionalform.
ji	辭	Hilfswort.
jibu	字部	‚Radikal'; begriffsbestimmendes Element in phonologographischen chin. Wortschrift-zeichen.
jibutsu-daimeishi	事物代名詞	reale Demonstrativa (sachbezogene Pronomina).
jidôshi	自動詞	endoaktive Verba.
jihatsu	自發	Medium.
jion-kanazukai	字音假名遣	Silbenschrift-Orthographie für die Lesung chin. Wortschriftzeichen.
jiritsugo	自立語	selbständiges Wort.
jishô	自稱	1. Person.
jodôshi	助動詞	Verbalsuffixe.
joshi	助詞	Postpositionen.
joshi-sôtô-rengo	助詞相當連語	syntagmatische Verbindungen in post-positioneller Funktion.
josûshi	助數詞	Numeralklassifikatoren.
jôtai-fukushi	狀態副詞	Adverbia modi.
jûbako-yomi	重箱讀み	gemischte on-kun-Lesung einer chin. Zei-chenverbindung (wie das Wort *jûbako* ‚Satz Schüsseln': *jû* = *on*, *hako* = *kun*).
jûbun	重文	Satzverbindung.

judô	受動	Passiv.
junfuku-joshi	準副助詞	quasi-adverbiale Postpositionen.
junfukutai-joshi	準副體助詞	quasi-attributive Postpositionen.
junjo-sûshi	順序數詞	Ordinalia.
junsetsuteki-setsuzokushi	順接的接續詞	konsekutive Konjunktionen.
juntaigen	準體言	Quasi-taigen; nicht nominale Wörter, die in nominaler Funktion stehen.
juntai-joshi	準體助詞	quasi-nominale Postpositionen.
jutsugo	述語	Prädikat.
jutsugosetsu	述語節	Prädikatsatz.
jûzokusetsu	從屬節	Nebensatz.
kagi	鉤	Anführungszeichen.
ka-gyô-sandan-katsuyô	カ行三段活用	dreistufige Flexion der *ka*-Reihe.
kaisho	楷書	Musterschrift; Quadratform der chin. Schriftzeichen.
kai-yô'on	開拗音	‚einführender gebrochener Laut'; Bezeichnung des ersten von zwei Silbenzeichen, die zusammen einen palatalisierten oder labialisierten konsonantischen Silbenanlaut bezeichnen.
kakari-joshi	係助詞	korrelative Postpositionen.
kakari-musubi	係結	postpositionelle Korrelation.
kako	過去	Präteritum.
kakugo	客語	Objekt.
kakugosetsu	客語節	Objektsatz.
kaku-joshi	格助詞	prädikatsbezogene Postpositionen.
kakujoshi-sôtô-rengo	格助詞相當連語	erweiterte prädikatsbezogene Postpositionen.
kambun	漢文	chinesischer Text.
kami'ichidan-katsuyô	上一段活用	obere einstufige Flexion.
kaminidan-katsuyô	上二段活用	obere zweistufige Flexion.
kanabun	かな文	nur mit Silbenschriftzeichen geschriebener Text.

kanazukai	假名遣ひ	Silbenschrift-Orthographie.
kandôbun	感動文	Ausrufesatz.
kandôshi	感動詞	Interjektionen.
kango	漢語	chinesische Wörter.
kanji	漢字	chinesische Schriftzeichen.
kanji-kana-majiribun	漢字假名交り文	Mischschreibstil von chin. Wortschriftzeichen und jap. Silbenschriftzeichen.
kankeigo	關係語	Relationswörter (Postpositionen).
kankei-joshi	關係助詞	relativische Postpositionen.
kan'on	漢音	häufigste sinojap. Lesung chin. Wortentlehnungen, ‚Han-Lautung'.
kanryô	完了	perfektiver Aspekt.
kantô-joshi	間投助詞	interjektionale Postpositionen.
kantôshi	間投詞	Interjektionen.
kanyô'on	慣用音	‚usuelle' Lesungen chin. Schriftzeichen, die von der chin. Lautung stark abweichen.
katakana	片假名	eckige Silbenschriftzeichen.
kateikei	假定形	Konditionalform.
katsuyô	活用	Flexion, Konjugation.
katsuyôgo	活用語	flektierbares Wort.
katsuyôkei	活用形	Flexionsformen.
keigo	敬語	Höflichkeitswörter.
keigo-dôshi	敬語動詞	honorative Verba.
keishiki-dôshi	形式動詞	Formalverba.
keishiki-meishi	形式名詞	Formalnomina.
keiyôdôshi	形容動詞	verbale Qualitativa.
keiyôshi	形容詞	Qualitativa (Adjektiva).
kibô	希望	Optativ.
kibô-joshi	希望助詞	desiderative Postpositionen.
kifuku-shiki	起伏式	bewegliche Betonungsart.
kinshi	禁止	Prohibitiv.
kinshi-joshi	禁止助詞	prohibitive Postpositionen.
kinshô	近稱	auf den Sprecher bezogen (Demonstrativum).

kireru-bunsetsu	切れる文節	satzschließende Syntagmen.
kisûshi	基數詞	Kardinalia.
kôchishi	後置詞	Postpositionen.
kôgo-buntai	口語文體	umgangssprachiger Stil (der modernen Schriftsprache).
kokuji	國字	‚einheimische Schriftzeichen'; in Japan erfundene Zusatzzeichen zu den chin. Wortschriftzeichen.
kokuteishiki-rômaji	國定式ローマ字	Latein-Umschrift nach dem offiziellen System.
koô	呼應	Korrelation.
koyû-meishi	固有名詞	Nomina propria.
kundoku	訓讀	japanische Lesung chinesischer Schriftzeichen.
kungana	訓假名	Silbenschriftzeichen, deren Lesung auf dem Sinngehalt des zugrundeliegenden chin. Wortschriftzeichens beruht.
kyôchô-joshi	強調助詞	elative Postpositionen.
mana	眞名	‚exakte Zeichen'; volle Form der lautwertig gebrauchten chin. Wortschriftzeichen.
manyôgana	萬葉假名	im Altjapanischen phonetisch zur Darstellung jap. Wortsilben gebrauchte chin. Schriftzeichen.
maru	丸	Punkt.
meirei	命令	Imperativ.
meireibun	命令文	Befehlssatz.
meireikei	命令形	Imperativform.
meishi	名詞	Nomina.
mikanryô	未完了	imperfektiver Aspekt.
mirai	未來	Futurum.
mizenkei	未然形	Indefinitform.
mukatsuyôgo	無活用語	unflektierbares Wort.
na-gyô-henkaku-katsuyô	ナ行變格活用	unregelmäßige vierstufige Flexion der *na*-Reihe.
nakadaka-kei	中高型	steigend-fallende Form der beweglichen Betonungsart.

nakaten	中點	Trennpunkt.
nigori	濁り	‚Trübung'; Verstimmhaftung stimmloser Konsonanten.
nigoriten	濁り點	‚Trübungspunkt'; diakritisches Zeichen zur Angabe der Verstimmhaftung eines stimmlosen konsonantischen Silbenanlautes.
ninshô-daimeishi	人稱代名詞	personale Demonstrativa (Personalpronomina).
Nipponshiki-rômaji	日本式ローマ字	Latein-Umschrift nach dem japanischen System.
nôdô	能動	Aktiv.
odaka-kei	尾高型	steigende Form der beweglichen Betonungsart.
okurigana	送りがな	‚begleitende *kana*'; Silbenschriftzeichen für die morphologischen und syntaktischen Elemente im Satz.
ombin	音便	‚Lauterleichterungen'; historische Lautgruppenänderungen assimilatorischen Charakters.
ombinkei	音便形	Assimilationsform.
ondoku	音讀	sinojapanische Lesung chin. Schriftzeichen.
ongana	音假名	Silbenschriftzeichen, deren Lesung auf dem Lautwert des zugrundeliegenden chin. Wortschriftzeichens beruht.
ra-gyô-henkaku-katsuyô	ラ行變格活用	unregelmäßige vierstufige Flexion der *ra*-Reihe.
rekishiteki-kanazukai	歴史的假名遣	historische Silbenschrift-Orthographie.
rembunsetsu	連文節	syntagmatische Verbindungen.
rendaku	連濁	‚Lauttrübung bei Verkettung', Verstimmhaftung stimmloser Konsonanten nach einer Kompositionsfuge.
renjô	連聲	Hinüberziehen von Silbenschlußnasal oder -dental zur folgenden vokalisch oder halbvokalisch anlautenden Silbe.
renshi	連詞	Beifügungen (*rentaishi*).
rentai-joshi	連體助詞	attributive Postpositionen.
rentaikei	連體形	Attributivform.

rentaishi	連體詞	Attributiva.
rentai-shûshokugo	連體修飾語	adnominale Bestimmung.
rentai-shûshokusetsu	連體修飾節	Attributivsatz.
renyôkei	連用形	Konjunktionalform.
renyô-shûshokugo	連用修飾語	adverbiale-Bestimmung.
renyô-shûshokusetsu	連用修飾節	Adverbialsatz.
rômaji	ローマ字(羅馬字)	Latein-Umschrift.
ryakuji	略字	abgekürzte chin. Wortschriftzeichen.
sa-gyô-sandan-katsuyô	サ行三段活用	dreistufige Flexion der *sa*-Reihe.
sa-gyô-yodan-katsuyô	サ行四段活用	vierstufige Flexion der *sa*-Reihe.
sasu-go	指す語	Demonstrativa.
seichi	正置	habituelle Wortstellung.
seiji	靜辭	unflektierbare Hilfswörter.
sei'on	清音	‚reine Laute'; stimmlose Konsonanten, die ein stimmhaftes Oppositionsglied besitzen.
sentakuteki-setsuzokushi	選擇的接續詞	disjunktive Konjunktionen.
setsu	節	Teilsatz (‚clause').
setsubigo	接尾語	Suffixkomposita.
setsuzoku-joshi	接續助詞	konjunktionale Postpositionen.
setsuzokujoshi-sôtô-rengo	接續助詞相當連語	erweiterte konjunktionale Postpositionen.
setsuzokushi	接續詞	Konjunktionen.
settôgo	接頭語	Präfixkomposita.
shi	詞	Vollwort (Antonym zu *ji* Hilfswort).
shieki	使役	Faktitiv.
shiji-fukushi	指示副詞	demonstrative Adverbia.
shimo'ichidan-katsuyô	下一段活用	untere einstufige Flexion.

shimonidan-katsuyô	下二段活用	untere zweistufige Flexion.
shingo	新語	Neologismen.
shôryaku	省略	Ellipse.
shôryakugo	省略語	gekürzte Wörter.
shôten	聲點	diakritische Tonbezeichnung.
shugo	主語	Subjekt.
shugosetsu	主語節	Subjektsatz.
shû-joshi	終助詞	finale Postpositionen.
shûshikei	終止形	Finalform.
shûshoku-joshi	修飾助詞	qualifizierende Postpositionen.
sôgana	草假名	Kursivformen der lautwertig gebrauchten chin. Wortschriftzeichen.
sokuon	促音	‚gespannte Laute'; stimmlose lange Konsonanten.
soku-ombin	促音便	‚Lauterleichterung mit Spannungslaut'; Assimilationserscheinung.
sonkei	尊敬	Honorativ.
sonzai-dôshi	存在動詞	Verba der Existenzaussage.
sôrô-buntai	候文體	formeller Briefstil.
sôsho	草書	Eilschriftform der chin. Schriftzeichen.
sôshu	總主	Hauptsubjekt.
suiryô	推量	Dubitativ.
suiryôkei	推量形	Dubitativform.
suitei	推定	Präsumptiv.
sûshi	數詞	Numeralia.
tadôshi	他動詞	exoaktive Verba.
taigen	體言	selbständige, unflektierbare Wörter (Nomina, Demonstrativa, Numeralia).
tairitsusetsu	對立節	nebengeordnete Teilsätze.
taishô	對稱	2. Person.
tambun	單文	einfacher Satz.
tango	單語	Wort.
tanjungo	單純語	Simplex.
tashô	他稱	3. Person.

teido-fukushi	程度副詞	Adverbia quantitatis et gradus.
ten	點	Komma.
tenkateki-setsuzokushi	添加的接續詞	additive Konjunktionen.
tenshi	添詞	Beifügungen (*rentaishi*).
tôchi	倒置	Inversion.
tôin	唐音	sinojap. Lesung von neuen chin. Wortentlehnungen im Mitteljapanischen, ‚T'ang-Lautung'.
toki-no-fukushi	時の副詞	Adverbia temporis.
toki-no-meishi	時の名詞	Temporalnomina.
tôyô-kanji	當用漢字	‚chinesische Schriftzeichen für den gegenwärtigen Gebrauch'; 1850 chin. Standard-Schriftzeichen; seit 1946.
tôzen	當然	Necessativ (modale Kategorie).
tsuzuku-bunsetsu	續く文節	Syntagmen im Satzinnern.
uchikeshi	打消	Negation.
ukemi	受身	Passiv.
wahô-joshi	話法助詞	modale Postpositionen.
wakan-konkôbun	和漢混淆文	japanisch-chinesischer Mischstil (sinojapanisch durchsetzter Sprachstil des Japanischen).
wakiten	脇點	Hervorhebungszeichen.
yodan-katsuyô	四段活用	vierstufige Flexion.
yôgen	用言	selbständige, flektierbare Wörter (Verba, Qualitativa, verbale Qualitativa).
yô'on	拗音	‚gebrochene Laute'; palatalisierter oder labialisierter konsonantischer Silbenanlaut, der durch zwei Silbenschriftzeichen wiedergegeben wird.
yutô-yomi	湯桶讀み	gemischte kun-on-Lesung einer chin. Zeichenverbindung (wie das Wort *yutô* ‚Wasserkübel': *yu* = *kun*, *tô* = *on*).
yûzokubun	有屬文	geschachtelte Satzgefüge.

STICHWORTVERZEICHNIS

Die Zahlen verweisen auf die Paragraphen

WÖRTERVERZEICHNIS

Zur Beachtung:

1. Das Wörterverzeichnis enthält alle grammatisch behandelten Wörter sowie Postpositionen, Verbalsuffixe, Wortbildungspräfixe und -suffixe.
2. Die Zahlen verweisen auf die Paragraphen.
3. Die bei Verben und Verbalsuffixen in Klammern vermerkten Ziffern und Buchstaben bezeichnen die Flexionsklasse (Schriftsprache/Umgangssprache).
4. Sinojapanische Wörter sind durch ein vorgesetztes * gekennzeichnet.
5. Diejenigen Wörter und Affixe, die nur in Transkription gegeben sind, werden im Japanischen in der Regel mit Silbenzeichen (*hiragana* oder *katakana*) geschrieben und nicht mit chinesischen Wortschriftzeichen.

A 17, 70 我, 吾
a 68 彼
â (Adv.) 71 Anm., 89 Anm.
abunashi 63, 151 危し
aburakkoi 151 脂っ濃い
achi 68 彼方
achira 69
agaru (4/5) 136, 138, 144 上る
ageru (1u) 138, 139 上げる
agetsurau (4/5) 143,1 論らふ
agitou (4/5) 143,2
ai- (Verbalpräfix) 144 Anm.
aida 53b, 108, 111 間
aikawarazu 89a 相變らず
aikyaku 48 相客
**ai-su* (3sa/4sa) 143,2a 愛す
aitsu 69 彼奴
ajiwau (4/5) 143,2 味ふ
akahara 60a 赤腹
akamu (2u/1u) 143,3 赤む
akaru (4/5) 136 明る
akarushi 148, 158 明るし
akashi 63, 148 赤し
akiraka 89a, 154, 158 明らか
akinau (4/5) 143,2 商ふ
aku (2u/1u) 136 明く
aku (4/1o) 121 飽く
akuru 85 明くる
amahasezukai 60a 天馳使
amari 76, 90 餘り
amari-ni 89d 餘りに
amashi 148 甘し
amata 89d 數多
ame 58 天
-ameri (4ra) (Verbalsuffix) 175d
ametsuchi 60a 天地
anari 188a Anm.
anata/anta 69, 70 貴方
anata 68 彼方
ani 89 豈
anna 71 Anm., 89 Anm.
anna 85
ano 71 Anm., 85 彼の
anohito 69 彼の人
anokata 69 彼の方
**anshin-su* (3sa/4sa) 143,2a 安心す
aoshi 148 青し
arakajime 89c 豫め

**keiyu* 108 經由
**keizai* 158 經濟
**kemi-su* (3sa/4sa) 143,3 Anm. 閲す
-*kemu* (4) (Verbalsuffix) 170 Anm. 175c
kemutashi 151 煙たし
**-ken* (Numeralklassifikator) 82 軒
-*ken* s. *kemu*
kenage 154 健氣
**kenkyû* 60b 研究
kerashi (Verbalsuffix) 192
keredo (Postp.) 112
keredomo (Postp.) 19, 98, 112
-*keri* (4ra) (Verbalsuffix) 122, 171
keru (1u/5) 121, 131, 133, 137 蹴る
kesshite 89e 決して
kesu s. *kiru* (1o)
ki 58 木
-*ki* (Verbalsuffix) 171
ki- (Präfix) 61 生
**kichô-su* (3sa/4sa) 143,2a 歸朝す
kidono 70 貴殿
**kihô* 68, 70 貴方
**kikan* 68 貴官
**kikei* 68 貴兄
**kikoku* 60b 歸國
kikoshimesu (4) 138, 167 聞こし召す
kikoyu (2u) 138, 162 聞ゆ
kiku (4/5) 138, 167 聞く
**kikun* 68 貴君
kimi 56 君
kimi (personales, Demonstr.) 69, 70 君
kini'iri 64 氣入
**kihen* 70 貴辺
kinji 70
kinô 47, 53a 昨日
kirakirashi 151 煌々し
kiri (Postp.) 114
kiri 61 霧
kiru (1o) 60a, 128, 167 着る
kiru (4/5) 139 Anm. 切る
kisama 69, 70 貴様
kiseru 58 煙管
**kisho* 70 貴所
kitanashi 151 汚し
kitaru (4) 124 來る
kitaru (Attributivum) 84, 85 來る
kiwagiwashi 151 際々し
kiwamete 89d 極めて
kiwamu (2u/1u) 143,2 極む
kiyu (2u/1u) 130, 131, 136 消ゆ
ko 56 子
ko 68 是, 此
ko- (Präfix) 61 小
-*ko* (Suffix, masc.) 55
**-ko* (Numeralklassifikator) 82 箇
kô 71 Anm., 89 Anm .
kochi 68, 70 此方
kochira 69, 89 Anm. 此方
kochitora 70 此方人等
koe 61 聲
koitsu 69 此奴

kôhi 58 珈琲

koko 68, 89 Anm., 90 此處

koko-na-mono 70

kokora 72 此處

kokoro 58 心

kokorobososhi 151 心細し

kokorogaku (2u/1u) 144 心懸く

kokoromu (2o, 1o/1o) 127, 128, 137 試む

kokorone 60a 心根

kokorou (2u/1u) 130 心得

koku 46 石

**kokuren* 65 國連

komaka 154, 158 細か

kompeitô 48 金米糖

kompu 58 昆布

komu (4/5) 144 込む

konata 68, 70 此方

**konkon* 89a, 155 懇々

konna 71 Anm., 85, 89 Anm., 90 斯んな

kono 71 Anm., 85 此の

konohito 69 此の人

kono-hô 70 此の方

konokata 69 此の方

kontashû 70 此方衆

kore 68 是, 此, 之

korobu (4) 162 噴ぶ

korosu (4/5) 137 殺す

koru (2o/1o) 136 懲る

koru (4/5) 136 凝る

-*koshi* (Numeralklassifikat.) 82 腰

koso (Postp.) 113a, 114, 118, 181 b-c, 220

kotchi 69

koto 53b 事

koto (Postp.) 116, 118

-*koto-ga-dekiru* 164 Anm. ことが出来る

kotogotoku 89d 悉く

kotogotoshi 151 事々し

kotoshi 53a, 89c Anm. 今年

koyu (2u/1u) 136 越ゆ

kozo 90 去年

ku (3ka) 124, 137, 138, 139 Anm., 171, 187 Anm. 來

**ku* 77 九

-*ku* (Suffix zur Nominalisierung von Verben) 17

*-*ku* (Numeralklassifikator) 82 口

kubomu (4/5) 143, 2 窪む

kudanno 85c 件の

kudasai 184 下さい

kudasaru (2u/1u) 138, 139, 167 下さる

*-*kun* (Suffix) 62 君

kuni 56, 58 國

**kunshin* 60b 君臣

kurabu 48 倶樂部

kurashi 148 暗し

kurau (4/5) 137 食ふ

kureru (1u) 131 Fußn., 139, 184 Anm. 呉れる

kuroshi 148 黒し

kuru (2u/1u) 136 暮る

kuru s. *ku*

kurushi 63 苦し

kuso 92 糞

kusuri 61 藥